das neue buch
Herausgegeben von Jürgen Manthey

Maria Erlenberger
Der Hunger nach Wahnsinn

Ein Bericht

das neue buch
rowohlt

Erstausgabe
Veröffentlicht im Rowohlt Taschenbuch Verlag GmbH,
Reinbek bei Hamburg, März 1977
37.–38. Tausend Januar 1986

Umschlagentwurf Christian Chruxin und
Antje Petersen
Gesetzt aus der Garamond-Antiqua
Gesamtherstellung
Clausen & Bosse, Leck
Printed in Germany
1500-ISBN 3 499 25084 5

Der Hunger nach Wahnsinn

«Ihr seid alle wahnsinnig!» brüllt die stark geschminkte Frau. Sie klammert sich an das Netz ihres Gitterbettes. Wer da eingesperrt ist, der wird verrückt.
«Wenn ich hier herauskomme, bringe ich euch alle um!»
Vor einer halben Stunde ist sie gebracht worden. Davor hatte sie selbst noch ihren Dienst als Krankenschwester in einem teuren Altensanatorium vor der Stadt getan. Ihr Einlieferungsgrund: Anfall unter Pillen mit Alkohol.
Rund um ihren Käfig stehen Schwestern und Patienten. Sie sind geil auf weitere Szenen des gefangenen tobenden Menschentieres. Das wühlt im Bett herum, kichert zwischendurch und verfällt in einen leisen Kindersingsang. Die Narren sind sich einig: Die ist wirklich irre. Das Schauspiel wird uninteressant, die Schwestern gehen wieder. «Aber die Narren haben Zeit ...» flüstert die Irre bald und versucht, eine Stelle im Maschennetz durchzubeißen. Das dauert. Es gelingt.
Mit dem Hinterteil voran windet sie sich aus dem engen Loch im Netz. Nahe Patienten weichen zurück, sie fühlen sich bedroht. Doch die Frau geht nur zur verschlossenen Tür des Saaleingangs, sie pocht an die Scheibe.
«Ich muß telefonieren! Ich muß mit meinem Mann sprechen! Ich muß mich um das Kind kümmern!» Eine Schwester öffnet, bleibt aber im Türspalt stehen.
«Du kannst nicht telefonieren.»
«Aber ich kann doch wählen!»
«Jetzt brauchen die Schwestern das Telefon.»
«Aber das Telefon ist ja gerade unbesetzt, ich kann es sehen!» Eine zweite Schwester kommt. Beide packen die Frau unter den Armen. Sie wehrt sich – sie zerren sie zu einem Bett und pressen sie nieder. Ihre Arme und Beine werden mit einem breiten Lederriemen angeschnallt.
«Wennst nicht brav bist, kriegst eine Spritze.»
Niederbinden – Niederspritzen ist die Parole in der Irrenanstalt. Ich sitze auf meinem Stahlrohrbett und schiebe die Buchstaben vor mir her. Ich hatte gehungert bis zum Zusammenbruch meines Körpers und bis zur Entleerung meines Gehirns. Jetzt bin ich Patient der Psychiatrischen Anstalt. Das Fasten war zu Beginn mühevoll und zermürbend. Es war für mich eine Aufgabe. Ich wollte sie lösen. Ich wollte vieles lösen, ich wollte mein Leben auflösen. Ich wußte, daß jede Mühe recht war, um wieder einmal vor mir selbst zu stehen! Kann das Gehirn klar werden? Ein Glockenschlag – in regelmäßigen Abständen – gleich meinem Herzschlag, den ich läute. Ich sehe meinen Körper meinen Körper aufheben, liebevoll aufrichten, ich blicke mir selbst ins Auge. Nur sein ...
Heute hat sich der Arzt vor mein Bett gestellt, er hat mich angesehen und gefragt: «Wollen Sie sich nicht beschäftigen? Es wäre gut für Sie.

Ich kann Sie in die Nähstube einteilen lassen, wie steht es damit?» Ich habe nichts gegen Nadel und Zwirn, aber bitte nicht einteilen und bitte nicht jeden Tag Nadel und Zwirn, so gehen meine Gedanken, und ich wähle rasch. Ich könnte ein bißchen malen, aber ich habe keine Farben. Ich entscheide mich für das Schreiben. Ich kann mir ein Heft und einen Kugelschreiber bringen lassen. Niemand wird mich kontrollieren, niemand wird mich einteilen. Ich werde sitzen und schreiben, und ich werde den Wunsch des Arztes erfüllen.
«Ich würde gern meine Gedanken aufschreiben, ist das gestattet?»
«Gut, wie Sie wollen.» Damit sind wir beide zufrieden.
Ich aß nur zu bestimmten Zeiten, an bestimmten Tagen bestimmte Speisen. Das Einhalten dieses Rütmus (gefällt mir besser als R-hyt-h-mus) gewann bald die Oberhand über die Mühe, nichts zu essen. Das Fasten wurde zu einem eigenen Genuß. Mein Leben wurde an Farben ärmer. Ich brauchte immer weniger Essen, der Magen schrumpfte, mein Gewicht wurde geringer. Meine Körperkraft blieb, durch Gymnastik und Lust an der Bewegung erhielt ich sie. Immer öfter erlebte ich die Schwerelosigkeit meines Gehirns – immer weniger quälte es mich –, es schien wie mein ganzer Körper Gewicht zu verlieren. Ich war nicht mehr überschlank, sondern wurde langsam zu einem Skelett. Dann begann meine körperliche Kraft nachzulassen. Mein Gehirn war zur Arbeit für die Aufrechterhaltung meines äußeren Lebens noch imstande, ansonsten schien es still zu liegen wie ein Eimer, der auf den Grund des Brunnens gesunken ist. Ich war angenehm müde und leer. Die Aufgaben, die mir der Haushalt und das Kind stellten, wurden mir immer schwerer. Hatte ich Zeit, war ich ausgeleert, ruhig – ich hörte die Natur, sah die Gesichter der Menschen und fühlte, mein Herzschlag ist der Herzschlag aller lebenden und toten Wesen.
Ich war mit meinem Kind eine Woche allein in der Wohnung. Es wurde eine schöne Zeit. Ich hungerte weiter. Ich hatte Zeit für mein Kind. Wir spielten und zeichneten, und ich war wie ein Kind. Aber meine Körperkraft ließ so nach, daß ich Mühe hatte, auf die Straßenbahn aufzusteigen. Gymnastik konnte ich nun nicht mehr machen.
Ich habe einen Kugelschreiber und ein Heft, es genügt mir, um mein Leben aufzuschreiben.
Die Ruhe wurde gleichbedeutend einer Spannung vor dem «bald», da ich wußte, irgend etwas mußte sich ereignen. Ich wußte, daß es mir willkommen war.
Ich muß mein Schreiben unterbrechen, weil das Mittagessen kommt. Wunderbarer Seefisch mit Kartoffeln. Zu Trinken habe ich Limonade, die mir eine junge, zu früh aufgefundene Selbstmörderin überläßt. Sie darf heute heimgehen. Ich bekomme auch noch ihre Portion Fisch.
Und ich hungerte weiter. Robert war wieder da. Er war schon lange in die tiefsten Windungen meines Gehirns eingezogen. Er hat einen Wohn-

platz neben mir in meinem Gehirn. Wir machen vieles gemeinsam, wir mögen gemeinsam Ähnliches. Damals war mein Körper so weit abgemagert, daß er mir selbst und auch für Robert unpraktisch zu werden begann. Mein Zustand und meine Körperkraft reichten zum Ficken kaum noch aus. In meinem Bauchinneren fehlte es schon so an Fleisch, daß es sich beim Ficken wie ein Hohlraum anfühlte. Nichtsdestoweniger haben wir es oft gemacht wie immer schon.

Ich empfand die ganze Zeit ein stilles Einverständnis mit Robert, weil ich von vornherein annehme, daß er mir ins Gehirn sieht und mich sein läßt, wie ich bin. Er respektierte mein Hungerunternehmen als eine zu mir und meinem Schicksal unabänderlich gehörende Tat, obwohl er mir nicht dazu geraten hätte. Ich wußte ja auch selbst nicht, ob ich mich dafür hochachten oder verachten sollte. Ich tat es einfach.

Ich komme gerade von einem Spaziergang; zur Anstalt gehört ein Park, der schon herbstlich wird. Mit der Nahrung, die ich hier wieder mit größter Lust zu mir nehme, wächst meine Muskelkraft, mein Gehirn und mein Herz erwacht wieder. Ich bin eins mit den Farben des frühen Herbstes.

Erste seltsame Erlebnisse im Zustand meines Fastens hatte ich im Schlaf, im Traum. Ein Traum in der Nacht. So klar und bildhaft, so schrecklich, manchmal putzig, grausam, manchmal erregend. Arge Träume, in denen ich wußte, daß ich träumte, im Traum war und mich sehen konnte. Ich war in meine Träume so eingekehrt, daß ich glaubte, ich könnte sie mir im Wachen vornehmen. Aber das gelang nicht. Es gab grausame Träume, in denen ich mich bemühte, den Angriffspunkt zum Erwachen zu finden, weil ich zugleich wußte, daß ich in meinem Bett lag und träumte:

Ich stieg eine Anhöhe hinauf. Ich spürte, es war anstrengend. Der Schweiß brach mir aus. Ich spürte ihn auf der Haut, das Nachthemd klebte an mir. Es war noch so früh im Traum, und ich war schon schweißnaß. Auf der Anhöhe prangte ein verfallenes Schloß. Es leuchtete mir entgegen in wirrem Farbenspiel. Ich spürte, es leuchtete so, als hätten die Strahlen der Farben einen Körper. Es leuchtete mit ganzer Kraft, und ich wußte dabei, ich wollte es so sehen, ich hatte es mir erträumt. Es gab keine Räume in diesem Gebäude, die Wände waren eingebrochen. Es stand wie durchsichtig vor mir, und es strahlte. Ich ging durch ein riesiges Tor und kam zu einem Abhang, den stieg ich hinab. Unten zog ein Bach seine Bahn, und da kamen Elefanten auf mich zu. Riesige Tiere, die sich wie in Zeitlupe bewegten. Ich hatte keine Angst, ich wußte, sie wollten hier am Bach trinken. Sie kamen näher, sie kamen näher. Ein Rütmus begleitete sie. Er kam näher, kroch mir an den Beinen hoch zu meinem Herzen. Ein gleichmäßiger, aber langsam bedrohlich werdender Trommelschlag stieg in mir auf. Die Elefanten bewegten sich im Rütmus. Ich träumte – können im Traum

Elefanten bedrohlich sein? Sie können. Ich mußte den Traum nehmen. Ich konnte nicht erwachen. Ich konnte nicht fliehen. Der Trommelschlag wurde lauter, er klemmte mir die Kehle ab. Es kam – näher – näher – näher. Ein Auto fuhr hinter mir den Abhang hinunter. Mein Vater steuerte. Er hatte keine Pupillen, ja keine Augen, rosa Fleisch sah mich an. Er hatte ein wehes Bein, ich mußte einsteigen. Ich mußte, denn die Elefanten kamen in bedrohlichem Rütmus näher, unaufhörlich, ich konnte nicht erwachen. Ich war erschöpft, ich wußte, ich war im Traum, während ich in das Auto kletterte, aber wo war der Schalter, der mich wieder in meinem Bett liegen ließ, in meiner vertrauten Wohnung? Ich mußte fahren. Mit dem Mann ohne Augen. Meine Mutter saß auf dem Rücksitz. Sie würde mich verstehen, sie würde mich beruhigen. Wir fuhren rasch, der Trommelschlag verklang hinter uns. Wir waren oben angelangt, und die Burg war erloschen. Ich wollte so gern aussteigen und die frische Luft auf diesem Hügel atmen. Ich konnte nicht.

Ich hörte, wir müßten uns beeilen, es sei keine Zeit für Spaziergänge. Es kamen Kinder. Eines hüpfte wie ein Affe auf das Autodach. Ich sah jetzt, das Auto hatte die Form eines Sarges. Oben saß das Kind und fletschte die Zähne wie ein wilder Pavian. Ich wollte weiter, ich wollte bis zu Ende fahren, ich wollte diesen Affen nicht auf dem Dach haben. Er war mir so nahe, und er war mir nicht gut gesinnt. Ich konnte nicht erwachen. Ich versuchte, mir im Traum meine Möbel vorzustellen. Den Tisch, die Stühle, den Vorhang, die Stellung des Schreibtisches, den Kalender darauf. Ich konnte es mir ausmalen in meinem Traumgeist, ich konnte es anordnen und finden, aber ich konnte nicht zurückkehren in diese harmlose Wohnung.

In meine Wohnung, wo ich verschwitzt im Bett lag. Ich sah meinen Körper liegen, aber ich konnte ihn nicht bewegen. Ich wußte, eine Zuckung meines Beines würde mich vielleicht erwachen lassen, oder wenn meine Hand die Wand berührte, würde ich vielleicht erwachen können, aber ich fand keinen Angriffspunkt für eine Bewegung. Der Atem preßte sich mir in der Kehle hoch. Der Affe saß noch immer auf dem Autodach. Ich wollte schreien, ich wollte den Atem herausschleudern. Die Kehle schmerzte. Mein Vater stieg aus und verscheuchte das Kind. Er verletzte sich noch mehr am Bein, und ich wußte, daß er mit diesem Bein, das die Bremse des Sarges treten sollte, uns nicht heil weiterbringen konnte. Er nahm eine Abkürzung wegen des Zeitverlustes, und wir brausten einen steilen Abhang hinunter, wobei das Fahrzeug herumschleuderte und mit dem Heck nach vorn zeigte. Ich schrie auf. Habe ich geschrien? Wirklich? Ich erwachte und lag in meinem Bett zu Hause. Ich wollte das die ganze Zeit und konnte nicht, ich wollte sie nicht, die Angst des Traumes, und ich wußte nicht, ob ich wirklich geschrien hatte. Ich hörte entfernt auf der Straße ein Lastauto vorbei-

donnern. Dieses Geräusch mußte mich geweckt haben. Ich legte mich auf die andere Seite. Ich schlief wieder ein, ich spürte es.
Ich stand an einem Rosenbeet, und viele bekannte Menschen waren um mich. Wir veranstalteten ein Wettspiel: Wer kann durch das Beet gehen, ohne sich zu stechen? Ich fiel mit dem Gesicht in die Rosenbüsche. Es tat nicht weh. Es sah so komisch aus, ich konnte es spüren. So wie mein Schrei mir vorher in der Kehle gesteckt hatte, war jetzt ein glucksendes Lachen in meinem Hals. Mein ganzer Körper, der im Bett lag und träumte, mein ganzes Gehirn, lachten und lachten, weil ich in die Rosen gefallen war. Ich erwachte wieder. Diesmal ganz leicht, ich hatte es nicht unbedingt gewollt. Mein Bein hatte sich bewegt, ich spürte es jetzt noch, wie es eine neue Stellung einnahm. Davon mußte ich erwacht sein, ich hatte noch das Lachen in der Kehle. Die Nacht war lang, die Träume waren kurz. Die Gefühle im Traum erfüllten mich. Ich erfüllte sie mir.
Ich ging auf ein Haus zu. Langsam. Robert war bei mir. Wir gingen zusammen über die Wiese auf das alte Ziegelhaus zu. Über der Tür hing ein Widderschädel, und darauf stand etwas geschrieben. Es war keine herkömmliche Schrift, aber ich konnte es verstehen. Ich konnte es nicht lesen, es waren keine Worte. Es stand so da, daß ich es spüren konnte. Ich wußte, das ist des Rätsels Lösung. Das hatte ich wissen wollen. Diese Gewißheit drang in mein Hirn ein, sie erfüllte meinen Traum. Ich habe es gelesen, unter dem Widderschädel hatte es gestanden, nicht in Worten, ohne Formulierung, aber es war das, was ich immer geahnt hatte.
Ich erwachte, um gleich wieder einzuschlafen.
Ein alter Mann wohnte da, nur ich kannte ihn nicht. Er lud mich ein hereinzukommen. Ich gab ihm die Hand, und er umschloß sie mit seinen beiden großen warmen Händen. Ich spürte es auf der Haut meines ganzen Körpers, der da im Bett lag und träumte. Diesen Menschen liebe ich, bei ihm bin ich zu Hause, hierher gehöre ich. Ich war eingebettet in seinen Händen wie unter meiner weichen Bettdecke.
Da war eine Gesellschaft, ich kannte die Menschen. Jeder von ihnen trat mir entgegen, so wie ich ihn kannte. Manche wandten sich ab. Ich hatte eine Krankheit, ich war so herausgehoben, so bedeutend, aber so mancher mochte diese Sonderstellung an mir nicht. Ich spürte es, man war mißtrauisch mir gegenüber. Ich wollte gehen, mich verabschieden, weg, aber ich konnte keinen Abschied finden. Ich wußte nicht, wie man es tut, wie sollte ich es tun, daß sie mich gehen ließen. Sie hielten mich, obwohl sie sich abwandten. Wie sie es taten, konnte ich nicht sehen, aber ich konnte es spüren, es bedrängte mich, es zog in meinem Hirn, es schmerzte. Ich war so herausgehoben aus der Gesellschaft. Es sollten Freunde sein, die hier beisammen waren. Ihre Gesichter wandelten sich dauernd. Ich glaubte, sie verachteten mich, sie fanden mich

eklig. Hatte ich zuviel getrunken? Ich wollte ihn loswerden, diesen Geruch, der mir anhaftete, wie Klebstoff. Ich wollte rein sein.
Ich sah in den Hof hinunter. Dort spielte Sebastian, mein Kind. Er war unbekümmert. Er trug seinen grünen Jägerhut. Dieser Anblick beruhigte meinen Traum. Ich fand die Türschnalle, ich konnte hinausgehen. Auf der Straße herrschte Wirrsal, ich wurde von Autos gehetzt. Ich konnte mich im Verkehr nicht zurechtfinden, doch ich erinnerte mich – das Kind fühlt sich gut – das ordnete meine Panik in diesem Verkehrsgewühl. Ich hetzte hin und her. Ich konnte kaum noch weiter. Ich lag im Bett und atmete schwer, ich war geängstigt, gehetzt durch dieses Leben. Ich dachte, ich sollte erwachen, doch ich dachte auch, das würde mich davon auch nicht erlösen. Ich war im Traum gehetzt, ich war im Wachen gehetzt. – Das Kind fühlt sich gut – aber wohin sollte ich mich wünschen. Das Erwachen würde meine Angst nicht beheben können. Die Autos, sie kamen auf mich zu, sie jagten mich. Es geschah mir nichts. Ich war außer Atem. Die Jagd fand kein Ende, und ich konnte nicht mehr weiter. Da, ein Autobus, vorbei um Haaresbreite. Ich fiel hin, die Räder rissen an mir vorbei. Ich lag auf der Straße. Verschmiert und aufgelöst. Ich lag im Bett, ich atmete schwer. Der Traum erfüllte noch ganz seine Pflicht, obwohl ich schon aufgewacht war. Ich war erschöpft. Mein Traum war mir meine Seele. Ich hielt mich an ihn. Er hat mich gewarnt. Ich habe mich gehört.
Ich war wach. Ich wollte nicht mehr einschlafen, ich verlor mich so in mir selbst, ich war so leer und mein Raum so unendlich und unberechenbar. Was war mit mir? Ich spürte, ich spürte so sehr. Meine Träume, ich konnte ihnen nicht entgehen. Dem Leben konnte ich nicht entgehen. Ich wachte im Traum und konnte nicht erwachen, wann ich wollte. Ich wollte ich wollte ich war erschöpft – ich war am Leben.
Ich lag, ich schloß die Augen und wollte schlafen. Als ich die Augen schloß, verlor ich das Bild von mir selbst. Vor mir öffnete sich ein rotierender regenbogenfarbiger Raum, unendlich, der meinen Kopf beinhaltete, aber ich selbst hatte bei meinen geschlossenen Augen kein Bild von mir im Gehirn.
Bald kommt die Jause.
Die Fixerin gegenüber schläft mit der Hand über dem Gesicht. Sie ist wegen versuchten Selbstmordes hier. Ein hübsches Mädchen mit langen blonden Haaren.
Unser Saal ist in seiner Kahlheit einem alten unbewohnten Schloß gleich. Kacheln am Boden, weiße zerkratzte Stahlrohrbetten, abgebrökkelte Wände, eine weiße Decke. Die Frau, die mir ihren Fisch gegeben hatte, war wegen Selbstmordversuchs mit Pillen da. Ich habe sie wieder geordnet gesehen, manchmal lustig, aber mit dem alten Jammer, der sie dazu getrieben hatte, wieder jammernd vereint. Ein Streit mit dem Ehemann, sie wollte ihn schrecken, er fand sie zu früh. Die Frau

zeigte keine Erschütterung ihres Lebens, sie wollte es sehnlich wiederaufnehmen.
Eine alte tolpatschig-liebe Frau schräg gegenüber, Alkoholikerin, erklärt mir, wie Geleebonbons gemacht werden. Sie gibt mir eines. Ich esse alles gern. Sie war Arbeiterin in einer Süßwarenfabrik gewesen. Wenn man einer Patientin zuhört, wird eine endlose Gedankenwurst daraus, es wird einem das Zuhören immer mühsamer. Ich werde geschickter, mich dabei abzusetzen. Zugleich bin ich ein fröhlicher Mensch, der nicht als Mumie neben diesen Mitmenschen lebt. Aber das Lamento des Lebens ist oft mühsam anzuhören.
Es gibt Nachtmahl. Nudeln mit Kompott. Die Irren pampfen das Essen in sich hinein, aber manche essen gar nicht. Die Depressiven sind deprimiert, die Manischen sind hektisch, die Paranoiden sind ängstlich und die Aggressiven schauen wild. Jeder erfüllt hier seine Krankheit, die er sich ausgesucht hat, um einen Haltegriff im Leben zu haben. Ich bin auch angepampft. Hoffentlich ist heute die Nacht ruhig. Gestern spät nachts ist eine Jugoslawin, eine starke junge Frau, eingeliefert worden. Sie schrie andauernd:
«Ich nicht Elektroschock! Ich nicht Elektroschock!» Erst nach einer Stunde wurde sie niedergespritzt. Wie war mein Weg hierher? Alle Wege hätten mich hierhergeführt. Was sich hier abspielt, ist Menschenleben in klarer Form.
Damals an meinem Geburtstag hatte ich zwei Viertel Wein getrunken. Ich war mit Robert. Ich muß ganz betrunken gewesen sein. Am nächsten Tag erzählte er es mir, denn ich erinnerte mich nicht. Nur ein krampfhaftes Suchen nach dem, was gewesen sein muß, war die böse Folge. Meinem mageren Körper setzte der Alkohol zu stark zu. Er erzählte wie gleichgültig, doch sah ich in seinem Gesicht meine Erschütterung über mich selbst. Dann war ich in einer seltsamen Ruhestellung. Ich wußte: Jetzt will und kann ich tun, was ich immer tun wollte und nie genau gewußt habe. Mir war dumpf und wunderbar, wie samtig und schwer. Mein Körper war entspannt und bewegte sich langsam. Im Park war eine Kundgebung mit Musik.
In der Nacht leuchtete mein Gehirn auf, es muß gegen Morgen gewesen sein, wie in einer Art Verklärung erschien mir das Leben, das ich vorhatte. Traum und Wachen – ich konnte nicht unterscheiden, ob ich träumte oder wachte. Mein Körper lag ruhig, und mir war, als ob mein Gesicht friedlich lächelte. Meine Gedanken waren von meinem Körper gelöst. Bewegte ich den Mund, so fand ich die Lippen entspannt aufeinanderliegen. Wie schwerelos stand ich auf. Ich trug mein rotes Kleid, rote Hosen und weiße Tennisschuhe. Ich ging wie eine heilige Gestalt, und für einen Moment erschien mir, als hätte ich vielleicht eine besondere Sendung auf dieser Welt unter den Menschen zu erfüllen. In diesem leuchtenden Zustand ging mein Fühlen über in eine

Gleichgültigkeit, auch mir selbst gegenüber. Ich saß in der Straßenbahn. Die Leute sahen mich an. Zumindest bildete ich es mir ein. Ich dachte, man sähe in meinem Gesicht meine sonderbare Seelenverfassung. Aber wahrscheinlich sahen sie mich nur an, weil ich schon so auffallend dürr und eingefallen im Gesicht war. Als ich aussteigen mußte, traten Verwirrungen auf. Ich überlegte, wie ich am besten einkaufen sollte, wo und in welcher Reihenfolge, und die Erkenntnis, daß ich das alltägliche Leben nur mühsam schaffen würde, war mir nicht recht. Ich vermißte den glückhaften Zustand und wußte jetzt, daß es nicht eine besondere Sendung sein sollte, sondern daß sich mein Gehirn ganz einfach verwirrt hatte. In der Nacht war es mir wie ein Licht aufgegangen, was ich so lang gesucht hatte und was doch so einfach war: Ich will wieder einmal essen. Ich hob meinen ausgemergelten Körper auf; war ich imstande, mir selbst zu helfen? Ich plante es mit Sorgfalt und Liebe. Ich aß: Preiselbeerkompott, Kekse, Spinat, Spiegelei, einen Apfel. Diese Nahrung trieb mein Gehirn an, ich war in Hochstimmung.

Dann kam der Ausflug mit Robert. Mein Körper war schwach, aber ich hatte das Essen in mir. Ich pflückte einen bunten Blumenstrauß, es war gegen Mittag, und ich hatte mein Leben mit, ich dachte, ich könnte wieder essen, frei von der Last, einen Zwang einhalten zu müssen, frei von der Angst, Unordnung in meinen Zwang zu bringen. Ich hatte 33 Kilogramm. Etwas erschüttert war ich gewesen, als Robert vorgeschlagen hatte, den Ausflug zu machen. Ich dachte, ich könnte das nicht schaffen. Ich zeigte aber keinerlei Abwehr. Mein Gemüt war auch zu weich, so daß es gern dabei war, und ich vertraute meinem Gehirn, daß es sich schon zu helfen wüßte, wenn ich es nicht schaffen sollte. Ich spürte nämlich, daß die Abmagerung bereits viele Muskeln weggefressen hatte. Mein Kopf war klar und interessierte sich für alles. Ich genoß das Denken.

Wir fuhren in den Wald. Ich trug meine weißen Tennisschuhe. Der schmale Weg neben dem Bach stieg ständig an. Ich ging, ich tat mir leichter, als ich gedacht hatte, und ich fühlte mich frei, frei und leicht, wunderbar vereint mit dem Menschen, den ich mein Leben erkennen lasse.

Buntes Laub, rot, gelb, grün, dichtes Laub, raschelnd am Boden. Spinnweben, Waldreben, Beeren am Strauch, pummelige Bäume und hohe, edle Baumriesen. Hügeliges Land und dazwischen Häuser. Oben der Berg. Für kurze Zeit dachte ich, es wäre vernünftig, bei der Hälfte des Weges um eine Abkürzung hinunter zu bitten, weil ich zu müde sei. Als wir aber das steilste Stück hinter uns hatten, wo ich die Wahl hatte, abzukürzen oder weiterzugehen, wollte ich weitergehen. Es war warm, ich war erhitzt vom Steigen, ich schwitzte doch ein wenig, und das erfrischte mich zugleich, als hätte ich mir selbst das Wasser gegeben, das mich in der lauen Luft abkühlte. Ich stieg leicht und ruhig am letzten

Hügel bis zur Spitze des Berges. Da war das Rasthaus. Ich ging aufs Klo und erfrischte mich, indem ich mir Wasser ins Gesicht spritzte. Im Spiegel sah ich ein Gesicht, das mir fröhlich vorkam, und ich erkannte, wie lange ich es schon nicht mehr so gesehen hatte. Das Lachen hatte ich an mir auf diesem Ausflug wieder aufgedeckt. Aussicht auf die Stadt.

Robert brachte einen Imbiß: Brot, Butter, Milch. Ich aß mit. Scheinbar schien ich auch Fröhlichkeit und Leichtigkeit auszustrahlen. Wir waren zusammen und jeder für sich so leicht. Nicht anders, als zu früheren Zeiten. Wenn ich mich aber recht erinnere, so habe ich mir immer gern irgendwelche Schwierigkeiten aufgebaut, um sie zu überwinden. Strömte mein jetziger leichter Zustand auf meinen Partner über? Oder war er immer so fröhlich und unsere Lage so einfach. Sie war es. Wir kamen zurück und hatten ein wunderbares Festmahl: Gebratenes Huhn und Wein. Ich aß tüchtig.

Im Bett neben mir ist gerade jetzt eine alte Frau gestorben. Ich habe sie, während ich noch schrieb, laut schnaufen gehört. Manchmal werden alte Leute hierher ins Irrenhaus gebracht, wenn sie sich im normalen Spital zu wirr und bunt benehmen. Jetzt liegt sie da, fleckig angelaufen, mit offenem Mund und reglos. Die Schwestern machen Scherze: «Komm, Omi, du bist schon tot.»

Sie transportieren das Bett in einen Abstellraum, sie muß drei Stunden liegen, bis sie aufgeschnitten wird.

Es ist wieder ein Morgen. Ich sitze schon vor dem Frühstück im Tagraum und schreibe. Ich muß erkennen, daß ein Heft nicht in ein paar Stunden vollgeschrieben ist, wie vielleicht ein Bild gemalt wird. Ich muß Geduld haben, bis sich meine Erinnerung langsam auffaltet. In diesen Seiten – – – Eine alte Frau spricht vor sich hin. Eine andere wiegt sich in ihrem Sessel hin und her, fast wie ein alter Indianer im Rausch. Ein jüngeres behäbiges Mädchen macht Schnarchtöne im Schlaf. Die zwei Alten sind Patienten, die kein Heim haben und für immer hier zu Hause sind. Sie sprechen fast nie mit den anderen. Die Junge hat einen Sprachfehler. Man versteht sie als ganzes Menschenwesen, nicht aber ihre Worte. Die sich wiegende Alte bleibt jeden Tag von früh bis spät in ihrem Sessel sitzen. Sie geht nur zum Schlafen in den Schlafsaal.

Ich habe noch nie eine Frau mit einem richtigen Wichtelbart gesehen. Jetzt ist sie hier. Sie muß in der Nacht eingeliefert worden sein, ich schlafe sehr tief. Ich sehe die Wichtelfrau in einem Gitterbett sitzen und Kaffee trinken.

Ich war verwirrt. Was mir vorher noch alles mit einer strahlenden Bedeutung entgegengekommen war, sank im Nebel zwischen Gleichgültigkeit, Panik und Angst. Mein Interesse an meinem sonderbaren Zustand ließ nach. Aber um über mich zu lachen, reichte weder meine

Körperkraft noch meine Seele aus. Ich kochte zu Hause Pasta Asciutta. Ich beobachtete genau, ob man meinen Zustand bemerkte, aber alle benahmen sich wie immer. In heilloser Verwirrung kochte ich die Spaghetti, dazwischen packte ich das Fleisch aus, dann ließ ich wieder alles liegen und wusch Geschirr. Ich wollte alles auf einmal machen. Über allem aber hatte ich das bestimmte Gefühl, daß ich auf einem geraden Weg auf ein Ziel zuging und daß ich aus aller Verwirrung heil heraussteigen würde. Ich vertraute mir blind, ich handelte nur mehr damit, denn meine Vernunft und selbst die Mechanik, mit der ich so lange die Handgriffe und Verrichtungen zu tun aufrechterhalten hatte, war im Zusammenbrechen. Ich tauchte in meine Tätigkeit ein und verlor das Zeitgefühl. Das Gerüst, auf dem ich meine Tage mechanisch erstieg, war zusammengebrochen, und ich saß oben, und zugleich sah ich mich unten die Stücke hastig aufsammeln und das riesige Gerüst wieder aufstellen. Aber die Pasta Asciutta wurde herrlich gut und mein Kind aß mit den Händen bis in den Nachmittag. Dann verlief alles in Müdigkeit, zwischendurch Verwirrtheit und Nervosität. Das Kind merkte meine Unsicherheit und nützte das aus, weil ich mich nicht ganz dazu bekannte. Der kleine Sebastian und ich gingen noch einkaufen. Meine Kraft reichte kaum aus, um die schwere Tasche zu tragen. Ich beobachtete, daß ich einen Bissen Brot aß, aber in meinem Kopf war weiterhin das Hungern zutiefst verankert, was bei 33 Kilogramm und einer Größe von 170 Zentimeter lächerlich anmutet. Der Abend kam. Ich aß ein Ei mit Brot. Ich war satt, aber meine Lage war trostlos, und ich fand keinen Schalter zu einer anderen Stimmung. Ich suchte ihn auch nicht, weil ich weiß, daß gerade das sein Auffinden verhindert. Ich legte mich schlafen.

Es soll einmal einer im Irrenhaus in den Irrenpark zur Sonntagsmesse gehen. Die Kirche ist schön, und ihre Akustik klingt so arg. Die Orgel heult die Töne aus den Pfeifen, sie steigen zur Kuppel auf, dort treffen viele aufeinander und regnen auf die Menschen herunter. Der Nachhall der vergangenen Töne trifft sich mit den neuen, und es entsteht ein irres Brausen, das in mein Gehirn gefaßt ist. Hier sitzen die Menschen als ihre eigene Karikatur, so gerammelt versammelt habe ich so viele Irre noch nicht gesehen. Wie Puppen sitzen die Gestalten. Hier hat jeder seinen Charakterkopf, durch nichts wird er verdeckt, und für nichts will ihn jemand verstecken. Jedermanns Wesen liegt offen da. Leere Köpfe, die vor sich ein Schauspiel abrollen lassen. Ein Mann sieht so aus wie Lenin, ein junger wie ein Fernsehstar, der Name fällt mir nicht ein, einer wischt sich ununterbrochen das Gesicht wie vom Regen ab. Sie schauen ungeniert in der Kirche herum. Als die Messe beginnt, schaut einer vor mir auf die Uhr. Punkt neun. Er nickt seinem Nachbarn zu und zeigt ihm: «Neun, alles in Ordnung, pünktlich.»

Brief an die Römer. Der Pfarrer:
«Sollen wir dem Kaiser Steuern zahlen? Jesus sagt: Womit bezahlt Ihr, wessen Bild ist auf der Münze? Des Kaisers Bild. So gebt Gott, was Gottes ist, und dem Kaiser, was des Kaisers ist.
Nehmt hin und esset, dies ist mein Leib, Wein, dies ist mein Blut.» Mir gehen diese Worte ein. Ich finde keinerlei Haken an dieser Formulierung eines Menschen, der an einer Sendung gehangen ist, die ihn bis zum Tod am Kreuz brachte. Er ist darauf zugegangen, wie andere auf etwas anderes zugehen. In dieser Kirche hier fällt die Außergewöhnlichkeit und Dramatik weg. Hier gibt es keine Distanz. Große derbe Männer falten die Hände sorgfältig aufeinander. Schräg vor mir überzeugt sich einer, indem er den Kopf seitlich hinunterbeugt, ob sie wirklich ganz korrekt gefaltet sind. Beim Geldeinwerfen in den Klingelbeutel herrscht Eifer und Hektik, nur ja einwerfen zu können. Hier gibt es keinen Zweifel an den Worten der Bibel. Hier ist für Zweifel oder Nachdenken kein Platz mehr, hier herrscht Klarheit im Guten und im Bösen. Ich bin eine von ihnen, ich bin nicht erstaunt darüber. Eine riesige Klangkugel über zweifellosen verlorenen Menschen.
Ich schlief für kurze Zeit. Ich erwachte nach ein paar Stunden und hatte Hunger. Ich fühlte mich sehr müde, etwas verrückt und ängstlich, aber nicht ganz daneben. Ich nahm ein teures Präparat, das mir meine Mutter gebracht hatte, um meine in der Nacht regelmäßig anschwellenden Augen zu lindern. Alle meine Drüsen hatten immer weniger herzugeben. Die Apothekerin, an die sich meine Mutter gewandt hatte, um ein passendes Medikament zu bekommen, war von der Schilderung meines Zustands geschockt gewesen. Ich gehöre zu einem Arzt, hieß es. Ich nahm das Mittel und aß ein wenig Kompott und schlief wieder ein.
Keine Ruhe ist im Narrenhaus. Eine Alte schreit dauernd: «O Gott O Gott was habe ich verbrochen daß mich Gott so straft was habe ich verbrochen was habe ich verbrochen verbroch- verbr- ver-I–I–I–I–Y–A–U–U–U!!!» So jault sie wie eine Sirene.
Zwei Depressive unterhalten sich: «Ist die Depression schon besser?»
«Ja, ein bißchen. Die Pulver, die ich hier dagegen bekomme, sind die einzigen, die mir helfen. Draußen bekomme ich nicht diese. Ich brauche diese Pulver, sonst bin ich dauernd deprimiert.»
Die bärtige Zwergenfrau ist rasiert worden. Sie sieht aber auch so wie ein Wichtel aus. Die Fixerin, die mir gegenüber liegt, hat heute Besuch bekommen. Sie ging am Beginn der Besuchszeit den Weg zum Wald hinauf. Jetzt kommt sie zur Tür herein. Sie hat jemand getroffen, man sieht es. Es war jemand, der wußte, was er ihr mitbringen sollte.
«Ich bin total im Öl . . .»
Sie setzt sich auf mein Bett, nein, sie legt sich fast. Sie läßt den Kopf baumeln, sie scheint auseinanderzufallen. Sie ist so locker, aber nicht

entspannt. Sie rinnt auseinander wie Brei. Wie Öl, wie dickes Öl, gießt sie sich sitzend über mein Bett hin, und das begeistert mich nicht sehr. Sie sieht mich mit starren Pupillen an, sie lächelt irgendwie, aber der Zug um ihren Mund ist zugleich verkrampft und fast wehleidig verzogen. Sie sinkt in ihren Zustand, wie feiner Sand in einen Trichter rinnt. Sie läßt sich in sich ein, doch irgend etwas tut ihr weh. Sie ist ohne Widerstand in sich, sie hat sich nicht, sie ist nicht ganz. Sie hat keinen Körper, obwohl der jetzt schon halb auf meinem Bett liegt. Ist er ihr im Weg? Mir ist er im Weg. Mein Bett hier reicht nicht für zwei. Mein Bett ist hier meine Wohnung, und ich teile es nicht gern mit eingefixten jungen Frauen, auch wenn sie so hübsch sind wie Eva. Sie hat langes blondes Haar, schöne Haut, einen schlanken Körper und sie legt normalerweise Kraft und Angriff in ihr Tun. Doch jetzt hängt sie hier herum, sieht mich an mit den Augen einer verletzten Schlange. Sie windet sich so, sie bohrt so mit ihrem Blick, der dabei aber völlig widerstandslos ist. Sie rinnt so davon auf meinem Bett. Auf meinem Bett, dabei habe ich es erst neu überzogen. Ich möchte sie gern zu ihrem Bett bringen, doch ich spüre, sie möchte auf meinem bleiben. Sie wird mich schon nicht anrühren, dazu ist sie viel zuwenig anwesend, aber ihre Augen, die wollen mich sehen. Sie hat sie halb geöffnet, manchmal neigt sie den Kopf zurück, läßt ihn im Nacken hängen und schließt die Augen. Sie fällt nach vorn, fängt sich und gleitet langsam auf die Dekke. Sie liegt ganz quer, sie hängt über dem Bettrand. Sie sieht mich wieder aus halbgeschlossenen Augen an. Aus denen quillt Öl. Der Mund macht sich breit. Er wellt sich auf, obwohl Eva eher schmale Lippen hat. Ich kann mich erinnern, wie sie mir gestern geschildert hat, wie sie ihre Drogen mixt. Sie ist auch auf meinem Bettrand gesessen, aber es hat mich nicht gestört. Ganze Kochrezepte hat sie mir hergesagt, und ich habe mich dafür interessiert. Sie ist Meisterin in ihrem Fach. Sie arbeitet nur für sich selbst.

«Zwei Mellorem 25 mit acht Diagon 5 mit 2 Repressen 50 gibt eine satte ruhige Mischung. Fünf Digital dazu läßt dich langsam einschlafen.» Sagte sie. So oder so ähnlich, ich habe mir die Namen und Mengen nicht genau gemerkt.

«Sechs Mellorem 50 und ich bin toll in Fahrt! Equilan vertrage ich nicht mehr, davon wird mir ganz öd. Die grünen Polinex sind mir lieber. Die heben mich hinüber, ich steh auf das.»

Sie hat ihre Drogen im Kopf, sie hat einen flinken Kopf, der in ihrem Fach präzise denkt. Und so hat sie es mir gestern geschildert. Ich habe ihr alles geglaubt. Ich habe ihr geglaubt, daß sie einen Freund hat, den sie Cherie nennt, der sehr gut aussehen soll. Sie hat mir Fotos gezeigt, er sieht gut aus, und ich habe mir gedacht, daß er kommen würde, um ihr einen Schuß zu verschaffen. Sie hat ihren Schlafrock offen gehabt, sie war nackt darunter. Sie schläft immer nackt im Bett, mit der Hand auf dem Gesicht. Sie hat kleine Brüste, keinen Bauch und feste Oberschenkel. Sie bewegt sich normalerweise energisch und stramm. Ihr Schlafrock hat um ihren nackten Körper gebauscht, und er schlug bei jedem Schritt halb auf. Zwei Frauen regten sich auf:

«Ist das notwendig? Muß das sein?! Schließen Sie doch Ihren Mantel, wenn Sie schon sonst nichts anhaben!»

Sie waren empört, weil das Mädchen so schön ist, und weil sie neidisch sind auf ihre strammen Beine in den hohen Schuhen, in denen sie sich so flink bewegen kann, als hätte ihr Tun einen Sinn. Sie sind neidisch. Das Mädchen hat ihren Neid abgeschüttelt von sich, mit einer flotten Bewegung ihres blonden Kopfes. Sie hat es nicht nötig, sich von diesen alten Frauen mit ihren Hängebrüsten und Schwabbelbäuchen mahnen zu lassen. Sie hat es ihnen gezeigt. Sie schlüpfte in ein gesticktes afghanisches Kleid aus roher Seide. Das war den beiden Alten auch nicht recht. «So etwas paßt nicht in ein Krankenhaus.»

Ja, um Gottes willen, dachte ich, mit meinem mageren Körper auf meinem Bett, das Heft auf den Knien, was ist denn diesen Frauen recht, sie weinen von früh bis spät wegen ihrer Depressionen, und kommt einmal ein Mensch zur Tür herein in einem gestickten Kleid, so ist es für sie nur ein Grund, böse zu werden. Funktioniert so die Depression?

Eva hat mir gestern ein Fleischbrot aus der Nähstube, wo sie eingeteilt ist, mitgebracht. Dort bekommt man immer ein reichhaltigeres zweites Frühstück. Eva weiß, ich esse gern, und sie hält sich gern schlank, sie ißt meist Obst. Und jetzt liegt sie da auf mein Bett gegossen mit diesem schwülen, ausgeflossenen Blick. Sie war schon lange Tage ohne Schuß ausgekommen. Sie sagte, sie wollte es manchmal unterbrechen. «Immer macht es keinen Spaß, ich verliere mich, ich hielte gern ein, aber ist kaum möglich ohne Zwangsentzug.» Hier konnte sie nicht, hier war die einzige Möglichkeit für sie, kurz auszusetzen, um wieder erfrischt in die Sucht einzusteigen. Entgiftet war sie schon in einer anderen Abteilung worden. Und jetzt liegt sie da, noch immer auf meinem Bett. Sie ist schon so weit über die Bettkante geglitten, daß ich ihr aufhelfe. Sie steht, sie faßt sich, sie geht zu ihrem Bett und räumt Obst aus ihrer Tasche, das ihr der Besuch ebenfalls gebracht hat. Aber sie ißt es nicht. Wie tut sie sich da drüben? Ich richte mein Bett.

Einige neugierige Frauen sehen die seltsame Verfassung und benützen die Teilnahmslosigkeit Evas, um sich an sie heranzuschleichen. «Was hast du nur? Du bist doch sonst nicht so? Ist was nicht in Ordnung? Vielleicht können wir dir helfen?» Und Eva antwortet mit schwerer Zunge. Sie klagt, ich kann sie kaum verstehen, mit weinerlicher Stimme:

«. . . werde nie herausgekommen . . . ich bin so davon . . . mir ist es immer so . . .»

«Es wird schon werden, Mädchen, sei nicht traurig, jeder hat sein Kreuz zu tragen, laß den Kopf nicht hängen.» Ich gehe nicht zu ihr hinüber, weil sie mir nicht recht ist, und zwar deswegen, weil sie sich selbst nicht recht ist. Zuerst zerrann sie hier zu Brei, jetzt sitzt sie dort wie das Unglück und flennt die Frauen an, in lallendem Ton, dabei hatte sie sich den Schuß gewünscht.
Die Frauen sind beruhigt, bestätigt, sie lassen sie wieder allein, das Lamentieren ist auch ihnen lang geworden. Eva liegt auf ihrem Bett. Mit geöffnetem Mund und geschlossenen Augen. Die Hand auf dem Gesicht. Ich stehe auf und lege eine Decke über sie. Mehr tue ich nicht. Sie nimmt langsam die Hand von ihrem Gesicht, sie sieht mich an. Sie sagt nichts. Ich sage mit meinen Augen: Ist schon gut, ich bin nicht böse, daß du auf meinem Bett ausgeflossen bist, ich habe es wieder in Ordnung gebracht, bleib ruhig liegen und laß es gehen, aber bitte: Klage nicht. Doch wenn du das tun mußt, so tu es, ich weiß, daß du tust, was du willst, ich bin damit einverstanden, es ist schon gut.
Sie ist am Morgen frisch erwacht. Sie ist nicht das erste Mal hier in Behandlung. Diesmal wegen Selbstmordversuchs, nicht wegen der Sucht. Sie ist nicht mehr zu behandeln. Man versucht nicht mehr, sie zu quälen. Sie tut das schon selbst, wie jeder. Und sie kann das auch zu Hause tun. Nur: So viele Pillen, die zum Sterben reichen, soll sie nicht mehr schlucken. Und die Spritze sorgfältig aufziehen, nicht zuviel erwischen, bitte. Das ist alles, was man ihr hier mitgibt. Ansonsten entläßt man sie mit Gleichgültigkeit und Resignation. Sie kann gehen. Sie verachtet Hilfe, sie nimmt nichts an. Sie ist zur baldigen Entlassung vorgesehen. Sie wird gehen und ich weiß, was sie tun wird.
Heute hat mich Robert besucht. Er lebt so sehr mit mir mit. Er brachte mir eine Tüte mit Bäckerei.
Die Irren kriechen manchmal so an mich heran. Sie sind oft so schleimig in ihrem Anschleichen und ihrer Sucht, andere in ihr Leid zu verstricken. Sie erzählen – wie ranziger Honig ziehen sich die Schilderungen hin.
Bei manchen Patienten renkt sich das irre Verhalten nach dem ersten Ausgleiten in den Wahn bald wieder ein. Manche sind äußerlich niemals übergeschnappt, sondern immer ruhig und geordnet. Aber ganz wortlos habe ich außer der alten Frau, die immer im Sessel wippt, noch kaum eine gefunden. Diejenigen, die dauernd ein Affentheater aufführen, werden durch Drogen zur Räson gebracht, sie bleiben hier unter Kontrolle, sie bleiben hier wohnen im Irrenhaus.
Ich sitze wieder im Tagraum und schreibe vor mich hin. Ich beginne diese Unternehmung bereits sehr hochzuschätzen. Ich fühle mich schon etwas gesund, heute gehe ich wieder zur Gymnastik, damit meine Muskeln wiederkommen. Da fahre ich auf einem stehenden Fahrrad Kilometer für Kilometer herunter. Zwei Kilometer in fünf Minuten, es

geht schon recht gut. Mir fällt auf, daß die ärger Geisteskranken ihre Krankheit beherrschen. Außerhalb der Mauer herrscht das unausgesprochene Einverständnis der Höflichkeitsformen und die Annahme, daß das Gegenüber niemals plötzlich ausbrechen oder etwas gegen die Erwartung des anderen tun würde. Der Gruß, der kurze Wortwechsel zwischen Menschen, die im selben Haus wohnen, die einander «vom Sehen» kennen, damit geben sie sich zu verstehen: Ich werde die Form wahren. Habe keine Angst vor mir, dann brauche ich keine vor dir zu haben. Erschrecke mich nicht, beiße mich nicht, fange nicht plötzlich zu brüllen an und töte mich nicht, dann werde ich dir auch nichts tun.

In dieser Anstalt rechnet jeder mit ganz unerwarteten Regungen des Nachbarn. Hier ist das erlaubt. Hier hat es einen Platz: Das Haus, in dem nicht gegrüßt wird. Hier lächelt man sich nicht zu, man einigt sich nicht auf Verhaltensformen – hier hängt jeder mit sich selbst in der Luft.

Neben mir steht eine Frau, die hier wohnt und in der Küche mitarbeitet, weil sie kein Heim hat. Ein kleines Knochengerüst mit einem kleinen Sprachfehler. Sie spricht mich an, und es stört sie nicht, daß ich in das Heft schaue und schreibe. Sie spricht nur für sich selbst – ich schreibe für mich selbst – und wir leisten einander Gesellschaft beim Einsamsein. Wie eine Ratte steht diese Frau und bettelt. Sie hat viele Falten bei der spitzen Nase und so blasse gierige Augen wie eine Ratte. Sie hat eine eigene Art. Sie kriecht vor jedermann her und sagt dabei immer: «Meine Liebe, meine Liebe. Heute ist ein schöner Tag, ich freue mich immer so.» Dabei neigt sie die ohnehin geneigte Gestalt noch weiter vor. Wenn sie nicht bettelt, betet sie vor ihrem Heiligenbild an ihrem Bett und wiegt sich dabei geistesabwesend hin und her. Mancher fällt ihr auf das «Meine Gute, Sie sind ja so ein edler Mensch» herein. Den nützt sie dann hemmungslos aus. Sie ist dann nicht mehr loszukriegen, immer zur Raffgebärde bereit und aus ihrem Mund kommt immer wieder «Meine Liebe . . .» «Mein Sohn wird mir eine Uhr schicken und einen Wintermantel», sagt sie jetzt zu mir. Ob sie überhaupt einen Sohn hat, weiß ich nicht. Mit der Story vom Schenken gibt sie jedermann ihre Armut bekannt. Ich bin ein bißchen aufgebracht gegen sie, weil ich gerade wieder ihre «Falsche-Schlangen-Szene» erlebt habe.

Eben ist Visite. Man nimmt zur Kenntnis, daß ich zunehme und esse. Ansonsten bleibt alles in der Schwebe, es geschieht nichts mit mir, ich bin hier eingeliefert ausgeliefert, ich werde wie eine Unmündige behandelt. In den Händen von anderen Menschen liegt mein Weiteres.

Ich hatte mich wieder hingelegt. Ich schlief ein. Nach ein paar Stunden erwachte ich wieder, ich hatte Hunger, ich konnte nicht mehr liegen, mir schmerzten die Sehnen und Knochen. Ich ging in die Küche, ich dachte: essen. Ich wußte, daß das, was ich in letzter Zeit zu mir genommen hatte, fast nichts gewesen war. Ich hatte das Fasten nicht aufgegeben. Nach langer Zeit schnitt ich mir wieder eine ganze Scheibe Schwarzbrot ab, strich Margarine darauf. Das Brot fiel wie ein Fingerhut voll Wasser in ein Meer der Leere. Ich nahm noch Müsli und Zucker, eine ordentliche Portion. Zucker oder Süßspeisen hatte ich ja seit langem nicht mehr zu mir genommen. Das Müsli füllte meinen sehnsüchtigen Magen, der Zucker schoß in mein ausgedörrtes Gehirn und den Körperkreislauf. Ich schlief wieder ein. Nach ganz kurzer Zeit erwachte ich wieder.

Ich bemühte mich, wieder einzuschlafen, aber bald spürte ich, daß der Schlaf nicht mehr kommen würde. Eine Unruhe, eine Bangigkeit schlich durch mein Gehirn. Ich versuchte, ruhig und entspannt zu liegen, um die restliche Nacht so einigermaßen zum Ausruhen zu verwenden. Ich schloß die Augen, um Gedankenlosigkeit in mich hineinzuschlafen. Doch da herrschte die Bange vor, daß ich jetzt zuviel auf einmal gegessen haben könnte. Daß der viele Zucker mir meinen Kreislauf auf solche Touren bringen könnte, daß mir eine Ader im Kopf zerreißt. Diese Angst beeinflußte meinen Herzschlag, und der wurde schneller und schneller. Meine Angst wuchs. Ich holte tief Luft und setzte mich auf.

Ich machte Licht, und langsam beruhigte ich mich. Die vertrauten Möbel und die Lampe, ein leises Rascheln aus dem Zimmer meines Kindes gaben mir wieder Ruhe.

Ich legte mich hin in Erwartung. Immerhin war ich noch niemals in solcher Panik im Zusammenhang mit meinen Körperfunktionen gewesen. Da kam es wieder. Ein Aufwallen meines Blutes, meines Herzens. Angst, Panik – ich wußte mit einemmal, ich würde diesen Körper durch Essen allein nicht mehr aufpäppeln können. Der Wille zu essen, käme zu spät. «Du siehst aus wie der Tod», sagte ich mir, «du bist neben vollen Schüsseln verhungert.» Und alles hatte ich mir selbst gegeben.

Mein Herz raste, mein Gehirn folgte: Hungerstreik – Millionär verhungert – Mädchen verhungert in Hütte – so viele Worte, Überschriften, Begebenheiten aus den Zeitungen der letzten Zeit, die ich jetzt als Hinweis auf meinen eigenen Zustand erkennen konnte. Die Gedanken überstolperten sich in einer Art, daß ich jetzt gar nicht sagen kann, ob sie mir alle so einfallen. Jedenfalls kommt meine Erinnerung mit der Flucht der Gedanken nicht mit. Ich habe sie aber, denn ich bin sie. Ich kam zur Erkenntnis, jetzt ist es aus, ich habe mir durch freiwilliges Fasten selbst den Tod gegeben. Die Frage blieb nur, ob ich das eigentlich wollte. Ich quälte mich durch ein Nadelöhr nach dem anderen, so wie jetzt, wo ich das aufschreiben möchte.

Der Raum um mich war grau. Ich besah mir die Dinge um mich und betrachtete sie gelassen, ich war erstaunt, daß ich mich bewegen konnte, setzte mich auf. Ich gab mich mit belanglosen Bewegungen ab! Ich hätte Zeitung lesen können. Alles Liebe in dieser Wohnung betrachtete ich sachlich und nüchtern. Mit ruhigerem Herzschlag beruhigte ich mich etwas. Plötzlich dachte ich: Jetzt, jetzt ist es soweit – rasch geschehen –, ich nahm unbestimmbare Gedankenbilder wie ein Wellenreiter. Meine Gedanken an das, was ich im Tode unbetreut zurücklassen würde, meinen Körper, mein Kind, Robert, alles schien von meiner Existenz nicht abhängig, und ich war froh darüber. Dann legte sich die Angst wieder. Das Herz schlug wieder ruhiger, und damit erkannte ich den vorigen Zustand als nur eine einzige Woge meines Gehirns. Lauter kleine Gedanken, irrsinnig schnell gefaßt, in einem Aufwallen. Wie in den Wehen zog sich mein Gehirn und zugleich mein Herz zu außergewöhnlichen Gedanken zusammen, in denen der Tod den großen Platz hatte – um dann wieder in einfache Müdigkeit auszulaufen. Auch der Zeitbegriff war ganz verwirrt. Alles spielte sich ungeheuer rasch und zugleich langsam ab. Ich hatte den Eindruck von Ewigkeiten.

Ein Finger zog *langsam* einen *riesigen* Bogen über das Firmament. Ein Glockenschlag hallte eine EWIGKEIT über *unendliche* Landschaften.

Ich saß verwirrt im Bett. Ich legte mich wieder. Ich hatte gelernt, ruhig zu bleiben und abzuwarten, auf nichts zu warten. Mir war jetzt samtig ruhig, und ein Glücksgefühl durchzog mich. Ich war entspannt nach dieser Woge meines Kreislaufs, der die Kraft einer ganzen Geburt in Anspruch genommen hatte. Ich gab mir den Gedanken, nicht sterben zu wollen und einen Arzt aufzusuchen. Ich wollte auch das nicht unbedingt, aber ich stand wie ruhig und gefaßt auf, ich hatte dieses Gefühl, das ich in meinem Leben schon oft in kritischen Situationen an mir zu schätzen gewußt hatte. Wie eine kristallene Kanonenkugel flog ich meinem Ziel zu, alle Hindernisse mit einer magischen Strahlung aus dem Weg räumend. Hart, aber ehrlich. Mit der Sicherheit, daß es mein Wille ist, und dem Wissen, daß nur ich für mich sein kann. Mit der Liebe zu meiner Einsamkeit wollte ich mir helfen lassen. Ich rief meine Mutter zu mir. Als sie vor mir stand, wollte sie mich ins Spital bringen lassen. Sie war, als gut beobachtende Mutter, auf das Eintreten dieser Lage gefaßt. Die Organisation eines Krankentransports in unserer Stadt ist nicht ganz einfach.

Meine Mutter mühte sich ab in dieser Nacht. Sie telefonierte und wurde abgewiesen. Ich lag geduldig und teilnahmslos. Die Mutter erreichte nichts. Da wallte mein Kreislauf wieder auf, ich bat sie, nicht weiterzuprobieren. Ich lag da, meine Energie war weit weggeschwommen. Eine tiefe Verzweiflung herrschte, ich konnte nichts mehr sagen. Aussichtslos und verloren schien alles. Das Gefühl, meiner Mutter mein Kind zu hinterlassen, war quälend.

Ein endlos gezerrtes Gummiband, das keine Spannung mehr hat, verloren und schuldig – kein Weg zu gehen – kein Platz zum Verstecken – dunkel und öde – so lang – –. Meine Mutter saß bei mir und hielt mir die Hand. Ich dachte, solche Momente reichen, um Selbstmord zu begehen. Die aussichtslose Lage. Das Hammerwerk meines Gehirns. Die Angst vor dem Tode – weil sie ihn nicht erwarten kann, treibt sie sich in den Selbstmord *Soooo leeeer* – dürr – dunkel – so lag ich. Zugleich teilnahmslos ermattet und doch abwartend. Ich hatte knapp 32 Kilogramm Gewicht. Das war der Kreislaufzusammenbruch.
Da kam es wieder: Mein Körper wurde wie im Fieber warm. In meinen Augen war es licht. Mein Gehirn erhob sich. Ich sah den Tod – meinen Tod! – in strahlendem Licht. Ich wollte ihn annehmen. Mir war leicht – so leicht. In regenbogenfarbenem Licht erstrahlte, was ich sah und was ich dachte. Ich war von dem Gedanken beglückt, daß Sterben so friedlich, gesättigt vom Leben und still vor sich geht. Mein Leben war erfüllt mit allem, was ich wollte. Ich hatte gelebt, wie ich leben wollte. Ich war ich, und ich verließ diese Welt gern und glücklich. Ich hielt die Hand meiner Mutter und sah mit strahlenden Augen an die Decke.
Ich riet ihr, sich um das Kind keine Sorgen zu machen, Sebastian sei ein guter Mensch, und er würde seinen Weg allein gehen. Ich sagte ihr, sie solle nicht glauben, daß Sterben Angst machen müsse.
Meine Mutter probierte von neuem, zu einem Spitalsbett zu kommen. Diese Versuche zermürbten mich. Zugleich sauste mein Stimmungsbarometer wieder hinunter, und ich lag erschöpft im Dunkeln. Meine Schwäche im Liegen wurde so überwältigend, daß ich mit stieren Augen, die mir als ein einziges Auge erschienen – wie ein eigener Körperteil –, in die Ecke zwischen Plafond und Wand starrte. Ich konnte und wollte dieses Riesenauge nicht bewegen. Ich hatte keinen Zugang zu der Bewegung. Mein Körper lag lose und doch starr. Er war wie getrennt von mir. Ich war leer, hohltönend und unendlich. Ein leerer Kopf, der mein ganzer Körper war und ein Loch darin, das war dieses Auge, das in einen Raum starrte, der gleich meinem hohlen Kopf war.
Ich nahm keinen Anteil mehr an den Bemühungen meiner Mutter, verzweifelt den Ärztenotdienst herauszubekommen. Es war selbst der Tod belanglos geworden. ES WAR NICHTS.
Meine Mutter erreichte den Notdienst. Ich dachte wieder kurz daran, wie es wäre, wenn ich mich selbst aufpäppeln würde, da wußte ich, daß ich noch lebte und stieg etwas aus der Teilnahmslosigkeit heraus. Die Situation, die in der Luft hing, war so quälend, ich konnte mich wieder bewegen, ich war so müde, ich döste.
Eine Ärztin kam. Die zehn Minuten waren mir wie eine ganze Stunde erschienen. Sie hatte einen Gehilfen mit. Es fiel mir so schwer, etwas zu meiner Lage zu sagen. Diese Menschen fragten so viel, sie taten so er-

staunt und entsetzt. Die Ärztin deckte mich auf und war erschrocken. Sie gab mir eine Spritze. Ich sollte am Morgen ins Spital kommen. Ermattet und ohne eine Aussicht auf Lösung schlief ich ein. Am nächsten Morgen erwachte ich ausgeruht. Das Kind ging bereits im Zimmer herum und meine Mutter werkte in der Küche. Leise wunderte es mich, wie sich diese beiden Menschen scheinbar ohne Aufregung mit der Sache abfanden.

Ich wollte diesen Tag nicht recht annehmen, ich fühlte mich von der Spritze noch betäubt. So hielt ich mich weiterhin wie schlafend. Ich wußte, daß ich ein Rad in Gang gebracht hatte, das jetzt nicht mehr zu bremsen war, und ich wollte das auch nicht. Ich fand mich in meine Lage. Es regte sich auch ein leises Hungergefühl.

Es kam wieder ein Arzt. Er tat auch sehr verwundert über mein Aussehen. Es sei ernst – ich müsse sofort in ein Spital, um künstlich ernährt zu werden. Er tat so, als ginge es mir ans Leben. Ein bißchen freute es mich, und ich gab mir die Kraft, daß ich irgendwie aufstehen konnte, um aufs Klo zu gehen. Ich war wie erfrischt und bemerkte an mir ein leises Interesse für das Kommende. Ich konnte beobachten, daß das Interesse an mir selbst die Oberhand bekam und mir neben den zermürbenden Geschehnissen Ruhe und Gelassenheit gab. Es war mir eigentlich keine Frage mehr, ob ich sterben müßte. Ich fühlte mich zu diesem Zeitpunkt lebendig. Der Gedanke an den Tod war ein Teil von mir, war ich selbst, aber er beschäftigte mich nicht.

Es ist erstaunlich, wie man in das Vergangene einsteigen kann mit den Gedanken. Im Hirn bleibt alles zeitlos gegenwärtig. Nicht nur die Mutter gebiert ihr Kind, sondern jeder einzelne gebiert sich selbst sein eigenes Leben. Ein Leben lang und einen Tod lang – in einem einzigen Aufwallen von Spannung und Entspannung.

Wie ein Bogen schieße ich meinen Pfeil in weitem Bogen, und ich treffe mich selbst – immer wieder – immer wieder steht der Bogen, den der Pfeil beschreibt, lang in der Luft, bis er auftrifft, und ich erwarte ihn sehnlich, und er erschüttert mich zutiefst. Der Pfeil ist auf mich zugespitzt, denn ich habe ihn mir selbst geschaffen, ihn selbst abgeschossen und mich selbst getroffen. Dann sieht mein Auge in mein Auge und mein Gehirn ist das des ganzen Alls. –

Ich wickle mein Knäuel ab. Wie Wogen. Eine Entwicklung ist dann zu Ende, wenn ich sie überschauen kann. Und zugleich bewege ich mich in einer Woge, die ich nicht sehe und mit der ich mich gern bewege, sie ist mein Hirnstrom. In irrsinnigen Kurven kreist mein Blut in meinem Hirn – es kann fast zerplatzen –, aber es kann auch ruhig sein. Es ist die Bewegung – es ist der Stillstand, das Bedeutendste und das Nichts – das einzige.

So bin ich Besucher meiner Geisterbahn in meinem Gehirn. Ich bin schon so oft mit ihr gefahren. Es ist mein Leben. Ich kenne die Schreck-

nisse, die hervorspringen, immer an derselben Stelle. Hier – da – ein Gespenst – weiß – ein Schlag von hinten – eine schrille Sirene – flirrende Fäden vor dem Gesicht – der Tod mit der Sense schnellt vor mein Herz – und wieder die Angst – es bleibt die bekannte alte Geisterbahn, die es für mich auf dieser Welt gibt.
Und dann war Robert da. Ich war so erfreut über unser Beisammensein, daß es jetzt zustande kam. In aller Wirrnis erschien mir das Gelingen, einander zu treffen, wie eine Ordnung, und das Vertrauen zu meiner Lage wuchs. Worauf ich vertraute und was geschehen sollte, war aber völlig unbekannt. Vertraue auch deinem eigenen Gehirn nicht! Ich mißtraute meinem Gehirn. Was geschehen sollte, war mir damals und ist mir jetzt unbekannt.
Vor vielen Jahren, ich mochte mein Gehirn damals noch nicht so gern leiden, das heißt, ich wollte mich nicht so recht leiden, da gab es einmal Braten. Ich wollte zwei Stück essen, sie waren so gut.
«Warum zwei, eins genügt!» wurde ich zurechtgewiesen.
Auch heute gibt es Braten im Irrenhaus zu Mittag. Viele kleine Stückchen, vorgeschnitten. Es ist so gut, und ich esse zwei Portionen, mit Gemüse, und dazu trinke ich Milch.
Die Zeit vergeht mir schnell. Ich verbringe sie mit Essen, Schlafen, Schreiben und Spazierengehen. Manchmal werde ich zu Tests oder zu Ärzten gebracht, die suchen in meiner Seele, oder sie prüfen meinen Körper. Ich kann sitzen, auf meinem Bett, am Balkon, im Garten, oder ich krieche durch das Balkonfenster in das abgeschlossene Besuchszimmer. Da bin ich dann ganz allein und unbeobachtet. Manchmal unterhalte ich mich mit den Kranken. Jetzt sitze ich im Krankensaal beim Tisch. Durch das vergitterte Fenster schaut ein Kastanienbaum mit gelben, roten und grünen Blättern herein. Heute ist es ruhig, niemand brüllt. Ich habe alles, um hier alt zu werden. Man kann mich nicht hinausweisen, wenn ich nicht will. Aber ich kann nicht hinaus, wenn ich will. Doch es weiß niemand, daß ich mich hier gut fühle, die Ärzteschaft glaubt scheinbar, mich hier festzuhalten, um mich zu heilen. Wie besessen sind sie zu heilen, obwohl sie eigentlich gar nichts tun.
Auch lasse ich mir das Verlangen, diese Anstalt doch einmal verlassen zu wollen, offen. Ich gestatte mir das Wechseln der Bedürfnisse.
An manchen Tagen gehe ich zum Turnen, um meine Muskeln zu stärken. Ich spiele Ball mit der Heilgymnastikerin. Wir sitzen am Boden und werfen einander den Medizinball nur mit den Beinen zu.
«Sie sind ja geschickter als ich», meint sie, «waren Sie Sportlerin?» Dann geht es wieder auf das stehende Fahrrad.
Ich bekomme Besuch. Robert. Ich fühle, er ist der einzige Mensch, der außer mir selbst mein Gehirn in einer Weise beschäftigt, die mir Spaß macht.
Eine alte Frau wird neu aufgenommen. Sie sieht und hört schlecht. Sie läßt alles mit sich geschehen. Sie wundert sich nur, warum ihr die

Handtasche und ihr Schmuck abgenommen wird. Hier wird alles abgenommen. Nur Waschzeug darf man behalten. Hier ist alles Essen geschnitten, Messer und Gabel gibt es nicht, nur Löffel. Trockenes Brot zum Frühstück, vormittags und am Nachmittag. Mittags und abends gibt es oft gute Sachen, die zum Zunehmen und Schmatzen reichen. Hier darf man kein Glas haben und auch keine große Menge Geld. Die Butter wird, falls es zum Nachtmahl einmal welche gibt, mit dem Löffel aufs Brot gestrichen. Sonntags gibt es weißes Milchbrot und statt Kaffee dann Kakao.

Eben höre ich von einer Frau, die einen starken Sprachfehler hat und ein jugendliches buntes Leibchen trägt, daß sie schon zwanzig Jahre hier ist. Und die Alte, die immer im Sessel wippt, ist bereits über 27 Jahre da. Die Ratte schon über fünf Jahre. Die mit dem Sprachfehler meinte:

«Was 'ütz das alls, wir sins sho gwohnt, raus woll wir do, awa wnn ma 'ieman' hat.» Es ist niemand da, der sie aufnehmen würde, der für sie garantieren könnte.

Die Alte sitzt also schon an die dreißig Jahre Tag für Tag, von früh bis spät stumm beim selben Tisch. Sie ist klein und mager, hinkt ein bißchen, trägt einen für sie überlangen gestreiften Anstaltsmantel, Pantoffel, hat ein mausartig verschrumpeltes Gesicht und fettige, längere graue Haare. Ihre Augen konnte ich noch nie richtig sehen, weil sie nie Kontakt aufnimmt. Sie hat ein paar Gebetbücher unter dem Tisch. Darauf eine Schnitte hartes, geworfenes Brot, auf den Streben zwischen den Tischbeinen, und darauf steht noch ein Becher. Jetzt hebt sie das Tischtuch und sieht nach und ordnet. Sie ordnet überhaupt gern. Wenn sie geht, kreist sie gern. Heute morgen beobachtete ich, wie sie auf dem Weg zu den Klosetts plötzlich zehnmal im Kreis ging, und dann wieder gerade weiter. Sie hat sich nicht bemüht, vom Kreis loszukommen.

Bevor sie sich am Morgen an ihren Tisch setzt, putzt sie lang am Tischtuch mit den Händen herum, dann nimmt sie den Sessel, dreht ihn ein paarmal im Kreis, darauf hält sie sich an der Lehne fest, wippt einige Male energisch über der Sitzfläche, bis sie sich für den ganzen Tag niederläßt, um still vor sich hinzustarren. Manchmal stützt sie den Kopf in die Hände. Wie sie ißt, und ob sie auf das Klo auch tagsüber geht, habe ich noch nicht beobachtet.

Drei Frauen sind es, die sich regelmäßig im Tagraum aufhalten. Sie wohnen hier. Dazu gehört auch noch eine jüngere Frau, um die Dreißig, mit dem Gehabe eines Kindes. Ihre Sprache kann man nicht verstehen, es ist das Lallen eines Kindes. Sie ist sehr massig, und sie geht schwer und schnaufend. Sie trägt Sandalen, die an den Schnallen scheppern. Sie deutet jetzt auf meine große alte Herrenarmbanduhr, die ich hier trage, weil ich zu den Mahlzeiten und den Visiten von meinen

Spaziergängen immer rechtzeitig zurück sein will. Sie will wissen, wie spät es ist. Ob sie mit dieser Zeitangabe etwas anfangen kann, weiß ich nicht. Man versteht bei ihr nur die Worte «MAMA PAPA». Ob sie die Uhr lesen kann, weiß ich nicht. Ein riesiger tolpatschiger schnaufender Bär. Mit Kinderlallen und Kinderbewegungen, der aber manchmal zum Bodenaufwaschen herangezogen wird, und ansonsten beim Tisch im Tagraum sitzt und schläft oder in einem kleinen abgegriffenen Heft schreibt. Sie kritzelt: MAMA BESUCH. Sie kann schreiben. Ich kann schreiben: Ich kenne noch einen lieben Menschen.

Und da ist noch eine Frau, auch älter. Sie sieht gepflegter aus, mit einem Knoten am Hinterkopf. Sie wäscht jetzt den Tagraum auf. Sie redet vor sich hin. Ganze Geschichten erzählt sie vor sich hin. Eigentlich herrscht bei ihr das Schimpfen vor. In einem vorwurfsvollen Ton spricht sie vor sich hin, und dabei verteidigt sie sich immer vor irgend jemandem. Sie sieht mich böse an.

Eine Irre, die jeden Abend ihre Zahnbürste sucht, schimpft: «Beim Scheißen soll euch der Blitz treffen – da ist was runtergfalln – der Arsch – die Tittensau die Alte – hat's gestohlen – die Sau mei Mann bringt mir keins – im Arsch hätt ich mirs solln schieben – Ich scheiß auf alles – leckts mi am Arsch – Vielleicht bin i jetzt wirkli hin im Schädel!» Nachher sucht sie noch einige Sachen und schimpft mit Volldampf aus sich heraus. Sie schimpft sich müde, bis sie einschläft.

Und dann kommt da eine junge Frau an. Die Schwester bemerkt sofort: «Du schießt ja.» Wieder eine, denke ich. Die Frau sucht keine Ausflüchte. Sie ist verheiratet. Sie fixt seit vielen Jahren und ihr Mann seit drei, gibt sie an. Sie muß ins Gitterbett, weil sie aufgestanden war und dabei zusammenbrach. Ihr Mann sitzt wegen Apothekeneinbruchs.

Als ich vom Rettungsauto abgeholt wurde, war es früher Nachmittag. Ein warmer Spätsommertag. Meine Mutter, mein Kind und auch Robert blieben zurück, und ich fuhr allein mit den Krankenträgern, flotten Burschen, in ein Spital, um vielleicht durch künstliche Ernährung wieder in die Höhe gebracht zu werden. Das Spital war riesig, uralt und die Schritte der Menschen hallten in meinen Ohren wie Gongschläge. Ich wurde auf einer Bahre getragen. Ich blickte an die riesige gewölbte Decke, und die vielen Menschen in der Halle zogen an mir vorüber wie Spielzeugpuppen. Ich war ausgeruht, aber schwach und voller Interesse für das Kommende. In solchen Situationen bin ich immer voll Spannung, und das Gefühl der Angst oder Bangigkeit geht ganz im Interesse für das Jetzt auf. Wir fuhren mit dem Aufzug in einen neuen Trakt des Hauses. Lichte große Glasfenster, hoch oben, Blick über die Stadt.

Ich wurde in einen Aufnahmeraum gebracht, wo nur ich war. Eine junge Ärztin nahm die Krankengeschichte auf. Sie muß Ausländerin gewesen sein, aber sie sprach gut, sie sah und verstand mich. Sie war lieb und stieß sich nicht ab an meinem Körper, der häßlich war, und den ich nicht gern zeigte. Sie schrieb alle meine Angaben auf und ging mit den Worten: «Nachmittags kommen Sie an die Infusion.»

Ich blieb allein in dem ruhigen schneeweißen Zimmer. Manchmal kamen Schwestern herein. Draußen spielte sich alles gedämpft ab, dann und wann Stimmen. Eine Fliege summte im Raum und prallte immer wieder gegen die Scheibe. Das Bett war steril weiß. Es wurde ein EKG von mir gemacht. Das ging ganz schnell. Es wurde später, später. Später, und nichts rührte sich. Die Zeit erschien mir spannend und zugleich erholsam. Stunden oder Augenblicke? Langsam aber schlich sich etwas ein – es war der Hunger.

Ich fand es nicht ganz logisch, daß jemand, der zu Errettung vor dem Verhungern ins Spital gebracht wird, nichts zu essen bekommt. Panik zu Hause, weil ich meinen Körper so verarmen ließ, und jetzt war ich an dem Ort, an dem das behoben werden sollte, und da bekam ich überhaupt nichts zu essen! Nach und nach ging es mir wie ein Licht auf. Hier kümmerte sich gar niemand um mich! Hier wußte niemand von deinem Zustand, du bist nur abgestellt, weil kein Bett frei ist. Am Anfang schien mir, als würden sie alle Vorbereitungen für meine Behandlung treffen und Anteil nehmen, aber es war ja nur der normale Spitalsbetrieb, der wie jeden Tag ablief, und der mit mir gar nichts zu tun hatte.

Ich wollte mich um mich selbst kümmern. Ich bat eine Schwester um ein Stück Brot. Ich hatte bereits quälenden Hunger. Jetzt wollte ich ja essen – leben. Ich hatte das Gefühl, «Wenn ich nicht gleich etwas zu essen kommt, breche ich ganz zusammen», obwohl ich dalag. Die Schwester war freundlich: «Ich bringe Ihnen gleich Brot, Butter und Marmelade. Wollen Sie auch Milch?» Ich konnte über so viel freundliche Harmlosigkeit nur staunen. Ich dachte, würdest du meine Gier kennen! Sie brauchte lang mit der Zubereitung, und ich wartete schon so!

Wie war das? Ich lag hier in prasselnder Ungeduld. Ich konnte die Minuten nicht ertragen, in denen die Mahlzeit gerichtet wurde. Diese kurze Zeit wuchs an in mir wie dauernd, wie Dauer, und ich hatte keine Zeit, ich wollte sie nicht haben, ich fiel so sausend in die Tiefe. Ich konnte es nicht erwarten. Es dauerte und aus der Unendlichkeit schoß der Tod in mir neuerlich auf. Ich durfte nicht so lang auf Essen warten, ich war am Verhungern. Meine Geduld, die war verhungert, war tot. Wo war die Zähigkeit, mit der ich mich Tag für Nacht dem gähnenden Schlund in meinem Magen ergeben hatte? Mein Wille war es, mein Wille aus Bein, der mich hungern ließ. Und er war es, der mit gleißendem Finger an einen Punkt zeigte – hinter mir. Ich drehte mich scheu um, ich sah, daß es der Punkt war, aus dem ich kam.

Ich glaubte, ich könnte weg, weg, weg, aber mein Wille, der ließ sich nicht zur Flucht verführen. Er wies mich zurück. Seine Geste war eine Spiralfeder, die mir ins Hirn fuhr, wenn ich glaubte, ich könnte einen Weg vorwärts suchen, den es nicht gab. Zurück – dort, wo dein Tod steht, dort, wo du hergekommen bist – ZURÜCK!

Mein Wille war es gewesen zu hungern, er hat mich dazu gezwungen. Er hat sich in mir selbständig gemacht. Er beherrschte mich, und er hatte leichtes Spiel mit meiner Vernunft. Sie war so gebrechlich und spröde. Sie wurde niedergeschnallt. Sie bäumte sich nur schwach auf, dann und wann. Der Wille, mein Wille, hat mich besiegt. Und eines Nachts, als die Sinne vom Hunger so wach und ungeschützt dalagen und der Körper am Ende seiner Kraft war, habe ich noch einmal alle Stahlstangen, die den Willen bilden, zusammengefaßt. Der Wille ließ sich wenden, nein, er selbst war es, er hat sich umgekehrt. Ganz einfach gewendet – und er hat das Essen, die Nahrung gewollt. Das war ihm leicht, dem Willen, er war ja dazu da, zu wollen. Sein Leben war in mir und ich wollte ESSEN. Ich wollte meinen Körper aufrecht halten, wollte es so sehr, unbarmherzig, so wie ich vordem das Hungern nahm. Der Wille hatte mich gezwungen zu hungern, jetzt zwang er mich zu essen. Ich wollte, ich mußte essen, und jetzt lag ich da und man gab mir nichts.

Ich hatte keine Zeit zu verlieren, sollte mein Körper wieder kräftig werden. Der Drang nach Nahrung wurde zur Gier, die Angst vor dem Zusammenbruch jagte ihn. Ich erkannte ihn wieder, meinen beinernen Willen. Mit derselben Macht, mit der er mich hungern ließ, führte er mich in diese Panik. FREI WILL ICH KEIT – Freiwillig-keit. Ich konnte nicht mehr warten, ich glaubte, im Bett zusammenbrechen zu müssen, wenn nicht gleich Nahrung käme. Ich wollte nicht mehr hungern, und jetzt war ich dazu verurteilt, weil ich eingestiegen war in das Rad des Krankenhausbetriebes. Hat mich mein Wille hierhergebracht? Er wollte das Essen und jetzt durfte ich nicht. Diplomingenieur Wille hat mich zu Oberarzt Dr. Teufel gebracht. Ich war eingespannt in das Gehirn anderer, diesen siedenden Höllenkesseln, dabei dachte ich, mein Wille könnte mich frei machen. Ich bin mißtrauisch geworden gegen meinen Willen, er ist unerbittlich, sagte ich mir. Ich steckte da im Bett und vollzog die Bewegungen der Schwester, das Brotabschneiden, auf den Teller legen, aus dem Kasten Marmelade nehmen, Butter dazulegen, das Messer holen, im Geiste mit. «Die Küche ist doch nicht weit. Es kann doch nicht so lang gehen. Vielleicht glauben die Menschen hier nicht, daß ich essen möchte. Sie verstehen mein Hirn überhaupt nicht. Glauben sie, sie tun mir recht, wenn sie mich weiterhin fasten lassen? Ich will doch nicht, will nicht, ich darf doch überhaupt nicht. Wollen sie mich hier sterben lassen?»

Ich war meinem Tod begegnet, mein Wille hat sich dafür entschieden zu leben, und jetzt ließen sie mich nicht. «Ich kann doch nicht so abhängig von ihnen sein. Ich habe mich in meinem Hirn längst zum Leben entschieden, aber jetzt, jetzt mußte es sein, mußte es getan werden», und jetzt waren da die anderen Menschen mitverwoben in mein Schicksal. Ich dachte, ich hätte schon alles getan, dachte, die Entscheidung allein wäre schon genug gewesen, um zu leben. Jetzt mußte ich Geduld haben. Ich mußte jetzt leben wollen. Ich hatte nicht gewußt, daß Ungeduld so rasen könnte.

«Bitte wo ist der Punkt, wo der Tod sich erhebt, kann ich ihn finden, jetzt finden? Wo hat die Spiralstahlfeder meines Willens mich hingeschleudert, zurück? Dorthin, wo ich herkam? Fern – wo?» War hier nichts zu finden, nichts zu sehen? Ich war im Tod. Er war ich. Ich habe ihn gefaßt. Er ließ es geschehen, und ich habe ihn losgelassen, ich wollte noch einmal leben. Ich hatte mich fallen gelassen, das Jungfernhäutchen des Bewußtseins durchschlagen im Tod, ich falle auf der anderen Seite des Bewußtseins ewig weiter. Weiter – ewig – wie vordem – für – aus – nichts – wie alles fällt – ewig fällt – und nicht auftrifft – in unendlicher Bewegung zum Stillstand geworden.

Der Tod hat mir das Leben gebracht, er hat mir die Angst und die Ungeduld gebracht und das quälend-freudige Unterfangen, es zu erhalten. Den Selbsterhaltungstrieb, den ich eintauschte gegen den Tod, den hat mir der Tod wieder beschert. Ich hatte ihn hier, und ich wußte, ich mußte essen. Doch niemand brachte mir etwas. Ich selbst konnte es nicht mehr tun. Mein Geist, aus meinem Körper bestehend, war wie lebend, aber mein Körper, der war zusammengebrochen. Ihm genügte der Wille allein nicht. Er lebt vom Essen.

Da kam ein Arzt herein. Er sprach mit einer Schwester über andere Patienten. Nachher wolle er die Neuaufnahme, nämlich mich, anschauen. Es war die Abendvisite. Er ging, und das Essen kam. Ich kann mich an das erstaunte Gesicht der Schwester erinnern, die keine Ahnung hatte von meinem Zustand, unter der Bettdecke sah man es ja kaum, als ich, bevor ich noch etwas aufstrich, das erste Brot fraß, einem Ertrinkenden gleich, der nach Luft schnappt. Die zwei weiteren aß ich mit Butter und Honig, es schmeckte mir sehr, im Magen ein Gefühl wie eine Handvoll Wasser auf einen brennenden Wald. Ich legte mich wieder hin. Der Arzt kam, er wunderte sich wie die anderen über mich. Er klopfte mich ab, regte sich auf über meine Haare, die ihn beim Abhorchen störten. Langsam bemerkte ich, daß in diesem Betrieb hier alles völlig unzusammenhängend verlief und die Untersuchung des Arztes nichts bewirkte. Eine leere Maschine, ein hohles Gehäuse, in dem die Ärzte und Schwestern ihr Geld verdienen, und als Material benützten sie Kranke, die sie ganz nach Willkür behandeln. Alle, Behandler und Behandelte, die einmal in diese Maschine, von deren Mechanik ein Stück nicht fertiggebaut erscheint, gefallen sind, bleiben ihr ausgeliefert. Abends brachte man mich in einen Schlafsaal, wo stinkende alte Patientinnen waren. Das Nachtmahl war schon längst vorbei. Ich mußte mich selbst melden. Niemand hatte bedacht, daß ich unterernährt war und Essen brauchte. Fasten hätte ich zu Hause auch gekonnt. Infusion, wie die junge Ärztin versprochen hatte, bekam ich auch keine. So saß ich, als das Licht schon abgedreht worden war, beim Schein einer kleinen Bettlampe, nicht beim Abendessen des Speiseplans, sondern wieder bei Brot, Butter und Honig. Die kleine orientalische Schwester hatte es mir gebracht. Doch ich war selig. Mir schmeckte es, und ich war glücklich, wie befreit. Am nächsten Morgen: Die Morgenvisite kam. Ein ernster älterer Mann sah mich an. Er untersuchte mich gar nicht weiter. Für ihn war jeder Kommentar überflüssig. Er fragte nichts und sagte dann: «Erste Maßnahme Neurologie.» Na gut.

Ich sollte nüchtern bleiben wegen einer Blutabnahme. Dabei hatte ich schon großen Hunger. Endlich kam eine Ärztin, die mir sehr viel Blut abzapfte. Ich hielt mich bereit für den Stich, und es schmerzte nicht. Ich kam aber zu keinem Essen mehr. Kein Frühstück, und kurz vor dem Mittagessen, das man mir schon erlauben wollte, und auf das ich mich schon so sehr gefreut hatte, kamen zwei Krankenträger, packten mich in einen Rollstuhl und führten mich auf die Neurologische Abteilung. Dort mußte ich, mit meiner Krankengeschichte auf den Knien, warten. Ich hatte reißenden Hunger, mir war kalt auf den nackten Beinen. Ich las meine Krankengeschichte, sie war noch kurz. «Einlieferung wegen Kreislaufzusammenbruchs auf Grund von Unterernährung.»

Ich mußte meine Beine unter den Schlafrock ziehen. Ich fand es empörend, einen so unterernährten Patienten wie mich hier hungern und frieren zu lassen. Und wieder sah ich, daß die Patienten eingespannt werden, um die fehlenden Teile der Krankenhausmaschine zu ersetzen, Fleisch statt Metall, um den Lauf aufrechtzuerhalten. Mein Hunger wuchs wieder so stark an, daß ich mein Herz schneller werden spürte, in meinem Kopf hämmerte es bedenklich, und ich fühlte, daß ich ohnmächtig zu werden drohte. Ich war zornig über die Vernachlässigung, wußte aber, daß für mich ja niemand Verantwortung übernommen hatte, daß niemand da war, der mir helfen sollte, sondern nur jeder eben nur seine Rolle abdiente. Ich fühlte mich maßlos der Willkür der Menschen ausgesetzt. Jedenfalls war ich jetzt eingestiegen hier, und ich wußte: Verantwortung habe nur ich für mich selbst übernommen. Ich übernehme sie freiwillig für mein Hungern und für mein Essen. Mein Hunger wurde jetzt immer so rasch zu einem Heißhunger. Ich hatte die Gewißheit, mein Körper würde versagen, wenn ich nicht sofort Nahrung zu mir nähme. Bis dahin hatte ich dieses Gefühl nicht gehabt und mein Körper hatte nicht versagt. Aber mein Zustand war an dieser Stelle angelangt. Ich war in äußerster Not. Ich mühte mich um

Geduld und Ruhe. Eine Schwester kam aus dem Zimmer auf meinen kalten Gang. Ich bat sie um ein Stück Brot. Sie bedauerte: «Hier gibt es keine Küche und auch ich habe nichts, weil ich gerade eine Diätkur mache, um abzunehmen.»
Ich bat sie noch einmal eindringlich, sie ging und brachte mir nur eine Decke, um mich vor der Kälte in diesem steinernen Gewölbe zu schützen. Eine Frau, die gar nicht sehr freundlich aussah, saß in Straßenkleidern auf der Bank links von mir und wartete ebenfalls auf eine Untersuchung. Irgendwie gelang es mir, sie mit verzweifelten Augen und flehendem Ton zu bewegen, rasch aus einem Geschäft draußen irgend etwas zum Essen zu holen. Während sie weg war, saß ich wie auf einer Pfeilspitze und die Zeit war wie Gummi. Ich hoffte so sehr, daß sie käme, bevor ich zu dem Arzt hineingerufen würde. Ich wartete so, mein Kopf tat weh, ich war so empört, aber ich erinnerte mich auch ganz ruhig daran, Geduld zu haben. Im Verlauf meines Lebens und besonders im Verlauf meiner Hungeraktion bis zu den seltsamen Zuständen hatte ich immer wieder Geduld haben müsen, und ich hatte sie auch, es war ja gar nicht anders möglich.
Die Frau kam, sie brachte mir eine Banane und einen Kuchen. Ich glaube, so ein dankbares Wesen hatte sie schon lange, zumindest nicht seit dem Krieg, gesehen. Ich strahlte. Sie wurde dadurch für ihre Geldausgabe und den Weg entlohnt, ich sah es ihr an. Zugleich wurde sie neugierig, warum ich «in der heutigen Zeit so verhungert» sei. Der jungen Ärztin hatte ich gesagt, daß ich immer weniger gegessen hatte, bis mein Magen so klein gewesen sei, daß er fast keine Nahrung mehr brauchte. Dieser Frau erzählte ich seltsamerweise, daß ich kein Geld hätte, um mir Nahrung zu kaufen. Vielleicht sagte ich das, weil ich kein Geld hatte, um sie zu bezahlen.
Jetzt wurde ich aufgerufen, zu einer Ärztin, der mußte ich wieder die Litanei meiner Hungergeschichte erzählen. Frisch genährt, mit einer Banane und einem Kuchen im Bauch, mehr schien ich nicht im Leben zu wollen, dazu noch schön warm unter der Decke, mußte ich beim Erzählen fast zu lachen beginnen. Ich zitierte gleich die beiden Versionen. Ich wußte, sie tat ja nur ihren Dienst, warum sollte sie mich verstehen wollen, sie hat ja ihr eigenes Leben. Sie fragte mich etwas kurz, und ich konnte darauf nicht antworten. In meinem Gehirn purzelten viele Gedanken auf einmal, ich wollte mich an etwas erinnern, aber ich konnte nicht. Da sah ich mich selbst still sitzen, teilnahmslos, und der Ärztin mit geistesabwesendem Blick ins Auge sehend. Sie sah in meins. Nach kurzer Zeit versuchte sie mir klarzulegen, daß der Aufenthalt in einem «normalen» Spital, wo man sich bloß auf den Körper des Patienten konzentriert, nicht das richtige für meinen Zustand sei. Ich müßte dorthin, wo man zerrüttete Seelen wieder in Ordnung bringt. Ich stimmte lächelnd zu, und sie wunderte sich, daß ich keine

näheren Fragen stellte oder mich abwehrend gegen die Transferierung verhielt. Ich wurde wieder zum Bett zurückgeführt. Und siehe, das Mittagessen kam. Eine Suppe und dann Kartoffelpüree und Fleischhaschee. Und dann war da noch ein besonders lecker aussehender Kuchen mit Gelee drauf, zu dem ich aber nicht mehr kommen sollte. Ich aß die Suppe und die Hauptspeise langsam, und es schmeckte mir so sehr. Das warme Essen legte sich wohlig in meine Gedärme, und es schmeckte mir so gut, ich fühlte mich wie die schnurrende Katze auf der Ofenbank. Zwischendurch konnte ich beobachten, daß Schwestern und Ärzte hereinsahen zu mir und einander bedeutungsvoll zunickten. Ich ließ mich zwar beim Essen nicht stören, aber eine alte, sehr kranke Frau gegenüber im Bett, die ein Loch im Bauch hatte, wo ihr der Kot herauskam, denn hinten war sie zugenäht, lästerte über mich, wie denn junge Menschen ihre Gesundheit so hinschmeißen könnten, wo sie doch nichts lieber als gesund wäre. Innerlich gab ich ihr recht, aber ich sagte nichts dazu. Sie trug ein Haarnetz am Kopf und cremte sich ihr fahles Gesicht ein. Sie soll einmal eine bekannte Schauspielerin gewesen sein, ich habe ihren Namen nicht gekannt.

Bevor ich mich über die Nachspeise machen konnte, kamen zwei Krankenträger, die mich auf eine Bahre verladen wollten. Ich war unwillig, ich wollte doch endlich einmal fertig essen und ein bißchen ausruhen. Außerdem spürte ich das Verlangen, aufs Klo zu gehen. Mit dem Hungern war meine Verdauung auch fast zum Stillstand gekommen, und ich war schon eine Reihe von Tagen nicht kacken gewesen. Ich kann nur selbst für meine Bedürfnisse sorgen, dachte ich, und ließ die Männer warten. Dann wollte ich mich einmal richtig am Klo ausleeren. Es dauerte ziemlich lang, denn so leicht ging das nicht. Die Krankenträger waren jüngere Männer, die offen über mich Witze machten und mich hämisch fragten, ob ich wisse, wohin ich jetzt käme. Ich wußte es und sagte es auch. Diese überhebliche Mannschaft liebte es, den Patienten Schrecken einzujagen, beim Transport ins Irrenhaus. Ich benahm mich ganz normal, so wie ich mich fühlte, und das schien ihnen wieder seltsam zu sein, da es ja bei ihnen nicht normal ist. Sie ließen dann ab von mir und dachten wahrscheinlich, daß es meine Geisteskrankheit sei, mich normal zu benehmen. Mit Normalen waren sie ohnehin immer zusammen und das reichte ihnen nicht aus für Spott und Hohn. Ich kann mir aber vorstellen, daß eine empfindliche nervenkranke Person von diesen Brüdern während des Transports total K.O. gemacht werden kann.

Jetzt habe ich ordentlich grüne Bohnen gepampft. Sie waren gut gewürzt, ein wenig säuerlich, drinnen waren Fleischstücke. Davor war ich spazieren. Das macht ordentlich Hunger. Jetzt ist Visite.

Bei Schwestern und Ärzten bemerke ich, daß sie in Angelegenheiten, die sie vor den Patienten nicht laut sagen wollen, einander leise über

die Schulter zutuscheln und zudeuten. Da wenden sie sich dann vom Gesicht des Patienten ein wenig ab, so wie: «Schau jetzt nicht her, das darfst du nicht hören.» Das soll bedeuten: «Das ist jetzt unser Teamgespräch über dich, das geht dich gar nichts an. Wir haben dich ganz in der Hand.» Außerdem erscheint es so, daß man so tut, als nehme man an, daß der Patient gar nicht da ist, und gar nicht sehen könne, wie man tut.
Es tut dem Patienten weh, wenn man ihn übergeht und über sein Schicksal berät und er nicht dasein soll. Es erinnert mich an meine Kindheit, wenn meine Eltern in meiner Anwesenheit etwas über das Ficken sagen wollten, wandten sie sich ein wenig ab und änderten ihren Tonfall verkrampft, und grunzten sich aus dem Mundwinkel Wortfetzen zu. So als wäre ich irre, oder so, als wäre ich ein Kind.
Und hier geht es genauso. Als wäre ich ein Kind oder irre? Jedenfalls fühlt man sich übergangen bis hintergangen. Die Ärzte dürfen tuscheln, und damit zeigen sie Macht über die Patienten, denn die Kranken glauben, daß die Ärzte etwas über sie wüßten, was sie selbst nicht wissen, und das hält sie auf immer in Unsicherheiten und Unruhe. Mit so einfachen Mitteln halten Eltern ihre Kinder klein und so halten sich Ärzte ihre Position, weil sie Kranke immer in Unsicherheit über den Zustand halten und sich so niemand erheben kann zu sich selbst. Auch der Arzt nicht.
Eine Alte schreit: «Mutter, Mutter!!» unaufhörlich «Mutter, Mutter!!» Sie selbst sieht dabei aus wie eine Urgroßmutter. Die Uralte soll die ganze Nacht noch Mutter geschrien haben, aber ich bin nur kurz davon aufgewacht, ich habe sehr tief geschlafen.
Seit Jahren hatte ich nie mehr richtig eine Seite mit Schrift gefüllt, auch keine Briefe, und ich bemerke, wie meine Buchstaben wieder langsam in Ordnung geraten und ein klares Schriftbild entsteht. Seitdem ich aus der Schule und später von der Arbeitsstelle abgegangen war, als das Kind kommen wollte, waren durch die ungeübte Hand meine Buchstaben immer wackeliger geworden.
Die Krankentransporter setzten mich im Irrenhaus ab. Ich trug ein langes Nachthemd, das unter einem kurzen weißen Bademantel hervorkam, an den dünnen Füßen große Filzpantoffel. Die wärmten mir meine vom Hunger immer kalten Füße. Die Träger verspotteten meinen Aufzug. Eine dicke riesengroße Schwester nahm mich in Empfang. Die Träger sprachen mit ihr und lachten über meinen Kopf hinweg laut hallend über meinen Zustand, voller Verachtung.
Ich wurde nackt ausgezogen, um eine Anstaltshemd zu bekommen. Ich stand mühsam da in meiner Dürrheit, die Schwester lachte laut mit den Männern mit. Heute weiß ich, sie ist laut und breit von Natur, aber zum Zeitpunkt meiner Einlieferung schien sie mir gemein und böse zu sein. Ich war empfindlich und sah sie mit einer Peitsche mich

als Schauwagentier im Zirkus vorführen.
«Wir werden dich schon aufpäppeln, daß du so stark wirst wie ich!» Gott behüte. Trotz meiner Scham rührte ich mich gleich und meldete, noch nackt, meinen Hunger an.
«Kannst einen Milchreis haben.» Es war Abend geworden. Ich bekam ein frisches langes Nachthemd und blieb allein im Raum. Ein weißer verwahrloster Saal. Mauerstücke abgebröckelt, weiße Stahlrohrbetten, starke Gitter vor den Fenstern, nicht der geringste Schmuck, Kacheln am Boden. Ich wußte aber, hierher gehöre ich schon eher als in das andere Spital. Die Räume entsprachen der Kahlheit und Nacktheit meines Gehirns, und mir traten die Mauern wie alte Freunde entgegen. Hierher gehörte ich. Hierher wollte ich? Wie eine übergroße Gefängniszelle. So voller Einfachheit.
Heute sind mir die Räume lieb geworden. Die weiße Decke, an die ich so oft schaue. Anfangs bedauerte ich, daß ich nicht von meinem Bett im Schlafsaal aus den Blick auf die Bäume und den Himmel hatte, sondern die Fenster im Rücken. Heute sehe ich auf die kahle Decke wie auf Bäume. Ich sehe ja immer nur in mein Gehirn. Ob in Bäume oder in Zimmerdecken, es bleibt dasselbe Gehirn Natur. Wenn die Seele gefüllt ist mit Erschütterung, wenn der Stein im Herzen rollt, da ist man satt und ruhig. Die Natur steht nicht außerhalb. Man bewundert die Bäume und das Herbstlaub nicht, man findet nichts schön, man bezeichnet sich nicht als glücklich, sondern man ist eins mit dem Baum, mit dem Tier, und man ist leer und ruhig. Dann sieht man auf Zimmerdecken wie auf bunte Herbstbäume.
Ich konnte mich erinnern, ich war schon vor Jahren als Besucher in dieser Irrenanstalt gewesen. Damals war ich zutiefst betroffen. Das Benehmen der Irren, wie sie behandelt wurden, wie sie aussahen, wie elend die Räume waren! Ich war damals nicht nur aufgebracht gegen die Behandlung der Irren, ich war empört über die Existenz des Irrsinns selbst.
Heute bin ich Insasse der Anstalt. Ich empöre mich nicht gegen die Räume, nicht gegen den Irrsinn und nicht gegen mich selbst.
Viele Patienten habe ich hier schon kommen und gehen sehen. Manche bleiben nur kurze Zeit da. Die Gruppe im Saal ändert sich dauernd. Andere Menschen machen andere Reaktionen aneinander, und das Gruppenbild ist laufend im Wandel. Jeder entpuppt sich an einem anderen. Neue Seiten einer Persönlichkeit tauchen auf. Angriffslustig, lieb, böse, weinerlich, erschüttert, verärgert, ungeduldig, tätlich, erschöpft, tot. Ich habe schon viele Patienten kommen und wieder gehen gesehen. Ich bin Bewohner meines Stahlrohrbettes, und ich starre schon lang an die weiße Wand vor mir.
Nicht in diesem Saal, sondern nebenan saß ich in der Aufnahmestelle der Anstalt und wartete auf den Milchreis. Ich trug das Nachthemd

und darüber einen großen gestreiften Anstaltsschlafrock. Ich freute mich auf das Essen, war dabei müde und aufgeweckt. Ich gehörte in diesen kahlen Raum. Die dicke Schwester stellte mir den Reis hin. Auch die Mahlzeit war einfach gehalten. Ein paar Rosinen am ungezuckerten trockenen Reis. Von Milch merkte ich nichts. Ich hatte die Unverschämtheit, um Zucker zu bitten, aber so etwas sei nicht üblich, hieß es, und ich stellte mich auch sofort darauf ein, daß die Mahlzeiten hier so ärmlich sind wie die Räumlichkeiten und die nackten Geister. Mittlerweile habe ich aber schon so manche gute Speise genossen. Und außerdem schmeckt es mir überhaupt immer. Mein Genuß scheint in der Seele zu liegen, weil ich mich über das Essen so freue. Einige andere Patienten tun empört über den Fraß.
Ich stopfte den übriggebliebenen Reis aus der Schüssel in einen Zahnbecher, den ich fand und stellte ihn in das kleine Kästchen neben meinem Bett, das mir zugewiesen worden war. Die Matratzen waren hart wie Holz, und auch das Kopfpolster war von einer Härte, wie ich das noch nirgendwo vorgefunden hatte.
Ich lag in dem harten Bett. Ich war so erschöpft, aber Ruhe ließ ich mir nicht. Ich starrte an die vergitterten Fenster. Die weißen Rahmen waren abgestoßen. Es sah so armselig aus, so nackt, und der Raum spiegelte meine Seele. Was hätten hier Bilder oder eine Tapete zu suchen gehabt. In meinem Hirn waren keine Bilder. Ich war mein eigenes Bild, und ich hatte keine Wände um mein nacktes Gehirn.
Im Gitterbett neben mir lag eine Frau. Sie krampfte eine weiße schmutzige Handtasche an sich. Sie spie Worte vor sich hin, sie schien betrunken zu sein. Dann richtete sie sich auf und raufte sich das rötliche Haar.
«Ihr Hurenvolk, ihr verdammtes, mich hier einsperren, das könnt ihr.» Sie sank wieder zurück und schlug verzweifelt mit der Faust in den harten Polster, dann lag sie mit dem Gesicht nach unten und zog Schleim durch die Nase.
Hier schämt sich niemand seiner Wahrheiten. Täte er es, er hätte keinen Gewinn. Schämte ich mich meines Gerippes, ich würde davon nicht besser. Niemand kann mir geben, was ich nicht nehmen will. Jeder gibt sich, was er braucht, ein Leben lang, seit jeher, immer schon und immer wieder.
Es kam ein jüngerer, flotter Arzt. Er trug einen silbrig schimmernden großen Anhänger um den Hals. Seine Haare waren länger, wie die Mode es angibt. Die Neuankömmlinge wurden nacheinander befragt.
Vor mir kam eine alte Frau dran, die in ihrem Garten Stimmen gehört hatte und auch Gestalten gesehen. Sie hatte daraufhin vor Angst so laut gebrüllt, daß die Nachbarn die Polizei alarmiert hatten. Die schaffte sie ins Irrenhaus.

Die Frau bestand darauf, daß sie die Gestalten gesehen hatte. Später bekam sie heraus, daß sie nur aus der Anstalt entlassen würde, wenn sie sagte, daß sie sich das bloß eingebildet habe und daß es nicht wahr gewesen sei. Sie würde sich aber auch als Entlassene sicher sein, daß da etwas im Garten gewesen ist. Es muß auch etwas gewesen sein, sie hat es ja gesehen und gehört, das will ich ihr glauben. Freiwillig oder durch Zwang, hierher kehrt man zurück, war man einmal da, heißt es im Irrenhaus.

Dann kam der Arzt zu mir. Er fragte so viel und so schnell. Das Datum, den Tag, und wie alles bisher mit meiner Krankheit verlaufen war. Und warum und weshalb. Ich hatte lauter Knoten im Hirn, und das Denken erschöpfte mich. Soviel hätte ich angeben können, und ich war müde. Ich sagte:

«Ich wollte mich verhungern lassen.»

«Aber das ist ja ganz etwas anderes.»

Er holte einen neuen Zettel. Die Ärzte schreiben alles auf, was man ihnen sagt, so als wollten sie einen damit festnageln. Seitdem ich an mir erfahren hatte, daß diese Leute gar nichts verstehen wollten, sondern nur geschäftig Formulare vollkritzeln müssen, ohne Zusammenspiel mit der Behandlung, bin ich stiller geworden und beantworte nur das Nötigste. Das ist den in die Krankenhausmaschine Eingespannten auch lieber. Der Arzt sah mir ins Auge und sagte:

«Wissen Sie, Sie sind schizophren.»

Ich bestätigte ihm das gern und war nicht im geringsten erstaunt über seine Diagnose. Ich war müde und etwas bange, aber die Szene belustigte mich auch. Darüber hinaus war ich auch unruhig, wie ich sah, daß man meinem zermarterten Gehirn auch hier keine Ruhe lassen wollte. Ich wollte ordentlich essen und Ruhe. Aber noch sollte es nicht soweit sein. Und ich weiß, daß ich jetzt, wo ich hier friedlich sitze und schreibe, mich nur in einer Woge meines Lebens befinde und man Zustände und Stimmungslagen nicht festhalten kann, auch keinen Wunsch an die Vergangenheit oder an die Zukunft. Ich kenne meine Vergangenheit, daher kenne ich meine Zukunft. Ich reite weiter die Wellen von Ruhe und Bewegung meines Lebens. Gleich der Bewegung eines Orgasmus rollt sich mein Leben auf. So bin ich. So will ich es. Ich setze mein Leben für mich ein.

Ich bat den Arzt, etwas für meinen abgezehrten Leib zu tun. Ich war zu diesem Zeitpunkt in der Beziehung zu den Spitalsmenschen unsicher. Manchmal hatte ich in meiner Schwäche den Eindruck, daß sie besonders nett zu mir waren, und manchmal glaubte ich, sie begegneten mir mit besonderem Haß und wollten mich zerstören. Der Arzt rief einige Schwestern und noch zwei Doktoren herbei, und sie versammelten sich um mich. Mir erschien diese, wie ich heute weiß, gar nicht so besondere Situation sehr bedeutsam, gleich einem Schauspiel

im alten Rom, wo eine Nackte vom Publikum angestarrt und von Löwen angefallen wird, um zerfleischt zu werden. Mir war alles mit besonderer Bedeutung belegt, und ich glaubte auch, ich sei hier der einzige besonders arge Patient, um den sich alles drehte, und den man im Guten und Bösen besonders beachtete. Jetzt weiß ich, daß nur der gewöhnliche Spitalsbetrieb ablief, und ich nur mir selbst, nicht aber den anderen besonders wichtig vorkam.
Die Gestalten standen vor mir mit gefletschten Zähnen. Sie taten, als hätte ich das Ärgste gemacht, was man hätte tun können. Sie wollten mich vernichten, weil ich sie verraten hatte, ich fühlte mich in irgendeiner Weise schuldig.
Heute ist Besuchstag. Ich freue mich auf Robert. Er kommt und bringt mir ein Päckchen mit einem ganzen Apfelkuchen. Es ist so sehr unsere Gemeinsamkeit, die mich angenehm anregt. Die Besuchszeit vergeht immer so schnell, wie die ganze Zeit hier wie im Zeitraffer abläuft. Robert hat die ganze Zeit meines Hungerns miterlebt, aber selbst nicht gehungert. Mit einem hungrigen Menschen zusammen zu leben, ist eigentlich unmöglich. Ich habe erlebt, daß es möglich ist.
Eine Computerspezialistin wurde hierhergebracht. Sie arbeitete an den größten Computern der Stadt. Sie ist eine große starke junge Frau mit wunderschönen gewellten langen Haaren. Sie verdient schweres Geld, sieht aber nicht wohlhabend aus. Im Waschraum hat sie mir von sich erzählt. Sie hat keinen Gesellschaftskreis, keinen Lebensinhalt außer ihrer Arbeit. Die liebt sie sehr, die freut und interessiert sie. Trotzdem wünscht sie sich Liebe und Anerkennung, wie jeder. Zu einer Kollegin äußerte sie einmal kurz, sie würde sich umbringen, falls sich das Leben nicht bald ändere. Diese Kollegin war in Sorge um sie und meldete es. Dann kam auf einmal die Rettung und brachte sie auf der Stelle ins Irrenhaus. Nun sitzt sie hier, unfreiwillig, ungefragt, nur weil sie eine Äußerung tat, die ich schon oft auf der Straße, im Milchgeschäft, im Haus gehört hatte. Es ist ein geflügeltes Wort. Ihr Irrsinn war es, sich vor der falschen Person zur falschen Zeit zu äußern. Jetzt wird sie hier festgehalten. Die Ärzte fragen sie, warum sie ihnen nichts erzählen will. Sie spricht auch zu mir selten. Ein verständiger Arzt fragt sie, ob sie sich nicht anders ausdrücken wolle als in Worten. Sie verlangt von ihm Zeichenblätter. Sie setzt sich hin und bringt mit Bleistift wunderliche, zerklüftete, aber präzise ineinanderpassende Formen mit Weiß-, Grau-, Schwarzschraffur in kürzester Zeit auf das Blatt. Das wird sie morgen dem Arzt zeigen, als ihren Ausdruck ohne Worte. Ich bin gespannt, was er sagen wird. Sie sitzt im Tagraum, als sie das Kunstwerk zu Papier bringt. Ich sehe ihr gern zu. Daneben sitzt der tolpatschige Kinderbär. Der zeigt mir voll kindlicher Freude das Schulheft, in das die mindestens dreißigjährige Frau ungelenk PAPA und MAMA hineinschreibt. Auch ihren eigenen Namen. Ich sehe das so gern

wie das Kunstwerk. Die Lust am Herzeigen ist bei beiden Frauen dieselbe.
Die geile Menschenmenge, die mein ausgezogenes Gerippe begafft hatte, löste sich wieder auf. Der Arzt trat an mich heran, und in seinen Augen war Verständnis und Bereitschaft, mir zu helfen. Ich hatte mich an den dauernden Wechsel meines Gefühls der Umwelt und mir selbst gegenüber so gewöhnt, daß ich jetzt schon auf jeden Irrsinn vorbereitet schien, und wie ein Schwimmer im Meer mich mit der Woge bewegte. Oder wie ein Kajakfahrer in meinen Hirnwildwassern.
Der Arzt fragte mich, ob ich gut schlafen könnte. Ich wußte es nicht. Er verordnete mir Schlaftabletten. Ich hatte wieder so viel Vertrauen in meine Lage. Kurz vorher war alles dunkel und aussichtslos gewesen. Das Leben war nicht zu Ende, der Tod nicht da, man hängt im Nichts, ohne irgendwo aufgehängt zu sein. Wie jeder es tut. Jeden Tag, von früh bis spät. Es ist das Gefühl der ungewollten Leere, das man als Mensch nicht ertragen will und das ihn zum Wahnsinn treibt. Wahnsinnig wird man, wenn man Angst vor dem Wahnsinn hat. Erreicht man den Wahnsinn nicht, bleibt man geisteskrank. Ich hatte Angst, mich im Kopf zu verwickeln, ich wollte Ordnung im Hirn und verstrickte mich immer mehr. Ich habe meine Gehirnwindungen durcheinandergewurstelt und hätte sie doch locker liegen lassen können.
Ich bin bereit geworden, jede Welle der Verwirrung und des Wahns in meinem Hirn fließen zu lassen. Ich habe in den dunkelsten Stunden mich hingelegt und bin ruhig gewesen und habe nichts getan. Jetzt nichts tun, war die Parole. Im Sterben nichts tun. Abwarten, nichts herbeiführen wollen, die Lage nicht bestimmen wollen, lassen, lassen lassen sein lassen lassen sein. Es könnte sein, daß man wieder sachte aufsteigt und Wärme und Lust die Seele füllt.
Die Schwester brachte mir eine Schlaftablette. Sie war irgendwie nicht freundlich zu mir, und in meiner gesteigerten Empfindlichkeit schwappte mein gutes Gefühl wieder in Panik und Trübsal um, und ich dachte, man wollte mich mit dieser Tablette töten, so wie man es mit vielen Geisteskranken in derselben Stadt in derselben Anstalt vor nicht allzu langer Zeit wirklich getan hatte. Damals war es normal, Insassen des Irrenhauses zu töten, weil man ein Gesetz gemacht hatte, das ihnen das Recht zum Leben absprach. Und sehr viele, die es getan haben, leben noch, behandeln noch. Die Mehrzahl der Normalen hat das gutgeheißen. DAS IST WAHR, JEDES WORT IST WAHR!
Ich nahm die Pille ein. Ich sagte zur Schwester:
«Einmal sehen wir uns wieder.» Sie antwortete:
«Gewiß sehen wir uns wieder.»
Der Arzt kam noch einmal und brachte mir ein Bonbon. Ein eingepacktes Fruchtbonbon, wie ich es als Kind gern gegessen hatte. Am Papier war die Frucht abgebildet, deren Geschmack das Bonbon hatte.

Es war Orange. Ich lutschte und schlief bald vor Erschöpfung ein.
«Ich muß unbedingt den Herrn Bundespräsidenten sprechen!» schreit eine Frau, vor Angst sich steigernd.
«Wann – hinaufarbeiten – dort müßts auch arbeiten!» Dann ist sie ein paar Sekunden still. In dieser Stille muß sich ein wahrer Wirbel im Kopf abspielen, bis sie wieder herausbrüllt:
«Sind wir Juden, daß wir soviel arbeiten müssen! Der Herr Bundespräsident ... Steffi, Steffi, das kann doch nicht wahr sein, da wirst ja verrückt! Der Herr Bundespräsident ... Steffi, Steffi!»
Von den sogenannten Depressiven, zu denen auch viele Selbstmordversucher gehören, wird in einem raffinierten Spiel jeden Morgen der Faden zur Depression eingefädelt. Sie jammern sich selbst hinein und sind bedacht darauf, die anderen ja mitzureißen, damit sie im Reiche des Kummers nicht allein sind. Funktioniert es einmal nicht so leicht, einem anderen ihre Stimmung anzuhängen, so gehen sie ihn unmittelbar an.
«Bist wieder traurig, hast wieder Schmerzen? Gell, na ja, was soll man machen, jeder hat sein Kreuz zu tragen. Die Plerabol sind gut, die solltest du nehmen, die bringen dich wieder in die Höhe.»
Einige Menschen kriechen hier auf eine ungute Weise zusammen, sie bezeichnen einander als Schatzi und Hasi, sind dann berechnend besonders hilfsbereit. Da geht dann der Spruch wie zu Kinderzeiten:

«Du hilfst zu mir – die hilft zu der!»

In höchster Einsamkeit und Not sichern sie sich Freunde und bilden Gruppen gegen andere Fronten, die eigentlich nie bestehen, sondern die sie zum Ausbau ihres Wahnsystems brauchen. Leicht wird dann in die Gehirnmühle ein anderer hineingezogen. Besonders Frauen, die schlank sein wollen, sind mir sehr böse, daß ich soviel essen darf. Frauen, die das Alter nicht ertragen können und sich vor Angst darüber das Hirn verknüpft haben, reagieren empfindlich auf junge Menschen. Wenn einer Patientin eine Zahnbürste wegkommt, kann sie bis zur äußersten Wut gelangen. Wenn man sich da einmischt und vielleicht suchen helfen will, gerät man unweigerlich in ihren Ablauf, dann sieht sie dich nur als Gegner und willkommenen Widersacher. Ist die Wut stark, dann kann sie handgreiflich werden. Ist sie mehr in sich gekehrt, bricht sie zusammen und weint.
«Na wie geht's, gut geschlafen – mir geht es heute wieder miserabel.»
Ich schlief die Nacht durch und erwachte erfrischt. Ich erinnerte mich an den Gedanken, daß ich die Schlaftablette als Todespille gesehen, und stellte sachlich fest, daß ich noch lebte. Was ich ja gar nicht so genau wissen konnte. Doch ich fand mich in gewohnter Form in bekannter Umgebung vor und so bezeichnete ich mich als lebend. Ich war nicht verwirrt, ich wartete ab, was geschehen würde. Es war Wochenende und an diesem spielt sich der Spitalsbetrieb lockerer und

träger ab als an Wochentagen. Die junge Schwester mit den langen rötlichen Haaren, die sie an der Stirn kurz abgeschnitten trug, und die mir auch die Schlaftabletten gegeben hatte, brachte ein Uringlas.
«Frühharn», sagte sie. Dann sah sie in ein Buch und nahm mir das Glas wieder weg.
«Erst am Montag.» In meinem Kopf schnappte es plötzlich ein: Man läßt mich bis Montag noch liegen, um zu sehen, ob ich dann noch lebe, dann wird man vielleicht beginnen, etwas für mich zu tun – wenn man meinen Lebenswillen merkt. Ich hamsterte trockenes Brot in meinem Nachtkästchen. Die Zeit zwischen den Mahlzeiten war mir viel zu lang und die Portionen waren mir zu klein. Mein Bauch war aber schon bedenklich gefüllt und trotzdem konnte ich nicht kacken. Vielleicht hätte ich es versuchen sollen, aber ich hatte die Idee, ohne Abführtabletten nicht gehen zu können. Zu Hause hatte ich meinen winzigen Stuhlgang damit geregelt. Ich probierte es also gar nicht. Den Reis, den ich im Zahnbecher hatte, warf ich dann doch weg. Ich hatte ja jetzt Brot, und mir war der Gedanke, Zahnputzreste mitzuessen, nicht geheuer. Ich hatte immer noch Hunger, konnte aber nichts mehr hineinbringen. Ich war in einer öden Lage, ich hatte Angst um meinen Körper.
Es kam eine hochgewachsene Ärztin. Sie meinte:
«Die gehört sofort an die Infusion und Schonkost.»
Man wies mir ein Bett an, es ist bis heute mein liebes hartes Bett geblieben. Es gibt keine Tür zum Aufnahmesaal, und ich sehe alles, und in der Nacht höre ich alles mit an.
Ich lag im Bett. Mein Arm auf einem Polster. In der Vene eine dicke Nadel, und Nahrung tropfte über drei Stunden lang, zwei Flaschen lang, direkt in mein Blut, und das Herz pumpte das Nahrungsgetränk mit heftigen Schlägen durch den Körper und das Gehirn. Wenn es zu schnell tropfte, wurde es mir ganz schwindlig vor den Augen, es flimmerte. Ich war in eine Stimmung geraten, wo ich das auf das Aufflakkern meines Lebenslichts zurückführte. Augenflackern, Herzflackern. Tatsächlich hing es mit der ungewohnt reichlichen Nahrungsaufnahme zusammen, die mein Gehirn so antrieb. Mein Gehirn mußte sich erst an das Angebot gewöhnen. Jetzt habe ich tatsächlich einen ganzen Kugelschreiber ausgeschrieben. Neben den Mahlzeiten aß ich auch noch Brot und Süßigkeiten. Ein Mädchen schenkte mir saure Drops, und ich naschte ohne Rücksicht auf die Zähne. Zu Mittag gab es fettes Schweinefleisch mit Kraut. Ich war gierig, aber eigentlich faßte mein Bauch nicht mehr viel. Es war ein schweres Essen, und ich erinnerte mich an die Anweisung der Ärztin, mir Schonkost zu geben. Es schmeckte mir, aber nun war ich restlos voll.
Keine Aussicht, meinen Körper zu ernähren, dachte ich, obwohl ich angefüllt war bis obenhin. Keine Aussicht, das Verdaute loszuwerden.

Aussichtslos. Das Kraut rumorte in den Gedärmen.
Die Menschen schoben ihre Körper an meinem Bett vorbei. Manche hatten ein rasches Gehabe, manche stampften vorbei, einige gingen leise mit starren Gliedern und starrem Gesicht langsam, ganz langsam. Mir muteten sie alle wie Geister an. Der lebendige Geist eines jeden ging an mir vorbei. Sein Wesen schlug mir entgegen. Aber niemand nahm Notiz von mir.
Eine kleine magere dunkle Frau mit Brille und Kurzhaarschnitt ist in ihren Hausarzt verliebt. Sie lebte allein mit ihrem Kind. Sie weint, sie möchte wieder nach Hause zu ihrem Kind. Sie war krank und hatte den Arzt bestellt. Sie war dem Arzt so dankbar, er war so freundlich. Sie liebte ihn und schrieb ihm einen Liebesbrief. Darin stand auch, daß sie ohne ihn nicht leben könnte. Der Arzt bestellte die Rettung und ließ sie ins Irrenhaus bringen.
Jetzt ist sie da. Die Schwestern fragen sie aus, machen sie weich. Als sie auch von einem Scheckbetrug erzählt, den sie begangen hat, schlägt das Interesse in Abweisung um, und sie verwenden das gesammelte Material, um es in Vorwürfen gegen sie auszuspielen.
«Ein armer Kerl sind Sie, Sie haben Pech als Frau, manche schaffen es eben nicht.» So lassen sie sie stehen. Einsam und ratlos, nachdem sie ihr alle Geheimnisse herausgezerrt haben.
Der Arzt nimmt die Zeichnungen der Computerfrau in Empfang. Er will das fotokopieren lassen. Jetzt hat sie Anerkennung. Weder der Arzt noch die Patientin bemühen sich um Verständigung. Mir scheint diese Situation recht.
Der erste Tag des Irrenhauslebens ging zu Ende. Ich war vollgepumpt mit Nahrung, aber nicht angenehm satt. Ich lag, alle legen sich hier zeitig zu Bett, ich konnte nicht einschlafen. Die Gedanken kreuzten, hakten und lockerten sich wieder. Das sinnlose Hammerwerk des Gehirns arbeitete auf Hochtouren. Die Gedärme waren überfüllt. Die Gedanken beschäftigten sich überhaupt nicht mit dem draußen Zurückgelassenen, sie kreisten allein um meinen Körper. Für mich war nur das Jetzt gültig, das zwischen Erschöpfung, Panik und Erleichterung sich bewegte. Vor meinen geschlossenen Augen flimmerte es. Es war Unruhe im Nebensaal, und viele schliefen schlecht. Eine Frau schrie, wieviel Geld sie hätte und wieviel Männer. Nach Mitternacht wurde sie niedergespritzt. Sie wurde still, nur ein junges Mädchen wimmerte noch vor sich hin.
Ich fand keinen Schlaf. Irgendwie rappelte ich mich zu dem Gedanken auf: Wenn es nicht möglich ist, dann schlafe ich eben nicht. Und ich benützte die Gelegenheit, um meine Hände auf meinen Bauch zu legen, und mir vorzustellen, daß ich durch mein Hirn über die Arme und die Hände die Kraft schicken könnte, diese Nahrung zu verdauen.

Ich konzentrierte mich ganz auf meine Verdauung und führte von oben nach unten durch sachtes Streicheln einen Einfluß auf meine Gedärme aus. Ich hatte für einen Moment die Angst, daß meine Gedärme von einer gefährlichen Krankheit befallen wären, weil ich so lange so viele Abführtabletten genommen hatte. Ich dachte auch an Darmverschluß, und vor mir erschien das Bild eines aufgeblähten Darmstükkes, das platzen wollte und in meine Bauchhöhle Nahrungsbrei und Blut ausliefen und ich elend zugrunde gehen müßte. Wie eine Wasserleiche, so aufgedunsen. Mit hervortretendem Bauch, den Nabel nach außen gestülpt, die Gliedmaßen lose baumelnd. Zwar in der Vision karikiert, aber zum erstenmal sah ich auch dann, wie ich jetzt wirklich aussah. Bis jetzt hatte ich mir nie plastisch vorgestellt gehabt, zu welcher Häßlichkeit ich mich heruntergehungert hatte.
Ich war auch verwahrlost. Ich hatte im Waschraum einen kleinen abgebrochenen Kamm gefunden und zu mir gesteckt. In dieser Nacht wollte ich manchmal nicht mehr recht weiter. Die Superaktivität meines Gehirns, über die ich anfangs so erfreut gewesen war, wurde mir langsam zuviel. Und da mir meine Lage so aussichtslos erschien, wollte ich nicht nur schlafen. Ich wollte nicht mehr sein. Ich lag still auf der harten Matratze. Mein Rücken und das knochige Hinterteil lagen sich wund. So wie ich mich hergerichtet hatte, so war mein Leben nicht mehr möglich.
Zwischendurch aß ich aber noch saure Drops und hartes Brot, das ich aufgestapelt hatte. Aber nur aus Gier, an eine Gesundung konnte ich nicht glauben. Vor meinen Augen flimmerte es wieder, mein Herz schlug schneller, die Gedanken verknüpften sich. Die Gehirnwindungen umschlangen das Herz, das ihnen dazu die Kraft gab, und eines rang mit dem anderen.
Ich sah mich vor den Ärzten auf dem Chirurgentisch liegen. Ich sah mich aufgedunsen, knochig, kantig, gelblich und schlapp, ein elendes Bild eines erwachsenen Vogelembryos. Aus eigener Schuld. Die Ärzte haben so etwas noch nie gesehen, sie sind voll Spott und Hohn. Sie verwenden mich als Versuchstier. Sie halten mich am Leben, um mich zu ihrer Lustbarkeit zu quälen. Eine hilflos grausame Ausgeliefertheit an die blutrünstigen Menschen. Ich wollte nicht mehr, nein, ich wollte nicht mehr leben. Meine Gedärme von der Verdauung wundgearbeitet, ein alles unter sich lassender nackter ekeliger Menschenhaufen, so sah ich mich. Ich war so aufgekratzt, zugleich fertig. Ich hatte sie alle verlassen, Robert, mein Kind, meine Mutter, mich, alle. Ich wollte nicht mehr nicht mehr nicht mehr.
Dann fand ich auf einmal wieder irgendwie den Schalter zum Lockerlassen. Ich lag da und erinnerte mich, wie ich schon einmal in Todesangst gelegen war und wie beglückend der Zustand der Bereitschaft für den Tod gewesen war. Und siehe – es war wieder. Ich sah in stei-

nerner Ruhe an die nur vom Nachtlicht schwach beleuchtete Decke. Nicht der Tod war mir wichtig und nicht das Leben. Ich ließ mich sein und schlief doch noch ein.

Am nächsten Morgen konnte ich meinen Darm erleichtern, aber für die Menge an Esssen erschien es mir zuwenig. Der Körper juckte mich, die Haare hingen fettig herunter. Es war Sonntag und da liegt der Spitalsbetrieb brach.

Ich lag, dann ging ich herum, innerlich sehr wundgelebt. Nebenher lief meine ruhige alles interessiert betrachtende Gedankenspur, der ich wahrscheinlich auch die Erinnerung und die Freude verdanke, diese Gedanken aufzuschreiben. Zwischendurch verließ mich das leise Gefühl nicht, das alles in Ordnung sei und sich alles zu meinem Verständnis auffalten würde. Ein Gefühl des Selbstvertrauens. Einerseits hatte ich die Wahrhaftigkeit meines Schreckens und andererseits wußte ich, daß es Visionen waren und ich ein ganz unbedeutender Patient unter vielen Patienten des Irrenhauses war. Ich lebte auf diesen vielen Ebenen, und sie trieben im Wechsel ihr Spiel mit mir. Oder spielte ich selbst mit mir? Ich wußte auch, daß ich das tat. Ich tat es ja oft. Ich spielte mit meinem Tod. Ich wollte an ihn herangelangen, als ich anfing, so zu hungern. Einmal hat er mir über die Schulter geschaut. Eine ruhige Gestalt, aber gestaltlos, nur durch die Ausstrahlung im Gefühl existent, und dieses Gefühl gewann Gestalt. Ich wurde zum Leben in Menschengestalt geboren als umgepoltes Gefühl meines Todes. Ich habe mich ausgetauscht. Ich – das Gefühl meines Todes – zum Körper, zum Leben. Ich bin mein Tod und mein Leben.

Als ich das erfuhr, wußte ich, das will ich nicht vergessen, das hatte ich gesucht. Ich brauchte keine Angst vor dem Tod zu haben. Er ist still, er ist ich.

Je stiller ich meinen Geist und Körper halte, um so weniger tue ich mir weh. Und das Sterben wird leicht. Ich wollte dieses Gefühl nie vergessen. Dann kann es auch laut sein. Ich habe es nicht vergessen. Ich suche es nicht. Ich trage es immer bei mir. Es ist leicht, denn ich habe daran nichts zu tragen. Ich habe keine Last.

Bis heute lebe ich mit meinem Tod. Ich befinde mich jetzt schon lange hier. Und es ist unbestimmt, wie lange noch. Ich habe nicht vergessen, daß ich jetzt, wo ich so begeistert meine Erinnerung aufs Papier bringe und mich über mein Hirn freue, nur in einer riesigen Woge schwimme, von der ich nicht weiß, wohin sie schlägt. Aber ich kenne mein Meer, es ist unendlich, und die Woge schlägt immer in meinem Meer. Ich mißtraue meinem Gehirn und lasse es sein. Ich entlohne mich mit Erlebnissen.

«Ich habe doch nichts Böses getan, ich habe doch nur Gutes getan, und da steckt man mich in so einen Misthaufen! Ich verdiene das ja gar nicht! Ich werde mich rächen! Ich werde mich rächen!» schmettert eine Frau in dramatischem Theaterton.

«Der liebe Gott soll mir helfen, daß der heilige Schutzengel kommt und mich rettet. Das ist ja fürchterlich, das ist ja fürchterlich, in einem Mistkübel muß ich sterben! Bitte, Schwester, ich muß lulu gehen!» wimmert sie dann. «Schwester, was ist das für ein Spital, wofür ist das?» fragt sie. Das tun Patienten oft, denn man läßt sie im Dunkeln. «Himmel, ich bin tot, ich bin schon tot, es ist alles aus und vorbei!» Dabei steigt sie mit ihrer jammernden Stimme von ganz unten bis nach oben.

«Zu viele Tabletten hat sie genommen, weil sie sich gefürchtet hat vor der Gallenoperation!» tönt es vom Gang herein. So wäre es auch mit mir, ich wollte um keinen Preis leidend am Körper mit aufgeschnittenem Bauch daliegen und vor Schmerzen brüllen wollen.

Meine Mutter kam. Sie wollte nichts davon wissen, daß sie ihre Tochter als Irre im Narrenhaus wiederfinden mußte. Sie wollte nichts, als mich aus diesen kahlen Räumen schnellstens wieder befreien. Ich stoppte sie aber in ihrer Energie. Ich benahm mich ganz normal. Sie wußte ja nicht, daß ich mich hier zuständig fühlte und die Kahlheit der Umgebung mir noch am ehesten wohl tat. Ich verhielt mich ihr gegenüber wie immer, daneben kreiste es in meinem Hirn, total erschöpft war ich – auch nett und ruhig. Ich flößte meiner Mutter Vertrauen ein. Sie ließ mir Obst da.

Ich hatte aber da gar nicht mehr vor, viel zu fressen. Ich war gegen Abend ruhiger, weil ich nicht so einen überfüllten Magen hatte. Ich wurde immer friedlicher und ließ meinen Körper locker. Ich blickte durch die Gitter auf den Park hinunter. Die Bäume, Gras, Himmel, Luft und Wind. Ich empfand keine Trauer, keinen Abschied. Der Tod ist größer, oder gleich groß wie die Natur.

Ich bewegte mich langsam in den Waschraum. Ich sah in den Spiegel. In meine Augen. Ich sah mir ins Auge, und ich sah mich, wie ich war. Mein Gesicht, mein Gehirn. Ich war mir recht, ich gab mir recht.

Meine Augen ruhten in meinem Blick, sie entspannten sich, und das Bild verschwamm und bewegte sich. Über meiner Nase, zur Stirn zu, dort war ein Punkt, auf den die Bewegung hinzog. Und ich sah mich. Ich strebte nicht nach dem Leben und nicht nach dem Tod. Ich war wie ein Stein.

Es war Abend geworden. Ich ging zu Bett, legte mich ruhig hin und ließ meine Gedanken gehen, wie sie wollten. Ich hielt nichts fest. Bilder stiegen auf, zusammenhanglose Formen, Dinge, Farben, Wellen – ein bewegtes Bild, das sich dauernd änderte und dahinfloß. Dann sah ich ganz deutlich Szenen aus meiner Kinderzeit, ich konnte mich an die Farbe der Küchenvorhänge erinnern, an den Ton, den die Türschnalle von sich gab, und das Spüren, wenn man sie herunterdrückte, jede Klinke einen anderen Widerstand. An den Standort von Möbeln, ich

war ein kleines Mädchen von fünf Jahren. Es war alles da, es stand alles vor mir, ich empfand den Geruch von damals, Eibischteig. Ich erinnerte mich an das Schürzenmuster meiner Großmutter und an den Geruch in der Speisekammer, wo meine Mutter die linke Seite benützte und meine Oma die rechte. Ich hörte, wie die Fenster mit einem Riegel verschlossen wurden, den Klang der Pendeluhr: Dong – dong – dong.
Ich holte das nicht absichtlich hervor, es kam und ging. Es zog wie gestaltlos vorbei. Ich war in einem Zustand des Wachens und Träumens. Ich war wach, und zugleich schlief ich, mein Körper lag still, hätte ich ihn absichtlich bewegen wollen, ich hätte keinen Angriffspunkt für die Bewegung finden können. Ich hörte dabei alles, was um mich herum vorging, ganz wach. Das war der auffälligste Unterschied zu einem gewöhnlichen Traum. Die Bettnachbarn, die Bewegung der Schwestern, das Tor, wenn jemand eingeliefert wurde. Das Schnarchen der alten Frau. Ich sammelte diese Geräusche und das Wissen um meinen Zustand, und es machte einen entspannenden leichten Raum aus Wirklichkeit und Gedanken, aus Greifbarem und Gestaltlosen. Ich war der Sammelpunkt für diese losgelösten Wesen, und ich war ruhig. Das Herz schlug langsam und regelmäßig.
Nebenan wurde eine junge Frau eingeliefert. Sie schrie, sie wolle zu ihren Kindern. Sie muß Ausländerin gewesen sein, konnte aber gut deutsch schimpfen. Sie war schon einmal hiergewesen, sie hatte Angst vor der Irrenanstalt.
«Ich möchte den Herrn Primarius sprechen! Er hat mir Elektroschock gegeben! Schwester, du Hure, bring mir die Schüssel.» Die Schwester schrie zurück:
«Wenn du aus dem Gitterbett heraus bist, gebe ich dir eine, daß dir Hören und Sehen vergeht!»
«Du verlogenes Schwein! Ihr seid hier alle verdammte Schweine und Arschlöcher, verdammt noch einmal, ihr habt mir Elektroschock gegeben!»
Ich hörte sie laut und deutlich durch meinen empfindsamen Wachschlaf. Ihre Verzweiflung leuchtete in meinem Gehirn auf. Ihre Aufregung ebbte nach der großen Steigerung der Lautstärke der Schimpfworte ab, sie rüttelte am Eisengitter. Dann ging sie in leises Singen über, ein französisches Kinderlied «frere schake, frere schake, dorme wuu», leise und deutlich. Sie war still, bis sie wieder explodierte. Sie riß sich das Hemd auf, ich hörte den Riß.
«Ich will meine Kinder wieder!! – Der Schwein Primarius, der hat mir Elektroschock gegeben! Schweine, ihr habt mir meine Kinder genommen! Laßt mich heraus, heraus . . .» Sie ging in Jammern über.
«Schwester, bitte die Schüssel.» Die Schwester brachte sie und sperrte das Gitter auf. Die Frau fuhr auf, riß der Schwester die Schüssel aus der Hand und haute sie ihr an den Schädel. Die Schwester schlug das

Gitter herunter. Niederspritzen, niederspritzen, das einzige, was man zu tun hat. Ich hörte alles und sah es vor mir, aber ich lag still und schlief eigentlich. Ich fühlte mich, obwohl ich ganz ruhig war, diesem Wesen in irgendeiner Weise verwandt, in ihrer Ekelhaftigkeit und Schamlosigkeit.

Diese Frau deckte mich in ihrer Rücksichtslosigkeit gegen sich und andere auf und weckte mich aus meiner steinernen Ruhe. Mein Herz begann schneller zu schlagen, ich richtete meinen Körper wieder auf, er bewegte sich erstaunlich kräftig. Ich spürte, daß ich meinen Kopf wieder verwickeln könnte und nicht alles sein ließe, was war. Ich war beunruhigt, die Bereitschaft, alles zu nehmen, wie es käme, wurde durch eine Anspannung getrübt. Ich öffnete die Augen und war erstaunt, die Betten viel weiter auseinander zu finden, als ich gedacht hatte. Vorher hatte ich alle Dinge ganz zu mir hergezogen in einen kleinen Umkreis, so als hätte der ganze große Raum nur in meinem Schädel Platz. Alles rückte in meiner Vorstellung zusammen, und es war ganz bei mir, die Stimmen der Menschen, die schrien und leise jammerten, alle Schlafgeräusche, alles war mir wie eine irrsinnige Lautszene, harmonierend, und deren Zentrum war mein Kopf. Ich trennte das Gefühl für den Raum und das Hören dieser Musik nicht in meinem Kopf. Das Gefühl für den Raum und das Hören wurden eins. Das war ich.

Meine Lippen waren trocken, die Augen geschlossen. Mir war, als würde mein Gesicht nach innen fallen. Die Augen, die Wangen, nach innen, und langsam der dürre Mund. Mein Herz wurde langsamer, und ich hatte es in Kontrolle, ich hatte den Hebel zu meinem Herzschlag in meinem Kopf, und ich wollte es immer langsamer werden lassen, bis es ausliefe. Ein Farbenspiel vor meinen Augen. Ich meinte, meine Augen seien grau, die Haare weiß geworden. Ich sah mich als alte Frau am Totenbett. Genau am Geburtstag meines Kindes. Und es war gut so. Ein ganzer Mensch blieb zurück. Ich dämmerte so dahin. Das Herz langsam, ich meinte, für immer einzuschlafen, dieses Leben brauchte man nicht zu vermissen. Dann lag ich wieder ruhig und merkte, daß ich mein Gesicht bewegte. Mein Körper funktionierte noch gut.

Ich sah mich Bündel nackter Haut unter den Geieraugen der Ärzte, die mit dünngeschliffenen Rasiermessern mit tropfenden Mundwinkeln mir das Hirn zerstückelten, den Bauch aufschnitten, und dann deren Inhalte vertauschten. Das machte mir Angst, ich wollte nicht, aber dann sah ich, daß mir nichts anderes übrigblieb. Sollte ich so leben oder so sterben? Ich ließ mir die Wahl. Ich war mir nicht ganz im klaren, ob man sich selbst sterben läßt, oder ob das nicht an mir lag. Jedenfalls schien es nichts mit meinem Wollen oder Nichtwollen zu tun zu haben. Meine Gedanken kreiselten wieder. Ich lag da, meine Gefühls- und Verdauungswaage stand still, genau in der Mitte. Ich war bereit für alles, ich wäre auch für schmerzende Eingriffe bereit gewe-

sen. Ich war mürbe, müde und durstig, bewegte mich wieder.
Ich machte mich bereit für alles Grauen und Leiden der Welt. Ich sah mich am Kreuz wie Jesus Christus, nicht für jemanden zu sterben, aber doch für mich zu sterben, unter den Umständen, die ich für mich selbst sorgsam über lange Zeit bereitgestellt hatte. Christus wollte am Kreuz sterben. Seither heißt es, daß das Leben ein Kreuz sei. Ich höre diese Worte oft im Irrenhaus.
In meinem Nachtkästchen hatte ich Heidelbeerjoghurt stehen, ich war durstig und hungrig. Ich hatte aber die Tafel «nüchtern» am Bett hängen, wegen einer Blutabnahme am Morgen. Ich sollte nicht, aber ich trank von dem Joghurt, ich gab mir damit Kraft. Ich schlief ein.
Es war Morgen. Ich stand auf, ging in den Waschraum, zog mein Nachthemd über den Kopf. Ich schämte mich nicht mehr. Ich sah aus, wie ich eben aussah. Das Wasser und die Seife erfrischten mich. Ich hatte mich nach vielen Tagen wieder gewaschen, ich zog ein frisches Nachthemd an und legte mich wieder ins Bett.
Eine Schwester rief mich ins Ärztezimmer, und ich dachte, jetzt kommt doch noch alles über mich herein, dem ich geglaubt hatte, schon entronnen zu sein. Ich wußte, man darf niemals glauben, daß die Kraft schon zu Ende sei, oder eine Sache. Der Körper-Geist hat viele Reserven, die er in neuen Situationen zuschießen kann. Man kann über normale Hürden springen, so wie man sie sich aufgestellt hat. Wenn man gern springt, will man seinen Kopf einsetzen bis zur Erschöpfung, Erschütterung. Einmal satt sein und sich ganz für sich einsetzen, daß man das Leben spürt. Ich ging ins Ärztezimmer und war bereit. Die Schwestern taten geschäftig, sie schienen sich um mich zu versammeln. Die Ärztin nahm eine große Nadel, stach mich in die Vene und nahm mir viel Blut ab. Dann schickten sie mich wieder ins Bett, das war alles.
Gleich darauf brachte man die Infusionsgeräte herein. Zwei Flaschen Nahrung, direkt ins Blut. Ich lag still. Es waren die Tage am Anfang des Herbstes, und die Sonne leuchtete auf mein Bett. Sie traf meine Füße, sie war warm, und auch die Nahrung wärmte mich, beruhigte mich, ich lebte gern, so gern. Ich weiß aber auch, daß ich unrührbar bin, für mich Tod und Leben dasselbe ist, einem Stein gleich, ich bin im Sternzeichen des Steines geboren.
Als mein Hungerunternehmen begann, bemerkte ich das kaum. Das leise Aufhorchen war aber doch da, eine Botschaft von mir an mich, daß ich die Schwelle zu einem abenteuerlichen Spiel mit mir selbst betreten hatte. Noch ganz gefaßt und etwas belustigt setzte ich mich an den Spieltisch und wußte doch bereits, zu welchem fanatischen Spieler ich werden sollte. Ich wußte, ich begann mit meinem Leben zu spielen. Ich bot alles, was ich hatte, mich selbst zum Einsatz. Ich hatte nichts zu verlieren außer mein Leben. Ich hatte nichts zu gewinnen außer mich selbst. Ich war es, aber ich wollte mich wieder. Wieder neu. Ich wollte

mich wiedergewinnen. Mein Einsatz war mein Leben. Der Übergang von mäßigem Essen zu zwanghaftem Fasten war leise, kaum zu spüren.

Ich hatte immer schon ein Auge auf diese Art des Spiels. Ich trieb es auch schon zu anderen Zeiten mit Maß und Freude daran. Aber jetzt sollte es zu einer Besessenheit sondergleichen führen. Ich versuche, den Anlaß und den Zweck zu finden, der mich dazu trieb. Ich erkenne beides, aber es sind noch viel mehr Ebenen, auf denen mein Spiel lief, es begann noch viel früher, mich zu faszinieren.

Essen und ich, Trinken und ich, das waren immer schon Marksteine in meinem Leben. Ich habe sie zu meinem Lebensinhalt werden lassen. Sie aufgebauscht zu einem riesigen Strauß Blumen. Rosen, Sonnenblumen, Brennesseln – Schaumgummikraut. Mein Strauß, wohlgeordnet, nach genauen Regeln gesteckt und aufeinander abgestimmt. Gebannt an diesen Beruf. Ich hatte daneben das Leben vergessen. Ich habe mich zugrunde gerichtet an dem Beruf, den ich freiwillig mir schuf.

Ich war einmal ein rundliches wohlgenährtes. Kind. Mir wurden keine ausgesucht guten Speisen vorgesetzt, aber ich freute mich über die meisten Gerichte einfacher Art und hatte keine Hemmung, sie in mich hineinzustopfen. Es war mir auch keine Frage, ob ich genug hätte oder nicht. Essen war, was es war, einzig und unbelastet. Ich dachte auch darüber nicht nach. Über Angelegenheiten, die mir «klar» sind, denke ich nicht nach. Sie fallen mir nicht auf.

Manches in meinem Leben erwies sich als Genuß, als besonderer Luxus, jeder Genuß hat ein Gegengewicht. Gern essen – nichts essen. Wer glaubt, daß nichts essen kein Genuß ist, macht sich die Rechnung zu leicht.

Ein ganzer Kreis schließt sich um die Geheimnisse des Geschmacks und die Erlösung des Kauens und Verdauens, um die Vorfreude des Verdauens. Ich ließ es für eine Zeit zum Kernpunkt meines Lebens werden. Ich ließ die Speise und den Trank in meinem Hirn zum Wichtigsten und Einzigen werden. Ich wurde es selbst. Der Kreis der Geheimnisse ist kein Geheimnis. Jeder kennt sie. Nur mit Nahrung leben wir. Ich wollte die Kontrolle über meinen Körper haben, ich teilte ihm nach meiner sonderbaren Vernunft die Nahrung zu und er mußte sein, wie ich es wollte. Er sollte schlank und beweglich bleiben. Er sollte schön sein. Er blieb es lange. Ich aß gern, ich ließ jeden Bissen auf meiner Zunge zergehen. Ich liebte den Schlaf nach gutem Essen. Das Essen und der Schlaf erlösen das Gehirn. Ich wollte mein Bewußtsein hintergehen. Ich wollte das Nichts überlisten. Fasten war meine große Idee – essen meine Liebe. Fasten mein Geist, essen mein Körper, Hoffnung gab es für mich nicht, ich hatte, was ich wollte. Ein totes Gehirn und einen schönen Körper. Für nichts, nur so. Fasten ist hart, aber ich gab dieser Arbeit einen Sinn. Ich belohnte mich am nächsten Tag mit gutem

Essen, und so regelte ich mir meine Zeit. Essen und fasten spielten ineinander wie mein Oberkiefer auf den Unterkiefer. Ich war dem Chaos entwichen und hatte eine Lebensregel für mich gefunden, mit der ich mich im Nichts zurechtfand.

Ich gehe zum erstenmal in die Musiktherapie der Anstalt. Es rücken die verschiedensten Menschen an. Ein junger Mann klopft sich an den Kopf und sagt:

«Es tönt so hohl.» Er ist Spastiker und bewegt sich krampfartig. Er heißt Hansi. Ein anderer ist auch Spastiker und tropft aus dem Mund. Zwei ältere, ganz stille und scheue Frauen. Ein scheuer alter Mann, der sich freut wie ein Kind, als ich mit ihm zur Musik der anderen tanze. Daneben ein gedrungener Bursche, der ständig kichert. Er hat einen Wasserkopf. Menschen in abgerissenen Gewändern und vertretenen Schuhen. Diese grauen Anstaltsanzüge der Männer und die langen Kittel mit den Wollstrümpfen der Frauen. Eine unter einem weißen Kittel gut gekleidete Frau Professor kommt an. Sie kommandiert. Wir sollen Geräusche machen, ohne Instrumente. Klatschen, Trampeln mit den Füßen, Rücken mit den Sesseln. Dann mit Instrumenten spielen. Was jeder haben will, kann er nehmen. Wir sind große Vögel, dann kleine. Wir gehen in Gruppen zusammen, dann auseinander. Dann darf jeder einmal die Instrumentengruppe dirigieren.

Ein Wahnsinniger als Dirigent ist ein ganz eigenes Schauspiel. Ein Mensch geht auf in der Bewegung, das Dirigieren wird zum eigenen Tanz des Dirigenten. Ein spastischer temperamentvoller Dirigent, der keine Kontrolle über seinen eigenen Rütmus hat, sondern seine Seele hemmlungslos herausdirigiert, wird zum Sinn des Dirigierens selbst. Was die Musiker spielen und ob sie parieren, bleibt Nebensache. Sie brauchen eigentlich gar nicht da zu sein. Er dirigiert sich selbst, ohne Sinn und Zweck, ohne Macht ausüben zu wollen. Er wird von seinem eigenen Rütmus dirigiert, während er tobt, und kehrt wieder zu sich selbst zurück.

Die Musik der Irren ist monoton gehalten. Einmal in einem Rütmus gefangen, wechseln sie ihn nie mehr. Und würden, tief und einsam eintauchend in den Ton und die Bewegung, weitertun und keinen Grund zur Unterbrechung oder zum Wechsel finden. Sie haben kaum ein Zusammenspiel. Der andere ist da, aber niemand verlangt etwas. Keiner will Rücksicht, keiner nimmt Rücksicht.

Die Musik schwillt zu ohrenbetäubender Macht an, in aller Ohren ist es eben das Geräusch von Instrumenten, und jeder will es so hören, wie es gespielt wird. Keinerlei Anforderung stellt man hier an sich selbst. So mancher, würde er nicht von der Professorin aufgefordert, täte gar nichts. Mehrere Menschen legen auch den Kopf auf den Tisch oder auf die Knie und schließen sich zeitweise ab.

Der Wechsel von Instrumenten, der Wechsel von Rütmus und Tonfolgen, der Wechsel von Bewegungen liegt ihnen fern. Bei den temperamentvollen wird das Trommeln zu einem irren Wirbel des eigenen Herzschlags und die Bewegung ein in sich Hineintanzen. Trommeln und Tanzen, das liegt diesen Aktiven am meisten. Sie geraten in Trance, allein gelassen würden sie bis zur Erschöpfung trommeln und tanzen. Anders die Temperamentlosen. Die mühen sich ab und brauchen das ganze Theater eigentlich nicht. Es scheint ihnen aber nicht unangenehm zu sein, weil man hierher freiwillig geht.

Aus sich herausspielen, ohne eine Form geben oder wahren zu wollen. Hören, was man selbst spielt. Ein Ton gibt den anderen. Man spielt mit dem Hirn, man bringt sein Gehirn zum Klingen und hält Zwiesprache mit sich selbst. Der plötzliche Wechsel des Weges macht Spaß, er ist eine Aufforderung. Mühelos spielen meine Finger Flöte, Klavier oder Trommel. Denken und spielen, ohne zu sprechen. Die Töne fliegen weg und ihr Nachklang vereint sich mit den neuen Tönen. Alles, was kommt, ist recht, es ist für nichts gut und bringt nichts ein. Ob das was ist?

Ich lerne das Instrument, indem ich es spiele, lerne es kennen beim Hören. Jedes Instrument kann jeder spielen, wenn er es tut. Es spielt sein ganzes Wesen. Spielen zwei absichtlich gern zusammen, so sind sie bereit, den anderen in ihren Kopf einzubeziehen und seine Töne als eigene zu erkennen. Es ergibt eine Harmonie der beiden Einsamkeiten. Jeder läßt den anderen sein, allein für sich, dann treffen sich zwei Gleichgesinnte. Irgendwo, irgendwie, für einen Augenblick oder für immer. Wer nicht einsam sein kann, kann nicht zu zweit sein. Und schon gar nicht zu dritt, zu viert ... Wer allein unruhig und traurig ist, will den anderen benützen, um ihm seinen Kummer anzuhängen.

Es gibt Harmonie zweier Instrumente und zweier Seelen. Nicht von einem Dirigenten geleitet, sondern von sich selbst gesteuert. Ohne Steuerrad, ohne das Verlangen nach Harmonie, ergibt das ein Chaos von Tönen oder Gefühlen, das Chaos als Basis der Ordnung, ohne daß die Verbindung abgeschnürt ist, Töne, die ihre Ordnung im Tun, ihren Antrieb in ihrem Ursprung haben und wieder dahin zurückkehren. Chaos ist zugleich Ordnung. Das Chaos besteht aus allen Ordnungen zugleich. Diese Ordnung unterliegt keinen Gesetzen, Wunschgarantien. Ich mache jetzt keine Gesetze. Der Apfel der Erkenntnis war das erste Gesetz. Gibt es eine Einkehr ins Paradies mit dem Apfelbutzen in der Hand?

Ich hatte mir ein Gesetz gemacht. Das Hungern. Jetzt bin ich im Irrenhaus und niemand weiß, wie lange noch.

Ich neige dazu, mich zu zwingen. Mich in meinem Zwinger, meinem Hirn zu fangen. Ich hatte die Vorstellung, nicht essen zu wollen. Ich wollte ordnen, ich wollte mich nicht zum Chaos des Augenblicks bekennen. Ich wollte Sicherheit, wo Unsicherheit war. Ich wollte mich nicht. Ist das in Ordnung? Indem ich hungerte, war es meine Ordnung,

und das Gefühl, daß alles in Ordnung war, lief in den verwirrtesten Stunden mit mir mit.
«Schreiben Sie einen Roman?» fragt mich die Ratte.
«Ja, eine Geschichte.» Weiter fragt sie nicht und will nichts weiter wissen. Angenehme Seite eines Menschen.
Die Ratte ist gar nicht so übel. Heute hat sie mir Kleingeld geschenkt, weil ich sie immer am Morgen wecke. Ich habe es genommen. Ich stehe hier immer früh auf und gehe zeitig schlafen.
«Toro, toro, toro!» Singt eine spanische Prostituierte, die gerade gebracht wird. Sie ist in Windeseile ausgezogen. Sie hat keine Unterwäsche an. Sie tanzt nackt vor den Krankenwärtern. Sie spricht ein singendes Deutsch, und dazwischen trällert sie gekonnt wunderbare spanische Lieder. Sie läßt sich widerstandslos ins Gitterbett sperren.
«Na, wie ham wir's?» fragt die Schwester.
«Heute bin ich betrunken, tralala ...» Sie singt wieder. Nach einer Weile ruft sie nach Essen, hungrig könne sie nicht einschlafen. Ihr werden zwei Brote versprochen. Sie ist begeistert und wünscht sich noch ein Glas Rotwein dazu. Die Schwester ist gut aufgelegt, wer weiß, ich sehe im Schwesternzimmer oft Weinflaschen stehen. Sie bringt ihr ein Glas Himbeerwasser. Die Spanierin kostet und schüttet die Schwester von oben bis unten mit der Limonade an.
Sie singt so schön und versucht dabei im Gitterbett zu tanzen. Dann wird sie ruhiger. Sie kniet im Bett und ruft: «Ich will nicht Bösheit, ich will Liebe! Ich brauche Liebe! Ich habe nichts getan, ich will Liebe, Liebe, Lieeeebe!»
In der Nacht soll sie randaliert haben. Das Niederspritzen hat kaum geholfen, und man stellte sie in den Waschraum. Dort finde ich sie am Morgen, als ich duschen will, hinter Gittern vor. Sie singt wieder, jetzt mit sanfter Stimme. Sie fragt mich, ob ich ein Modell sei. Ich sage, ich bin kein Modell. Ich hätte die beste Karikatur eines Modells unseres Modegeschmacks abgegeben. Sie erzählt mir, daß sie mit einem Freund, einem Diplomaten, Drogen genommen hatte. Sie ist hinter ihm gelaufen, dann hätten sie sich verloren, sie hätte geweint, und dann hat sie mit der Funkstreifenbesatzung gerauft, die sie hierherbringen wollte. Ihre Blutergüsse sehe ich mit eigenen Augen. Sie dankt für die Creme, die ich ihr durchs Gitter gebe. Sie ist an die 35, braune Haut, stramm, ein herbes Gesicht, schwarze kurze Haare und eine wunderschöne Stimme. Sie ist so ulkig in ihrem Hunger und ihrer Gesundheit.
Als das Frühstück kommt und man ihr nicht gleich zu essen gibt, löst sie seelenruhig, so als hätte sie diese Möglichkeit schon lange gesehen, das Maschenwerk des Netzes. Es ist dasselbe Bett, aus dem die Krankenschwester damals ausgebrochen war, und es ist schlecht repariert. Dann klettert sie heraus, holt sich einen Kaffee und zwei trockene Brote und klettert wieder durch das Loch in den Käfig zurück und ver-

zehrt ihre Brote. Gegen Mittag wird sie weggebracht, in die Trinkerabteilung, heißt es.
Es waren nur drei Menschen, deren Leben meine Abwesenheit ein bißchen ändern würde. Ich hatte aber keinen Kummer, sie zu verlassen, und ich dachte nicht, daß sie selbst Kummer hätten, verlassen zu werden. Ich hatte, bevor ich in die Anstalt kam, mit jedem noch eine besonders angeregte und schöne Zeit gehabt. Ich habe mich verabschiedet, wie ich war. Von meinem Kind ging ich wie ein Kind. Von meiner Mutter wie eine liebe Tochter, die dankbar ist für das Verständnis. Und von Robert ging ich als wahre Gefährtin.
Ich verzehre eben mit großem Appetit eine heiße Wurst mit Senf und Brot. Daß es einem Menschen so schmecken kann, jede Mahlzeit und so viele Tage schon. Als Kind aß ich auch für mein Leben gern. Ich bevorzugte Süßspeisen, auch Wurst, Schnitzel, Rouladen, aber die bekam ich selten. Ich wuchs mit ganz einfacher Nahrung auf, weil meine Eltern wenig Geld hatten. Wir wohnten, bevor ich noch zur Schule ging, in einer engen alten Wohnung zusammen mit den Großeltern. Heutzutage kommt mir die Gasse und das Haus wie aus einer Spielzeugstadt vor. Meine Erinnerung wird so lebendig, wie ich sie in diesen leuchtenden Träumen hatte, ich kann mir jedes Gefühl scheinbar selbst geben.
Mein Kugelschreiber rollt übers Papier. Dem Computermädchen, das jetzt zeichnet, geht es scheinbar ebenso. Sie ißt und zeichnet, ißt und zeichnet. Ich esse, schreibe und gehe spazieren. Schon lang und wie lange noch? Ich weiß es nicht. Ein Irrer wird nicht so schnell unter die Normalen gelassen. Als Selbstmörder wäre man sicher ein schlechtes Beispiel für die Umwelt. Man stelle sich einmal vor, es wäre ansteckend.
Ich habe mich als liebes Mädchen in der Kindheit in Erinnerung. Mit langem Haar, das ich zu Zöpfen oder einem Pferdeschwanz gebunden trug. Ich war still und froh. Ich hatte manchmal Schwierigkeiten mit den Kindern, mit denen ich spielte und mit denen ich zur Schule ging. Ich konnte mich stärker als die anderen in Beschäftigungen und Spiele vertiefen. So wie jetzt beim Schreiben. Ich sehe, wie sich das Kinderreich auffaltet.
Schöne Dinge sehen, mich über Spielzeug freuen, mich über Essen und Kleider freuen. Ich besaß nicht viel, ich besitze nicht viel. Ich möchte mir wieder einmal etwas Schönes kaufen.
Es gibt klügere Irre und es gibt weniger kluge Irre. Eine kleine dicke Frau mit einem groben Haarschnitt, sehr gehbehindert, sucht das Klo. Eine andere zeigt es ihr. Eine, die im Vergleich zu den ganz klugen wiederum sehr dumm ist. Die dicke Frau findet das Klo nicht, obwohl sie jeden Abend in dem Saal nebenan schläft und schon oft auf diesem Klo war. Heute will sie es nicht finden. Sie weiß, was sie will. Sie heißt Wanda.

Eine alte Frau mit einer Wollmütze auf dem Kopf liegt im Bett. Neben ihr steht Grießbrei, ihr Nachtmahl, sie verkündet, es sei vergiftet. Sie hat trübe Augen.
«Hier sind verschiedene Parteien von Menschen», meint sie, «schauen Sie, diese Frau raucht im Dunkeln. Ich darf nichts essen, darf nicht sprechen, ich werde abgehört! Parteien haben sich gegen mich gebildet, ich darf keinen Zucker und kein Fett essen. Vergiftet. Sind Sie stille! Auch Sie werden abgehört!»
Ich bin neugierig, wie lange sie nicht essen wird. Sie ist schon recht mager.
Eine Frau wurde von ihrem Mann ins Narrenhaus gebracht. «Er will's wahrscheinlich ungehindert mit seiner Freundin treiben!» Sie ist verzweifelt. Aber ich kann sehen, warum sie der Mann loswerden will und warum er eine Freundin hat. Sie war zu Hause so aufgeregt und nervös, daß sie der Mann nicht allein zu Hause lassen wollte. Er verständigte den Arzt, und der wies sie gleich in die Irrenanstalt ein. Hier geht sie unruhig auf und ab, streicht sich dauernd durch das Haar, sie trägt den Kopf hoch und stolz. Sie ist schon grau, obwohl sie noch nicht alt ist. Sie wirkt abweisend und kühl. In ihr kocht ein Vulkan, sie möchte gern alles hinausschleudern, aber sie findet den Weg nicht dazu. Sie ist über ihr Schicksal empört. Sie ist ja nicht nur hier so. Es muß schwierig sein, mit diesem Menschen zusammen zu leben. Hier wird sie mit Drogen ruhiggehalten. Ob sie da ruhiger wird? Sie will es ja nicht sein. Sie bringt sich selbst immer wieder in Qual, bis sie die Droge wieder aufs Bett wirft.
Viele Liter Infusionen habe ich schon bekommen, dazu habe ich recht tüchtig gegessen, und jetzt habe ich schon wieder gut zugenommen. Ich fühle mich kräftig. Die Wangen heben sich wieder, der Körper hat sich ein wenig aufgefüllt. Die Oberarme und die Oberschenkel sind wiedergekommen. Das Bäuchlein und der Busen sind wieder gewachsen. An den Beinen sollte ich noch etwas stärker werden. Die sehen so noch etwas seltsam aus. Ich gehe wieder zum Turnen, um sie zu kräftigen. Die Heilgymnastikerin ist nicht faul, Ballspielen, Rutschen über die Bank, Durchkriechen unter der Bank. Einen schweren Ball am Bauch liegend mit den Händen hochheben, während sie mir die Beine untenhält. In den Kniestand, und dann schnell von einer Seite auf die andere setzen. Und dann das Fahrradfahren, ich trete es schon sehr schnell.
Das Fasten war hart. Die Zeit war so lang. Ich war ausgedörrt und so leer. Die Angst, doch zu essen, war groß. Ich durfte es auf keinen Fall, denn sonst bräche mein System zusammen und mein Leben geriete in heillose Unordnung. Der Sinn löste sich wie mit einer Explosion auf und traf mich hart an der Seele. Manchmal begann ich, von einer maßlosen Gier getrieben, doch wild in mich hineinzufressen, so als wollte

ich schneller laufen. Davon vor meinem grausamen Plan, der mich zu verfolgen begann. Ich stand dann jedesmal vor einem erschöpften vollgefressenen Haufen Körper. Ich hatte das Spiel wieder einmal verloren. Ich hatte alles weggeschmissen und den Spieltisch verwüstet. Angst und Grauen vor mir selbst ließen mich aber von neuem gierig essen, damit ich dieses entsetzliche Gehirn loswerden könnte.

Mein Körper blieb makellos wie immer, nach dem Zusammenbruch schlüpfte ich wieder mühselig, aber sehnsüchtig in die vereiste Bahn meiner Lebensregel und das Fasten glich aus, was das Fressen auf die Dauer nicht halten konnte. Es glich mich aus. Es gab mir das nötige Maß von Spannung und Entspannung. Und zugleich lernte ich immer sicherer zwischen diesen Polen zu wandeln.

An meinen Fasttagen stand ich wie immer frühzeitig auf. Ich erhob mich wie eine Maschine, tat jeden Handgriff wie betäubt, aber ausgerechnet und genau. Die Leere und Dörre schlug schon am Morgen zu. Sie bereitete sich unsanft in meinem Hirn ein Nest. Ein gallertig aufs Unendliche ausdehnbarer Fadenknäuel lag in meinem Kopf, es war der Tag, die Stunden, die vergehen mußten. Zugleich hockte das Gespenst Angst vor der Stirn, es könnte schiefgehen. Nein, nicht, ich mußte heute durchhalten. Nicht links und rechts schauen, den Tag durchlaufen wie ein Hürdenläufer. So lang, jede Minute würde sich mir einbrennen, unendlich unnötig und absurd, aber diese Absurdität meines Unternehmens übte einen Reiz auf mich aus. Der Anfang meiner Fastenübungen war besonders belastend, und schwer lagen diese Tage auf meinen Schultern und drückten mich nieder. Ich hatte bestimmte Tageszeiten, die ich als Etappen erkannte, wenn sie gut vorübergingen, kamen die nächsten auf mich zu. Ich habe die Länge der Tage am eigenen Körper gespürt. Jede Stunde, jede einzelne Minute war ein Schlag auf meinen Kopf. Konnte ich die Leere nicht aushalten und aß doch eine Kleinigkeit, war die Qual, dann doch ein angemessenes Ende zu finden, groß und oft erwies sich dieses Bemühen als unmöglich.

Ein ganzer langer Tag ohne Erneuerung meiner selbst, ohne eine entlastende Rast und Stärkung des Körpers und des Geistes, schlich dahin wie ein hungriges Tier. Ich war es, gegen Nachmittag zu, wenn ich mechanisch alle nötigen Hausarbeiten getan hatte, beugten sich die Schultern unter Schwäche und Angst, doch noch aus meiner Reihe zu fallen, tief, und ich sehnte mich in die Nacht, die aber gar nicht so angenehm war. Ein hungriger Mensch kann schlecht schlafen. Manchmal mußte der Alkohol herhalten als Schlafmittel, aber er putschte mein unterdrücktes Gehirn nur auf, und die Qual nahm kein Ende. Zu Beginn meines Unternehmens war das Fasten eine unsägliche Mühe, aber ich tat es, immer wieder angezogen von der Vorstellung, es könnte leichter werden. Das wurde es auch. Mein Körper litt weiterhin sehr an den Fasttagen, aber ich unterlag immer weniger oft der Versuchung zu

essen, und die Angst, es doch zu tun, trat in den Hintergrund. Mein Körper blieb schön, ich hatte auch meine Festtage. Und meine Fasttage. Es schien eine absurde Ordnung zu herrschen, die mich zusammenhielt und meinem Leben diesen Sinn gab.
Mein Körper fühlte sich nun auch an den leeren Tagen nicht immer übel. Die Sonderbarkeit meines Lebens war mir bewußt, und ich fragte nicht, ob sie vernünftig wäre. Ich nahm mir die Freiheit, mich zu quälen und auch zu belohnen. Die Mühe eines Fasttages, den ich mit Erfolg hinter mich gebracht hatte, befriedigte mich und gab mir die Kraft, meinen Weg in diese Richtung fortzusetzen.
Wenn ich spazierengehe im Park der Irrenanstalt, dringen tierische Schreie zu mir aus den Fenstern. Es ist die Musik der Institution. Die Parole dieser Menschen hier wie überall. Schreien aus Angst, schreien aus Schmerz, Elektroschock, schreien aus Lust. Hier darf man, hier herrscht ja die Narrenfreiheit. Nur heißt das: Je länger du dich als Narr benimmst, um so länger mußt du hierbleiben. Viele Patienten in meinem Saal sagen, sie wollen wieder nach Hause. Ich weiß nicht, wie lange ich noch hier sein werde.
Ich lebe hier mein Leben. Ich darf in den Park gehen, bis in den Wald hinauf. Die Sonne scheint jetzt kaum mehr, es ist tiefer Herbst geworden, und die Krähen sitzen schon scharenweise auf den immer kahler werdenden Bäumen. Ich freue mich über die Mahlzeiten, und ich schreibe. Mir füllen diese Tätigkeiten die Tage. Für manche ist es öde, hier zu sitzen und in die Luft zu schauen. Besonders für nur leicht irritierte Frauen, die bloß wegen einer Nervenüberlastung hierhergekommen sind. Sie sind es gewöhnt zu arbeiten und zu hetzen. Deswegen kommen sie hierher. Sie können keine Ruhe finden. Ich sehe sie aber auch nicht spazierengehen. Sie sind traurig, lassen alles hängen und wollen wieder in die Turbulenz der Arbeit und der Leistung, die sie nicht mehr geschafft hatten. Hier zählt Leistung nicht, hier zählt überhaupt nichts. Liegen, schauen, an die Decke, auf die Bäume, was soll ich erzählen, ich lebe hier, ich bewege mich, ich bin satt, friedlich, ich kann leise vor mich hin singen.
Heute ganz früh war der Morgenstern vom Balkon aus zu sehen. Jetzt ist es hell, und der Stern ist verblaßt. Es kommt wieder ein Tag, Sonntag. Am Morgen dusche ich immer. Zuerst warm, dann ganz kalt. Die neuen Schwestern kommen, um den Nachtdienst abzulösen. Oft habe ich hier schon diesen Wechsel gesehen.
Manche Menschen stinken so sehr. Eine sitzt gerade hier beim Tisch, ich glaube, ich werde wandern. Kalt ist es heute am Steinboden. Die Ratte hat mir eben ihr Stück Huhn vom kommenden Mittagessen angetragen. Jetzt, kurz nach dem Frühstück schon. Ich finde sie gar nicht mehr so schlecht. Die Portionen sind hier klein. Ich bleibe doch sitzen, ich habe mich an den Geruch gewöhnt.

Seit gestern wälzt sich, zwei Betten von meinem entfernt, ein mächtiges 120 Kilogramm schweres Walroß im Bett. Man findet es häßlich, wenn man herkömmliche Schönheitsideale heranzieht. Angenehm scheint so viel Gewicht nicht zu sein, denn sie kommt in kein Nachthemd hinein, sie wälzt sich träge in einer offenen Kleiderschürze im Bett herum. Das Bett faßt es kaum, an den Seiten hängt sie herunter. In einen Sessel mit Lehnen paßt sie nicht, weil sie zwischen den Hölzern steckenbleibt. Bei diesen kleinen Portionen sehe ich diesen mächtigen Leib immer vor Qual erbeben und den Magen mit aufgerissenem Maul nach Nahrung schreien. Aber auch sie bekommt nicht mehr als ich. Sie spricht kaum. Nur gestern sagte sie:
«Ich bin von Beruf müde.» Jetzt gähnt sie wieder. Warum sie hier ist? Ich weiß es nicht. Vielleicht zählt so viel Gewicht auch zum Irrsinn.
In einem Gitterbett ist ein ganz junges Mädchen. Sie hat etwas Feines im Gesicht und langes schönes Haar. Sie hat verkrüppelte Beine und kann nicht gehen. Sie spricht mit einer Flüsterstimme. Selbstmordversuch mit Schlaftabletten. Sie sitzt hinter dem Gitter, gestikuliert und flüstert vor sich hin. Daß ein bloß flüsternder Mensch so laut sein kann. Es liegt ein Schrei darin. Hektisch kramt sie in ihrer Handtasche, sie hat darin viele kleine Zettel, auf die etwas gekritzelt ist. Man denkt, sie flüstert, was ein anderer laut sagen könnte.
Sie tut manchmal so, als wollte sie Kontakt aufnehmen. Sie benimmt sich geisterhaft. Geht man näher hin, ist sie wieder ganz mit ihrem Kramen beschäftigt und flüstert in ihrer eigenen Sprache. Sie muß schon ganz trocken im Mund sein von dem vielen Flüstern. Man hat das Gefühl, von einer Nixe gelockt worden zu sein und, dem Trugbild folgend, steht man verlassen im Meer der eigenen Einsamkeit.
Anders ist ein ebenfalls junges Mädchen, das wegen Zwistigkeiten mit ihrem Freund sterben wollte. Sie hatte unter Alkohol aufputschende Drogen mit viel Schlafpulver genommen, und dabei ist sie in einen auffälligen Zustand geraten. Sie weint. Sie ist blond und kräftig. Ich sehe sie an, und sie lacht. Dann weint sie wieder. Jetzt steht sie auf, geht zu mir her und bringt mir Bonbons und deckt mich zu. Dann ist sie wieder heiter. In hohem Bogen springt sie in ihr Bett. Sie spricht voller Vernunft einer jammernden Frau neben sich zu, und ich wundere mich über ihre Gefaßtheit. Während sie das noch tut, geht sie aber schon wieder in Weinen über. Sie hat ein kleines Stofftier bei sich, das drückt und küßt sie ab. Sie bewegt sich so ausgiebig, ihre Bewegungen sind weit und weich, aber sehr vehement. Sie fällt mir auf, nicht nur, weil sie mir Bonbons ans Bett gebracht hat, sie hat mich auch zugedeckt. Sie hat mich benützt, um aus ihrem Jammer herauszusteigen, und ich habe dieses Geschäft gern mitgemacht. Ich kenne sie, sie ist wie alle Mädchen und wie ich selbst. Sie ist mir nicht ferner als ich mir selbst, hier in diesem Kellersaal. Er macht kalt, obwohl es draußen noch etwas warm

ist. Ich bin hier hineingestoßen, so hineingestolpert, und ich bin so mager. Ich habe keinen Schutz vor dieser Kahlheit, sie wächst mir aus dem Leib heraus. Sie ist mein Inhalt. Das Mädchen hat mich zugedeckt und leise dabei gesagt:
«Schlaf gut.» Ich habe sie gehört, ich habe ein Bonbon in den Mund gesteckt. Ich lechze nach Nahrung, egal wie sie beschaffen ist. Ich bin so gierig, ich bin so bedrängt, ich spüre es, es klemmt mich ab, ich bin so in Not, mir ist eng, und ich bin in die Enge getrieben, ich kann mich nicht befreien, ich schlage im Geiste um mich. Ich steige und falle, ich lebe und will sterben, ich bin in den Wasserfall meines Gehirns gestürzt, und ich muß mich ihm ergeben. Ich sehe es, ich muß mittun mit mir, ich muß gefaßt sein, jeden Augenblick einen anderen Standort einzunehmen. Weggestoßen, ich schlage hart auf einen Felsen. Ich bin für jetzt wieder gerettet, aber ich weiß, das Wasser schwemmt mich unbarmherzig.
Das blonde Mädchen hat aufgehört zu weinen, sie ist geschäftigt, sie richtet sich ihr Bett. Sie hebt ein Papier auf, sie wirft es in den Papierkorb. Sie ißt Schokolade. Sie drückt ihr Stofftier an sich. Sie hatte einen Selbstmordversuch mit Pillen gemacht wegen Schwierigkeiten mit ihrem Freund, und jetzt küßt sie den Stoffgnom. Er ist es. Er ist es. Sie wird ruhiger. Ich liege und sehe an die Decke. Ich kann alles sehen, es blendet nichts, der Saal ist matt beleuchtet. Wie ein Keller, es riecht auch so hier. Ich kann sie sehen, im Bett gegenüber von mir. Es ist ruhig geworden, auch das Mädchen im Gitterbett liegt ruhig und hält die Handtasche umklammert.
Mein Gegenüber hat sich im Bett aufgesetzt. Sie legt das Polster auf ihre Knie und legt den Kopf darauf. Eine seltsame Stellung. Sie ist ruhig, sie schwankt leise hin und her. Sie hält ihren Kopf auf das Polster gedrückt. Ja, sie ist still geworden, aber sie ist angespannt. Sie sammelt ihre Energie. Sie hat sie. Sie ist aus Fleisch und Blut, sie hat mich zugedeckt, sie hat nicht gefragt, ob es mir recht ist. Sie tut es. Sie hat es immer schon getan, wenn sie Lust dazu hatte. Sie verspürt keinen Zweifel ihrer Lust gegenüber. Sie läßt sie kommen. Sie ist ihr willkommen. Sie verspürt diese Lust auch in diesem Keller, in diesem Geruch. Es riecht wie nach süßem Zucker. Bunte, viele Zuckerstücke liegen da durcheinander und ich kann nehmen, nehmen, so lange ich Lust habe. Sie hat sie, sie hängt so geballt von Energie über ihrem Polster. Die Kraft, die ihren Körper erregt, ist nicht von Orten abhängig. Nur sie gibt es und ihre Energie. Es gibt nur diese Kraft, sie fährt in den willenlosen Körper. Sie gibt ihm einen Willen. Der Körper ist ins Glosen geraten. Kleine Flammen schlagen aus dem Leib und sie erkunden das Fleisch. Die Fasern dehnen sich in der Glut, und das Hirn weiß sich einzustellen auf die brennende Lust, die sich im Unterleib gefangen hat und dort wühlt und drängt.

Jetzt, hier, im Irrenhaus, nach allen Bestürzungen und Aufregungen, ja, gerade jetzt, wo ihr Körper so angespannt ist, und sie ihren molligen Leib hin- und herwogt und den Kopf auf das Polster gedrückt hat, jetzt ist es Zeit. Ich kann sie sehen. Sie trägt das weiße Leinennachthemd der Anstalt, ihre Arme kommen mollig aus den kurzen Ärmeln, und sie hat die Knöpfe am Ausschnitt nicht zugemacht, oder vielleicht sind sie abgerissen. Der Ausschnitt zieht ein wenig auf die Seite. Sie greift an ihren Hals und schlüpft mit der Hand langsam in ihren Ausschnitt. Was sie da zu suchen hat? Ich weiß es, denn ich bin aus demselben Stoff gemacht. Ich kann sie sehen. Sie liegt jetzt da, mit zusammengekrümmtem Körper, die Beine angezogen. Dann sitzt sie mehr als sie lehnt. Sie drückt den Kopf an das Polster. Das Nachthemd an ihrer Brust, das auf der Seite unterhalb des Polsters frei bleibt, bewegt sich. Sie bewegt die Hand, die in den Ausschnitt geglitten war, über ihre Brust. Sie streicht die Brustwarzen und bewegt die Hand sanft und langsam darüber. Der Stoff bewegt sich in Falten. Immer wieder. Sie schaukelt hin und her. Ihr Schaukeln wird etwas kräftiger. Sie wiegt ihren Körper im Rütmus. Ihr Rütmus ist es, der Vielklang der Lust durchflutet ihren Körper, sie kennt ihn, sie weiß ihn zu nehmen. Sie ist die einzige, die ihn kennt, und sie weiß, was sie will. Es gibt keinen Zweifel, sie ist sich die einzige, und die Lust kriecht auf und sammelt sich zwischen den Beinen. Sie kann die Muskeln des weichen Fleisches in der Scheide bewegen. Sie kann sie spannen und loslassen, sie kann spielen damit, sie kennt ihren Körper und sie weiß, was sie will. Ich sehe sie. Die angezogenen Beine, auf denen das Polster liegt, schiebt sie ein wenig auseinander und die andere Hand langt unter das Nachthemd. Sie ergreift den Stoff und zieht ihn hoch, sie deckt sich bis zum Nabel auf. Die andere Hand streicht weiterhin über die Brüste, sie knetet leicht an den Brustwarzen. Die untere Hand reibt von unten her den Bauch leicht ganz nahe der Scheide. Sie faßt spielerisch die Schamhaare, streicht darüber. Die Finger gehen ihren Weg zum Sammelpunkt ihrer Lust. Sie schlüpfen in den Spalt, weich ist es und warm. Zweifingergroß ist der Spalt. Zeigefinger und Mittelfinger passen nebeneinander hinein. Sie gleiten zurückhaltend die Scheide entlang. Sie wiegt sich hin und her. Manchmal scheint sie zu kreisen. Die Hand an der Brust kommt ebenfalls zum Vorschein und sie fährt auch von unten her hinauf. Sie knetet ihren Bauch, und die beiden Hände bieten an ihrem Körper ein virtuoses Spiel des Zusammenklangs. Sie kennt sich, sie weiß, wie sie sich zum Klingen bringt. Sie ist sich des Erfolgs sicher. Das Prickeln in ihrer Scheide, das kennt sie, und sie weiß, wie sie den Brand löschen kann. Jeder weiß es, jeder tut es, keiner fragt. Ihre Beine wippen leicht mit dem Körper mit. Der geht vor und zurück, ganz leicht, und die Beine wippen von außen nach innen. Ganz leicht. Der Kopf hält sich über dem Polster, und das

Rückgrat krümmt sich mehr und mehr. Die eine Hand reibt die Scheide, die andere ist zu ihren Brüsten zurückgekehrt, die sie aber jetzt von unten her ergriffen hat. Dadurch ist sie noch mehr aufgedeckt. Glattes, gewölbtes rosa Fleisch. Der Mittelfinger und der Zeigefinger bewegen sich mit heftiger Geschicklichkeit, die nur jemand erwirbt, der mit dem Instrument verwachsen ist. Von dem empfindsamen Punkt an der Vorderhälfte der Scheide über die Mitte durch die weichen Schamlippen bis zur hinteren Hälfte. Dort sitzt es ganz tief, so tief und innig und naß und glitschig. Dort geht die Schlagader der Lust durch das Gehirn, dort quillt das tiefrote Blut, das die Lustenergie tosen läßt. Dort, dort sitzt es. Dort am Bett sitzt das Mädchen, und sie hat alles, was es gibt. Sie hat die ganze Welt und sich in diesem Augenblick. Sie hat keinen Wunsch, keinen Gedanken. Das Hirn mit seinem Saft ist ihr an die Stelle gewachsen, wo sie jetzt die Finger schneller hin- und herbewegt, dort ist sie, die Energie des Lebens. Dort ist sie selbst gesammelt – in diesem Augenblick – höchste Konzentration – höchste Anspannung. Das gebogene Rückgrat, die Neigung des Körpers. Sie beugt sich über sich selbst. Sie gibt sich sich selbst. Sie bewegt ihren Körper ruckartiger nach vorn und zurück, die Beine schwenken weiter im Rütmus nach außen und innen. Sie ist gesammelt, gesammelt an dem Punkt ihrer nassen Scheide, wo sie ihr Leben herauszieht. Sie weiß, daß es kommt. Sie kann es. Immer schon. Sie ist dazu geboren. Sie legt ihr Gesicht auf die Seite, ich kann es sehen, es liegt nur zur Hälfte auf dem Polster. Sie hält die Augen geschlossen. Die feuchte Zunge fährt über den vollen Mund. Er spannt sich und öffnet sich leicht, die glänzende Zunge leckt an der Oberlippe entlang, die Nase zieht sich etwas kraus. Ein bewegtes Spiel zeigt ihr Gesicht. Es ist in Aufruhr. Der Mund bleibt offen, ein leiser verdeckter Ton ist zu hören, wie ein stoßender Lockruf tief aus der Kehle. Er kündigt sich an, ich höre ihn. Er spricht keine Worte, die Sprache der Lust. Sie wiegt sich noch schneller. Die Hand an der Brust bewegt sich schneller. Das Rückgrat krümmt sich noch mehr. Die Hand in der Scheide hat eine raschere Gangart eingeschlagen. Sie geht auf etwas zu, sie kennt ihr Ziel. Sie treibt sich voran, sie wartet nicht mehr, sie holt alle Energie zusammen. Sie bewegt ihren Muskel ganz tief hinten in der Scheide drin, sie läßt locker, sie spannt ihn wieder so sehr an. Die Finger reißen jetzt an ihrem weichen nassen Fleisch der Scheide und sie drücken ins Weiche, bis sie es härter spüren. Es ist der Muskel, der sich so gespannt hat. Ihr Mund öffnet sich, wird rund und bildet eine angespannte Öffnung. Sie krümmt sich weiter, die Augen sind zusammengepreßt. Jetzt stellt sie das Wippen ein, sie rast mit ihren Fingern durch die glitschige Scheide, und ein Stöhnen ergießt sich aus dem Mund. Wie ein Stoß klingt es. Ihre Hand wird langsamer, es kommt ein tierisches Stöhnen, das einen Schrei ankündigt. Das Rückgrat verliert an Spannung, das Gesicht löst sich langsam, sie

fährt langsam und genußvoll durch die weichen Fluten ihrer schlitzigen Scheide, die beiden Finger ziehen nach vorn, zu dem Punkt, an dem es so wohlig nachzuckt. Gleichtzeitig schreit sie aus dem sich langsam lockernden Mund urtief heraus. Sie schreit sich es heraus. Ein gepreßter Schrei bis aus dem Bauch, ein in allen Tonlagen zugleich herausstürzendes Brüllen. Herausgezogen, herausgesogen, bejubelt und ausgequollen wie heißes Hirn. Ihr Körper zuckt als ganzes, noch einmal.
Sie hat es getan. Sie hat es sich gestattet. Das Gesicht ist gelöst, und sie liegt mit geschlossenen Augen am Polster. Eine Hand ruht zwischen den halbgeöffneten nackten Schenkeln, und das Mädchen ist entspannt. Ich sehe sie, ich habe sie gehört. Sie legt das Polster langsam zurecht, streckt die Beine langsam aus, zieht sich mit beiden Händen das Nachthemd hinunter und die Bettdecke hinauf.
Ich esse ein Bonbon. Sie legt sich langsam zurück, sie ist müde und ruhig. Sie macht den obersten Knopf an ihrem Nachthemd zu, wie sich das gehört. Ich kann sie sehen. Sie hält ihr Stofftier in der Hand. Sie hat ein rundliches ruhiges Gesicht. Den Mund geschlossen, die Lippen liegen locker aufeinander.
Auch die ganz irren im Raum bemerken das Geschehene als etwas Sonderbares. Die nur leicht Angeschlagenen sind zutiefst getroffen und versuchen, das Gesehene durch scheue Blicke, Schweigen, ungeschehen zu machen. Oft sehe ich am Morgen Frauen abgedeckt in ihren Betten liegen, die Hand an der Scheide, und schlafen. Mir ist hier kaum nach sexueller Betätigung zumute. Ich träume zwar manchmal von Zärtlichkeiten und vom Ficken, aber meine Tage sind so satt und gefüllt, daß ich es lange ohne Fick aushalte. Eigentlich hält man es immer aus. Jede Panik scheint in diesem Fall so krank wie die gänzliche Nichtbeachtung. Wenn sich eine günstige Gelegenheit bietet und man Lust hat, ist es hirnverbrannt, nicht zu ficken. Hat man Lust und es bietet sich keine Gelegenheit, so kann man es sich selbst machen. Das hält jeder so, von Kindesbeinen an. Das Ficken in den viel zu kleinen Käfig der logischen Gedanken zu sperren, entlarvt immer nur diese Gedanken.
Meine Hände sind ganz steif geworden beim Spazieren. Es ist schon ziemlich kühl, aber die Sonne wärmt noch ein bißchen. Der Park und der Wald ist fast menschenleer. Ich stehe auf einer Wiese und schaue auf das grüne, fette, mit Klee durchwachsene Gras. Ich höre die Vögel, ich verstehe sie. Ich gehe langsam vor mich hin. Ich tauche in die Klänge ein und sehe nichts Bestimmtes an. Und ich gehe in meinem Hirn spazieren. Ich ziehe die Umwelt in meinen Kopf hinein und das Außen wird zum Innen.
Ich spreche mit einem Eichkätzchen. Es macht schnalzende Töne, wie Zungenschlagen. Ich tue es auch, und das Tier hält inne auf seiner Flucht auf dem Baum. Ich schnalze, und es bleibt am Baumstamm still hängen. Dann saust es hinauf und, oben in der Krone angelangt, läßt

es einen Schnalzregen auf mich herab. Ich gehe weiter und denke mir, daß es mich als Eichkatz gesehen hat.
Ich bin durch das Balkonfenster in den Besucherraum geklettert. Ich sitze hier angenehm und allein und schreibe. Eben ist ein fünfzehnjähriges Mädchen in das Bett neben meinem gelegt worden. Sie hatte eine Überdosis Tabletten geschluckt, um der Mutter Schrecken einzujagen und um der Handelsschule zu entgehen, vor der ihr graut. Sie ist eine schlechte Schülerin, die Mutter hatte sie zum Schulbesuch gezwungen. Die Motive des Mädchens leuchten mir ein. Zuerst hatte sie sich gedacht, sie sollte eine Dosis für einen Tiefschlaf bis in den Vormittag nehmen, um einmal die Schule und die Mutter mit ihrem Druck zu vergessen. Außerdem wäre die Mutter dann vielleicht besorgt gewesen und hätte vielleicht einmal nur ihre strenge starre Haltung geändert. Ihre Tochter, nur mit Grundschule, nicht auszudenken! Die Tochter hat aber dann doch zuviel erwischt, was sich in einer Aufputschung statt Einschläferung auswirkte. Vielleicht hat sie dazu auch Alkohol getrunken. Jedenfalls nahm sie dann unkontrolliert noch Beruhigungspillen ein und verließ ganz aufgehetzt die Wohnung. Von ihrem Gang durch die Stadt weiß sie nichts mehr. Sie weiß nur, daß sie bei Freunden landete, wie in einem Nebel dorthin fand, wo sie dann zusammenbrach. Im Spital pumpte man ihr den Magen aus und entgiftete sie, dann wurde sie ins Irrenhaus gebracht. Die Frauen, denen der Magen ausgepumpt wurde, klagen oft über heftige Halsschmerzen. Ein Schlauch steckt ihnen für einen Tag und eine Nacht durch den Schlund im Magen.
Ich kann beobachten, daß am häufigsten ganz junge Mädchen, dann etwa Dreißigjährige und schließlich die im Wechsel stehenden Frauen als überbelastete Zusammengebrochene hier eingewiesen werden.
Kinder schaffen die Schule nicht oder die Eltern nicht, sie brechen unter der Last nieder. Dreißigjährige bekommen die ersten Falten, wollen nicht älter werden, und der Fick mit dem Ehemann klappt auch nicht mehr. Sie wollen wieder Aufmerksamkeit auf sich ziehen, sich durch ihren eingeleiteten Tod bemerkbar machen. Meist schlucken sie nicht genug, werden zu früh aufgefunden und dann gerettet. Erstaunlicherweise haben sich diese Frauen nach ein paar Tagen immer wieder völlig gefangen, und sie wollen dann gern wieder an ihre Arbeitsstelle, in die Familie und in ihr Unglück zurück. Der Mann bringt beim Besuch rote Rosen, und alles ist für acht bis neun Tage wieder in Ordnung. Wenig Erschütterung kann ich an diesen Frauen sehen. So als hätten sie nur die Hausarbeit einmal sattgehabt und hätten statt dessen einen erfrischenden Ausflug gemacht.
Die älteren Frauen, so um die Fünfzig, treibt die Angst vor dem endgültigen Altwerden in Depressionen und Selbstmordgedanken. Sie werden hier mit Antidepressiva behandelt, die nicht ihre Motive aufdek-

ken, sondern bloß die Hirntätigkeit eindämmen und schläfrig machen. Aufgedeckt wird hier wenig, es ist niemand dazu da. Es ist auch nicht nötig, weil jeder Kranke in sich genau weiß, warum er krank ist und sein will. Aber es ist auch niemand da, der willens ist, dem Kranken klarzumachen, daß er selbst über sein Motiv genau Bescheid weiß. Die Patienten quälen sich herum im Aufsuchen von Ursachen. Sie tun das gern, denn es ist ein Grund zum Weinen. Sie glauben an die Medikamente und wollen sie auch. Der Arzt hat seinen Beruf an die Medikamente abgegeben, die verdienen für ihn das Geld. Und weil es viel Geld ist, mehr als man sich vorstellen kann, hat es auch den Arzt schon in der Macht. Das Ärztesystem als Ableger einer Drogenindustrie kommt unaufhaltsam herauf. Dann glaubt der Arzt nur noch, daß die Drogen bequem für ihn die Arbeit machen, in größeren Zusammenhängen gesehen, macht er dann nur die Arbeit für eine Industrie, die mit den Kranken als Heilungsbedürftigen gar nichts mehr zu tun haben will – im Gegenteil, je mehr Kranke, um so mehr Umsatz. Diese Industrie hat auch nicht das Argument der Arbeitsplätze zu bieten wie die Autohersteller mit ihren Verkehrs-Unfalloperationssälen ganz hinten in den Werksälen der Autofabriken, gleich hinter den Klosetts. Die Dorgenindustrie ist gut durchorganisiert, sie hat wenig Arbeitsplätze bei viel Gewinn. Aber so einfach funktioniert ein wirklicher Teufelskreis auch nicht, daß man den bösen Weißen oder Schwarzen kriegen kann. Der Aktionär und sein Manager, beide sind in ihrer Lebensgestaltung nicht außerhalb, sie können auch nur mehr mit den Pillen weitermachen. Und erst ihre Frauen!
Es gibt sicher moderne Theorien, so in die Richtung, daß die Bekämpfung der Symptome eine Ruhestellung bewirkt, an die sich der Patient gewöhnt, um sich daran aufzurichten. Das klingt gut, funktioniert aber nicht. Auch das Auffinden der Wunderdrogen, die identisch sein werden mit den geheimen Körpersäften, wird genau in die falsche Richtung gehen. Symptombekämpfung hat den gleichen Grundgedanken wie die Rauschgiftsucht. Die Entwicklung ist aber schon dort angelangt, daß ihre Infragestellung eine Infragestellung des heutigen Menschen selbst ist. Oder des Menschen überhaupt? Dann ist es gut, daß es soweit gekommen ist, wie es mußte. Es wäre dann ohnehin in einer Form gekommen und geht einen Weg, die Zeit, ihr Geist und die Menschen, einzeln und gemeinsam.
Die Pillen helfen den Patienten aus der Trauer heraus. Der Patient wird locker. Daß er sich selbst regulieren kann und die Pille überflüssig ist, kann ihm dabei nicht aufgehen, denn sie stärkt dieses Zentrum, wo das geschieht, nicht, sie schwächt es! Jeder gibt sich seine Gefühle selbst.
Ein Heft ist wieder bald zu Ende und ich weiß nicht, wie viele ich noch füllen werde. Zu Mittag gibt es Huhn mit Reis. Das schmeckt

mir. Dienstag habe ich einen Termin beim Gynäkologen. Meine Monatsblutung hat seit der Zeit des Hungerns völlig ausgesetzt. Jetzt muß sie wieder in Gang gebracht werden. Wenn ich auf die Injektion keine Blutung habe, bin ich schwanger. Schöne Geschichte.
Anfangs schaltete ich zwei Fasttage in der Woche ein, dann drei. Das Essen an den Essenstagen verlegte ich oft an das Ende des Tages, um einmal wieder einen satten Schlaf zu genießen. Einige Wochen trieb ich das Spiel in dieser Form. Es gefiel mir, und ich legte neue Spielkarten dazu. Ich begann, einen Tag zu essen und einen Tag zu fasten. Einen Tag zu essen, einen Tag zu fasten . . .
Niemand und nichts war imstande, dieses System zu stören. Kein Mensch, kein Zufall, kein Verlangen, kein Umstand. Ich ordnete mein Leben und meine Wünsche diesem Zwang unter, das hielt mich aufrecht. Mir war nichts wichtig, nichts schön oder bedeutend. Ich liebte nichts und niemand, ich verließ alle Menschen und verkehrte mit ihnen wie ein Roboter, der eingestellt ist auf die unumgänglichen Kontaktwellen. Mein sonderbares Leben kam mir nicht arm vor, es war wunschlos, es pulsierte nur für die Erfüllung dieses Plans, hart und konsequent. Immer strenger und genauer liefen meine Tage ab. Mein Magen wurde kleiner und brauchte immer weniger Nahrung. An den Festtagen wurde ordentlich gegessen, aber doch im Rahmen dieses geschrumpften Magens. Es begann eine Zeit anzubrechen, in der das genußvolle Essen nicht mehr so wichtig war.
Mein System begann zu strahlen und zu leuchten. Von geheimnisvollem Glanz waren meine Tage manchmal, so als hätte ich einen märchenhaften Pfad betreten, den niemand geht und der irgendwo nirgendwo ein ungewisses, aber mich sehr reizendes Ziel hat.
Das Fasten war nach wie vor eine zermürbende Last. Ich half mir mit der Zusicherung an mich selbst, daß ich sie nicht halten mußte, sondern halten wollte. Das leuchtete mir ein, und ich erhob meinen schönen Körper und meinen Geist wieder ein wenig. Ein Auf und Ab von Kraft und Zusammenbruch bietet ein endloser sinnloser Tag. Die Leere tobte im Gehirn.
Der Gedanke, den Mangel durch Essen jederzeit füllen zu können, und nach anderen Regeln ja auch zu dürfen und sogar zu müssen, kreischte grausam schalkhaft im Kopf auf. Oft mußte ich über mich lachen, aber meist stand eine steile Falte der Mühsal und des Krampfes auf meiner Stirn. Die Hartnäckigkeit ballte meine Fäuste beim Gehen, und ich verschloß mein Herz und meinen Mund. Nichts sehen, nichts spüren, mich ja nicht aus der Kontrolle lassen. Tag um Tag. Mein Aussehen überschritt die Grenze über das Schlankheitsideal hinaus, ich hatte kein bißchen Fett an mir, ich fühlte mich gesund und beweglich.
Ich begann, meine Verdauung mit Abführmitteln zu regeln, da diese mit dem Eßrütmus nicht mithielt. Ich wußte um die Schädlichkeit die-

ses Tuns, aber ich hatte alles auf den Pfad ausgerichtet, den ich einsam ging. Ich liebte diese absurde Einsamkeit, sie war eine Karikatur auf jedermanns Einzigkeit. Ich kannte mich aus in diesem leeren hallenden Raum, und wie eine kristallene Glocke erfüllte mein kräftiger Herzschlag die leere Halle meines Gehirns. Dort war ich zu Hause, wunschlos und frei, als Gefangene meines eigenen Plans. Eines Plans, gefaßt in der Bedeutungslosigkeit eines jeden Menschenwesens.
Mein Hunger faszinierte mich. Es war der Hunger meines Seins nach dem Leben und nach dem Tod. Der Hunger nach Erschütterung des starren Herzens, das das Tor öffnet zu allen Kammern des Gehirns. Ich lebte damit und dafür, das fühlte ich, ich war es. Ich gebar mich jeden Tag, heute sowie damals. Vielleicht war alles ganz anders, ich lasse mir jeden Gedanken offen, was kommen will, ich bin bereit. Nichts kann Gewesenes auslöschen, nichts soll es auslöschen. Mit neuen Lampen leuchte ich auf meine Erinnerung und bin mir im Augenblick schon wieder Erinnerung. Damals, als ich hungerte, habe ich gewußt, was ich jetzt weiß. Nie war ich eine andere, nie mir ferner oder näher als immer. Jetzt ist mein Anfang und mein Ende. Es hat keine Bedeutung. Es ist mein Gedankenspiel, mit neuen Kugeln, mit alten Kegeln. Mein Hunger ist geblieben, ich liebe ihn, er ist ich. Aber ich gebe ihm zu essen, und er fühlt sich gut. Meine Sehnsucht hat erfaßt, was sie nicht kannte. Doch es kann alles ganz anders gewesen sein. Es kann jetzt ganz anders sein. Ich strecke meinen Kopf aus den Wogen des Wahnsinns und sehe um mich. Ich sehe nichts, außer viele Wogen, die mich alle tragen können, es sind die Wogen meines Blutes, und ich schreibe mit meinem Blut Buchstaben Worte Sätze.
Nach dem Essen sind selbst die aktiven Irren ruhiger. Die Krähen gehen durchs Laub, und das gibt einen Schleifton, den man diesen kleinen Füßen gar nicht zugetraut hätte, den man nicht erwarten würde.
Ich habe einmal als Kind sehr liebe Bastschuhe gehabt und außerdem Stiefel aus grauweißem Filz mit Ledereinfassung. Ich hatte ein buntes Sommerkleid mit einem weiten Radrock und auch einen weit geschnittenen Schlafrock mit bunten Männchen drauf. In der Volksschule mußte ich noch hochgeschnürte Schuhe tragen, das war mir nicht recht. Und lange Hosen im Winter. Ich wollte gern Röcke tragen, aber ich hatte nur einen. Heute trage ich freiwillig gern Hosen.
Zwei Krähen sind aneinandergeraten und kämpfen. Sie schleifen dabei so laut am Boden wie Menschen. Wenn ich hier am Balkon sitze und durch das Gitter auf den Park sehe, weiß ich, wie einem Tier im Zoo zumute ist. Ich bin eines. Ich habe meinen trockenen geheizten Schlafplatz und mein regelmäßiges Fressen. Man sagt, daß Tiere im Zoo arm seien, weil sie nicht in Freiheit leben könnten. Ich spreche hier für alle Tiere, denn ich beherrsche die Sprache der Menschen. Hinter Gittern fühlt man sich nicht arm.

Es kommen auch Zuschauer: Junge Krankenschwestern, Praktikanten, Studenten der Sozialberufe, ein Jungärzteteam. Sie schauen, aber sie bezahlen nichts dafür. Ich tät's schon nehmen. Ich bin arm, obwohl ich alles habe.
Der tolpatschige Kindermensch sitzt neben mir auf der Bank. Ich bemerke zu meiner Freude, ich kann jetzt schon fast jedes Wort verstehen. Der Sprachfehler ist so arg, daß man als Zuhörer vorerst daran hängenbleibt und denkt: Unverständlich. Dann sagt man immer: Ja, ja, und Ach so, um sie nicht zu kränken. Man versteht ihr Wesen, aber nicht ihre Worte. Ist man länger mit ihr zusammen, versteht man dann alles leicht und bemerkt, daß dieser Mensch viel mehr weiß und bemerkt und beobachtet, als man vorher annahm.
Sie hat das kleine Heft in der Kleiderschürze. Sie zeigt es mir, und es stehen da für mich zusammenhanglose Worte drin. Ich sehe näher hin und kann auf einmal zu meinem Spaß bemerken, daß sich das Mädchen oder die Frau, sicher ist sie älter als ich, immer das Filmprogramm und die Besetzung der Filme aus alten Zeitungen mühsam in Blockbuchstaben abschreibt. Worte wie Marilyn Monroe und Romy Schneider in dem kleinen Heftchen einer Irren zu finden, ist für mich spaßig. Aber sie passen schon dahin. Gerti heißt der Kindermensch. Sie kann singen und beherrscht viele Kartenspiele. Ich kann wenige Kartenspiele, aber auch singen.
Mein Saal macht nicht so sehr den Eindruck eines Spitals, sondern eher den eines Gefängnisses. Es riecht auch hier nicht nach Spital, sondern eher wie in einem Keller. Ich liege in einem ehemals weiß gestrichenen Stahlrohrbett auf harten Matratzen und hartem Kopfpolster. Eine rauhe Decke, allerdings in einem weißen Überzug. Auf meinem Bettende hängt ein Zettel mit meinem Namen und Geburtsdatum. Der Saal ist hoch und faßt viele Betten, die alle so aussehen wie meines und genauso hart sind. Ich habe es ausprobiert. Der Boden ist grauweiß gekachelt. Die Wände sind weiß, teilweise stecken alte Nägel drin. Kugellampen hängen von der weißen Decke. Vor mir ist die weiße Wand, hinter mir das vergitterte hohe Fenster. Neben dem Bett steht ein eisernes weiß gestrichenes Nachtkästchen. Die Tür zum Gang hinaus wird immer versperrt gehalten. Jetzt, wo die Sonne draußen scheint, wirft das Licht helle Flecken auf die Wand. Die Flecken werden durch den Schatten des Gitters durchbrochen, und es bilden sich Ornamente und Bilder an der kahlen Mauer, an die ich sehe. In seiner Kahlheit ist mir der Raum zu einem Schloß geworden mit lebendigen Bildern an der Wand. Öffne ich meine Augen während meiner Träume, so wird ihnen dieser Saal immer gerecht und sie gehören in diese Einfachheit. Neben meinem Saal, es gibt keine Tür dazwischen, ist die Aufnahme. Hier werden alle Frauen eingeliefert und nach dem Gutachten eines Arztes auf die für ihre Krankheit spezialisierte Abteilung gebracht. Dort gibt es

dann die gleichen Betten wie meines, für die unberechenbaren auch Gitterbetten. Das Gitter wird aus starken Schnüren gebildet, die in einem viereckigen hohen Eisenrahmen gespannt sind. Eine Seite des Eisenrahmens kann man von außen aufsperren und herunterschieben.
Ich lebe hier mit den Menschen, ich hebe mich nicht heraus. Eng zusammen mit wildfremden Menschen, sie gehören zu mir, aber ich gebe mich nicht viel mit ihnen ab. Ich höre alles, ich höre sie wie ferne Stimmen an mich heranschwappen. Manchmal überfluten sie mich, doch für Temperamentsausbrüche ist für mich kein Anlaß. Ich bin still geworden, eingespannt in den Spitalsbetrieb. Ich wehre mich nicht, ich habe auch für einige Zeit aufgehört, meine Gedankengänge in dieses Heft zu schreiben oder meinen Gedanken einen Sinn zu geben. Heute macht es mir wieder Spaß. Für eine Zeitlang trat ich ein in den Dämmerzustand der Menschen hier, deren Gerüst die Dienstordnung des Personals ist. Die Visiten am Morgen, die Mahlzeiten, das Austeilen der Medikamente und die Besuchszeiten halten die Illusion aufrecht, daß man hier geheilt würde und man dann als glücklicher Mensch wieder in das Leben treten wird. Wie ein Halbwüchsiger, der danach fiebert, endlich ein Erwachsener zu werden. Der Erwachsene vermißt dann seine Kinderseele, die voll Sehnsucht war.
Heute wurden drei Patienten entlassen. Sie waren gesündere, energische Menschen, die einen frischen Wind in die Gruppe brachten. Heute packten sie ihre paar Sachen. Sie bekommen wieder ihre paar Habseligkeiten zurück. Denn alles, was man hat, außer Waschzeug, wird einem hier abgenommen. So manche Frau hat sich gesträubt, ihren Schmuck, ihre Kleider und ihr Geld herzugeben. Fast jede hat sich noch gewundert, nur die ganz Unbeteiligten nehmen keine Notiz von dieser Vorschrift. Für sie gibt es kein Haften am Eigentum, sie lassen sich abräumen ohne zu fragen oder zu antworten. Viele Leute wissen nicht, wohin sie gekommen sind.
Sie sind verwirrt, sie erfüllen die Regeln des Gesellschaftslebens nicht, vielleicht nur in einem geringen Punkt. Wenn daran jemand Anstoß nimmt, wird alles schnell in die Wege geleitet, das Rettungsauto führt sie durch die Stadt. Der Patient sieht nicht, wohin er geführt wird. Und war er noch nicht hier, und lassen ihn die Träger in Ruhe, dann weiß er nicht, wo er sich befindet. Er weiß nicht, ist es ein Gefängnis, ist es ein Spital? Fragen werden immer nur vage beantwortet.
Oft habe ich gehört, wie eine stille Patientin sich von den tierischen Ausbrüchen einer anderen so gequält fühlte, daß sie ausrief:
«Lassen Sie mich in Ruhe, Sie gehören ja ins Irrenhaus und nicht hierher!»
Heute gehen also drei Leute weg. Zurück ins Leben, ins Glück. Doch jeder, der geht und nervös seine Sachen packt, Freude und Ausgelassenheit spielt, hat das Wissen im Nacken, daß es draußen nicht schöner

ist als hier. Er weiß, er bleibt derselbe Mensch. Er ist im Leben so gewesen, er ist in der Anstalt er gewesen und er wird es immer sein. Nichts schützt ihn davor, wieder hierherzukommen. Es gibt keine Gelegenheit, davonzurennen, und es gibt auch keinen Ort, sich zu verstecken. Wach liegt das Gehirn wie eine abgeschälte Orange. Verletzlich und weich, mit zarten Nervenbahnen. Jeder weiß, daß er lieber in diesem Schutzhaus, wo keine Anforderungen an ihn gestellt werden und er die Sonderstellung des Irren genießt, bleiben möchte.
Der Unterschied zwischen den Irren und den Normalen liegt nur darin, daß einer in die Irrenanstalt eingeliefert ist und einer nicht.
Jeder bricht dauernd zusammen. Das Leben ist ein einziger Zusammenbruch, manche fallen und fallen dauernd dauernd immer wieder ewig wie im Nebel fallen und fallen, aber sie zerfallen nie und niemand liefert sie ins Irrenhaus ein, denn sie kreuzen niemandes Weltbild. Sie sind still und benützen niemanden, um sich selbst zu sehen. Sie tun niemandem Gewalt an. Und auch sich selbst nicht.
Eine ältere Frau schreit in Panik:
«Mama, Mama! Die tun mir was, Gitti, bitte hilf mir, Gitti. – Ja, ich bin bei dir», tröstete sie sich selbst, wird ruhiger und kichert dann.
«Ich kann doch nicht ewig so deppert liegen, ich bin doch nicht besoffen!» Sie verfällt wieder in Jammern:
«Mama, hilf mir, ich bin tot. Gitti, Mutti, bitte Mutti, ich stirb nimmer! Bleib bei mir!»
Ich muß mir die Frau einmal ansehen, bisher habe ich sie bloß im Nebenraum gehört. Sie ist jünger als ich dachte. Sie kichert wieder, sieht verwahrlost aus.
«Mama, du Hure, hilf mir!!» Sie windet sich im Bett, ihre Stimme schnappt über, sie brüllt, flennt. Plötzlich:
«Ich bin doch nicht deppert, so ein Theater.»
Der Arzt daneben will eine Patientin abhören, er schreit:
«Sind Sie endlich ruhig!»
Seine Stimme klingt genauso verzweifelt wie die der Patientin mit dem Anfall. Sie kichert wieder.
«Ich krepier, ich krepier, ich habe gar nicht gewußt, daß ich so lieb bin.» Sie ist getrieben von ihren Gedanken. Sie kreisen, sie kreisen um Gitti, um Mama, sie quälen sie. Sie spinnt vor sich hin und brüllt sich in die Strömung eines Wirbels. Sie animiert andere Patienten. Die beginnen gleichfalls, ihr Leid herauszuplärren. Ich horche nicht mehr, ich höre. Ich beginne jetzt, böse zu werden und mich vergewaltigt zu fühlen, mich zu sträuben. Mit Lachen allein kommt man dieser Woge nicht mehr aus. Wie ein Sturm dringt diese Musik an mich heran, fließt über mich. Lachen, Worte, Schreie vereinen sich, sie sterben ab und schwellen wieder an. Alle sind meine eigenen Gedanken, sie fliegen mir zu, und ich bin bereit, die Qual des Gehirns anderer Menschen als meine

eigene anzunehmen. Aber ich habe nichts herauszubrüllen. Die Schreie erschöpfen mich, als wären es meine eigenen. Sie sind es, sie entspannen auch mich, und ich bin ruhig. Still, und mein Kugelschreiber flitzt sanft über das glatte weiße Papier und hinterläßt Spuren.

Das Gitterbett der Anführerin der Schreihälse wird in den Besucherraum gerollt. Langsam ebbt der Lärm ab, und die aufgescheuchten Menschen dösen wieder vor sich hin. Ich rate einer neu aufgenommenen Frau, das Nachthemd doch lieber nicht über die Straßenkleider anzuziehen. Ich lasse mich sonst wenig mit anderen Patientinnen ein, aber dieser Fall stach mir in die Augen. Die Frau ist dankbar:

«Ich habe nur vergessen.»

Die drei Entlassenen sind die Computerfrau und noch eine sehr lebendige geschickte Frau, die für ein Taschengeld lange Zeit im Spital mitgeholfen hatte, dazu noch eine ungeduldige.

Die Kleider der Computerspezialistin werden gebracht. Die Frau zieht eine Seidenbluse und einen bodenlangen Abendrock an, dazu weiße elegante Schuhe und goldene Ohrringe. Sie steht da in dem kargen Keller in der Irrenanstalt, mit hochgestecktem Haar und frisch lackierten Fingernägeln. Bisher hatte ich sie immer nur im gestreiften Anstaltsschlafrock gesehen, mit Filzpantoffeln. So sieht man also aus, wenn man vor einer Party Selbstmordabsichten äußert, zu einer guten Freundin. Da kommt dann Polizei, Rettung, ab geht's ins Irrenhaus, in der Abendrobe.

Zwei der Frauen waren sehr beliebt gewesen und hatten der deprimierten Gruppe einen gewissen Kern gegeben, einen gewissen Schwung. Sie gingen zurück «ins Leben» und die anderen fühlten sich zurückgestoßen. Sie durften nicht, sie waren nicht fähig. Sie waren gezwungen, weiter in dem Kellerloch zu bleiben. Und das Wissen, daß sie dem betriebsamen allzu raschen Leben in der Welt wirklich nicht gewachsen wären, und es gar nicht wollten, darf nicht laut werden im Hirn. Das setzt sich dann im Genick fest, als unbestimmte lähmende Trauer und auswegloser Zorn.

Am nächsten Tag war ich nicht weiter verwundert, aber doch etwas berührt von der Tatsache, daß die Computerkünstlerin wieder dastand. Diesmal nicht im Abendkleid. Sie wollte ihr altes Stahlrohrbett wieder beziehen. Sie war von sich aus gekommen. Sie bekam es. Sie erzählte mir: Sie war zu Hause so einsam. Sie konnte nicht schlafen. Sie hatte Angst. Sie wohnt allein, und am Wochenende haben die Freunde keine Zeit. Sie hielt es nicht aus. Sie hatte keine Schlaftabletten wie hier im Spital. Die Unruhe in der großen schönen einsamen Wohnung war zu quälend. Sie mußte etwas tun, und sie wußte nicht was. Der Hammer des Gehirns arbeitete, und jeder Schlag erschütterte den Körper aus dem Geist. Es war der Herzschlag, und es bildete sich die Frage wie eine kalte Wolke im Gehirn: Will ich dieses Leben überhaupt? Dieses

Knäuel ist unentwirrbar, und will man es entwirren, erhebt sich der Wahnsinn, und er will Herr über das Leben werden.
Da packte sie ihre paar Sachen und eilte zurück ins Irrenhaus. Dort, wo der Wahnsinn erlaubt ist, wo es Drogen gibt, die sie dämpfen. Dort kann sie wieder zeichnen und ohne Angst unter Gleichgesinnten leben.
Die Frau, die den argen Wirbel verursacht hat, und die in den Besucherraum verfrachtet worden war, ist wieder da. Sie legt ein nicht so lautes, aber doch ähnliches Verhalten an den Tag. Scheinbar frißt sich die Gemütsverfassung so ins Gehirn, daß es weiterhin nur in diesen Bahnen laufen kann. Denn ihr Einlieferungsanfall war bedingt gewesen durch Drogen mit Alkohol. Sie kann nicht mehr zurück, sie findet keinen Angriffspunkt zu einem anderen Verhalten. Der Irrsinn nistet sich im Kopf ein und fesselt sie an ihre eigene Folter. Die Künstlerin hängt energielos herum. Scheinbar ist ihr dieser Schritt zurück ins Irrenhaus doch ein beängstigendes Zeichen für einen Zustand, den sie nicht annehmen kann. Die Frau neben mir schläft mit einem Tuch über den Augen. Die ist depressiv und versucht so, besser einschlafen zu können. Sie klagt über Schlaflosigkeit, ich höre sie aber meist laut schnarchen.
Ich merke, ich träume nachts vom Irrenhaus, seinen Insassen und von mir. Ich sehe mich in einem Saal liegen, es ist nicht dieser Schlafsaal, da sind viele Menschen, und ich sehne mich nach einem etwas gesonderten Bett. Ich ergattere es in meinem Traum, in meinem Rücken strömt frische Luft durch ein geöffnetes Fenster, das nur mir gehört. Ich träume meine Gefühle im Irrenhaus. Ich träume, ich habe Angst vor einer Frau schräg gegenüber. Es ist die, welche immer die Zahnbürste sucht. Ich sehe sie, wie sie dauernd ihre Stimmungen wechselt. Sie verteilt ihre Gunst wie der Wind. Sie greift leicht zu Gemeinheiten, wenn man ihr in die Quere kommt. Die Frau im Gitterbett rollt ihren Monolog von Mutti und Gitti ab, ein monotones Auf- und Abschallen der Stimme. Es wirkt wie eingelernt, so als würde sie über sich selbst Theater spielen. Die Essenz des Traumes ist der fühlbare Wechsel der Stimmungen dieses Wesens, der mir fast bildhaft entgegentritt. Er beunruhigt mich tief. Durch ein Geräusch werde ich wach. Ich gehe aufs Klo, da treffe ich mit der Zahnbürstensucherin zusammen – bei der Waschraumtür – sie tut einen Aufschrei und stößt mich beiseite. Dann geht sie ins Bett zurück.
Ich gehe aufs Klo, und es ist alles in Ordnung. Ich habe gewußt, daß es so kommen würde. Aber am Morgen begegnet mir die gleiche Frau mit einem freundlichen Wort.
Ich lebe in einem Ameisenhaufen. Ganz nahe rücken mir alle dauernd auf den Pelz. Links und rechts steht schon das nächste Ameisenbett. Mache ich die Augen auf, blicke ich in lauter Ameisenaugen, ich kann nicht anders, sie sind immer da. Tag und Nacht Tag und weiter weiter. Und diese Ameisenaugen sind niemals glücklich, sie wollen immer wo-

anders sein, als sie sind. Sie sind so unruhig getrieben. Ich habe nur ein Bett, manchmal setzt sich jemand ungeniert darauf. Ich dulde das nur in besonderen Fällen. Ich habe ein kleines Nachtkästchen, wo ich ein paar Näschereien, das Heft, einen Zeichenblock und Farbstifte aufbewahre. Es kommt oft vor, daß wirre Patienten in die Laden schauen oder ihren Platz nicht finden und sich in ein fremdes Bett legen.

Eben tut das eine Frau mit meinem. Ich zeige ihr geduldig ihr eigenes, sie ist dankbar und legt sich hinein, um nach kurzer Zeit wieder bei meinem Bett aufzutauchen. Kästchen öffnen, Decken ordnen, sich in fremde Betten kuscheln. Ich zeige ihr wieder ihr Bett. Diese Patientin ist nicht aus meinem Schlafsaal, sondern aus der Aufnahme, wo jeder meist einen Tag bleiben muß, bis er nach dem Gutachten des Arztes auf eine spezialisierte Abteilung kommt. Auch ich lag dort. Zwischen den beiden Räumen ist ein Durchgang ohne Türen, daher habe ich jederzeit Zugang von dort und nach dort. Hat eine Patientin schon zu oft in fremden Betten gelegen und ist immer wieder in ihr eigenes zurückgebracht worden, dann ist ihr Fall hoffnungslos und es geht ab ins Gitterbett. Dann liegt sie ruhig drin und stört niemand.

Ein junges fesches Mädchen ist eingeliefert worden. Sie hatte im Drogenrausch durchgedreht, Hilfe-Hilfe geschrien, was dann ihre Freunde veranlaßt hatte, die Rettung zu rufen. Ab ins Irrenhaus. Hierher kam sie dann, ein junges mondän hergerichtetes Ding von scheinbar reichen Eltern und noch ganz drogig. Ich sitze gerade auf dem Klo, das keine Tür hat, und bemühe mich, meinen vom vielen Essen geschwollenen Bauch zu schmälern, um wieder nachfüllen zu können, als sie hereinkommt, einen Waschlappen nimmt, der hier liegt, und sich nackt auszieht, worauf sie sich wie gehetzt zwischen den Beinen zu waschen beginnt. Sie will etwas wegwaschen, das man nicht sehen darf. Sie vertieft sich ganz in diese Tätigkeit, dann sieht sie zu mir ins offene Klo und beendet ihre Waschung. Sie sieht mich äußerst erstaunt an und deutet auf meine nackten Beine. Nach einiger Zeit fragt sie:

«Warum hast du so dünne Beine?» Es ist wie bei Rotkäppchen und dem bösen Wolf. Ich gebe keine Antwort, sondern lasse die Spülung über mein gelungenes Werk fließen. Damit ist unsere Begegnung zu Ende.

Später beobachte ich noch, wie sie durch den bereits dunklen Saal geht, und sacht und langsam jeden Patienten aufdeckt und jedem ins Gesicht sieht. Selbst die aktivsten werden gar nicht böse. In meinem Kopf geht es rund – ich denke, sie sucht mich, meine dünnen Beine, an denen sie mich erkennen würde. Das ist mir nicht angenehm. Ich will nicht, daß sie meinen mageren Körper inspiziert. Doch dann hört sie auf und trägt zum Abschluß ihrer Aktion noch sehr sorgfältig etwas in das dicke Dienstbuch der Schwestern ein, in das immer die nötigen

Therapien vermerkt werden. Das Buch liegt auf dem Wäschekasten. Am nächsten Morgen schlage ich es auf und sehe, was sie geschrieben hat:
Gabriele Zerwall, mitten über eine ganze Seite.

Der Hunger wurde mein Gefährte. Er belauerte mich nicht mehr, und ich fürchtete ihn nicht mehr. Er wurde mein Begleiter an jedem Tag. Ich tat alles, daß er mich nicht verließ. Ich hätte ihn vermißt. Das Gefühl der Sättigung beschlich mich jetzt auch nicht mehr an meinen Eßtagen. Ich aß an ihnen weiterhin gern, mein Appetit hatte mich nicht verlassen. Essen erschien mir als Kostbarkeit, aber ich konnte jederzeit meinen Willen einsetzen zum Aufhören. Ich ließ mich fallen in meinen leeren Magen, der kaum schmerzte und sich nicht krank fühlte.

Hunger war nicht im Magen, sondern im Kopf. Es wurde der Magen zum Kopf und der erklärte sich einverstanden mit meinem Entschluß, das Leben mit hungrigen Augen zu betrachten. Es wich die Angst davor, zu sitzen und in die Luft zu starren. Ich hatte mich an das Werken meines Gehirns gewöhnt. Die Gedanken waren wie Seifenblasen. Sie schwollen und platzten wieder. Ich tat alles, was notwendig war, um mich aufrecht in dieser Welt zu bewegen, niemand wurde auf mein sonderbares Leben aufmerksam. Ich fühlte mich zugehörig zu Tätigkeiten wie Einkaufen, Kochen und Waschen. Ich tat alles. Es wurde mir manchmal schwer, weil ich es nicht nötig hatte, Werke zu vollbringen, um meine Tage leichter abdienen zu können, aber manchmal vertrieben mir die Arbeiten auch den langen leeren Tag und gaben ihm ein Gerüst, an dem ich ihn aufhängen konnte. Einen Sinn meines Tuns suchte ich nicht, an dem ich mich hätte orientieren können. Ich hing in der Luft wie ein leerer Sack. Mein Gehirn wurde bescheiden, es verlangte nach nichts. Nur manchmal schlich sich die alte Unrast und Ungeduld ein, so als wäre ein Mangel in mir aufzufüllen. Dann begann ich, alles schneller zu tun, schneller zu gehen, und die Arbeiten flogen unter mir weg, ich rannte vor etwas davon und versuchte gleichzeitig, etwas einzuholen. Es war der Tag selbst, der für mich keine Bedeutung hatte. Ich brauchte ihn eigentlich nicht. Ich wünschte ihn nicht herbei, ich lehnte ihn auch nicht ab. Er war für mich nicht da. Ich fing mit ihm nichts an.

Niemand bemerkte mein Tun, nur manchmal wurde ich wegen meiner Schlankheit angesprochen, denn sie begann als Besonderheit aufzufallen, und jeder dachte, daß man auf normalem Wege solche zarten Körpermaße nicht bekommen könne. Mein Aussehen begann aufzufallen, ich gab darüber nur kurze angepaßte Antworten, niemand vermutete den zehrenden Sinn in meinem Kopf.

Ich lag in der Sonne im Bad. Sie wärmte die ungepolsterten Glieder, fuhr in meinen Körper wie Nahrung. Sie stärkte mich, und die Bewegungen liefen spielend aus meinem Körper. Doch ich konnte jetzt schon

Unterschiede in meiner Körpertüchtigkeit feststellen. Sie schwankte von Tag zu Tag. Einmal tat sich mein Körper leicht, einmal mußte ich Reserven mit einem starken Willen hervorholen, um die Einkäufe tätigen zu können, um die Wäsche auch genügend oft zu schwemmen. Ich beobachtete mich gern bei meiner Fähigkeit, zielstrebig meine Pflicht zu erledigen, zu der ich mich gern bekannte, deren Verrichtung mir die Kraft und Ausdauer anzeigte. Es war alles in Ordnung. Mein Körper war leicht und schön. Die Sommersonne hatte ihn stark gebräunt. Ich bewegte meine Glieder frei. Ich hielt mich aufrecht und gerade, da ich mit meinem Körper zufrieden war. Er schien in meiner Macht zu sein, und ich lebte für ihn. Seine Kraft wirkte, zusammen mit der Kraft meines Geistes, weiterhin das Fasten zu üben.
Dann war der Tag wieder einmal so mühselig. Meine Glieder schleiften sich über den Boden der Zeit. War denn gar nichts, woran man sich in diesem Leben halten konnte. Kam nichts entgegen in Form einer Beflügelung meiner schweren Gedanken. Schleppend, ohne Ende. Auch das Hereinbrechen der Nacht brachte keine Erneuerung, keine Entlastung. Das Gehirn, zusammengeballt zu einem harten Brocken, die steile Falte auf der Stirn, schleppte ich mich weiter. Ich beobachtete, daß ich die Hände manchmal zu Fäusten ballte. Ich wurde so starr in meinem Festhalten an einer leeren Form. Das Hungern war zu meiner Person geworden.
Ich sah mich wie ein Gespenst meines Entschlusses. Beinhart, nichts Wirkliches war da. Kein Ende, kein Weg, keine Ursache und kein Sinn. Es war nur. Es ist nur so. Nur so.
Es war auch nicht die Möglichkeit zu essen. Das Essen lief in einer ganz bestimmten Form, zu bestimmten Zeiten in bestimmten Mengen ab. Selbst die Nahrungsmittel waren fast immer die gleichen. Ich verlangte nicht nach Abwechslung. Ich aß langsam und bedacht, das Verdauen war mir so wichtig wie das Essen selbst. Ich machte es zu einer Zeremonie der Erleichterung, der Entlastung, und das Kauen wurde zu einem Gedanken. Das Gehirn verwandelte sich in meinen Gaumen, meine Zähne und meine Zunge. Ich war gedankenverloren und malmte Halm für Halm wie die Kuh auf der Weide. Dann folgten darauf einige Stunden erholsamen Schlafes. Er war mir Entlastung, ich gönnte mir sonst keine Erneuerung, wie eine endlose Schlange lag mein Leben hinter mir und vor mir, ohne daß ich einen Anfang oder Ende des Ungeheuers absehen konnte. Ich wußte aber, daß es diese beiden Punkte geben mußte, denn Schlangen haben diese Eigenart in sich, zu beginnen und zu enden.
Hatte ich den Eindruck, etwas zu lernen, was ich nie beherrschte? Meine Gier zu beherrschen? Hatte ich den Eindruck, das Leben zu spüren? Ich spürte es. Jeder Herzschlag lag weit auseinander und dazwischen die Stille, darin war es so laut in mir. Die Leere ließ ein höllisches Gäh-

nen los, der Tag wollte nicht vergehen, aber ich wußte, daß er es tun würde.

Ich begann wieder einen Morgen. Ich trat meine Gymnastik an und machte mich für den Tag fertig, den ich in jedem Handgriff und in jeder Gemütsbewegung schon kannte. Aber ungern begann ich ihn nicht zu leben. Ich trat ihn an wie ein riesiges Motorrad, donnernd und schnell legte er los. Ich preßte mich an ihn, um wenig Luftwiderstand zu bieten, um rasch durchs Ziel zu brausen.

«Eine schwere Maschine», konnte ich sagen, «aber bis jetzt hatte ich keine Reparaturen.»

Die Fahrt war so rasch, daß ich jedes Gefährt hinter mir ließ. Und die Maschine war so stark, daß sie mir unter den voll angezogenen Bremsen dahinschoß. Ich hing im Sattel, und weiter ging es. Weiter weiter ohne Unterbrechung. Die Fahrt wurde zu einem rauschartigen Erlebnis. Manchmal gespenstisch einsam, manchmal warm und ruhig dahinziehend. Keine Menschenseele weit und breit zu sehen. Ich hatte sie alle verlassen und war auf Fahrt gegangen, eine einsame Fahrt ohne Karte, ohne Kompaß.

Ich habe es eigentlich noch gar nicht so sehr bemerkt oder als unangenehm empfunden, daß andauernd Menschen um mich sind. Beim Aufwachen, beim Schlafen, beim Essen, beim Scheißen. Hätte ich Lust, unbemerkt zu onanieren, müßte ich es unter der Decke tun, denn es ist nirgends Privatraum, für keine von uns. Selbst das vielbenutzte Klo ist bei uns offen. Wir sind so viele, daß wir uns oft bei den Betten aneinander vorbeizwängen müssen, um ungehindert passieren zu können. Ein riesiger Saal gefüllt mit weißen Betten und groben Decken und Menschen. Besonders empfindlichen Menschen, deren Nerven bloßliegen an der Außenseite des Körpers. Sie haben nicht das Selbstvertrauen, sich beherrschen zu können. Sie brauchen es nicht zu tun, denn sie haben Narrenfreiheit. Ich habe diese Situation immer in Ordnung gefunden. Wenn ich mich aber mit dem Traum befasse, so kann ich bemerken, daß ich Sehnsucht nach einem gesonderten Bett und einem eigenen unvergitterten Fenster haben könnte und daß ich Angst haben könnte vor der Unberechenbarkeit der fremden Menschen, die mich in jeder Sekunde unmittelbar umgeben. Ich kenne ein abgesondertes Bett, ich kenne unvergitterte Fenster, ich kenne es, wenn kein Mensch weit und breit zu bemerken ist. Ich lasse mir meine Träume schmecken, aber ich lasse mich davon nicht ins Bockshorn jagen. Ich lasse mich leben im Bockshorn, nehme meine Träume als Träume, und lasse sie sein.

Ich empfinde es nicht als unangenehm, hier mit Menschen so zusammenzurücken. Ihre Augen dürfen mich sehen, ihre Sorgen und Trübseligkeiten sind ja meine, ihre Ausbrüche, Schreie, Hysterien, ihre Angst und Gemeinheiten sind meine. Wer mir hier entgegenkommt, das bin immer nur ich in meinen unzähligen Stimmungen und Gefühlen über-

einander-aufeinmal-durcheinander. Ein irres Gefühl – das so sein darf. Ich bin völlig in Ordnung. Ich darf so sein.
Werde ich auch wieder einmal ein eigenes Bett haben?
Werde ich auch wieder einmal ein unvergittertes Fenster haben?
Ein von den meisten Ameisenaugen unbemerktes Vergnügen habe ich allerdings. Die Irrenanstalt, zu der viele Gebäude zählen, liegt inmitten eines großen Parks. Das Gelände steigt an, und oben breitet sich ein Mischwald aus. Am Waldrand steht die Kirche. An ausgedehnten Spaziergängen hier herauf sind die meisten Irren nicht sehr interessiert, denn ich treffe oft keine Menschenseele im Wald. Und das ist eine besondere Kostbarkeit für mich.
Ich gehe durch den Wald, ich habe mir abgewöhnt zu schauen oder auf etwas Bestimmtes zu horchen. Ich gehe langsam, und die Farben ziehen wie Schattenbilder an mir vorbei, die Töne des Waldes und der Tiere fließen in mein Gehirn, und ich bin von allem ein Teil.
Ich suche keinen Namen für mein Sein. Ich kann nur fühlen, daß ich immer sehr erfrischt und friedlich in meine Gruppe zurückkehre.
Manchmal passiert es, daß nur wenige Patienten im Zimmer sind. Die anderen sind entweder, falls sie so wie ich ins Freie dürfen, im Park spazieren oder einkaufen im Anstaltsladen, manche sind auch in Beschäftigungsterapien eingeteilt. Unsere Abteilung ist eine «halboffene». Es gibt auch total geschlossene, wo kein Patient ohne Aufsicht ins Freie darf.
Manchmal sind wenige Patienten hier. Da wird es ruhig, falls keine rabiate Person Unruhe stiftet. So ist es jetzt. Es wird ganz still. Ich will nicht sagen, daß die Menschen gelöst und glücklich sind. Aber es ist so still und jeder sitzt allein mit seinem Irrsinn und starrt nur an die Decke oder an die Wand. Er scheint so ruhig zu sein, doch in seinem Kopf will er sie nicht ganz, diese Wirrnis. Er ist aber ein Freund seiner Trauer, und das ist eine besondere Art von Genuß. Nur die ganz Weggetretenen, die ihre Wirrnis nicht mehr als behebbar oder etwas Absonderliches empfinden, die legen dann den Kopf in die Hände, wie sie es ja meist tun, und schirmen sich von allem ab.
Sie denken, sie hören, sie wollen nichts. Im Gehirn ziehen nur die Ströme dahin. Es ist das Blut, das vom Herzen getrieben wird. Schlag – für – Schlag – Schlag – auf – Schlag. Es wird zu einem Takt im Kopf. Manchmal wird es auch hier still – still ... und jeder starrt ohne zu zucken an einen Punkt. Jeder schaut in sein eigenes Gehirn. Jeder schaut ins Narrenkästchen.
Neben den Krankenabteilungen gibt es noch ein Rehabilitationszentrum. Dazu gehört eine Nähstube, wo Patientinnen die Anstaltswäsche flicken, eine Bastelstube und Werkstätten für Männer. Eine Filzpantoffelerzeugung. Wer Maschineschreiben kann, besorgt einfache Abschriften für die Administration der Anstalt. Dann gibt es noch ein Ge-

bäude, in dem nur Untersuchungen durchgeführt werden. Ein Friseur, ein Laden, ein Zeitungskiosk, ein Telefonhäuschen mit Münzeinwurf und eine Kirche. Sonst gibt es hier nichts. Das ist das Dorf der Irren. Die einzelnen Gebäude sind durch Straßen verbunden, die auch von Autos befahren werden können. Dazwischen gibt es aber auch immer schön angelegte Fußwege. Die Häuser sind alt, durchweg einstöckig und wirken teilweise baufällig. Das ganze Gelände umgibt eine hohe, dicke rote Ziegelmauer, auf daß ja niemand fliehen kann. Sie ist über und über bewachsen mit Efeu und wildem Blattwerk. Dazwischen gibt es immer wieder abgebröckelte Stellen, verfallene Mauerstücke, die von vielen Ausreißern zeugen, die hier schon über die Mauer gingen und gehen. Wer fliehen will, kann es. Wer hierbleiben will, kann das auch. Drei Tage lang wird ein Flüchtiger von der Funkstreife gesucht, wird er bis dahin nicht aufgefunden, gibt es die Behörde auf, ihm nachzustellen. So als hätte er dann seine Lebenstüchtigkeit bewiesen.

Wenn ich aus meinem Schlafsaal trete, komme ich auf den Gang. Davon zweigen ab: Das Arztzimmer, das Schwesternzimmer, der Besuchsraum und ein Tagraum, der mit Vorhängen versehen ist und sich dadurch etwas von einem Kellerraum unterscheidet. Außen liegt der vergitterte Balkon. Von ihm aus sehe ich in den Park. Vor dem Balkon ist der Schlafbaum der Krähen. Eine Schule Krähen ist so laut wie ein Zimmer voll aufgeregter Irrer. Heilloser Krach, Flügelschlagen und Gekrächze. Doch auch die Krähen gehen schlafen; und auch ich.

Frau Mahler ist schon einmal hiergewesen. Sie kommt mit zwei Koffern an. Sie ist gewöhnt, auch in dieser Anstalt Mode und Toilette zu machen. Sie ist blond gefärbt, mollig und hat ein etwas teigiges, aber trotzdem verhärtet wirkendes Gesicht. Sie bezieht ihr Bett an der Außenwand. Sie beginnt ihr Bett mit einem schönen Frotteetuch und bunten Zeitungsbildern zu verschönern. Dann tut sie so, als könnte sie Zeitunglesen. Ich sehe aber, sie liest nicht. Sie verharmlost ihren wirren Zustand. Ich weiß nicht, was für eine Krankheit sie hat. Sie verlangt herrisch nach dem Nachmittagskaffee. Sie glaubt, sie ist in einem Sanatorium. Hier kann man nichts verlangen. Hier muß man seine Bedürfnisse nach dem Takt des Personals richten. Frau Mahler müßte diesen Hausbrauch ja eigentlich schon kennen. Aber sie will ihn nicht zur Kenntnis nehmen. Auf diesem Gebiet scheint sich auch ihre Krankheit zu bewegen. Sie beginnt Streit mit der Schwester. Es ist Schwester Herta, die vom Land stammt und die eine etwas schwache Persönlichkeit an den Tag legt. Frau Mahler plustert sich auf und nennt Schwester Herta primitiv, sie solle bloß wieder in das Dorf zurückgehen, wo sie hingehört. Die Sprache, die sie spräche, sei unmöglich und im übrigen gäbe sie sich mit so einem ungebildeten Individuum gar nicht ab.

Die Schwestern müssen hier viel von den Patientinnen einstecken und sind abgebrüht. Aber diese Schwester fühlt sich an ihrem empfindli-

chen Punkt getroffen und geht ab, um geeignete Maßnahmen mit dem Arzt zu vereinbaren. Sie geht petzen. Sie steht nicht über den ungezügelten Emotionen einer Geisteskranken.
Der Arzt kommt scharf: «Frau Mahler, zur Injektion!»
«Die Todesspritze?» – «Nein, nur eine Beruhigungsspritze.»
Die Frau beginnt hysterisch zu spielen. Sie läßt sich die Spritze nicht geben. Zwischen Weinen, wildem Brüllen und Kichern balgt sie sich mit dem Personal. Sie wird dann von drei Schwestern gepackt und niedergehalten. Beim Einstich läßt sie einen wilden Urschrei von sich. Dann vergräbt sie sich völlig unter ihrer Decke. Nach einigen Minuten heißt es: «Frau Mahler, nehmen sie ihre Sachen, sie kommen auf eine andere Abteilung.» Sie folgt artig.
Ich bin zum Gynäkologen eingeteilt. Ich habe mit Beginn meines Spitalsaufenthalts die Pille abgesetzt, und die Blutung ist ausgeblieben. Ich gehe mit meiner verschlossenen Pappaktenmappe, die meine Krankengeschichte enthält, zum Untersuchungsgebäude.
Es warten schon einige Frauen in einem kleinen Zimmer. Wir warten, wir müssen noch warten. Ich war pünktlich, aber ich muß noch warten, der Arzt ist noch nicht hier. Der Arzt führt auch eine gutgehende Privatpraxis. Dort ist jede Sekunde ein Taler. Den irren, verwahrlosten Frauen in den Arsch zu schauen, bringt ihm viel weniger ein. Die können warten.
Wenn Irre warten müssen, zusammengedrängt, in einem dumpfigen verschlossenen Raum, da beginnt der Atem viel schneller zu gehen, und eine Dampfwolke zieht sich langsam zusammen. Ein neuer Schub Frauen, die mit einem Auto transportiert wurden, da sie sich nicht frei bewegen dürfen, wird in das Zimmer gedrängt. Ein dunkler, ausländischer junger Krankenwärter sitzt auf einer Bahre und soll aufpassen auf die geile Weibermenge.
«Wie heißt du?» Eine blutjunge Alkoholikerin schlängelt sich an ihn heran.
«Sem.» Sie hat starke Brillengläser, eine auffallend schlechte Haltung und einen viel zu kurzen Rock. «Höschen ausziehen, meine Damen», befiehlt sie. So manche Patientin gehorcht, da es sich so anhört, als wüßte sie über den Brauch hier Bescheid. Da stehen sie mit der Unterhose in der Hand.
Aber wir müssen ja noch warten; der Gynäkologe verdient inzwischen schnell seinen halben Skiurlaub?
Eine stille kleine Frau hat eine blutige Binde in der Hose. Ich sehe, sie weiß nicht recht, wie sie sie verbergen soll. Aber auch die anderen sehen es und alle Blicke hängen an ihr. Stille . . . Taktgefühlt gibt es hier nicht. Eine harmlos Wirkende mit schleppendem Schritt tut so, als wolle sie ihr helfen, dann packt sie die Hose samt der roten Binde und schwingt sie an dem Knüpfband wie ein Lasso über ihrem Kopf. Man-

che wenden sich ab, manche kichern, manche grölen. Auch die stille kleine Frau beginnt wie irre zu quieken. Das Spiel gefällt ihr. Sem verschwindet. Er steckt lieber die Rüge seines Vorgesetzten ein, als sich weiterhin diesem geilen Volk zu stellen. Die kleine Frau beginnt, in unbeholfenen Sprüngen die Binde haschen zu wollen, die die Größere hochhält. Die Kleine lacht kindlich.
Der Arzt kommt noch immer nicht. Das zermürbende Betteln um Zigaretten geht los. Einige Raucherinnen, die keine bei sich haben, denn sie wurden überraschend abtransportiert, halten es nicht mehr aus. Die stolzen Besitzerinnen des edlen Giftes nützen ihre Machtposition und geben nur der etwas, die sich am meisten einschmeichelt.
«Ich kann in fünf Minuten mein Herz stillstehen lassen!» Ereifert sich eine junge Yogaanhängerin. Doch das kümmert die anderen nicht, dafür haben sie kein Interesse.
Der Rauch erfüllt das Zimmer, alle beginnen zu schwitzen, manche gehen auf und ab. Die Luft wird immer stickiger. Es ist bereits über eine Stunde vergangen. Es dauert noch ...
Ich erinnere mich, daß ich in der letzten Zeit schon so oft Geduld haben mußte. Bis zum Zerreißen waren meine Nerven dann gespannt. Aber sie zerreißen nicht. Habe ich dabei nichts gelernt? Die Nerven tun überhaupt nichts. Ich bin voll innerer Anspannung. Auch ich stehe auf und gehe ein bißchen umher. Man vergißt langsam, warum man sich hier eigentlich zusammendrängt und den Atem der anderen einatmet.
Wenn man angespannt ist, wird man es jedesmal von neuem. Zu lernen gibt es wenig – aus Erfahrung wird man klug? Ich stehe immer vor einer neuen Situation, auch wenn sie anderen so ähnelt, und ich kann nichts tun, sie zu ändern. Warum auch? Warten ist warten. Ich setze mich wieder, ich schaue nicht mehr auf die Uhr über mir. Ich bin hier und bleibe.
Warum – Wozu – Wie lange?
Ich habe mich beruhigt und dränge nicht nach einer Veränderung. So lange döse ich, bis sich etwas wieder aufbäumt gegen die schlechte Luft und die brütende Frauenmenge, und ich gehe wieder ein paar Schritte das Zimmer ab. Viele wollen mir ihre Geschichte und ihre Krankheit schildern, aber ich bin geschickt geworden, dem zu entgehen, ohne mir die Ungunst der Patienten zuzuziehen. Ich stehe und starre an das vergitterte Fenster. Draußen Bäume.
Mein Name wird aufgerufen. Ich gehe zum Arzt hinein. Ich ziehe meine lange Hose aus, und meine Unterhose. Ich lege mich mit breiten Beinen auf ein Bett. Die Beine müssen aufgestellt werden. Ich werde nach meinem Anliegen gefragt. Ich schildere: «Blutung ausgeblieben!» Der Arzt steckt mir den Finger, der mit einem Plastikhandschuh umhüllt ist, in das Arschloch und drückt mein Untergestell und meinen Bauch in die Höhe. Er wirft eine Sekunde lang einen Blick in meine

Scheide und läßt mich wieder los. «Warten, bis sich die Regel wieder einspielt.» Ich will meine Hosen wieder anziehen, aber ich muß hinaus, denn der nächste Patient muß schon herein. Ich stehe halbnackt im Wartezimmer und ziehe mich wieder an.
Ich war eine halbe Minute beim Arzt, ich habe zwei Stunden auf ihn gewartet und das Mittagessen versäumt. Ich habe nichts erfahren. Ich nehme meine Pappmappe mit meiner Krankengeschichte. Es hat sie niemand gelesen. Ich gehe durch die erfrischende Luft wieder zurück auf meine Abteilung.
Habe ich gefastet, um das Essen wiederzugewinnen? Habe ich gefastet, um das Fasten und die Enthaltung zu erlernen, habe ich es um irgendeines Gewinnes getan? Ich wußte doch immer, daß ich jede Erfahrung, die ich machen konnte, schon gleich einsetzen könnte und mir die Tortur hätte sparen können. Oder war ich ganz einfach nicht imstande, ein «normales» Leben zu führen. Vielleicht bin ich es nie imstande. Ich bin nicht imstande, ein Leben zu führen außerhalb des meinen. Mein Leben ist für mich das Normale. Es bedarf keiner Frage. Das Tun ist die Antwort. Ich gab mir Antwort auf mein Suchen nach mir selbst, auf ungewöhnlichen Wegen. Auf einsamen Wegen, da lernt man sich hören, denn da ist nichts, außer ich selbst.
Der Tag war so mühsam und bange. Das Herz, es schlug so fühlbar in einem leeren Leib, und der Herzschlag stieg in den Kopf und man glaubte, ihn steuern zu müssen, damit er regelmäßig bliebe und ja nicht vergäße, sich zu melden. Er könnte aussetzen oder stocken.
Ich hatte Angst. Wenn ich die Augen schloß und es bereits dunkel war und ich ruhig dalag, da war nichts mehr, ich war nicht mehr da, nur die leise Angst zeigte mich mir an, wie ein dünner bebender Faden. Nichts gab es, was wichtig gewesen wäre. Nur der Herzschlag, der war. Wenn ich das Licht andrehte, so wurde meine Umgebung wieder sichtbar. Der bunte Vorhang, die Bilder, der Kalender. Die Betrachtung der Gegenstände beruhigte mich etwas, gaben mir einen Rahmen, aber sie konnten mich nicht zurückholen in die Welt der Dinge, die den Sinn und das Leben ausmachen in dieser Welt. Ich fühlte mich nicht abwesend, aber auch nicht zugehörig zu dieser Umgebung, ich war wie mein Geist, und ich selbst war tot.
Es reichte aber ein verbliebendes Gefühl dazu aus, um zu bemerken, daß es kein angenehmer Zustand war. Gespalten zwischen Gefühl und Starre, wußte ich, daß ich mich nicht willkürlich vereinigen konnte. Jeder Willensakt dahingehend würde eine Verwicklung meiner Gedanken bedeuten, und der Wahnsinn würde mich quälen. So ließ ich ihn walten, legte mich zurück und blieb ruhig. Ich wurde immer ruhiger. Ich fühlte, daß ich das einzige tat, was ich tun konnte. Nichts.
Und es war gut so. Von ganz tief aus den versteckten Kammern stieg eine Rührung über mich selbst auf. Eine Wärme, die meinen kalten

Kopf angenehm durchblutete. Ich wußte, ich war bei mir. Ich wollte leben mit dem Gespenst, das ich war. Ich wollte leben in dieser Welt und in keiner anderen. So wie ich war. Gefühlvoll oder starr – hungrig oder satt. Beschäftigt oder leer. Ich wollte diese Welt und mich in ihr. Ich wollte gerade dieses Erscheingungsbild, wie das Leben mir, gerade mir, erschien. Scheinbar, scheinbar, ich verlangte nach nichts. Ich hatte wieder einmal gegessen, und ich fühlte mich stark. Wie ein müder Wanderer beugte ich mich über die Nahrung und war mir dankbar, daß ich sie mir ließ. Ich stimmte der Nahrungsaufnahme voll zu, wenn ich sie mir erlaubte. Mir schmeckte es ungeheuer, aber ich konnte beobachten, daß aus dem genußvollen mir mehr der Genuß, essen zu dürfen, vorherrschte, und das Essen selbst gar nicht mehr so wichtig war.
Langsam begann mich das Gefühl, nichts mehr essen zu müssen, zu überwältigen. War ich einmal von der Gier, immer weiter zu essen, obwohl ich schon lange übersättigt war, besessen, so hatte ich zwar nicht meinen Appetit, aber die Gier nach Essen oder nach unkontrolliertem Weiteressen verloren. Mir war es recht so, und ich fastete weiter mit kleinen Zwischenstationen, in denen ich Obst, Fleisch und Gemüse bevorzugte.
Ich sehe die Krankenschwester aus dem vornehmen Altersheim wieder. Sie war nur einen Tag auf meiner Station gewesen, dann ist sie weggebracht worden. Sie spaziert, mit einer Patientin, die von ihrem Mann der Polizei zur Einweisung übergeben worden war. Ich habe etwas Kontakt mit dieser Patientin gehabt, wir erlebten beide die gelungene Befreiung der Krankenschwester aus dem Gitterbett und den Zwangsgurten.
Jetzt tut diese ganz wie normal, so als wäre nichts gewesen. Sie kann es sich aber doch nicht verkneifen, mich beim Abschied zu fragen, ob ich mich an sie erinnern könne. Ich bestätige es, und sie fragt: «Wie war ich?» Sie kann sich an wenig erinnern. Sie sucht nach dem, was sie gesagt und getan hat. Sie hat Angst, eklig gewesen zu sein. Es fehlt ihr ein Stück Zeit. Sie ist mißtrauisch gegen die Schilderungen der Zeugen und will alles tun, diese Zeugen loszuwerden. Sie bekennt sich nicht zu sich selbst, wie sie war, als sie sich nicht kontrollieren konnte. Ich kenne es selbst von mir, wie ich in einem Alkoholrausch mich völlig verlor und am nächsten Tag nur die blauen Flecke von Stürzen zeugten. Mit großer Anstrengung versuchte ich diese Bewußtseinslücken zu füllen, nach irgendeiner Erinnerung oder einem Gefühl zu kramen.
Diese Lücke ist mit Luft gefüllt und es gibt da nichts zu finden, außer die Erkenntnis, daß ich nichts davon weiß. Und die heilsame Einstellung dazu, daß ich es gewesen sein muß, die gehandelt hat. Mit dieser Sicht für solche Zustände löst sich das qualvolle Suchen nach einiger Zeit, man läßt sich los, stimmt sich zu, und fast ist es so, als wäre man in dieses gähnende Bewußtseinsloch hinabgeklettert unter Angst und

Schwindelgefühl und man sieht, es ist nur ein Krater und unten ist nichts drin, was heraufgeholt werden müßte.
Kurze Zeit liegt eine schwangere Frau neben mir. Sie kommt vom Land. Das Ehepaar hat sich schon lang ein Kind gewünscht, aber es klappte nie. Sie brauchen das Kind, um einen Erben zu haben. Ihre Arbeitsenergie wird ja erst dadurch sinnvoll, wenn sie das bestellte Land auch weitergeben können. Niemand bestellt gern Felder, die er im Alter wahrscheinlich wird verkaufen müssen. Erst als die Frau im sechsten Monat schwanger war, bemerkte sie ihren Zustand. Ihre Blutungen waren immer unregelmäßig gewesen und sie konnte sich daran nicht orientieren.
Jetzt ist sie im siebenten Monat und von argen Angstzuständen geplagt. Sie glaubt, durch ihre Angst den Embryo geschädigt zu haben und ihn noch andauernd zu malträtieren. Sie hat Angst, ein durch ihre Schuld geistig und körperlich gestörtes Kind gebären zu müssen. Sie leidet an Schlaflosigkeit, sie kann kaum essen und hetzt sich durch ihre Unruhe in immer ärgere Vorstellungen über Geburt und Gesundheitszustand des Kindes. Ich kann ihr zusehen, wie sie sich selbst hineinsteigert, wie sie nur mehr mit dieser Angst leben kann. Die Vorstellung, einen Krüppel zur Welt zu bringen, ist ihr ein Zwang, den sie erfüllen muß, um einen Sinn in ihre Unruhe zu legen.
Sie füllt die erwartungsvolle Zeit, die auch bei weniger ängstlichen Frauen mit Spannungen und Bangigkeit vor dem Unbekannten erfüllt ist, mit der Angst vor einer ganz bestimmten Vorstellung. Angst hat jeder, aber man wartet und verhält sich vernünftig. Sie kann die Geburt nicht erwarten. Sie braucht eine Stütze bis dahin, und wahrscheinlich immer.
Sie sitzt auf der Bettkante und möchte wie ein aufgezogenes Kinderauto dauernd und monoton mich über ihr Leiden unterrichten. Ich sehe sie nicht einmal an. Ich hoffe, sie wird bemerken, daß ich ihr Leiden nicht achte. Aber es geht ihr um die Beschäftigung des Mundwerks, um nicht Zeit für lose unberechenbare Gedanken zu lassen. Ginge ich weg, sie würde es vielleicht gar nicht bemerken. Als Betttnachbarin bin ich eben die Nächste. Die andere Nachbarin sieht ziemlich blödsinnig aus und steht ihr nicht so zu Gesicht. Sie spricht und spricht. Sie wiederholt einzelne Worte, sie wird rot im Gesicht und die Gliedmaßen fuchteln angespannt in der Luft. Wie ein zappelnder Maikäfer krümmt sie sich mit hoch aufgepumptem Bauch auf der rauhen Bettdecke.
Sie hat nicht viel Phantasie. Sie hat keine bestimmten Vorstellungen über ihren einsuggerierten Krüppel, sondern sie faselt nur ihre Angst heraus. Wenn sie sie dadurch loswerden könnte, ich wäre bereit, ihr viele Stunden zuzuhören. Sie beruhigt sich immer in Abständen, um sich dann wieder langsam zu steigern. Findet sie einen Unglücklichen,

der ihr zuhört, hängt sie sich an ihn wie ein Magnet. Findet sie keinen, so spielt sie mit sich selbst verzweifelt.
In der Nacht schmeißt sie sich hin und her, und ich erinnere mich, daß ich im siebenten Monat meiner Schwangerschaft nicht mehr imstande gewesen bin, mich so rasch im Bett umzudrehen. Sie zieht dauernd auf und schneuzt sich nicht. Ich mache den Fehler und reiche ihr ein Stück Zellstoff hinüber. Das nimmt sie zum Anlaß, sich sofort aufzurichten und mich über die mir zum Überdruß bekannte Lage zu unterrichten. Ich denke, sie kommt gleich zu mir ins Bett gekrochen und zappelt da nach Herzenslust ihr Leid ab. Ich lege mich zurück und lasse den Schwall über mich ergehen.
Ich kenne ein Wort in der Spitalssprache, ich denke es: Niederspritzen – niederspritzen. Aber diese Patientin darf wegen ihrer Schwangerschaft keine Medikamente zu sich nehmen. Am nächsten Tag holt sie ihr Mann auf Erlaubnis des Arztes wieder ab. Damit ist das kurze Zwischenspiel für mich zu Ende.
Jetzt eine Frau neben mir, die immer mit einem Tuch über den Augen schläft, das heißt, sie schläft nicht, sondern sie versucht es immer, und es will nicht und nicht gelingen. Dieses Leiden ist hier in jeder Altersgruppe ein sehr verbreitetes. Hier behandelt man Schlaflosigkeit mit Schlaftabletten. Es ist die einfachste Form, sich nicht mit dem Patienten auseinandersetzen zu müssen. Aber die Frauen haben sich zu Hause selbst mit Schlaftabletten behandelt, was ihre Angst vor der Schlaflosigkeit noch steigert.
Sie haben der Angst Gestalt gegeben in Form einer Sucht. Bis in den Tag verfolgt sie die Angst vor den leeren Nächten, in denen die Getreidemaschine des Gehirns schonungslos ihre weichen Nerven drischt. Liegt man im Dunkeln und schließt die Augen und glaubt, jetzt einschlafen zu müssen, geht es los. Es geht nicht. Manche leiden an Einschlafschwierigkeiten, manche an Durchschlafschwierigkeiten, manche an beiden. Die verschiedensten Regeln werden erfüllt, um ja schneller in den Dämmerzustand zu sinken. Es wird ein Einschlafzeremoniell entwickelt, das immer genau eingehalten werden muß. Es besteht aus Erinnerungen an Schlafstellungen oder Situationen, in denen man war, als das Einschlafen einmal glücklich gelang. Wiederholt man diese Aktionen, so sollen sie wieder den Schlaf herbeiführen helfen. Hungrige Tauben machen das auch, um Körner zu erbetteln. Dieses Zeremoniell bauscht sich bei den Schlaflosen immer mehr und mehr auf, wird immer inhaltsreicher, daß es schon nach dem Aufstehen am Morgen beginnt. Das heißt, der betroffene Mensch leidet schon am Morgen an Schlaflosigkeit und begibt sich schon bei Sonnenaufgang in die Zwangsjacke, dem durch Erfüllung genauer Riten abzuhelfen.
Diesen Menschen darf man ja nicht in die Quere kommen, man könnte ihr Zeremoniell stören und das hieße, daß man die Schuld an ihrer

Schlaflosigkeit hätte. Ich habe mit meiner Nachbarin noch keine Kontroversen gehabt. Ich habe Vertrauen zu meinem Geschick, es mit den Wahnsystemen meiner Umwelt auszuhalten. Ich bin mißtrauisch mir selbst gegenüber, mich in meine eigene Wahnsysteme zu verwikkeln. Ich mißtraue meinem Gehirn. Heiße ich das für mich gesund?
Ich darf mich verwickeln, aber bitte lieber nicht mit anderen. Oft passiert es aber, daß man hängenbleibt an einer Äußerung, an einer Bitte, an einer Frage, die gar keiner Antwort bedarf. Sie ist eine Falle, in die man gelockt worden ist und in der man sich am besten ruhig verhält, bis es vorbeigeht. Alles geht vorbei.
Besonders in der Erfüllung von Höflichkeitsregeln gerät man in solche Gefangenschaften. Stelle ich mir Lebensregeln auf, so bin ich mein Gefangener. Da umklammern die Zehen die Ohren, die Arme pressen die Beine an den Körper und die Hände umkrampfen einander am Rücken. So bin ich mein Gefangener, so versuchen die Schlaflosen einzuschlafen. Ein heilloses Unterfangen. Hier einschlafen zu lernen, ist total unmöglich, da man niemals müde wird und die Luft heiß und stickig ist von den Abgasen der vielen Schlafenden.
Für einen Schlaflosen sind alle Menschen unangenehm. Die laut Schnarchenden oder die ruhig Atmenden besieht er mit ätzendem Neid, und die ebenfalls Wachenden spielen miteinander in lauten oder leisen Klagen Ball des Nachts. Einer spielt dem anderen seine Unruhe zu, und so üben sie nächtelang. Am Tag pflegen sie ihre kostbaren Bälle und lassen ja keinen davonrollen.
Hier gibt es für jeden dieser Menschen eine Schlaftablette. Aber der Wille, schlaflos zu bleiben, ist oft stärker als diese Droge. Wenn jemandem der Aufenthalt im Irrenhaus zuviel wird, spielt er den Geheilten, worauf er als erfolgreich Behandelter entlassen wird. Zu Hause wird das Spiel nach kurzer Abwechslung in einer anderen Umgebung mit Gleichgesinnten wieder angenehmer und erfüllender empfunden.
Ich weiß es, ich gehöre manchmal zu den Schlaflosen.
Amanda findet nie ihr Bett. Sie legt sich jeden Abend in ein anderes. Eine kleine hinkende Frau. Sie ist nur Schlafgast. Im oberen Stockwerk sind zu wenig Betten, und immer wenn sie zur Tür hereinhinkt, besetzt jeder sein Bett, um keinen Bettgast vorzufinden. Aber Amanda ist harmlos. Findet sie kein Bett, so bleibt sie am Fleck stehen und begnügt sich damit. Sie wartet auch nicht darauf, ein Bett zugewiesen zu bekommen. Hat sie eines, so liegt sie drin wie ein kleines Kind, und schläft ihren gesunden Schlaf.
Rita ist eine junge Frau, sieht aber aus wie ein Volksschulkind. Sie hat auch die Sprache und das Gehabe eines solchen. Sie ist klein und muß hoch hinaufsehen zu den Augen des Herrn Primarius. Sie arbeitet unter Tags als Bedienerin in der Anstalt. Sie ist nicht so schwach, wie sie wirkt. Sie wäscht Stiegen und Nachtkästchen auf den einzelnen Abtei-

lungen. Sie hat noch mehrere Mitarbeiterinnen aus der Anstalt. Sie bekommen dafür im Monat einen kleinen Geldbetrag ausbezahlt. Sie hat das Gefühl, sinnvoll beschäftigt zu sein und tut es auch. Im normalen Arbeitsbetrieb wurde sie überall abgelehnt. Für einen Konkurrenzkampf ist sie nicht geschaffen. Hier hat sie Essen, ein Bett und Arbeit. Hier lebt sie nicht ungern, und niemand überfordert sie.

Sie sieht hoch zum Primarius auf und bittet, zum Frauenarzt geschickt zu werden. Sie glaubt, sie sei schwanger. Der Arzt gibt sich ein bißchen belustigt, und er fragt, wieso sie darauf käme.

«Ich habe vor einem Jahr Verkehr gehabt, und jetzt bleibt die Regel aus.» Niemand glaubt ihr. Der Arzt legt ihr klar, daß die Frist von einem Jahr nicht besorgniserregend sei. Aber Rita will zum Frauenarzt wegen ihrer Schwangerschaft. Und sie darf hingehen.

Es ist noch so früh. Draußen hängt Nebel, und es ist noch so dunkel. Spät im Jahr ist es geworden. Ich habe schon viele kommen und gehen gesehen. Die Krähen haben schon viele Nächte auf ihrem Schlafbaum verbracht. Sie gehören hierher. Auch der Balkon ist jetzt schon immer feucht und naß. Von seinen Gittern tropft es, und der uralte Rost wird um Jahresringe verbreitert.

Die Patienten drängen nach innen. Das Bett und das kleine Nachtkästchen gewinnen als Heimstatt an Bedeutung. In den Betten sind schon viele verschiedene Patienten gelegen. Nur meines, das beherbergt mich schon so lang und ich kenne die besonders harten Stellen meiner Matratze und meines Polsters. Es ist schon Herbst geworden.

Auch Patienten interessieren sich für das Datum. Eine fragt immer jede Stunde einmal. Sie weiß das Datum, aber sie fragt immer wieder, sie könnte es nicht ertragen, eine unsichere Ansicht darüber zu haben.

Der kleine verdorrte Arbeitsknochen, der hier die Küche besorgt, das Essen von der Großküche auf die Teller verteilt und Geschirr wäscht, schlägt die tolpatschige Menschenbärin. Sie reicht dieser kaum bis zur Achsel. Sie stößt sie mit aller Kraft und pufft sie, wo sie nur kann. Dazu bringt sie bellende Laute hervor, denn sie kann nur sehr unartikuliert sprechen. Auch der Menschenbär hat einen hochgradigen Sprachfehler. Er läßt sich gottergeben in die Küche bugsieren und wird dort gezwungen, Geschirr abzutrocknen.

Meine Gedanken schwammen wie in einem Meer von Alkohol, vor meinen Augen begann es zu flimmern, und oft krallte ich mich an einem Stück Brot fest, um mich an Land zu ziehen. Ich aß, fraß es hinein, um mich zu retten, und zugleich verstrickte ich mich in meinen Gedankenschnüren, die befahlen, es nicht zu tun. Meine Plattform, auf der ich stand, die brach schellend zusammen. Ich begann zu essen, um es nicht so stark zu fühlen, und fraß meine eigenen Gedanken mit.

Als chaotischer Haufen Mensch blieb ich liegen und war verzweifelt.

Doch wie immer richteten sich meine Gebote langsam nach dem Zusammenbruch wieder auf und da standen sie wieder, und ich zog mich an ihnen hoch, und wußte, daß ich mich an ihnen festhalten wollte und wieder meinen alten Fastenweg gehen können würde.
Solche Tage waren ein neuer Anfang, und das Fasten wurde da besonders hart, weil es wie zum erstenmal war, so als würde ich mich auf diesem Weg noch nicht kennen. Ich war auf alles gefaßt und meine nackte, überwache Aufmerksamkeit für jede Sekunde der Verlockung schmerzte wie ein gleißender Strahl in ungeschützte Augen. Wie ein Hammerschlag, so ein Tag, Minute für Minute.
Fastet man irgendwann einmal zum Spaß oder um abzunehmen, so hält sich die Anstrengung in angenehmen Grenzen. Aber diese Grenzen hatte ich schon lang zerstört, ich mußte es tun, um mich aufrecht zu halten, und neigte durch meine körperliche Schwäche doch eher dazu, mich zu beugen. Ein Spiel mit meinem Geist und meinem Körper begann. Der Körper wurde langsam mager, der Geist immer starrer, und es herrschte wenig Einigung zwischen beiden.
Ich stand auf, früh wie immer, tat mechanisch meine Arbeiten. Einkaufen, kochen, Wäsche waschen. Ich hatte den Haushalt noch ganz gut unter Kontrolle. In den Geschäften stand ich manchmal verloren und besah mir wie blind die Menschen und die Nahrungsmittel. Es war alles zum Lachen komisch. Aber zum Lachen ließ ich mir keine Zeit, denn schnell mußte ich das Nötigste abarbeiten, denn die Schwäche setzte früh am Tage ein, und dann verhielt ich mich besser still und wollte nichts von Aufgaben wissen. Schnell mußte alles gemacht werden, schnell den Tag hinter mich bringen. Mit den Händen vor den Augen, stürmte ich über das nackte ungeschützte Feld vor meiner Burg, bis ich wieder hinter meinen Mauern hockte und in die Ewigkeit döste.
Ich hatte mich in den Schlaf getrunken. Es wurde kein guter Schlaf. Er traf mich mit grausamen Werkzeugen. Ich fühlte so stark. Ganz wach war ich im Traum. Die Menschen traten aus ihren Körpern heraus, mit ihrem ureigentlichen Wesen. Manche waren mir gut, manche verachteten mich. Ich fühlte Schmerz und Freude wie losgelöst von der Vorstellung, was man dabei fühlen sollte. Ich tat es ganz erschütternd rein und gegenwärtig. Es war fast, als wäre es für irgend etwas in mir zu viel und ich erwachte, als ich in letzter Sekunde, wie von Geisterhand gedrängt, einen auf mich zukommenden Autobus um Haaresbreite ausgewichen war. Ich lag auf der Straße – in meinem Bett. Schweißüberströmt und erschüttert.
Am nächsten Morgen warf ich die halbvolle Schnapsflasche in den Mistkübel. Ich machte nachher noch manchmal arge Bekanntschaft mit dem Alkohol, wenn er mir angeboten wurde, aber seither hatte ich mir nie mehr Alkohol gekauft und ich hatte keinen mehr im Haus.

Ich war erleichtert, daß ich auch diese Sucht ausfließen ließ. Niemals würde ich sie ganz loswerden, niemals in meinem Leben. Wozu auch. Mein Körper war wieder so schwach. Am Abend, eigentlich am späten Nachmittag, war ich schon so müde und ausgelaugt. Ich hatte noch zwei Stunden, bis ich mir mein einziges Stück Obst leisten durfte. Ich fieberte nach diesem Bissen und war zugleich schon zu schwach, um es mir zu holen oder essen zu können. Nicht jeden Tag war ich so geschwächt. Aber damals mußte ich einen riesigen Korb Wäsche aus der Wäscherei holen. Ich habe gebügelt, und das Stehen im Dampf wurde mir schwer und machte die Glieder lahm. Ich konnte beobachten, daß meine Gelenke an den dünnen Beinen manchmal anschwollen, während die Knie immer knochiger hervorzutreten begannen.

Noch konnte ich aber beim Fenster stehen, tief Luft holen und meinen Körper zu voller Größe aufrichten. Er war extrem schlank. Auch mein Gesicht, das immer etwas rund gewesen war, wurde zusehends schmäler. Ich hatte nicht aufgegeben, mich dann und wann nackt im Spiegel zu betrachten.

Die Arme waren schlank. Die Gelenke konnte ich mit der anderen Hand leicht umspannen. Die immer etwas molligen Oberarme waren glatt und noch wie ein bißchen fleischig. Der Bauch war völlig flach und so, wie sich ihn eine Frau, die gern schlank sein möchte, nur wünschen würde. Die Oberschenkel waren noch angenehm stark und durch die tägliche Gymnastik muskeldurchzogen. Ich hatte immer eine schmale Taille gehabt im Verhältnis zum hervortretenden Busen und einen rundlichen Popo.

Die Mitte war auch zum Rücken total fettfrei, und da Brust und Popo kleiner wurden, fiel die Taille nicht mehr als schlank auf. Ich konnte an den Schultern, dem Rücken zu, die Knochen hervortreten spüren, ebenso die Schlüsselbeine. Ganz wenig traten Knochen über dem Popo hervor, von deren Existenz ich bis jetzt gar nichts gespürt hatte. Sie begannen sich freizulegen. Die Beine waren mager, bis auf die manchmal angeschwollenen Fesseln. Ich wußte nicht recht, ob sie nicht schon eine Spur zu dünn waren und ob man sie noch als reizvoll empfinden konnte. Der erste Wirbelknochen trat stark hervor. Noch sah ich mich an, und ich konnte große Schlankheit feststellen. Ich war zufrieden.

Im Bad sahen mich die Leute manchmal an; warum sie es taten, fiel ihnen etwas Sonderbares auf, oder fanden sie mich beneidenswert schlank? Auch mein Kind sah mich manchmal seltsam an, oder vielleicht bildete ich es mir nur ein.

Ich versank in meine Zeitung, um mir die Zeit bis zu meinem Apfel leichter zu machen. Ein Bohren war im Magen, ein Sausen in den Ohren. Der Körper war erschöpft und zugleich noch sehr regsam. Die Gedanken schlapp, aber noch sehr wach. Sie konnten sich schwer konzentrieren. Ich pflegte im Türkensitz schon früh im Schlafrock auf meinem Bett zu sitzen, und manchmal die Beine anders faltend, konnte ich so stundenlang sitzen. Ein schreiendes Loch im Magen und im Kopf. Ich kannte es schon so gut, dieses Tönen.

Ich liege nach dem Frühstück auf dem Bett und blicke an die Decke. Ich habe das eine Fenster geöffnet, und ein kühler Luftstrom weht auf mein Gesicht. Eine junge, saubere Ungarin kommt zu meinem Bett. «Du hast weinen?» – – – «Sieht es so aus?» frage ich. Ich will keine Antwort. Sie gibt keine. Ich liege auf dem Bett und sehe an die Decke, und die Ungarin sieht mich weinen.

Seit heute gibt es hier eine Patientin, die stundenlang am Steinboden kniet und sorgfältig vor sich hinbetet. Sie verwendet dafür die Meßworte des Pfarrers und spricht nicht nur Gebete her. Jetzt steht sie vor dem Gitterbett einer Frau und predigt in abgehackten, gezirkelten Worten, wie ich es schon oft von routinierten und abgebrühten Priestern von der Kanzel herunter gehört habe. Sie setzt ihre Worte sorgfältig und eindringlich, aber ohne innere Anteilnahme. So als täte sie das immer schon . Sie gibt sich demütig und leise, aber sie ist mir nicht sympathisch. Sie kniet wieder am Steinboden, hebt die Hände zum Gebet: «Nehmt hin und esset, dies ist mein Leib ... von nun an bis in Ewigkeit. Amen!»

Auf meinem stehenden Fahrrad habe ich heute wieder einige Kilometer heruntergespult. Mich erfrischt diese halbe Stunde an jedem zweiten Tag immer sehr. Ich merke, wie nötig und heilsam ein bißchen gezielte Bewegung für jeden der Patienten hier wäre.

Hier drückt alles nieder, die heiße Luft preßt die Frauen auf die Betten, die Wangen werden rot und der Körper wie ein weicher Klotz. In so einem Körper könnte kein gesunder Geist Platz finden, auch wenn er wollte. Die Gedanken zerschmelzen und sind eine lähmende Last im Gehirn. Schwer, so schwer und teilnahmslos eingespannt in Krankheit und gefangen im Irrenhaus, in das man sich selbst gesetzt hat.

An der Wand im Turnsaal sind viele Bilder. Kirchen, Blumen, Städte und Dörfer. Auf einem Bett liegt eine Fetzenpuppe in Menschengröße. Sie trägt ein rotes Turnleibchen und eine schwarze Turnhose. Ein Sprossenwand, rote Turnmatten, Schwebebänke und das Fahrrad und dazwischen die Bilder an der Wand, alles wirkt improvisiert, angenehm zufällig und locker.

Ich genieße hier immer eine Einzelstunde bei der jungen Heilgymnastikerin. Das Turnen ist bei den Patienten nicht sehr gefragt, auch von der Musiktherapie wird kaum Gebrauch gemacht. Sonderbarerweise denkt auch die Ärzteschaft nicht daran, diese Gelegenheiten zur Benützung anzubieten. Scheinbar sind diese Therapien von einem agilen Arzt in früherer Zeit eingerichtet worden und jetzt in Vergessenheit geraten. Hier sieht man lieber die lahmen Patienten, in die man Medikamente pumpen kann, die sie bereitwillig schlucken. Es ist der kürzere

Weg, in dem Ruf zu bleiben, ein Arzt zu sein und zu heilen.
An der Wand vor dem Fahrrad hängt ein Poster, auf dem eine blonde kräftige Frau auf einem Pferd daherprescht. Ihr Roßschwanz fliegt im Wind. Sie reitet von einem wogenumspülten Meeresstrand lachend herein in meinem Raum. Sie ist kräftig, beweglich und froh. Sie atmet Freiheit, und ich radle kräftig auf sie zu. Ich mag dieses Bild vor mir, es gefällt mir, und ich sitze auf dem Fahrrad wie auf einem Pferd und reite dem Mädchen entgegen. Ich bin hinter Gittern, und das Meer schlägt in sanften Wellen an den Strand. Ich habe noch nie das Meer gesehen, aber ich kann es hören.
Hier sind Gitter an den Fenstern. Meine Abteilung ist halboffen. Ich darf in den Park, andere dürfen nicht. Man sagt, wir sind in einem Spital. Warum fragen so viele Patientinnen, ob sie in einem Gefängnis sind? Es muß sie sehr daran erinnern. Die Schlafsaaltüren und die Haustür sind verschlossen. Messer dürfen nicht verwendet werden, auch keine Glasgefäße.
Wir sind freie Patienten. Der Patient steht unter den Anordnungen des Arztes, er muß tun, was dieser für richtig hält. Er ist ein freier Patient. Alles geschieht zu seiner Heilung. Er sieht vergitterte Fenster und steht vor verschlossenen Türen. Er muß die Medikamente essen, die ihn dämpfen und still machen. Er muß sich der Wirkung von Drogen aussetzen. Wehre sich einmal einer gegen die Wirkung von Drogen! Haben die Schwestern heraus, daß ein Patient das Medikament nicht schluckt, so muß er es künftighin vor ihnen tun. Tut er es nicht, so wird er niedergehalten und niedergespritzt.
«Mandogan --- und beneidenswert tiefer Schlaf!» steht auf einem Plakat am Gang zu lesen. Es handelt sich um ein hochdosiertes Schlafmittel.
Der Arzt braucht seine Arbeit. Er ist nicht frei davon, er braucht sie, um seinen Lebensunterhalt zu bestreiten. Er braucht viel Geld. Er ist nicht frei davon. Ein Unfreier unterdrückt Unfreie, um sie zu heilen. Heilung ist der Deckmantel, unter dem sich die Beteiligten verstecken. Dieser Name aber hält bis in Ewigkeit.
Er geistert schon seit urdenklichen Zeiten durch die Menschengehirne. Niemand hat je herausgespürt, ob er frei ist oder gefangen. Nicht der Arzt und nicht der Patient.
Regeln sind willkürlich auslegbar. Hier sind Gitter, hier darf sich niemand umbringen, hier sind verschlossene Türen, auf daß alles wieder gut werde und man wieder nach Hause entlassen werden kann. Dann lebt man ohne Gitter vor den Fenstern und ohne verschlossene Türen, aber war man einmal hier, so wird die Angst auf ewig manifestiert, ein etwas haltloser, verwirrter Mensch unter Normalen zu sein. Gefangen in dem Bewußtsein, nicht so zu sein wie die anderen, heißt: in Freiheit hinter Gittern leben. Das bekommt man zum Abschied aus dem

Irrenhaus fein säuberlich eingepackt mit. «Mandogan ... beneidenswert tiefer Schlaf.»
Am Morgen und am Abend mache ich am Balkon immer ein paar Turnübungen. Die frische Luft reißt den Atem durch. Ich fülle den Körper und den Kopf gern mit Frischheit. Um diese kühle Jahreszeit hält sich kaum jemand draußen auf. Heute abend machte ich meine zwanzig Kniebeugen. Da trottete der Menschenbär heraus, um auch ein wenig Luft zu schnappen. Sie sieht mir erstaunt zu, und ich fordere sie auf, mitzutun. Sie lehnt entschieden ab, und ich denke voll Hochachtung, die weiß, was sie will. Als ich wieder drinnen bin, sehe ich sie durch das Fenster an derselben Stelle Kniebeugen machen wie ich.
Ich bin hier immer sehr früh auf. Die beiden Patientinnen, die Küchenarbeit machen und Botengänge, stehen um halb fünf auf. Sie duschen jeden Tag, und wenn sie wieder vom Waschraum ins Zimmer trampeln, bin ich ausgeschlafen und ziehe mich schon an.
Die beiden Nachtschwestern schlafen auf Pritschen im Aufnahmesaal. Sie müssen jederzeit für die Patienten bereit sein. Diese beiden stehen auch zu dieser Zeit auf und geben die Harngläser an Neuangekommene für «Frühharn» aus. Manchmal tue ich das für sie. Die Patienten verhalten sich noch ruhig, sie schlafen noch. Einige gehen auf das Klo. Liegt man im letzten Schlafsaal, muß man durch zwei Schlafsäle bis in den Waschraum wandern. Es ist eine lange Reise.
Es ist alles still. Ich kann die Frauen an ihrem Schritt erkennen. In dem Takt, den sie angeben, höre ich ihre Wesensart. Die Küchenfrau, so klein sie ist, hat starke, energische Schritte. Amanda schleift unkoordiniert, aber auch in ihrer Schrittwirrnis kann ich einen immerwiederkehrenden Ablauf bemerken. Die stumme Frau aus dem Tagraum geht ganz, ganz leise, wie auf Zehenspitzen. Aber ich höre sie immer. Die Ratte schleicht und schleift daher. Ich höre meinem Schritt zu: Es ist ein rascher, schwerer Schritt.
Ich gehe in den Tagraum. So wie eben jetzt, sitze ich und schreibe, meist bevor sich noch großer Trubel erhebt, ein paar Gedanken für dieses Heft auf. Neueinlieferungen sind meist wenige am frühen Morgen. Die meisten brechen in der finsteren Nacht zusammen und werden in dieser noch eingeliefert. Oder es passiert am Tag. Um sechs Uhr findet der Schwesternwechsel, vom Nacht- zum Tagdienst, statt. Die Nachtschwestern geben, wo es notwendig ist, Erfahrungen über Neueingelieferte weiter. Die Oberschwester kommt heute später, sie hat verschlafen. Die Küchenfrau kocht Bohnenkaffee für die Schwestern. Er riecht so gut. Mir wird keiner gekocht. Ich bekomme erst um sieben Uhr zwei Stück trockenes Brot und falschen Kaffee. Aber auch das schmeckt mir gut.
Eine Patientin trägt eine lange Hose. Der Hosenschlitz ist offen. Eine andere weist ungeniert auf die visitierenden Ärzte und meint:

«Wenn's einen Mann sieht, geht ihr gleich die Hose auf.»
«Auf den einen spitze ich! Ich hab so zugenommen am Arsch, am Busen möcht ich's kriegen. Am Arsch kann man sich ja net festhaltn!»
Die andere spinnt ihre Ideen weiter und läßt etwas verlauten von klein und flink. Die beiden malen sich den Arzt nackt aus und unterhalten sich dabei prächtig. Er sieht gelassen aus. Die eine macht ihre Brust frei und zeigt der Busenlosen, wie sie trainieren muß, um die Brustmuskeln zu verstärken. Dann packt sie wieder ein.
«I möcht gern zu meine Kinder, zu mein Mann muß ich net.»
Sie sind Menschen wie andere auch. Ich kann aber einen bestimmten Standplatz in meinem Gehirn einnehmen, der mir Einmaligkeit zeigt. Wie von einem Aussichtsturm sehe ich auf alle und mich selbst. Auf mich und meine momentane Lahmheit. Wie aus dem Nacken, über den Hinterkopf hervor bis zur Stirn, rieselt eine sanfte Kraft, aufzuschreiben, daß ich nichts zu sagen habe. Ich kann beobachten, daß es verschiedene Energieströme gibt, die meiner Gedankenmühle Antriebskraft geben. Einmal ist es rasanter Eifer, der die Feder über das Papier flitzen läßt, und einmal ist es so unendlich mühselig. Die Möglichkeit, es nicht zu tun, gebe ich mir nicht. Außer wenn ich es nicht tue. Die Gedanken sind so lahm, sie brauchen nicht gedacht zu werden. Ich habe sie gar nicht.
Der Tag geht, der nächste war schon vor dem Gestern. Der Herbst ist da. Immer das gleiche Bild bietet sich mir, wenn ich aus dem Fenster sehe. Mein Kugelschreiber wird schwächer und schwächer. Er hat kaum mehr Saft in sich. Meine Glieder sind schwer, ich habe heute nicht viel Kraft zum Spazierengehen. Aber ich weiß, ich werde es tun, sowie ich jetzt auch schreibe.
Verläßt mich der Antrieb, so werde ich zu meinem eigenen Motor, und ich gehorche mir. Mein Motor weiß, was er will. Mein Körper gehorcht mir, mein Gehirn gehorcht mir.
Ich bin es, die einen gesammelten Strahl der Energie mitten auf der Stirn verspürt, von wo aus ich meinem Leben neue Energie abgeben kann. Wie ein gestaltloses Ich lebe ich weiter, mechanisch im Herbst, im Irrenhaus.
Sitzen und nur schauen, nicht nach außen, nicht nach innen. Es ist nichts ... nichts ... bis die Unruhe wieder einfällt und man nach Veränderung der Sitzstellung oder der Lage verlangt. Ich bin für mich. Ich trete für mich ein, und ich bin gesammelt. Meine Gedanken lassen sich los.
Ich habe die Ruhe zu verweilen, bei dem Empfinden der Leere, und ich fühle, es ist das zugrunde liegende Gefühl für jedes andere. Sei es Glück oder Unglück, Behagen oder Mißbehagen.
Die Bäume werden immer nackter. Die Blätter faulen auf der feuchten Erde. Mein Geist leuchtet mir im Herbst mit bunten Farben, und wenn

er Leerlauf hat, so läuft er auch.
Ich habe schon zwei Tage Stuhlverstopfung. Ich habe das nicht gern, aber wenn es nicht geht, kann ich auch nichts tun und werde mich nicht länger grämen.
Es gibt Frühstück. Ich lasse es mir schmecken. Dann geht der Vormittag weiter mit Visiten. Jeder Patient wird kurz über sein Befinden befragt und man hört kurz auf seine Anliegen. Gern und lang hört man nicht. Ich täte es auch nicht. Irre sind oft recht langwierige und klebrige Personen, viele stinken aus dem Mund oder dünsten argen Körpergeruch aus. Kommt es aus der Seele?
Der Arzt entscheidet zu dieser Zeit auch, wer von den neu eingelieferten Patienten auf welche Abteilung transferiert wird. Um elf Uhr ist dann großer Auszug der Neuen. Öfter ergeben sich Annäherungen zwischen den Neuen und den Patienten aus meinem Saal. Mit Trauer und Versprechungen, den anderen zu besuchen, scheiden sie dann. Aber, aus dem Auge, aus dem Sinn. So heißt die Devise im Irrenhaus.
Die junge, sommersprossige Frau im Eckbett ist so stark niedergeschnallt, daß sie schon ganz blau angelaufene Gliedmaßen hat. In der Nacht wurde sie eingeliefert. Ich habe geschlafen, aber ich kann mich erinnern, daß am Gang jemand wie ein Tier gebrüllt hat und irgend etwas gekracht hat. Menschenstimmen durcheinander ... dann war es wieder ruhig in mir und ich schlief weiter. Heute vormittag erzählte mir die gefesselte Frau, daß sie stark betrunken gewesen war. Sie hatte ungezählte Gläser Schnaps hinuntergesoffen. Sie tue das sehr oft. Dann gerät sie in einen Zustand zwischen Weinen und Angriff. Sie schmeißt ihr Geld und ihre Sachen weg, schlägt sich blaue Flecke, randaliert und rauft mit Männern im Gasthaus. Dazwischen trinkt sie jeden Tropfen, der ihr unterkommt. Der Griff zum Glas ist ihre Geste, und die Angst davor, das Gefühl, das sie in sich hat. Mit Bange – Angst – Grausen – Gier und bösartiger Lust, die körperlich zu empfinden ist, säuft sie in sich hinein. Sie verliert die Kontrolle über sich, sie weiß nicht, was sie im Rauschzustand tut.
Den Griff im Hirn, mit dem Bewußtsein Zugang in diese Gehirnsphären zu bekommen, hat sie nicht, will sie nicht. Nichts davon wissen. Nur nicht denken. Nur das Glas und das Grausen beim Trinken ist immer dasselbe. Wie ein bösartiges, still lauerndes Tier steht es vor dem aufgedunsenen roten Gesicht. Es kommt einem nie entgegen. Man nimmt es immer, wie freiwillig, und doch beißt einem dieses Ungeheuer jedesmal ein Stück aus der Seele heraus und das tut weh. Der Schmerz ist so groß, daß man wieder einen Schluck nimmt.
Wie mit Handschellen gefesselt an das Glas, kann man den Arm nur bewegen, wenn man das Glas geleert hat, denn sonst würde die Flüssigkeit verschüttet und die Hand müßte stillhalten, weil ja kein Sinn mehr in der Bewegung liegt. Es geht bis zur Betäubung und Ohnmacht.

Das ist das Ziel. Vergessen, daß man nicht vergessen kann. Sich dem Drachen nackt zum Fraß bieten, immer wieder, weil man sich überall von ihm beobachtet fühlt und seinen Hieb mit den heißen Krallen fürchtet.
Die Frau soll sich mit den Polizisten geprügelt haben, auch mit den Krankenträgern, und der Nachtschwester soll sie einen Sessel an den Kopf geworfen haben. Die Frau sieht kräftig aus, und sie weiß von nichts mehr. Sie hat geschwollene Augenlider. Ich habe gut geschlafen, ich habe sie nur brüllen gehört. Aber ich kenne ihren Zustand, als wäre es meiner. Denn ich kenne dieses Tier, es sieht für jeden anders aus und ist doch gleich. Dort kollern die Menschen durcheinander. Betäubt und ohnmächtig, böse und weinerlich. Zerbrochen und lebensmüde, blödsinnig im Bewußtseinsmeer badend. Aber diese Nacht schlief ich tief, ich war nicht ohnmächtig und betäubt. Ich habe nur meinen gesunden, traumreichen Schlaf getan. Wie ein gesunder Mensch, ein gesunder Mensch im Irrenhaus.
Otti weiß nicht, wo sie ist, sie hat nur nebulose Vorstellungen von ihrer Anwesenheit. Sie ist eine etwa Dreißigjährige, die vernünftig aussieht, aber sie ist es nicht. Idiotengesichter schätzt man oft dümmer und verständnisloser ein als sie sind. Manches kluge Gesicht verbirgt die völlige Desorientiertheit. Otti hat einen Selbstmordversuch mit Tabletten gemacht. Viele haben das getan, aber sie finden ihre Realität binnen kürzester Zeit wieder. Otti verliert sie immer mehr. Sie zerstückelt sich von Tag zu Tag mehr. Sie sieht die Gitter, sie spürt die verschlossenen Türen. Sie darf nicht hinaus. Sie jammert monoton vor sich hin:
«Ich will nach Hause, ich will nach Hause.» Sie kann nicht verstehen, warum sie hier ist. Ihr Selbstmordversuch liegt in den Tiefen ihrer Erinnerung und sie kann damit nichts beginnen.
Sie hat einen Ehemann und einen Sohn. Sie will nach Hause, aber wie ich sehe, kann sie mit «zu Hause» nichts beginnen. Wo sollte sie dort die Freiheit hernehmen, dort sein zu wollen? Sie formuliert selbst ihre Angst:
«Was für ein Spiel treibt man hier mit mir?»
Sie beginnt leise zu den Patienten hinzutreten und zu sagen:
«Bitte zeigen sie mich nicht an.» Sie glaubt, jeder habe geheime Absichten, sie zu hintergehen. Sie glaubt, alles über sie würde in ein Buch eingetragen. Um sie spielt sich ein irrsinniger Zirkus ab, an dem alle beteiligt sind, die ihr unterkommen. Patienten und Personal unterscheiden sich für sie nicht. Alle wissen alles, nur sie wird hintergangen. Sie weiß nicht, warum sie hier festgehalten wird. Sie sieht ihren Zustand nicht, wie sollte sie einen Maßstab entwickeln, sich ruhiger zu fühlen. Ihre Mißtrauenswand scheint unüberwindlich. Sie will es so. Gestern sagte sie, als sie wieder zu mir schlich, um sicher zu sein, daß

ich sie nicht anzeigen würde: «Ich möchte nach Hause gehen.» Damit beginnt sie ihre Streifzüge immer. Ich sagte:
«Ich glaube, sie wollen gar nicht nach Hause.» Sie begehrte temperamentvoll auf und ließ sich gleich auf meinem Bett nieder. Ich liebe das nicht sehr.
Ich habe zu Beginn ihres Aufenthalts eine fast vernünftige Person gesehen, die sehe ich nun von Tag zu Tag mehr verblödet. Zu Beginn war sie ruhig und angenehm. Ich sehe sie immer lästiger werden und den Leuten mit säuselnden Wünschen und Fragen auf den Pelz rücken. Vielleicht treibt sie mit uns ein ausgeklügeltes Spiel? Vielleicht weiß sie alles, und ich bin ihr Spielball? Sie spürt genau, wie sie an meinen Nerven zerrt. Sie sieht, daß ich sie für verblödet halte, sie weiß, daß ich sie nicht für fähig halte, ihr Leben in Freiheit zu verbringen. Sie weiß, daß ich hier über sie schreibe.
Was treibt sie für ein Spiel mit mir? «Ich möchte so gern nach Hause!»
Ich hatte alle Arbeiten in fieberhafter Eile hinter mich gebracht, bevor die große Schwäche begann. Ich schleppte mich in die Küche, nein, ich hatte nur das Gefühl, es zu tun, tatsächlich hielt ich mich gerade und war wendig und flink, man konnte meine Mühe nicht sehen. Ich wollte sie nicht absichtlich verbergen, ich gab mich vor mir selbst gern kräftig und gesund. Die Schwäche war mir auch nicht ganz unangenehm. Ich wußte, daß ich sie auch herbeiholte, sie zeigte mir das Ende eines Fasttages an, den ich wieder einmal abgedient hatte. Für nichts, nur weil ich es gewöhnt war, so zu leben, weil sich mein Leben so gestaltete.
Mir war selten übel. Weder nach dem Essen noch beim Fasten. Nur das leere Klaffen des Magens, ließ mir manchmal etwas wie Übelkeit erscheinen, so als würde Luft über seine gähnende Höhle scharf streichen und ihn austrocknen. Auch mein Mund war oft ausgedörrt und die Lippen trocken. Diese Dürre schien mir wie üble und verbrauchte Luft in der Magengegend. Ich atmete flach und schwer. Ich mußte tief Luft holen, um mir Sauerstoff einzupumpen. Ich trank sehr heiße, gewässerte Milch mit wenig Kakaozusatz. Es dampfte, und es trieb mir angenehme Wärme in den ausgekühlten Körper. Es war wie Nahrung und belebte meine dürren Sinne wie ein kurzer Regen in der Wüste. Mir war oft so kalt.
Ich mußte wieder einen langärmeligen Pullover anziehen, obwohl die Menschen um mich noch in Sommerblusen spazierten. Ich konnte nicht genug von dieser Sonnenwärme bekommen. Ich war so unterkühlt. Es mußte von innen her kommen. Ich legte mich oft, so oft es nur möglich war, in die Sonne. Sie wirkte wie frisches Blut, und ich saß ruhig auf der Parkbank. Die Wärme erlöste mich von der Kälte, die manchmal ungeheurer war als der Hunger. War ich gar zu schwach, lag ich auf einer einsamen Bank in einem verfallenden nahen Park. Das Kind hat-

te eine Wiese, auf der es tollte und Tiere beobachtete. Ich lag auf der harten Bank, die Wärme sengte meinen Körper. Ich war so müde, mir war so warm und so angenehm leer. Ich lag oft lang in wunschloser Ermattung. Das Drängen des Kindes auf ein wenig Abwechslung rüttelte mich aus meiner Lethargie. Oft waren es auch die Knochen, die die Druckstellen auf der harten Bank nicht mehr aushalten wollten.

Ich hatte langsam die Schwierigkeit, auf ungepolsterten Sitzflächen Ruhe zu finden, da meine Knochen nur mehr von ganz wenig Fleisch gepolstert waren. Ich änderte oft meine Sitzstellungen, wenn es zu drücken begann. Ich bevorzugte, die Beine übereinanderzuschlagen und mich nur auf eine Hinterbacke zu setzen, während die andere von den Druckstellen heilte. Den einen Arm stützte ich auf, um die Schräglage auszugleichen. Ich erinnerte mich, daß ich diese Sitzstellung in den letzten Monaten meiner Schwangerschaft auch bevorzugt hatte. Die Stütze durch den Arm gab dem Bauch Spannung und er mußte sich nicht so lose vor sich hinwölben. Wie ein Gerüst war mir der Arm, zu einem Gerüst entwickelte ich mich während meines Fastens.

Ich schlug die Beine übereinander. Diese schmale Stellung entsprach meiner Körperlinie. Als ich noch ein junges Mädchen war, hatte ich dicke Oberschenkel, und das Übereinanderklappen der Beine funktionierte zu meinem Leidwesen nicht ganz so mühelos, wie es aussehen sollte. Ich fand diese Stellung damals sehr elegant und freizügig. Ich hatte jetzt keine Mühe mehr, elegant zu sein. Ich war viel zu elegant geworden, um die damit verbundenen Vorstellungen zu erfüllen. Trotz allem zog ich mich gern hübsch an und fand mich etwas seltsam, aber immer noch so, wie ich mich haben wollte. Viele Kleider hatte ich nie besessen. Jetzt hatte ich noch weniger, weil alle Rock- und Hosenbünde zu weit wurden, und selbst die Hüftpartie war schon so geartet, daß die Kleidungsstücke drohten, daran herunterzugleiten. Mir war das recht so. Ich verlangte nicht nach neuen Kleidern. Ich hatte das Bedürfnis nach Luxus verloren. Ich brauchte nichts.

Keine Unterhaltung, keine Besitztümer, keine Nahrung, keine Abwechslung.

Ich wollte sie gar nicht, denn die genaue Einhaltung meiner Regeln waren wichtig, um die Hungermaschine ungestört laufen zu lassen.

Manchmal ging ich an Auslagen vorbei und sah mich in der Scheibe. Dahinter die vielen Dinge, die mir ein gutmütiges Lächeln abrangen. Möbelstücke, Kleider, Bücher und Nahrungsmittel. Ich hätte nicht gewußt, welches Gefühl ich aufbringen müßte, um sie zu wollen oder um wenigstens zu bedauern, daß ich sie nicht haben konnte. Ich hätte nichts damit beginnen können. Ich war so über und über voll von Leere, daß nichts von diesen Dingen in mir Platz hatte.

Ich hatte wieder einmal gegessen, und ich konnte es noch. Die Mahlwerkzeuge gingen mechanisch auf und ab. Ich aß, um wieder hungern zu können. Hätte ich diese Abwechslung nicht aufrechterhalten, wäre mir das Fasten nicht so ein sinnvolles Unternehmen gewesen. Ich hing ganz daran. Dann wieder zerfiel ich so, so irgendwie in tausend Unzulänglichkeiten. Die Sammlung verließ mich, die Energie wich wie ein letztes Aushauchen. Es muß so ähnlich gewesen sein, wie jetzt beim Schreiben. Ich male ein Wort nach dem anderen und bin so lau im Kopf. Manchmal spüre ich meine Freude am Schreiben so sehr. Ich habe wenig geschlafen, vielleicht bin ich müde. Die Feder gleitet heute so ungelenk und zackig daher. Aber warum sollte ich sie nicht gleiten lassen. Mein Kopf birgt viele Worte, er läßt sich nicht zwingen, er läßt nur Worte aus, meine Hand formt sie.

Wie war das Hungern? Wie ist es jetzt, was soll ich empfinden, um meinem Schreibefluß Strömung zu geben. Wo ist der Wind, der mich treibt? Ich klebe an der Vorstellung, daß ich mich begeistern müßte an meinen Gedanken. Ich tue das gern, aber um Himmels willen, ich muß doch nicht. Ich muß überhaupt nichts. Ich muß keine Vorstellungen erfüllen, ich muß nicht ringen um diese Energie, ich muß nicht essen und ich muß nicht fasten, so wie damals, und ich weiß gar nicht, ob es damals so war. Ich bin so zerstreut und versuche einen Faden zu finden, an dem ich mich aufraffen könnte. Und einen Punkt zu erreichen, von dem aus ich mein Bemühen, mein Hungern zu schildern, überblikken kann. Ich möchte meinen Standort in meiner Geschichte orten.

Ich möchte ... Ich möchte ...

Ich habe ja gar keinen Standort. Und glücklich geht es mir jetzt auf, daß ich ja niemals einen Standort habe und ihn niemals zu vermissen brauche. Ich habe mich verloren in meiner Geschichte, so wie ich mich in meinem Hunger verloren hatte.

Das zweite Frühstück besteht meist aus Suppe, Kaffee oder Milch und dazu, wie immer, trockenes Brot. Zur Auswahl weißes oder schwarzes. Es ist nie schlecht. Bin ich nicht beim Turnen oder in der Musiktherapie und sind keine Visiten mehr, kann ich im ganzen Park herumlungern, kann zeichnen und schreiben. Ich kann plaudern und Zeitung lesen. Ich kann schlafen, essen, scheißen und atmen. Ich kann alles tun, was mir einfällt bis zum Mittagessen. Auch dieses könnte ich verweigern, niemand hindert mich daran, niemand kümmert sich darum. Das fällt mir aber nicht im Schlaf ein. Heute mittag gibt es Gulasch und Knödeln. Manche essen es nicht, weil es so mies sein soll. Mir schmeckt alles, ich kann nicht erkennen, was mich dazu veranlassen sollte, nicht zu essen. Ich wüßte es natürlich schon, aber ich verschweige es. –

Ich möchte gern schlank bleiben. Ich wollte auch so gern schlank bleiben, als ich mager war wie der Tod. So muß ich meinen Wunsch als gar keinen Wunsch, sondern als fixe Idee von mir zur Kenntnis nehmen. So wie Otti die fixe Idee hat: «Ich möchte so gern nach Hause gehen.»

Nach dem Mittagessen habe ich wieder so viel Zeit. Am Besuchstag kommt Besuch. Heute ist keiner. Ich schreibe gern in meinem Heft weiter, und jeder Besuch wäre mir jetzt gar nicht so lieb. Ich warte auf den Nachmittagskaffee. Er wird bald kommen. Wir bekommen nach dem Frühstück und nach dem Mittagessen immer Medikamente. Auch am Abend. Ich bekomme Beruhigungspillen, die ich aber nie nehme. Ich schmeiße sie ins Klo, denn wozu soll ich ruhiger sein, oder weniger ruhig, als ich bin? Ich bin mit meinem Zustand zufrieden und lasse ihn mir nicht gern verpfuschen, so als hätte ich nicht selbst eine Seele und ein Gehirn. So als müßte man mir eine Droge einpflanzen, damit ich einen Inhalt in meinem Schädel habe. Vielleicht habe ich wirklich nichts hinter meinen Schädelknochen? Ganz einfach leer – Luft – nichts drin – nichts, was mich treibt – ein hohler Raum – meine Gedankenkammer.

Vielleicht wissen sie hier alles über meine Gedankenkammer und halten die Erkenntnis vor mir geheim? Ich halte geheim, daß ich weiß, daß sie über meine leere Geheimkammer Gehirn alles wissen. Ich fülle diesen leeren Raum mit meinen Buchstaben.

Immer wieder stecke ich meinen Kopf aus dem Chaos meines Lebens und sehe mich im Räderwerk des Irrsinns treiben. Nie darf man den Eindruck haben, nicht in dieser Maschine hin- und hergeworfen zu werden, denn dann würde Angst und Panik herrschen vor der Möglichkeit der Verwirrung. Ich wiege mich nie in Sicherheit. Wenn ich es tue, so sieht mich blitzartig meine eigene Fratze an, ich erschrecke, und ich sehe mich nach Luft ringend im Mühlenbach zappeln. Ich kann ruhig schwimmen, mit ruhigen Atemzügen. Nur festen Standpunkt gibt es da keinen. Den zu suchen, wäre ein Mühlstein um den Hals. Mein Gehirn ist leer und meine Gedanken sind Luftblasen im All.

Eine junge Zigeunerin liegt mit weit geöffneten schwarzen Augen im Gitterbett. Sie wollte aus dem Leben gehen. Wie, weiß ich nicht. Sie liegt wie ein Wolfskind hinter dem Maschennetz. Sie ist nackt. Sie hat sich ausgezogen. Sie bedeckt sich den Unterleib mit Zellstofftüchern wie mit einem Lendenschurz. Sie hat so dunkle Haut und starkes schwarzes naturgewelltes Haar. Sie hält die Fäuste geballt und die Zähne gefletscht. Sie liegt noch ruhig da. Ich lächle sie an. Sie fletscht die Zähne und verkrampft sich noch mehr. Stumm liegt sie da. Zur Besuchszeit kommt ihre Familie. Eine Mutter mit drei Burschen. Einer davon scheint ihr Mann zu sein. Er hängt an ihrem Gesicht voller Verzweiflung. Bei keinem anderen Besucher konnte ich im Gesicht solche Angst um die Frau lesen. Sie spricht auch mit der Familie nicht, aber sie lockert sich etwas. Es steckt soviel verzweifelte Kraft in dieser stummen Haltung. Die Augen schreien die Angst, in der sie sich befindet.

Niemand vom Personal gibt sich mit den Besuchern ab. Sie sind selbst ratlos und verloren der Situation gegenüber. Sie verstehen die Frau nicht, nicht das Land, in dem sie sind, nicht sich selbst. Diese Verlassenheit der Familie kriecht mir ins Gehirn.

Es ist ein bißchen Zeit vergangen, in der sich das Mädchen aufgerichtet hat. Sie steht im Gitterbett. Das obere Maschennetz hebt sie mit dem Kopf an. Sie klammert sich in das Netz und stößt tierische kurze Laute aus. Sie ist ein Tier, dunkel und verloren unter Menschen. Sie schwenkt sich hin und her. Sie kann dieses Schwenken nicht mehr unterbrechen. Dann verharrt sie doch in einer Stellung. Mit zur Seite geneigtem Kopf bleibt sie stehen, die Hände in die Maschen gekrallt. Sie keucht vor Wut und reißt in regelmäßigen Abständen an dem Eisenrahmen.

Sie weiß nicht, wo sie ist, sie weiß nicht, daß sie in einem Gitterbett ist, aber sie weiß, sie ist gefangen. Manchmal ruft sie etwas, das klingt wie ein Name:

«Puero! Puero! Puero!» Sie ist erschöpft, sie reibt sich die Augen und sitzt nackt im Bett, den Kopf an die Wand gelehnt. Sie starrt mit leeren schwarzen Augen in die Luft.

Hier kommt das Nachtmahl frühzeitig. Heute gibt es Thunfischaufstrich und Brot. Die Sache schmeckt etwas geil für mich. Dann werden die Tabletten verteilt, und damit endet für uns hier der Tag. Früh legt man sich unter die Decke. Das Licht bleibt noch brennen. Wenig ist vorgefallen, wenig hat man getan, aber ich bin müde. Ich schreibe noch ein paar Zeilen, dann werde ich noch ein bißchen Luft schöpfen am Balkon. Ich war noch immer nicht kacken. Ich werde es noch einmal probieren. Ich verliere den Mut nicht. Der Thunfisch liegt mir im Magen. Ich bin noch immer im Irrenhaus mit dem Thunfisch. Wann nur, wann wird mich der wohl verlassen. Manche kramen noch herum, manche lesen, manche dösen oder plaudern. Im Aufnahmesaal wird heute noch ein Arzt erscheinen. Er kümmert sich kurz um die Neuankömmlinge. Zu uns kommt er nicht mehr herein. Ich kenne mich aus, ich bin schon lange hier, ich habe hier schon viele Nächte erlebt.

Die Zigeunerin wird in der Nachht noch recht lustig. Sie beginnt, in kurzen Abständen gellend zu schreien. Manchmal klingt es wie «ich will heraus». Aber vielleicht höre ich das nur so.

«Puero! Puero!» Die Stimme schnappt über. Sie reißt an dem Eisenrahmen. Zwei neu angekommene Patientinnen glauben, sie durch Zureden beruhigen zu können. Die Erfolglosigkeit dieses Vorhabens leuchtet ihnen bald ein. Dann werden sie böse auf die Eingesperrte. Letztendlich liegen sie wieder in ihren Betten, bittend, die Gute möchte doch endlich still sein, sie hielten das Geschrei nicht mehr aus und sie müßten verrückt werden. Sie wimmern nach der Schwester, aber auch die kann gegen das Aufbegehren eines Irren nichts machen. Wehrlos ist man ihm ausgesetzt, sowie er wehrlos hinter Gitter gesetzt ist. Die Zigeunerin bekommt eine Spritze und schläft ein. Die beiden jammern-

den Frauenbündel tun die ganze Nacht lang kein Auge mehr zu. Auch ich habe unruhig geschlafen, weil der Thunfisch ins Klowasser wollte. Mir ist das sehr recht.
Eine Frau sucht fiebernd nach einer Streichholzschachtel. Nur einer leeren. Sie läuft mit drei Päckchen Zigaretten im Waschraum auf und ab. Sie fiebert nach einer Zigarette. Sie hat Rauchverbot. Die Schwestern befürchten, sie könnte etwas in Brand stecken. Ein Zündholz hat sie sich ergattert. Der Anreißer fehlt ihr. Die ganze Nacht soll sie sich im Waschraum aufgehalten haben. Ich dusche, und sie rast murmelnd von einer Ecke in die andere wie ein gefangener Tiger. Sie preßt die drei Päckchen an sich und murmelt und murmelt. Die Schwester will sie in den Schlafsaal holen. Die Frau will nicht:
«Um fünf Uhr darf man aufstehen!» Die Schwestern seien faul und wollten noch liegen. Sie läßt sich nichts vorschreiben. Sie wandert weiter im Waschraum auf und ab. Dann setzt sie sich auf die Klomuschel, nur so zum Spaß. Sie hat mit ihren süchtigen Augen etwas gefunden, obwohl es hier nur dämmerig ist. Es brennt das Nachtlicht. Sie hat ein kleines Stück von einem Zündholzanreißblatt entdeckt, nie hätte man so etwas kleines gesehen. Dabei habe ich sie gar nicht suchen sehen. Ihr Instinkt hat sie darauf gestoßen. Sie sitzt mit dem Nachthemd unterm Hintern auf der Muschel und raucht sich gierig eine Zigarette an. Die Schwester kommt zufällig herein. Sie legt mir klar, daß diese Frau Rauchverbot habe und ich ihr kein Feuer geben dürfe. Ich sage nichts darauf, ich habe nämlich weder Zigaretten noch Feuer. Die Frau aber muß ins Gitterbett. Ob sie dort auch Stücke von Streichholzanreißblättern findet? Ihre Zigaretten hat sie jedenfalls mit ins Gitterbett genommen.
Eine Patientin erzählt einen harmlosen Witz:
«Der Herr sprach, es werde Licht, doch Petrus fand den Schalter nicht.»
Eine andere beginnt glucksend zu lachen. Ich bezweifle, ob sie weiß, worum es in diesem Witz geht. Sie erfüllt jedoch sein Gebot zur Genüge. Sie steigert ihr Lachen. Stoßweise hustet sie es heraus. Die Arme fuchteln unmotiviert in der Luft. Ihr tropft der Speichel aus dem Mund. Sie hat einen kleinen epileptischen Anfall bekommen, als Reaktion auf den harmlosen Witz. Es ist nicht schlimm, aber der Arzt muß ihr eine Spritze geben. Sie beruhigt sich wieder von ihrem krampfhaften Lachanfall. Die Erzählerin ist eher verwirrt als befriedigt von dem Erfolg ihres Witzes.
Im Laden habe ich mir zwei Äpfel gekauft und eine Bisquitroulade. Ich gehe mit meinem Päckchen durch den Herbstmorgen, und ich fühle mich wie zu Weihnachten. Ich habe auch ein neues Heft gekauft. Das alte ist gefüllt, und mich freut das. Es liegt Weihnachten in der Luft, obwohl noch mehr als ein Monat Zeit ist. Auch im Irrenhaus spürt

man Weihnachten, und mit meinem Paket in der Hand bin ich mein Christkind.
Im Irrenhaus leben natürlich auch Männer. Eine hermetische Trennung zwischen den beiden Geschlechtern gibt es hier nicht. Aber ich begegne ihnen nur beim Spazieren im Freien, in der Kirche, im Laden. Manchmal kommen sie in unsere Abteilung, um Blutabnahmen abzuholen oder Befunde abzugeben. Es sind Botengänger. Es werden auch weibliche Patienten dazu eingesetzt. Meist sind es Dauerpatienten, die so sinnvoll beschäftigt werden. Auch in der Musiktherapie sind Männer. Ich habe erst zwei Liebespaare gesehen, die sich hier im Freien küßten und umarmten. Das finde ich sehr wenig. Auf versteckten Plätzchen, die ich auf meinen Spaziergängen vorfand, spielt sich auch nichts ab. Es müßten sich Liebespaare hier nicht verstecken, denn es wird doch erlaubt sein, im Irrenhaus zu ficken. Es ist hier alles erlaubt, hier herrscht Narrenfreiheit. Nur weiß jeder Narr, daß er, ob weiblich oder männlich, wenn er sich frei benimmt, niedergeschnallt oder niedergespritzt wird.
Männer am Balkon in Schlafröcken, im Park beim Laub zusammenrechen oder beim Spazierengehen. Sie sind eigentlich sehr still und nicht so frech wie Männer außerhalb der Anstalt. Durch triebhemmende Drogen gedämpft, trotten sie durch den Park. Auch ich trotte durch den Park, und man geht aneinander vorbei, wie Menschen. So mancher Mann grüßt. Ich grüße auch und gehe weiter. Manchmal pfeift einer von einem Balkon herunter, und einer sagt mechanisch: «Guten Tag, wie geht's.» Er will keine Antwort, er macht es so wie die Nachbarn eines Wohnhauses das tun. Das unsichere Geplänkel zwischen weiblich und männlich spielt sich hier nicht ab. Hier begegnet man einander einfach. Hier ist es überhaupt eher so, daß man teilnahmslos aneinander vorbeigeht, vielmehr noch die Patienten verschiedenen Geschlechts.
Die rabiate Küchenfrau verbreitet das Gerücht, es sei Sonnenfinsternis. Ich lache darüber mit ihr, aber vielleicht hat sie recht. Es ist heute besonders dunkel, obwohl es schon auf Mittag zugeht.
«Na, wie geht's? Stimmen gehört, Gestalten gesehen?» wird bei der Visite teilnahmsvoll gefragt. Nein, Frau Amon hat eine ungestörte Nacht verbracht. Keine Störenfriede haben sie heimgesucht. Frau Otti ratscht wieder ihr unumgängliches «ich möchte nach Haus» herunter und bekommt wie immer keine Antwort darauf.
Ich war spazieren im Nieselregen mit einem verbogenen Irrenhausschirm. Ganz oben im Wald war ich, und heute habe ich wirklich nur eine Menschenseele getroffen. Am Rückweg fragte mich ein Mann «Inge, wie spät ist es?» Ich heiße weder Inge noch habe ich heute eine Uhr bei mir, aber ich weiß, es ist zehn Uhr. Ich gebe meine Kenntnis weiter und gehe zurück in meine Abteilung. Ich bin angenehm durchgefroren und hätte nichts lieber als einen heißen Kaffee. Vor dem Tor

steht eine Blechkanne damit. Ich hole eine Plastiktasse aus der Küche und schöpfe mir eine Tasse voll heraus. Ich schließe die Kanne wieder sorgfältig, daß der Kaffee warm bleibt. Ich will ja später auch noch warmen Kaffee trinken. Hier ist ein wirklich warmes Essen und Trinken kaum zu bekommen. Die Speisen sind, bis sie von der Küche zu uns ins Zimmer gebracht werden, schon überkühlt. Da muß ich mich, wie immer, um mich selbst kümmern, und das tue ich gern, denn ich weiß, was mir schmeckt.

Die Sonne strahlte noch häufig vom Himmel. Sie war noch warm, aber schon merklich abgekühlt, und für mich wurde die Jahreszeit überhaupt schon etwas kühl. Ich hatte an den heißesten Tagen, an denen die Sonne herunterbrütete und sich alles in Schweiß wälzte, nicht den geringsten Tropfen Schweiß abgegeben. Ich hatte nichts zu geben. Ich war trocken bis in die Körperfasern. Dieser Umstand gab mir gegenüber schwitzenden, ermatteten Menschen manchmal den Anschein, als wäre ich frischer und beweglicher als sie. Ich war es auch. Ich hatte noch Spaß daran, meine Beine schnell zu bewegen, und manchmal lief ich ein Stück, um meine Leichtigkeit zu spüren. Das konnte ich nur mit ungetrübtem Frohsinn, wenn meine Gelenke in den Knien nicht schmerzten. Manchmal konnte ich ein mir bisher unbekanntes Ziehen von den Kniekehlen über die Wade bemerken, so als würde mein Bein kürzer werden.

Ich stellte mich am Morgen auf die Waage, ich hatte nur noch achtunddreißig Kilogramm. Ich hatte nicht im Ernst gedacht, daß das Gewicht unter vierzig Kilogramm sinken würde. Woher ich diese Annahme zerrte, blieb mir unerklärlich. Ich wollte weniger, egal wohin ich damit eigentlich wollte. Es zog mich zu einem engen Sog, in den man scheinbar nur mit Fliegengewicht Einlaß fand. Ich wußte nicht, wohin ich gesaugt wurde.

Die Abwaage am Morgen geschah eigentlich ohne Gedanken, und sie funktionierte so mechanisch wie alle meine Tätigkeiten. Sie gehörte zu den Regeln, die ich erfüllen mußte, um mein Hungern aufrechtzuerhalten. Ich wollte weder weniger Gewicht, noch wollte ich mehr. Ich stellte mich bloß hin und sah auf das Zifferblatt. Was ich dabei dachte? Jetzt scheint es mir fast so, als hätte ich meine Angst gewogen. Ich habe jeden Morgen meine Angst gewogen. Die Angst unterliegt anderen Maßeinheiten als ein Körpergewicht, aber ich verwandelte Sinnloses in eine Regel, und damit war alles gerechtfertigt. Ich hatte Angst, einmal so wenige Kilo zu haben, daß meine Waagenskala sie nicht mehr anzeigen würde. Der Irrwitz trug mich auf seinen Schwingen, und ich flog und flog unermüdlich.

Der Körper war neben Mattigkeit und Schwäche immer wieder gebrauchsfähig, wenn es nötig war. Ich beachtete weiterhin, mein Leben aufrechtzuerhalten in seinen Pflichten und Sorgen für den Alltag, und

ich hob mich aus den anderen Konsumenten und Straßenpassanten nicht heraus. Nur mein Gewicht, das hob sich leicht. So leicht.
Ich hatte mich wieder im Spiegel besehen. Die Knochen an den Schultern und Schlüsselbeinen traten noch deutlicher hervor. Hob ich meine Arme, so zeigten sich die Rippen, und der Busen wurde weniger und er wurde weicher. Er wurde ganz leicht, wie mit Luft gefüllt und faltig nach unten zu. Ich bot ein seltsames Bild, ich hatte mich längere Zeit angesehen, ich fand mich mager und ausgezehrt, ich fühlte mich müde und schlaff, aber ich fand mich noch nicht häßlich. Ich haßte mich auch keineswegs, aber ich liebte mich auch nicht. Zu solchen präzisen Gefühlen hatte ich überhaupt keinen Zugang mehr. Mir war jedes Gefühl recht, jedes hatte ein Recht, mir entgegengebracht zu werden. Ich war rührungslos, und nichts bewegte mich aus meiner Lage. Nur diese knochigen Knie und vor allem diese beiden Knochenbogen über den Popobacken, auf die man als Normalgewichtiger niemals stößt, die erregten etwas meine Aufmerksamkeit. Sie tauchten langsam auf, und ich erinnerte mich an das weiße Gerippe im Naturkundeunterricht. Diese Knochen waren starke Bögen, an denen das Untergestell hing. Maxi hatten wir ihn genannt, und da war mir für einige Augenblicke so, als hätte ich eine kleine Ähnlichkeit mit diesem weißen Knochenmann. Mich machte das stutzig, aber es beunruhigte mich nur in den ganz tiefen Zonen, die mich ja zugleich zum Fasten anhielten. Die den Willen dazu bildeten, und dort trafen sich Beunruhigung und Zwang, und dort begann es manchmal leise zu brodeln. Ich empfand es als Getriebenheit und Unrast. Immer öfter rief mich diese Bange auf die Waage und vor den Spiegel und rief mich mit Macht in die letzten warmen Sonnenstrahlen, die noch immer das Baden im Bikini erlaubten. Ich schien die Wärme in mich einzusaugen, unersättlich war ich. Meine Haut war braun gebrannt und glatt. Nur am Busen war sie nicht glatt, und langsam bildete sich eine hohle Falte unter den Popobacken, die ich vorher nie bemerkt hatte.
Ich aß, wenn ich es tat, noch langsamer, noch weniger, ich führte ein pitzelig genaues Mengensortiment meiner Nahrung ein, das niemand beeinflussen konnte. Ich ließ niemanden heran an meine Nahrung. Sie gehörte mir, ich saß darauf wie der Teufel auf der Mistgabel. Der Anblick von Nahrungsmitteln erregte kaum mehr meinen Appetit. Früher war ich peinlich darauf bedacht, daß keine überschüssigen Leckerbissen ins Haus gebracht wurden, so daß ich nicht der Verlockung, sie doch zu kosten, erliegen könne. Jetzt durften sie herumliegen, wie sie wollten. Mein System war stärker als jede Verlockung. Mein Essen wurde zum Symbol für das Essen überhaupt.
Mich wundert, daß ich mich nicht damit begnügte, bloß vor mich hinzukauen und die Handgriffe des Essens zu tun, ohne überhaupt Nahrung zu mir zu nehmen. Ich wurde zum Wiederkäuer. Ich hielt Bissen

so lang im Mund, bis sie schier zergingen. Diese Essensart hatte zur Folge, daß ich bei den winzigsten Mengen lange saß und kaute und kaute und wiederkaute, bis ich vor Müdigkeit und Ermattung am Kauen fast einschlief. Ich begnügte mich, so zu tun, als hätte ich gegessen, und machte mir einen Sport daraus, die geringsten Nahrungsmittel noch jedesmal zu kürzen und zu verkleinern. Es erfüllte mich mit Befriedigung, wie wenig ich mir nur mehr auftischen mußte, um mein Zeremoniell zu erfüllen.

Es war mir wichtig, genau zu spüren, wann ich von einem Nahrungsmittel genug hatte. Ich war erpicht, darauf genauestens zu achten. Ich hätte Magendrücken bekommen, hätte ich mich dabei geirrt, oder den Eindruck gehabt, ein kleines Stückchen Gurke zuviel verdrückt zu haben.

Mein Kopf war der Magen für meine Nahrung. Der Magen selbst existierte nur mehr in dumpfem Gähnen, das nach etwas rang. Manchmal reichte dieses Magengefühl sogar zu ganz leichter Übelkeit, die ich fast wie Schwindel empfand. Zugleich war es angenehme Ermattung, der ich mich bereitwilligst hingab.

In den Männerabteilungen sind Pfleger als Krankenwärter angestellt. Ärztinnen sind auch da. Sie sind in übergeordneter Position und man begegnet ihnen mit Achtung. Doch bei Irren ist das Vorgeben von Achtung nicht so sicher. Sie sind nicht alle darauf aus, sich die Gunst der Übergeordneten zu erhalten, sie brauchen sie ja nicht.

Im Leben behandelt der Mann die Frau, wohlgemerkt, die fremde Frau, eher ritterlich, weil er sie vielleicht einmal brauchen könnte. Die eigene Frau hat er ohnehin in Besitz. Hier muß sich niemand Frauen warmhalten, weil er sie nicht braucht und gar nicht gebrauchen darf. Ein irres Gehirn ist gefüllt mit der eigenen Leere, da herrscht keine Sehnsucht nach einem anderen Menschen. Es mutet mich im Moment absurd an, mit jemandem näher in Kontakt treten zu wollen. Mir wären die Wirbel, die dabei entstünden, schon allein in einem Gespräch, lästig. Ich müßte über mich lachen. Ich tue es auf jeden Fall, zur Vorsicht. Über sich zu lachen kann niemals schaden und ist jederzeit angebracht. So etwas will einmal erfahren sein. Über die ärgsten und eingefleischtesten Sorgen zu lachen, heißt wissen, daß Sorgen nur aufgetürmte Haltegriffe im Leben sind. Leicht kann man sich an ihnen festhalten und sich beklagen, wenn die Hürden zu groß werden, man hat sie sich ja selbst aufgebaut. Diese Hürden zu überspringen, dauernd, andauernd, gibt Sinn im Leben. Und mit einem sinnvollen Leben kann man kämpfen, wenn es scheinbar so sinnlos anmutet. Zwischen Sinn und sinnlos schmeißt sich der Mensch hin und her, ein Leben lang. In der Zwangsjacke der Freiwilligkeit. Das reicht. Aber ich habe auch keinen Grund, über mich zu lachen, das wäre zuviel Anteilnahme. Ich tue aber alles für mein Wohlbefinden. Essen, frische Luft, denken,

schreiben. Ich kann nicht mehr für mich tun, es ist alles, alles, und dieses Empfinden macht mich Lachen.
Rita sitzt vor mir und ißt, sie hat heute ein verspätetes Mittagsmahl, weil sie so lang die Stiegen waschen mußte. Sie ißt langsam und appetitlich. Sie hat kleine Bartstoppeln am Kinn, kurz abgeratzte Haare und starke runde Brillengläser. Aber sie ist still, und das ist mir angenehm. Sie belästigt niemanden mit der Erzählung ihrer Krankheit. Sie fühlt sich auch nicht krank. Gebratene Wurst mit Kartoffeln und Gemüse. Es schmeckt ihr. Sie ist über und über behaart wie ein Mann, an den Beinen, Armen und am Rücken. Mit ihren zweiunddreißig Jahren sieht sie aus wie ein geschlechtsloses Kind. Sie hat kein Zuhause und ist hier gut versorgt. Wie sie darüber denkt und ob sie sich etwas wünscht, das lasse ich bei ihr. Es füllt ihr Leben.
Hier trennt man nicht zwischen weiblich und männlich, hier heißt der Überbegriff «Irr». Hier hat jeder den gleichen Anspruch auf Irresein. Die Männer sind hier den Frauen gegenüber nicht bevorteilt. Jeder erfüllt die Erwartungen, die man in seine Krankheit setzt. Jeder erfüllt den vorgeschriebenen Wahn, den man diagnostiziert hat, zu dem man ihn verurteilt hat. Egal, ob männlich oder weiblich, hier hat jeder die gleichen Chancen und es kommt zu keinem Konkurrenzkampf, jeder kann sich gemäß der Energie seiner Persönlichkeit den Wahn aussuchen.
Hinter der dicken Mauer, hinter Gittern, hinter verschlossenen Türen, da gibt es die Freiheit vom anderen Geschlecht, hier gibt es die freiwillige Einsamkeit, ohne Alternative. Im normalen Leben wird man, weil soviel auf Vorbilder gehalten wird, gezwungen, ein Ich zu seinem Ich dazunehmen. Man darf eigentlich nicht allein bleiben. Jeder zwingt sich dazu, weil er sonst nicht normal ist. Hier muß man diese Erwartung nicht erfüllen. Hier muß man die männliche oder weibliche Rolle nicht spielen. Hier ist man sich selbst Vorbild, und es sieht ein leeres Auge in ein leeres Auge und das sind zwei, die ich in meinem Gesicht habe.
Die Ratte hat mir wieder etwas Kleingeld geschenkt. «Für's Aufwekken.» Ich habe hier schon öfters etwas verdient. Von der Ratte, und dann habe ich einer Frau meine gebrauchte Strumpfhose verkauft. Sie durfte nach Hause gehen. Darüber war sie außer Rand und Band. Sie war in ihrem Nachthemd hergebracht worden, und draußen ist es jetzt kalt geworden. Die Schwestern borgen ihr einen Mantel und Schuhe, mir kaufte sie die Strumpfhose ab. Sie besteht auf dem Preis einer funkelnagelneuen Hose. Es gibt hier wohl Strümpfe, aber keine Gummibänder. Die sind verboten. Auch Schnüre sind verboten, daher rutschen die Anstaltszwirnstrümpfe immer hinunter. Es gibt hier auch Unterhosen, die sind so groß und weit, daß man die Binden verliert, falls man welche einlegen muß. Ich verliere diese Hosen überhaupt als

Ganzes. Die weißen Nachthemden sind recht gut und die gestreiften Schlafröcke leisten gute Dienste.
Ich sitze an einem ganz neuen Platz, am Gang unter einem geöffneten Fenster. Es ist so still. Ich habe hier schon so viele stille Tage verbracht. Hier geschieht nur das Nötigste. Glücklich, wer seine Not kennt und ihr abhelfen kann. Wenn man hungrig ist, soll man essen. Wenn man einen schweren Körper hat, soll man in der Luft spazierengehen oder in die Luft gehen, wenn man ein faulendes Gehirn hat. Wenn ich einen Druck im Bauch habe, soll ich ihn entleeren, wenn ich Durst habe, darf ich trinken. Spüre ich ein sich Dehnen und Kribbeln im Unterleib, darf ich ficken mit einem anderen, oder onanieren. Viel mehr Ansprüche stellt mein Körper nicht. Spüre ich ein Kribbeln und Sich-Sehnen im Gehirn, so darf ich denken und Hefte vollschreiben. Wird mir die Zeit lang, so schaue ich in mein weites Hirn oder beim Fenster hinaus.
Draußen sehe ich wieder mich: In Bäumen und nassen Wegen. Die Bäume bewegen sich sanft im Wind, und ich schreibe es auf. Jetzt, eben jetzt hier und heute, schreibe ich es auf. Es ist der fünfte November. Es ist jeder fünfte November, der war und der sein wird. Es ist jetzt. Ich strecke meinen Kopf aus dem wogenden Meer des Wahnsinns, und ich sehe mich schwimmen im Ozean der Zeit. Ich schwimme in meiner eigenen Blutbahn, durch meine Venen und Adern, von Kopf bis Fuß, bis in die feinsten Enden fließt der rote Strom. Ich bin mein Ufer, und manchmal sitze ich auf dem Trockenen. Die Ärzte stellten Blutarmut bei mir fest. Sie tun aber nichts dagegen. Was soll ich tun? Ich fühle mich blutig genug.
Auch der tapsige Menschenbär führt ein Tagebuch, aber wie ich heute bemerkt habe, ein sehr sonderbares. Sie hat sich schon für viele Tage ihr Programm vorgeschrieben. Das letzte Blatt berichtet schon vom neunten November. Da kann man lesen:

9. Nov. KAFFEE, BROT Frühstück
KAFFEE, MILCH 2. Frühstück
MITTAGESSEN
BESUCH PAPA UM 2 UHR
KAFFEE, BROT
NACHTMAHL

Das sind alle ihre Eintragungen für den 9. November. Auch für den 8., 7. und 6. November schreibt sie dasselbe, nur ohne Besuch.
Frau Ulz hat mir eine Marzipankugel geschenkt. Sie ist eine alte verwitwete Lehrersfrau. Demütig und bescheiden. Sie sitzt stundenlang auf ihrem Sessel neben dem Bett und hält die Augen geschlossen. Sie war zu sehr getroffen vom Tod ihres Mannes vor einem Jahr. Sie ist so still geworden, und ihre Verwandten, ihr Sohn ist auch Professor, waren ratlos über ihre Zurückgezogenheit, und die Stille hinter den ge-

schlossenen Augen hat sie erschreckt. Sie haben die Leere hinter ihren eigenen Augen gesehen. Das veranlaßte sie, die alte Frau ins Narrenhaus zu schicken. Sie ist hier noch stiller geworden und öffnet die Augen nur zum Essen und bei nötigen Handgriffen. Sie sieht noch gut, denn sonst hätte sie mir keine Marzinpankugel geschenkt.
Ich kann mich an den Hautklumpen erinnern, der ich war, wie ich mich zu Tode erschrocken im Spiegel sah. Die Adern tiefblau schimmernd durch rot angelaufene Haut. Wie ein Netz, das mich zusammenhält. Ohne Inhalt. Ein kraftloses Gerüst. Ein faltiges Gesicht. Wie eine Maske sah es mich an. Ich wollte nicht mehr sein. Ich wollte mich nicht mehr sehen, ich wollte es auslöschen lassen, langsam, mit lächelndem Mund sollte das Spiel beendet werden. Ich suchte keinen Weg. Es gibt keinen. Ich habe mich still für das Leben entschieden, als ich im Tod aufging. Ich verstehe mich so sehr. Ich habe mich dafür entschieden. Ganz allein in der Einsamkeit meines Gehirns. Mein Körper hatte noch geatmet. Den kann man mit Gewalt abstellen. Auch daran habe ich gedacht, aber ich fand keinen Weg in mir, das zu tun. Ich hielt still. Besser nichts tun. Ich lebe gut damit.
Heute abend gab es denselben Rosinenreis, den ich bei meiner Ankunft gehamstert hatte. Ich muß nicht mehr hamstern. Mein Gesicht ist von selbst voller geworden, mein Gehirn hat nichts verloren. Es ist verloren, und ich muß nichts finden. Ich werde sanft bei der Betrachtung meines Lebens. Es kommt still an mich heran und blickt mich mit sanften Augen an.
Am Abend, beim Turnen am Balkon, sehe ich einen Mann mit einer Kapitänsmütze und mit Sonnenbrille. Er hinkt. Er ist Kapitän des Irrenhauses. Das gibt er vor zu sein. Ob er es selbst glaubt, kann ja niemand wissen. Jeder spielt mit ihm dieses Spiel. Jeder gibt vor, ihm diese Rolle zu glauben. Vielleicht ist ihm diese Position im Leben praktisch. Auf dem Schiff des normalen Lebens müßte er das erarbeiten, hier muß er es nicht tun, aber er ist trotzdem Kapitän. Müßte er das auch nicht sein, wäre sein Leben noch einfacher.
Die Krankenträger haben einer alten Frau beim Transport die Hand gebrochen. Sie stöhnt. Die Männer gehen manchmal gar zu unsanft mit den Patienten um. Die Träger verteidigen sich, sie erfinden Geschichten, wie es schon vorher passiert sein könnte. Ich glaube ihnen nicht, ich spüre ihre Unsicherheit. Vielleicht hatte die Frau den Arm doch schon vorher gebrochen? Aber ich würde mich nicht wundern, ginge ich richtig in meinem Gefühl. Daß es passiert sein könnte, ist genug. Und daß die Krankenträger sich verteidigen wollen, ist genug. Aber nicht genug, um zu sagen, daß so etwas nicht passieren dürfte. Die Frau wird sofort wieder abtransportiert, in ein Unfallspital. Hoffentlich wird ihr dabei nicht noch der andere Arm gebrochen.
Es ist schon Abend. Ich liege im Bett. Es kommen zwei junge Mädchen

bei der Tür herein. Modern angezogen und fesch. Ich weiß nicht, was sie ausgefressen haben. Frech treten sie auf. Gewaltsam sind sie hierhergeschleppt worden. Sie beschimpfen die Schwester:
«Wenn ich sie anschau, weiß ich, ich bin im Narrenhaus.» Die Schwester antwortet sofort:
«Wenn ich euch anschau, dann weiß ich, ihr ghörts da her!» So weit, so gut. Die Schwester befiehlt:
«Ausziehen und ins Bett!» Die Träger, die die Mädchen gebracht hatten, sind noch laut am Gang. Eines der Mädchen will sich nicht ausziehen. Die Schwester stellt ihr frei, sich auszuziehen, oder sie holt die Träger herein, und die würden ihr die Kleider schon vom Leib reißen. Das Mädchen krümmt sich und wehrt sich. Die Krankenträger kommen herein. Sie packen das Mädchen und ziehen es zu viert aus. Sie wehrt sich nicht mehr. Sie beginnt zu weinen, als sie ins Gitterbett gesperrt wird. Die Schwester trägt ihr Ohrfeigen an. Sie gehen um mit den Mädchen wie Mütter. Sie steigen in die Rolle von Müttern, und die Mädchen müssen zwangsläufig wie unterdrückte Kinder reagieren. Sie fühlen sich mißachtet und schuldig gestempelt.
Ich kann mich noch erinnern, wie man mit mir umging. Ich wurde ausgelacht und fühlte mich schuldig. Ich habe zum Glück keine Reaktion gezeigt, mich allein ausgezogen, obwohl es mir ein greuliches Abenteuer war. Gesehen haben mich alle und gelacht haben sie, auch ich habe gelacht, mit ganz kleiner Stimme. Die Träger gehen ab, und einer verkündet noch laut:
«Die beiden werden sich verstehen, legt sie zusammen in ein Doppelbett.» «Ho, Ho» ... Die Mädchen liegen in den Gitterbetten und weinen. Es liegt an ihnen, ob sie jetzt durchdrehen, oder die Fassung finden und bis zum Morgen nichts tun. Hoffentlich schreien sie nicht, ich bin müde. Einem Mädchen gebe ich ein Taschentuch. Das andere Mädchen soll gerade ihr Kind umgebracht haben. Es fragt mich:
«Lebt die Mutter meines Kindes noch?» Ich frage sie, ob ihr Kind lebt. Sie bejaht es. Ich frage sie, ob sie lebt. Sie bejaht es. Sie folgert:
«Dann kann ja nichts mehr passieren!» Das werden wir sehen. Damit halte ich den Dialog für beendet. Die andere schneuzt sich andauernd.
Es ist wieder ein Morgen. Ich habe gut geschlafen. Ich erwache jetzt nicht mehr mit geschwollenen Augen oder Gliederschmerzen. Ich fühle mich kräftig und fröhlich. Ich weiß, was heute passieren wird, aber ich bin den Erlebnissen nicht abgeneigt. Lang braucht so eine Seele, bis sie sich nach großen Unwettern wieder beruhigt. Und da ist die Sicherheit nicht, daß man nicht ganz in einem Unwetter steckt.
Ich war so unruhig, so gepreßt in ein Leben, ich hetzte mich von Minute zu Minute, und mein Geist war immer im voraus, wo er gar noch nicht sein konnte. Er suchte dort die Sicherheit für das Jetzt. Ich lebte

in der Zukunft, damit ich die Versicherung haben konnte, dann noch zu sein. Mein Leben geht zu Ende, ich weiß, das tut es immer, aber ich denke nicht daran, mir diesen Zeitpunkt vorzuschreiben. Ich lasse es sein.

Es war wieder da, das Hungergefühl. Ich hatte das Essen so lang hinausgeschoben. Es war wie eine äußerste Not. Es wurde zur beißenden Ungeduld, das Zerren und Dehnen im Magen. Wie eine Glut ging es von der Magengrube aus. Sie wollte ausbrechen. Ich verließ die Mattigkeit und Müdigkeit, mein Körper geriet in ein Fieber. Er wurde getrieben, alles rasch zu erledigen. Ich lief mich selbst nieder. Ich war so getrieben von meinem Hunger. Die Muskeln, die schienen vor Kraft zu bersten, die Bewegungen flitzten dahin, wie in letzter Anstrengung unter dem Aufgebot aller Energie, die vom hungrigen Magen ausging, tat ich alles. Einkaufen, Kochen, Waschen und Gehen. Ich tat ja alles, um Gottes willen, es fehlte ja an nichts. Nur ich fehlte, ich war nicht da, mich hatte mein hungriger Magen verschlungen.

Ich hatte meine Abwaage am Morgen erledigt, nur noch siebenunddreißig Kilogramm. Sollte ich mich darüber freuen? Was sollte es da zu freuen geben. Sollte ich versuchen, mehr zu bekommen? Nein, so wollte ich es auch nicht. Das Programm mußte beibehalten werden. 1. Aufstehen, 2. Abwaage, 3. Turnen, und da war ich angelangt. Kopfkreisen, Armmuskulatur dehnen ... Wo hatte ich denn die Muskeln? Ich hatte nur noch einen Muskel, sonst gar nichts mehr, außer die Knochen und die Haut. Ich hatte aber noch genügend Kraft, ich hatte noch Energie in meinen Kniebeugen. Zwanzig jeden Tag. Ich konnte noch, ich beugte mich tief in die Seiten beim Rumpfkreisen. Nur im linken Bein, da spannte es immer häufiger, hinten in der Kniekehle, so als würde das Bein sich verkürzt haben. Seltsam, sehr seltsam, und auch diese geheimnisvollen Knochen an den hinteren Enden des Rückens, die konnte ich jetzt noch deutlicher greifen und sehen. Dieses Aufhängegerüst.

Das war es, so deutlich hatte ich mich vordem nicht gesehen. So nackt und so bloß. So ausgezogen, so bis auf die Knochen abgeräumt. Ich stellte mich stramm und senkte die Arme – hoch – und auf den Boden – hoch – und auf den Boden ... Fertig. Jeden Tag wurde ich fertig. Fix und fertig. Hinaus in das Badezimmer, unter die Bürste und unter die Dusche. Ich tat alles mit der ersten und letzten Energie des Tages. Mit der einzigen Energie, die ich mir durch den kurzen Schlaf aufgefrischt hatte. Es war immer die alte Kraft, sie wurde ja nur durch heiße Getränke und dann und wann durch ein bißchen Nahrung erneuert. Es war wieder ein ganzer Fasttag. Ein halber Fasttag war, wenn ich nur abends etwas Kaltes zu mir nahm, und Essenstage hatte ich gar keine mehr. Die hatte ich überhaupt völlig abgeschafft, sie schienen mir nicht mehr notwendig.

Nicht notwendig für dieses Programm, das ich erfüllen wollte. Und mehr wollte ich nicht, denn mehr hätte ich nicht gewußt und mir mit meiner geringen Energie nicht einfallen lassen können. Ich war auf Sparflamme. Aber doch war das Werk nicht vollendet. Ich loderte noch im Badezimmer unter der Dusche, nachdem ich gebürstet war. Hinein in die Kleider und ab zum Einkaufen. Ich lief oft kleine Strekken. Ich hatte mir schon am Vorabend alles nötige notiert, denn dieses Gehirn konnte sich nicht mehr viel merken. Hinein ins Geschäft. Das Angebot an Nahrungsmitteln rief wieder das seltsame Kichern in mir hoch. Ich nahm mir sogar einige Minuten Zeit, mir die Kostbarkeiten genußvoll zu betrachten. Ich hatte kein Verlangen danach. Sie waren wie Bilder einer Ausstellung. Bunte Aufschriften, gebauchte und gerade Gefäße, Leuchtschriften und Bilder von Speisen und mampfenden Menschen. Sie boten mir an: Bitte nehmen Sie doch, es wird Ihnen munden. Nein danke, ich bin satt.

Ich hatte es satt, ich verließ das Geschäft und hetzte zu meinem Herd. Ich schnitt und putzte, ich deckte Töpfe ab und zu, ich rührte in Saucen und wusch Geschirr, während ich kochte, ich wusch die Wäsche, während ich aufkehrte, und wischte Staub, während ich mir ins Kreuz faßte und mich einmal tief durchstreckte. Ich schüttelte das Staubtuch aus dem offenen Fenster, und ich holte tief Luft und etwas langsamer schloß ich das Fenster wieder, tischte noch langsamer das Essen auf, wusch noch langsamer das letzte Geschirr und setzte mich ganz langsam auf meinen Sessel und tat einen tiefen Luftzug.

Ich schnaufte mir das siebenunddreißigste Kilogramm heraus, und ich war fertig. Alles Nötige war gemacht. Mein Kopf war leer. Ich starrte zum Fenster hinaus auf die Straße, die Bäume. Ich ließ mein Hirn leer, ich füllte nichts hinein. Es fühlte sich wohl, ich füllte meinen Körper mit nichts. Nichts war er, und er wollte nichts. Er hatte keine Sehnsucht, keinen Drang. Er hatte Ruhe. Er hatte heute alles geleistet. Er hatte gute Arbeit geleistet, mein magerer Körper. Nur in der Kniekehle, der Schmerz, der wurde etwas auffälliger. Auch konnte ich nur mehr auf einem Polster am Sessel sitzen, da die Popoknochen so hart mit dem Holz zusammentrafen. Ich fühlte mich überhaupt sehr verdächtig nach Holz an. Meine Ellbogen, meine Knie, die waren scharf gekantet. Meine Schläfen- und Wangenknochen, die immer rund gewesen waren, die erinnerten jetzt sehr an Holz. Sie hatten so einen Schein davon, so ganz seltsam gemasert und eckig. Ja, ein bißchen erinnerten sie mich an den Nußknacker, den ich als Kind bei meiner Oma immer zum Spielen benutzt hatte. Aber jetzt spielte ich nicht mehr mit Nußknackern, und es war lächerlich, so einen Vergleich in Betracht zu ziehen. Ich verzog das Gesicht zu einem Lächeln über diesen Einfall und, siehe und staune, das Lächeln, das war so seltsam. So gar nicht wie ein Lächeln. Was wohl der Grund dafür war? Ja, da waren die Falten um den Mund wieder. So eine Falte von der oberen Wange, die an den Mundwinkeln vorbeizog und sich auffaltete, wenn ich den Mund zum Lächeln verbreiterte. Sehr seltsam, ob das immer so war? Man kann auch mit den Augen lächeln, fiel mir ein, denn mit dem Mund gelang es mir nicht ganz zu meiner Zufriedenheit, und ich versuchte das Spiel mit den Augen, und wieder waren da Falten unter den Augen, und auf der Seite zogen sich Falten in dünnen Linien den Außenseiten meiner Wangen zu. Sollte ich, sollte ich vielleicht keine mehr haben.

Ich tat doch alles, was ich konnte. Jetzt konnte ich eben nicht mehr, ich war müde und ließ das Spiel vor dem Spiegel sein. Frau Hanik ist wiedergekommen. Freiwillig. Sie war hier vor einiger Zeit ein sehr guter und betriebsamer Geist. Sie hatte die Alten gefüttert und Betten gemacht. Sie wurde damals hierhergebracht, weil sie nach einer Magenoperation vor Schmerz völlig durchgedreht hat. Dann ist sie entlassen worden. Heute ist sie wieder hier. Sie ist über vierzig Jahre alt und findet keine Arbeit. Sie hat keinen Verdienst, keine Rente. Sie ist gebrochen und nicht mehr so stark, wie ich sie kenne. «Es ist schrecklich, wenn man net weiß, wo man hinghört.» Sie sollte sich die Frage ersparen. Sie wird es nie herausfinden. Ich gehöre niemandem, daher gehöre ich auch keinem Platz an.

Die beiden Mädchen von gestern abend verhielten sich ruhig. Heute weint die eine noch immer, die andere ist vor Erschöpfung eingeschlafen. Um elf Uhr werden sie auf eine andere Abteilung gebracht. Die Mutter des einen Mädchens war hier. Sie ist wie ein Affe am Gang auf und ab gerannt und wollte sich dagegen wehren, daß ihre Tochter im Irrenhaus gelandet ist. Sie blickte abfällig auf die anderen Patienten, auch auf mich, und fand: «Sie gehört doch nicht zu denen da! Es ist ein Verbrechen, sie mit denen zusammenzusperren!»

Frau Ulz sieht immer schlechter aus. Gestern abend lag sie mit eingefallenen Wangen und zurückgebeugtem Kopf verkrümmt im Bett. Sie schien starr zu sein. Ich nannte ihren Namen, und sie sah mich an. Sie lebte also noch irgendwie. Sie meint, sie bekommt in dieser Stellung besser Luft. Sie sieht eingefallen und grau aus.

Die Otti verschlängelt sich in ihrem Mißtrauen immer mehr. Sie trägt ein weinerliches Gesicht und ist außerordentlich lästig. Sie wird zusehends magerer und kleiner. Ihre braunen Augen verlieren den Glanz. Sie sieht krank aus. Sie ist schon so weit, daß sie kein einziges Wort mehr unbefangen hören kann. Sie sieht hinter allem versteckte Drohungen und Lügen. Ich sage kurz etwas im Waschraum über Toilettartikel. Sie sieht mich groß an: «Sind diese Worte für mich?» Ich überlege und weiß, daß sie völlig recht hat in ihren Bedenken. Die Worte waren nicht für sie, sie waren nur an mich selbst gerichtet. Mit sich selbst sprechen, soll bekanntlich ein sehr bedenklicher Zustand sein.

Wo bleiben heute meine Seiten, sie bilden sich nicht so leicht vor mir. Sie bleiben aus. Ich werde versuchen, den Kugelschreiber fließen zu lassen. Ich weiß, in dem ist noch Farbe vorhanden.
Die ganze Irrenanstalt riecht nach Fisch. Ich habe ihn auch gegessen. Als ich am Vormittag im Park ging und tief Luft holte, roch es nach Fisch. Über der Küche der Anstalt stieg der Geruch auf und verbreitete sich über das ganze Gelände. Es stinkt, aber mir hat der Fisch gut geschmeckt.
Senke ich meinen Kopf und lasse vom Rückenmark her einen warmen Geistesstrom über den Hinterkopf bis zur Stirn rollen, so sammelt er sich dort zu einem Auge. Ich sehe, und ich bin still. Ich bin still, während ich schreibe. Ich sage nichts, während ich es tue. Die Möglichkeit, nicht zu schreiben, habe ich, aber wie ich sehe, wähle ich sie nicht. Ich bin das Ziel meiner Erinnerungen und meiner Erwartungen. Ich bin da.
«Mit dir rede ich gar nicht, du kannst ja nicht einmal nach der Schrift sprechen! Mir graust, mit so jemandem die gleiche Luft atmen zu müssen!» So ruft wieder einmal eine besonders überhebliche Patientin. Ich selbst habe mir hier ein bißchen die heiklen Hörner abgestoßen. Ich wasche mich mit derselben Seife wie die anderen und greife ohne Grausen Uringläser an. Ich berühre alles ohne Ekel. Es ist ein beruhigendes Gefühl, sich jeder Lage anpassen zu können und sich auf Grund ungewohnter Umstände nichts abgehen zu lassen. Es ist wie mit dem Essen. Besonders ausgesucht ist es hier nicht, aber was ich bekomme, das schmeckt mir.
«Kriegen Sie eine Infusion?» fragt eine junge Frau die Alte, die an der Tropfflasche hängt. Na ja, sie sieht es ja. Die Junge macht die Nase kraus und verzieht den Mund wie in argem Schmerz. Aber ich weiß, es tut nicht sehr weh. Es ist eine feine Nadel, die in der Vene steckt.
«Sind Sie müde?» fragt die Ratte eine Nachtschwester am Morgen. Die Schwester: «Bitte? Ich verstehe Sie nicht.» Sie beschäftigt sich mit einer anderen. «Ziehen Sie sich aus, kommen Sie her da! Na, wird's bald! Sonst muß ich wild werden!» Die Frau will sich nicht ausziehen. Sie sieht verloren in die Luft. «Tun Sie schon weiter! Sind Sie vernünftig! Alt genug sind Sie ja schon!» Die Frau zieht sich langsam und widerwillig aus.
Am Abend wird in den überfüllten Aufnahmesaal noch eine Patientin gebracht. Sie geht durch unseren Saal. Ihr Mann hält sie fest, sie schluchzt und ist sehr schwach. Ein zufällig freies Bett muß von unserem Saal in die Aufnahme geschoben werden. Es ist dort schon alles belegt. Es quietscht arg am Steinboden. Im Aufnahmesaal ist Unruhe, jemand schreit gequält. Eine alte gebrechliche Frau, der man die Lautstärke gar nicht zutraut, ruft in unregelmäßigen Abständen schon den

ganzen Nachmittag über: «Kikerikie!» Der Mann hält seine schluchzende Frau. Sie war Chorsängerin an der Opernbühne. Die Szene wirkt so dramatisch. Der Mann sieht ängstlich um sich und faßt die Schreie und Kikerikies nicht, aber er hält seine Frau, oder hält sie ihn? Er sieht auf die vielen Frauen in den Betten. Er fühlt sich äußerst bedrängt. Er möchte schon gehen, fliehen. Seine Frau hängt sich an ihn. Und während das Bett auf den Kacheln kreischend hinausgeschoben wird und die gebrechliche Alte kikerikiet, sehen die beiden aus wie in einem dramatischen Tanz, den sie nicht tun wollen. Aber sie müssen ja warten, bis das Bett über den Steinboden geschliffen wird, an den anderen Platz.

Ich gehe in das Schwesternzimmer und frage, ob die Schwester wohl ein bißchen Zeit hätte, mich abzuwiegen. Die Gute sitzt beim Schreibtisch und zupft sich vor einem Spiegel Augenbrauen aus. Sie blickt gar nicht auf, sie macht keine Anstalten, ihre Unternehmung zu unterbrechen. «Sie können das schon selbst.» Gut, ich kann es schon selbst. Es ist aber schwierig, denn es ist eine Waage, auf der man mit dem Rükken zur Einstellskala sitzen muß. Aber ich kann es schon selbst.

Eine junge Frau liegt im Gitterbett. Sie schläft. Sie hatte sich die Pulsadern an beiden Armen aufgeschnitten. Sie ist an den Gelenken dick bandagiert, und an den Händen und Armen kann man die gelbe Desinfektionslösung sehen, die die Haut auf längere Zeit verfärbt. Sie hat den einen Arm unter dem Kopf liegen, und ich denke, es muß ihr doch weh tun, aber sie schläft tief. Der Schlaf, durch Drogen herbeigeführt, ist ein betäubender harter Schlaf.

Die Ratte hat Geburtstag. Sie sammelt mit tiefen Bücklingen und demütig ab. «Sie Liebe, Sie Liebe.» Sie kriegt Geld, Schokolade, kleine Kleidungsstücke. Sie sonnt sich in Demut und nimmt mit tropfendem Mund. Ich bin ihr nicht böse. Sie ist auch jemand, der mit tropfendem Mund gibt, sei es aus welchem Grund immer.

Die Computerspezialistin hat mir ihre Misere geschildert. Heute hätte sie zu ihrem Freund ins Ausland fahren sollen. Sie leben getrennt und leisten sich den Luxus, einander zu besuchen. Vor einem halben Jahr hatte sie ihn zuletzt gesehen. Es stellte sich heraus, daß er auch eine andere Freundin hat. Sie war verzweifelt und kam auf Grund der Selbstmorddrohung ins Irrenhaus. Hier zeichnet sie sich ihren Kummer vom Leib. Hier ist es ihr leichter, den Tag zu ertragen. Sie nennt die Hoffnung ein Tier, das sich nicht umbringen läßt. Sie wirkt gefaßt, nur manchmal ringt sie mit den Tränen. Die Tatsache, daß sie mir ihre Lage erzählte, zeigt von ihrer Bedrängnis, weil sie sonst niemals Persönliches mit mir oder mit anderen austauscht. Es ist hier üblich, sein böses Schicksal den anderen Patienten so bald wie möglich zu schildern, und geil hören sie diese Schilderungen an, sind geil darauf, der Neuen ihr eigenes mitzuteilen. Immer war Franziska gefaßt, nie war sie un-

geduldig. Heute war sie es. Sie wollte sich die Klagen der anderen nicht anhören. Sie bedauert es, daß das Tier Hoffnung nicht umzubringen ist. Sie ringt gern damit, sie will einen Kampf. Es gibt niemanden, der mit ihr und mit den gleichen Waffen kämpfen wollte. Auch ihr Freund wollte es nicht. So kämpft sie mit sich selbst, auf daß sie sich einmal zu Tode treffen könne.
Es ist ihr ein genüßliches Spiel. Zwischendurch führt sie einen Kampf mit dem Bleistift. Es erfüllt ihr Leben und macht ihr den Gedanken an den Tod erträglich. Ihre Angst davor preßt sie in ihre Bilder. Sie ist lebensfähig, aber es ist ihr wichtig zu glauben, daß ihr Leben fehlgegangen ist. Das Gefühl des Mangels gibt ihr Energie zum Leben und zum Ringen mit dem Tod. Das Tier Hoffnung ist nicht umzubringen.
Ich habe Geld bekommen dafür, daß ich manchmal Botenwege gemacht habe. Ich habe das nicht erwartet, ich bin begeistert. Ich werde mir etwas Gutes kaufen. Vielleicht ein bißchen Butter und Marmelade und viel Obst.
Lang dehnte sich die Zeit wieder. So endlos lang dehnte sich der Magen aus, und er wurde von Minute zu Minute länger. Ich wartete so lang auf die Straßenbahn, die schwere Einkaufstasche in der Hand. Mir war schon so kalt, und die Griffe schnitten in die Handteller. Es dauerte so lang, und es war so schwer. All die Nahrungsmittel, die ich da trug und die ich selbst nicht essen würde. Ich konnte mir selbst meine Last nicht erleichtern. Es war so ein sinnloses Unterfangen, Taschen voll Nahrungsmittel zu schleppen, während man selbst hungerte, und die Straßenbahn so lang auf sich warten ließ. Ein langer Tag lag noch vor mir. Es war noch nicht aufgeräumt und noch nicht gekocht, es war noch nichts geschehen, und ich fühlte schon die ersten Anzeichen der Schwäche über mich kommen. Jetzt schon am Morgen, das durfte doch nicht mit rechten Dingen zugehen. Ungeduldig war ich. Diese Ungeduld kam aus dem Inneren, so von oberhalb des Nabels. Es war wie eine Art von Glut, die manchmal in mir aufbrauste, und von daher kam sie, ich konnte den zentralen Punkt dieser Glut spüren. Was das wohl zu bedeuten hatte. Ich hatte natürlich keinen Hunger. Nein, ich hatte wirklich keinen. Ich lebte ja vom Hunger. Es wäre ohne meine Erlaubnis nie ein Bissen an den Zähnen vorbeigewandert. Diese Gitterstäbe waren hart und nicht zu biegen. Genau eingeteilt war meine Ernährung. In dieser Zeit aß ich von meinem Körper. Ich brauchte ihn auf, er verbrauchte sich.
Die Straßenbahn kam so langsam dahergekrochen. Ich hatte die Tasche schon lang abgestellt. Ich nahm sie wieder auf, aber die Straßenbahn war so langsam und ich stellte noch einmal nieder. Ich mußte mich bereithalten, da ich rechtzeitig beim Einstieg sein mußte, und ich hatte schon die Erfahrung meiner Langsamkeit gemacht, offenbar war ich nicht mehr so flink und wendig wie früher. Oft schon konnte ich

die Tür nicht mehr erreichen, und die Straßenbahn fuhr dann ohne mich ab. Die Bahn hielt vor mir, ich taumelte mit der Tasche, die mich auf die Seite zog, zum Drücker, die Tür sprang auf, und ich spürte den Schmerz wieder in der linken Kniekehle beim Aufsteigen. Ich mußte die Tasche vor mir her auf die oberste Stufe balancieren und mich nachziehen. Ich machte die Erfahrung, die viele alte Menschen mit diesen automatischen Türen machen. Ich war nicht schnell genug. Ich hatte nicht mehr viel Kraft, und der Tag war noch so lang vor mir. Es war keine Chance, etwas zu essen und mich zu kräftigen. Ich gab sie mir ganz einfach nicht. Ich schob die Schuld der Mühsal beim Aufsteigen auf die schwere Tasche voller Lebensmittel ab. Jeder mußte ja sehen, daß die Tasche übermäßig schwer war. Die Kartoffeln und das Gemüse, die Milch und das Brot, das war sehr schwer, jeder mußte es sehen, und niemand würde mich schwach finden. Ich muß zugeben, die Tasche war nicht mehr gefüllt als bei anderen Hausfrauen, aber Hausfrauen pflegen viel zu essen und pflegen stärker zu sein als ich es war.
Ich hatte wieder ein halbes Kilogramm weniger und verlor die Kleider. Ich mußte alle Gürtel auskramen, die ich in meinem Kasten auftreiben konnte, um mir die Rock- und Hosenbünde noch enger an den Leib zu schnallen. Ich hatte eine Tasche mit Kleidern aus meiner Kinderzeit. Ich fand eine rote Hose darunter. Ich zog sie an, und siehe, sie wurde ein guter Begleiter für meine dürren Wochen.
Mein Geruchssinn blieb bestehen. Er war da, wie immer. Mich wunderte es, daß man ohne zu essen noch riechen kann. Meine Fähigkeiten reduzierten sich sonst auf allen Linien. Ich lief auf Sparflamme. Aber ich roch die Speisen, die ich bereitete, und ich sah sie auch gern. Sie machten mir Appetit. Ich hatte immer Appetit, aber mir war es Befriedigung genug, diesen Appetit zu spüren, er erfüllte mich, ich wollte ihn ja nicht übersehen, aber es war mir genug, ich hatte genug gegessen an diesem Appetit. Er nährte mich und hielt mich am Leben. So wie die Sonne, die noch warm schien, und meinen Körper kräftigte. Die Badezeit war im Auslaufen, und ich war braun gebrannt. Ich hatte sie aufgegessen, diese Sommersonne, ich hatte von ihr gezehrt, sie wurde schwächer. Ich zog mich wärmer an, als meine Mitmenschen es zu dieser Jahreszeit taten. Die Frauen gingen noch in kurzen Ärmeln. Die dicken Wülste der Arme ragten aus ihnen heraus. Sie hatten dicke Fettwülste an den Ausschnitten und Wülste in der Magengegend, und die Bäuche wölbten sich unter ihren noch dünnen Sommerkleidern. Die Beine ragten füllig und stämmig unter den Rocksäumen heraus.
Als ich mit meinem Kind noch das Bad aufgesucht hatte, habe ich gesehen, wie sie aßen. Sie aßen alles, was die Kinder nicht aßen, und die waren im Wasser viel zu beschäftigt, als daß sie gern ihre Wurstbrote und Apfelkuchen aufgegessen hätten. Die Mütter in den bunten Biki-

nis wälzten sich auf den Handtüchern in Blätterteig, Hühnerfett und Schnitzeln mit Mayonnaisesalat. Sie taten es so ausgiebig und so stetig.

Ich trocknete in der Sonne mein dürres Fleisch und begann zu knistern. Die Sonne schläferte mich oft ein. Sie ernährte mich, aber sie erschöpfte mich auch vollends. Ich sah die Frauen neben mir essen, sie sahen mich nicht essen. Ich tat es nicht. Nur manchmal gönnte ich mir einen Schluck Wasser. Ich hatte keinen Schweiß. Ich war staubtrocken. Sie unterhielten sich in ihrer Langeweile über Diätvorschriften, über Nahrungsmittel und wenig Kalorien. Ich hielt mich an keine Diät, ich brauchte mich nicht an sie zu halten. Ich hielt nicht eine Diät, sondern ich hatte auch die Diät aus meinem Leben verbannt. Wenn mich die Frauen, die so faul wie Möpse dalagen und Langeweile hatten, betrachteten, wurden sie ein wenig stutzig, konnte ich bemerken. Mein Anblick schien sie in ihren Diätvorschlägen und Bemühungen zu irritieren. Diätvorhaben und meine Figur, das schien in ihren Köpfen auf irgendeinen Widerstand zu stoßen.

An mir konnte man sich wirklich schon langsam stoßen. Ich wurde eckiger und eckiger. Ich konnte es jetzt schon selbst sehen. Ich hatte ein eigenes Auge dafür und war mit mir nach wie vor einverstanden, aber daß ich eckig war und mir selbst im Zusammenprall mit Dingen, die aus dem gleichen Holz geschnitzt waren, leicht blaue Flecke schlug, das konnte ich nicht übersehen. Ich konnte es spüren. Der Knochen am Hinterkopf und der erste Wirbelknochen nötigten mich dazu, jetzt nur mehr auf dem Bauch zu schlafen. Lang konnte ich das aber nicht aushalten, denn dann drückten mich die Hüftknochen. Lag ich auf der Seite, so prallten meine knochigen Knie hart aneinander und ich bekam rötliche bis blaue Flecken an ihren Innenseiten.

Ich hatte den Appetit nie verloren, ich führte nach wie vor als besondere Attraktion in meinem Leben dann und wann Essen durch den Mund. Das Essen machte mich müde. Es kostete mich soviel Energie wie das Fasten. Ich gewann keine Kraft mehr aus der Nahrung, ich verbrauchte sie zum Essen selbst. Ich war aufgebraucht.

Ich habe mir alles hergerichtet. Für ein paar Stunden werde ich gefesselt sein an eine Nadel und einen dünnen Schlauch, durch den Nahrung in meinen Körper tropft. Ich muß ganz ruhig liegen, sonst durchsticht die Nadel meine Vene, und die Flüssigkeit gelangt ins Gewebe und nicht in die Blutbahn. Diesen Umstand bezeichnet man mit: Die Infusion geht auf. Also auf geht's ...

Eine Zeitspanne beginnt, der ich mit Fassung entgegenschaue, aber voll Fassung weiß ich auch, wie sich der Körper so gegen die dritte Stunde aufbäumen will und sich wehrt, weiterhin so starr zu bleiben. Aber die Tropfen sind so langsam. Tropfen für Tropfen, und die Nadel ist so dünn und spitz, und sie dehnt die Vene aus bei der geringsten Bewe-

gung. Sie kann einreißen. Der blutige Tupfer liegt unter der Nadel an meinem Arm an.
Ich habe mich vorbereitet. Die Leibschüssel unter dem Bett. Ich will die Schwester nicht danach rufen. Die rasche und dauernde Zufuhr von zwei Liter Flüssigkeit steigert den Harndrang, und ich muß immer, einmal mindestens, die Schüssel benützen. Stuhlgang zu dieser Zeit wäre ein Verderben, da man den Arm sicher leise bewegen würde. In meiner Vorstellung mischt sich Stuhl mit Blut, dazu Infusionsflüssigkeit und Harn. Da bleibt kein Hirn trocken.
Neben mir das Nachtkästchen mit ein bißchen Essen, griffbereit für die freie Hand. Ich bin eine Naschkatze geworden, und die Tatsache, daß ich Nahrung ins Blut bekomme, hindert mich nicht, trotzdem meinen Mund zu füllen. Der Kopf liegt etwas erhöht. Ich decke mich dabei nie sehr zu, denn es wird mir immer sehr warm, infolge der konzentrierten Nahrungszufuhr. Ich warte – wenn sie nicht bald mit dem Ständer anrollen, gehe ich noch einmal aufs Klo. Sie kommen! Ich höre den Ständer auf seinen kleinen Rädern quietschend in meinen Saal rollen. Der Arzt, zwei Schwestern. Soviel Personal und doch sticht er manchmal daneben. Obenauf baumeln die beiden Flaschen. Eine enthält wunderschön leuchtende gelbe Flüssigkeit. Vitamine. Ein ganzer Liter Vitamine. Die andere Lösung ist weiß und enthält Fett. Diese Flasche muß besonders langsam ins Blut rinnen, weil es seine Zeit braucht, bis der Körper das Fett weiterbefördern und auch verarbeiten kann. Tropft es zu schnell, bilden sich verdächtige Kreise vor meinen Augen, und es steigt mir Hitze in den Kopf. Dann beginnt das Herz zu rasen und ich glaube, ich falle. Neben den Flaschen baumeln der Stauschlauch und Tupfer in einem Säckchen und die Nadel mit dem Schlauch. Heutzutage verwendet man Wegwerfgeräte, die aus Plastik sind und nur einmal verwendet werden. Wie bei allen Wegwerfdingen, sind auch diese Geräte manchmal porös und schlecht gearbeitet, so daß oft Infusionsflüssigkeit, an den Gummiansatzstücken zur Nadel, ausrinnt. Schade um jeden Tropfen. Ich habe schon vorher meine Innenseiten der Arme auf gut hervortretende Venen inspiziert. Ich darf mir den Arm wünschen, der gestochen werden soll. Anfangs wechselte ich gern jeden Tag den Arm, aber meist überlasse ich jetzt dem Arzt den linken. Da kann ich mit der Rechten schmausen, und außerdem habe ich an der äußeren Seite des linken Armes eine Supervene, die fast noch jedesmal gut gestochen wurde und die mir auch eine annehmbar natürliche, ruhige Lage des Armes beläßt.
Venen können platzen, Venen können wegrollen, Venen können hart sein, Venen können durchstochen werden, blaue Flecke können entstehen, es kann brennen. Als die junge Medizinstudentin an mir ihre allerersten Stichversuche machte, habe ich erfahren, was sich Venen für seltsame und vielfältige Spiele ausdenken können. Wenn man in ihnen

mit der Nadel herumrührt wie in einem Kochtopf, das haben sie gar nicht gern. Da wird die Suppe rot. Die Schwester bindet mir den Oberarm mit dem Gummistauschlauch brutal ab. Das Blut schießt in den unteren Teil des Armes, und blaue Wülste treten heraus. Manchmal mehr, manchmal weniger. Blasse und stärker gefärbte Venen hat der Arm. Wie ein Netz durchziehen sie meinen Körper.
«Bitte pumpen.» Ich öffne und schließe die Hand. Der Arzt klopft auf die Innenseite des Armes, besonders in der Ellbogenbeuge, um die guten Gefäße herauszulocken. Ich sehe es in seinem Gesicht, es ist schon ein kleiner Kunstgriff dabei, auf den er sich konzentrieren muß. Manche Ärzte beherrschen diese Kunst besser, manche schlechter. Er möchte ein guter Arzt sein. Ein Arzt, der «gut sticht», ist immer ein beliebterer, und er verdient auch mehr. Die Schwester sticht ein dickes Röhrchen, das oben mit einer Spitze versehen ist, in den Gummiverschluß der ersten Flasche. Ein kleiner vorgestanzter Kreis ist dazu vorgesehen. An das Röhrchen schließt sich der lange dünne Schlauch. Sein Ende ist verstärkt und bildet die Aufsteckvorrichtung für die Nadel.
Der Arzt hält die Nadel mit dem kurzen Ansatzstück für den Schlauch angriffsbereit und sticht dann rasch zu, um das Tier auch todsicher zu treffen. Ich halte still. Der Schmerz besteht darin, daß man glaubt, es müßte schmerzen und darin, daß es unangenehm ist, etwas unter die Haut zu lassen, was da eigentlich nicht hingehört. Manchmal spritzt Blut auf, manchmal gar nicht, manchmal rollt die Vene weg, manchmal hält sie. Ich habe gute Venen. Ich habe einen schlanken Arm. Fette Arme sind arm dran, sie haben keine gut sichtbaren Gefäße. Da muß vorher der Arm in heißem Wasser eingeweicht werden, dann treten sie besser heraus, auch Alkoholumschläge werden verabreicht. Ich habe das nie nötig. Ich bin zufrieden mit meinen Venen.
Die Nadel sticht zu, darunter ein blutiger Tupfer, manchmal gar keiner, wenn schlampig gearbeitet wird. Der Stauschlauch wird gelöst. Jetzt steckt der Arzt den Schlauch mit dem Ansatzstück der Nadel zusammen, und ich hänge fest. Ich hoffe, die Fabrik hat keine porösen Gummiverbindungsstücke geliefert. Ich hoffe, die Flüssigkeit tropft auch wirklich ungehindert in die Vene. Denn noch ist nicht aller Tage Abend. Am Schlauch ist eine Absperrvorrichtung für die Flüssigkeit, mit der man auch die Schnelligkeit der Zufuhr regulieren kann. Hänge ich gut, so wird diese Sperre geöffnet, und es erweist sich, ob sowohl das Infusionsgerät als auch meine Vene zur Nadel richtig liegt.
Manchmal beginnt es gleich regelmäßig zu tropfen. Hinein in eine verdickte Stelle im Gummischlauch, wo die Flüssigkeit wie in einer Schüssel gesammelt wird, von wo sie dann langsam gedrosselt den Weg durch den Schlauch antritt. Meine Blicke richten sich oft auf diese Schüssel, wenn ich schon ganz steif und zermürbt vom Liegen bin. Manchmal tropft gar nichts. Manchmal geht die Infusion auf. Dann

bildet sich ein ungeheuerlicher Hügel um die Einstichstelle, der tiefblau wird. Das liebe ich gar nicht sehr. In diesen Fällen muß noch einmal gestochen werden, oder der Arzt richtet mit der Nadel die Vene zurecht, was ich immer als sehr unangenehm empfinde, da die Vene nicht gern aus ihrer natürlichen Lage gebracht wird. Bei manchen Patienten entsteht ein mühsames Spiel daraus. Der Arzt ist ungeduldig und nervös, der Patient verzweifelt und nervös. Der Arm schon ganz zerstochen und lahm vom vielen Stillhalten. Aber ich war in dieses Spiel eigentlich nie verstrickt, und es war nie notwendig, es aufzuführen. Es gibt eine Möglichkeit, die Nadel frei in die Vene einzulassen und ruhig zu sein. Dann funktioniert das Tropfgerät meistens, und die Zeit des langen Stillhaltens ist angebrochen.

Man kann sie auf verschiedene Weise verbringen. Mit Ungeduld auf die Flasche starren und jeden Tropfen abwarten. Mit der Zeit ist es so, als würde jeder Tropfen schwer auf den nackten Kopf pochen. Dann beginnt man sich zu verkrampfen, der Arm wird steif, das Gesicht rot, und es bilden sich Falten auf der Stirn. Man wird mürbe dabei und erschöpft sich gänzlich. Es schwankt zwischen panischer Ungeduld und totaler Mattigkeit. Der steife Arm legt sich einem in Gedanken auf die Brust, und die Nadel verbindet das Herz mit der Vene. Ich habe gelernt, mich in die Tropfen fallen zu lassen. Ich starre nicht auf die Flasche. Ich bin darauf eingestellt, daß sie sich ewig leert. Jeder Tropfen ein Herzschlag. Ich schließe die Augen und träume und döse vor mich hin. Manchmal wechsle ich vorsichtig die Stellung meiner Beine oder des Kopfes. Ich esse zwischendurch oder plaudere mit mitleidigen Patienten. Sie nehmen regen Anteil an meiner Infusion. Sie melden eifrig der Schwester, wenn die erste Flasche zu Ende tropft, denn dann muß, bevor sie ganz ausgeronnen ist, der spitze Stachel in die zweite Flasche gestochen werden. Immer kommt es zu diesem Zeitpunkt. Ich liege nicht ungern so da. Manchmal sehe ich auf den blutigen Tupfer und die Nadel in meiner Vene. Es ist alles in Ordnung, es tropft und tropft.

Die Patienten sehen oft nach dem Inhalt der Flasche. Es ist Zeit für sie. Es ist wie eine Uhr. Tropfen – – wie eine Sanduhr – – Poch – Poch – es ist Zeit – Zeit vergeht, gedankenlos hängt der Blick der Irren an den Tropfen – jeder Tropfen – endlos. Gedankenlos versinke ich im Anblick des Tropfens – immer weiter – immer noch, es hört nie auf.

Es ist still im Saal. Es ist, als würde jeder Tropfen einen dumpfen Ton im Saal erhallen lassen. Das Echo klingt zusammen mit dem Schlag des nächsten Tropfens und mengt sich mit den regelmäßigen Herzschlägen der Irren und meinem Pulsschlag im Gehirn.

Es ist so still, und alle Blicke hängen verloren an der Flüssigkeit, die sich langsam dem Flaschenhals zu nähern beginnt. Vor meinen Augen verschwimmt es, ich döse. Ich gönne mir auch ein wenig Ungeduld. Eine Irre schiebt mir die Schüssel unter den Popo. Manchmal bin ich so ungeduldig, daß ich, falls sich die Einstellvorrichtung weiter unten in Reichweite meines freien Armes befindet, selbst die Zufuhr mehr öffne und es schneller tropft. Ich darf mich dabei nicht erwischen lassen. Die Schwester würde toben, und ich falle nicht gern auf. Die Schwestern sehen öfter herein, ob sie das Gerät schon abnehmen können. Sie sind manchmal ganz dankbar, ein konkretes Tätigkeitsfeld zu haben. Sie kümmern sich nicht ungern darum. Ansonsten ist es ja für sie sehr mühsam, sich mit den wirren Geistern der Irren zu beschäftigen.

Die zweite Flasche ist leer. Die Nadel wird von meinem Arm gelöst, und ich bin wieder frei. Ich drücke einen Tupfer fest auf die Einstichstelle und beuge den erlahmten Arm genußvoll ab. Ich drücke fest, damit kein blauer Fleck bleibt. Man kann den Stich sehen. Die Verkrampfung löst sich langsam. Ich bin ein wenig benommen und schwindlig, aber ich fühle mich kräftig und frei. Lang hat es gedauert. Gern habe ich ausgehalten. Ich habe Geduld gelernt. Nur für dieses eine Mal. Für das nächste Mal muß ich das Lernen wieder von vorn beginnen. Erfahrung im Geduldhaben gilt immer nur für einmal. Die Schwester rollt den Ständer hinaus. Ich stehe langsam auf.

Träume muß man sachte angehen, um sie zu verwirklichen. Ich spürte es. Vielleicht wollen manche Träume nur Träume bleiben. Ich träumte jeden mühsamen Fasttag ins Nichts. Wollte ich es verwirklichen? Ich war vorsichtig, und ich legte mich nicht fest, was ich erreichen wollte. Ich setzte mich ein. Ich setzte meine Jugend ein, um meinen Träumen nachzugehen. Ich hatte einen sonderbaren Traum. Den Traum vom Nichts. Ich getraute mich noch nicht, ihn als erfüllt anzusehen. Ich gab meinem Gefühl einen Standplatz. Das Hungern. Ich hatte ein Gefühl. Das Hungergefühl. Es erfüllte meine langen Tage. Ich hätte sonst nach Gefühlen suchen müssen. Ich hatte sonst keine. Ich hatte kein Erbarmen mit meinem Körper.

Ich sah ihn im Spiegel, er war noch magerer geworden. Ich zehrte von meinen Muskeln. Ich spürte es, sie waren angegriffen. Sie schmerzten, besonders in den Beinen, und das jetzt schon am Morgen. Ich fand eine Salbe gegen Muskelkrämpfe. Sie half kaum. Ich wußte ja, die Muskeln waren angefressen. Ich konnte nicht lachen über meinen Körper, ich konnte ihn nicht lächerlich finden, aber schön fand ich ihn nicht mehr. Ich betrachtete ihn seltener. Ich spürte ihn aber um so mehr. Er wurde leichter und leichter, aber es wurde immer schwerer, ihn durch die Gegend zu tragen. Jedes zusätzliche Gewicht, jede zusätzliche Belastung, forderte ihm die letzte Energie ab. Woher sie noch kam? Sie war noch da.

Mein Haushalt war in Ordnung, er erfüllte meinen Geist. Mehr konnte ich kaum mehr denken, ich brauchte auch nicht mehr. Die Belastung war mein Leben. Das Leben war mir eine zusätzliche Last geworden. Manchmal wurde das Atmen schwer. Die Treppen zu meiner Wohnung, die ich vor noch nicht allzu langer Zeit hinaufgeeilt war, zwei Stufen auf einmal fassend, konnte ich nur mehr langsam hochsteigen. Ich bemerkte, daß sich meine Bewegungen überhaupt zu verlangsamen begannen. Ich vermutete, daß ich auch langsamer dachte. Ich bewegte mich selbst in der Wohnung nur im Zeitlupentempo, und ich spürte, es war meiner Gehirntätigkeit im Tempo angepaßt. Das langsame Abwickeln meiner Pflichten hinderte aber nicht ihr Geschehen, und alles paßte in den Tag. Ich brachte gerade soviel Kraft auf, um das Nötigste zu verrichten. Es war mir wichtig, das jederzeit zu verfolgen. Es war mir eine Kontrolle über mich selbst. Wie ich die Hausarbeiten verrichtete, wie ich sie gewissenhaft jeden Tag beendet vor mir sah, war meine Orientierungsebene über mich selbst. Hätte ich kein sichtbares Werk vor mir gehabt, hätte ich mich verloren und nicht gewußt, wie ich mich sehen sollte.

Es war alles Frage geworden. Ich stellte sie mir nicht, aber ich spürte sie näher und näher rücken. Sie kam von selbst, sie drängte sich nicht auf, aber sie rückte nach und nach näher, und meine Lage öffnete sich. Sie ließ alle Möglichkeiten eines Endes zu, und ich ruhte in diesem Gefühl der Spannung. Ich hatte es mir selbst gegeben. Auf Hungern mußte etwas folgen. Irgend etwas und wenn es nichts sein sollte.

Ich hatte wieder abgenommen. Ich war wieder näher gerückt dem Ende, dieser so fraglichen Position. Es war kälter geworden. Ich mußte bei Nacht eine zweite Decke nehmen, um mich einigermaßen warmzuhalten. Diese Decke verwendete ich sonst nur im strengsten Winter und soweit war es doch noch lange nicht. Die Nächte wurden immer länger. Ich schlief früh erschöpft ein. Ich wachte nach zwei, drei Stunden wieder auf, um ein heißes Getränk zu mir zu nehmen. Erschöpft schlief ich wieder ein, um nach ein paar Stunden ausgedörrt wieder zu erwachen. In der Nacht waren die Fenster des Nachbarhauses nicht beleuchtet. Sie waren tot, sie schliefen, nur manchmal sah ich irgendwo Licht aufflammen, und ich dachte: «Auch ein Schlafloser.»

Mehr dachte ich nicht. Meine Gedanken waren wie tot. Sie bedauerten nicht einmal mehr die Schlaflosigkeit. Ich hatte mich daran gewöhnt. Ich hatte mich an das Hungern gewöhnt. Es erfüllte meine Tage. Ich hatte keine Chance mehr zu sehen, wo ich stand, wie ich aussah, woher ich kam und wohin ich ging. Aber ich war gespannt, das war meine Energie. Mit ihr erhob ich mich jeden Morgen. Ich hatte am Vortag schon alles hergerichtet. Ich lebte nur von einem Tag auf den anderen, und ich hoffte, er würde so ablaufen wie immer. Veränderungen, unvorhergesehene Ereignisse rangen mir zusätzliche Kraft ab, was mir das Mark aus den Knochen sog. Aber es war da schon noch Substanz vorhanden. Immer noch klappte mein Leben und ich war nicht auffällig. Nur mein Körper und meine Langsamkeit, die wurden zur Attraktion.

Immer öfter sprachen mich Nachbarn an: «Sie haben doch immer sehr gut ausgesehen, sie sind jetzt so schlank!» Sie verfuhren schonend mit mir. Ich war nicht schlank, ich war mehr als dürr. Und ich war einmal recht hübsch anzusehen gewesen, das meinten sie mit sehr gut aussehen, und jetzt wurde ich häßlicher und häßlicher. Mein Gesicht wurde zur Maske. Ich sah es, aber ich maß dem keine Bedeutung zu, ich war es ja.

Mein Geist war ein Geist, und Geister sind, wie sie sind. Ohne Frage, ohne Ziel, ohne Grund, ohne Schuld. Ich ging und ging. Ich schwand und schwand dahin. Die Waage zeigte jetzt regelmäßig weniger. Immer noch hielt ich das Abwiegen aufrecht. Nur so, weil es zu meinem Gerüst gehörte, in das ich mich hängte, um nicht umzukippen. Ich hing manchmal schon sehr in den Balken.

Manchmal aß ich auch. Und immer noch schmeckte es mir. Ich bereitete die kalte Platte sorgfältig zu, ich überlegte beim Einkauf genau, was ich mir gönnen würde. Ich hatte keine Magenschmerzen. Ich nahm mit vollster Bereitwilligkeit, wozu ich mich entschieden hatte, auf. Mein Magen wollte das, es tat ihm gut. Mir meine Speisen zusammenzustellen, dazu hatte ich Energie genug, ich lebte von ihr und mit ihr. Sie paßte sich meinen Bedürfnissen an, und meine Bedürfnisse bestimmten meine Energie. Ich aß mich in den Schlaf. Er war erholsamer als der Schlaf der Erschöpfung nach den Fasttagen. Aber auch Essen erschöpfte mich.

«Wissen Sie, wo Sie hier sind?» fragt der Arzt die stille Frau mit den rötlichen langen Haaren. Sie gibt langsam zurück, in wohlüberlegtem Ton:

«Ich habe so viel Zeit gehabt.»

«Wissen Sie, wo Sie hier sind?»

«Ich habe so viel Zeit gehabt.»

Langsam wiederholt sie es, sie betont es. Ich spüre, sie weiß, was sie sagt, und sie möchte, daß es auch gehört wird. Sie meint, was sie sagt, und in ihrem Tonfall liegt die ganze Gedankenschwere. Sie beharrt darauf, daß sie so viel Zeit gehabt hat. Es hat sie schwer bedrückt. Der Arzt dringt in sie:

«Sie sind auf der Autobahn gegangen, wissen Sie nicht, daß man auf der Autobahn nur fahren darf und nicht gehen?»

Sie überlegt, und gibt Auskunft:

«Ich wollte mir die Stadt anschauen.»

Jetzt ist sie da. Sie wollte es so. Jetzt sieht sie sich, nicht die Stadt. Sie hätte bleiben können, wo sie war und sich gleich dort finden können. Sie hat ihre ganze Geschichte erzählt und die Fragen des Arztes beantwortet. Aber sie hat es nicht im richtigen Zeitmaß getan. Sie hat einen

anderen Denkrütmus, und die beiden sind aneinander vorbeigefahren wie Züge auf verschiedenen Gleisen.
Ich höre, was jemand sagt, ich beschäftige mich damit, ich möchte es gern hören. Mein Gehirn arbeitet, und der andere spricht weiter, was ihm so durch den Kopf geht. Ich denke weiter, was mir so durch den Kopf geht, und unsere Worte fließen mechanisch aus dem Mund, während Gedanken, unzählige Gedanken im Hirn ihren Weg nehmen. Ich denke nicht daran, sie auszusprechen. Der andere denkt nicht daran zu sagen, was er denkt. Worte sind dazu da, um die Grenze abzustekken, innerhalb der man miteinander verkehren will. Damit alles seine Ordnung hat. Ich habe so viel Zeit gehabt. Ich habe so viel gedacht, während ich etwas anderes getan habe. Doch es ist gut so. Gedanken sind nicht da, um sie zu tun. Sie stehen allein für sich und brauchen keine Gesellschaft. Ich bekenne mich zu meinen Taten, dies allerdings ist ein Gedanke. Einer, den ich gern in meinem Gehirn vorfinde und den ich sehr begrüße. Ich bekenne mich zu meinen Worten, die ich spreche, die ich nicht spreche und zu denen, die ich hier schreibe.
Es gibt Menschen, viele Menschen. Die meisten davon kommen nicht hierher. Die Umstände sind nicht danach, das Zusammenspiel der Zufälle ergibt sie nicht, die Einlieferung ins Irrenhaus. Doch jeder hat nicht nur einmal schon gesagt:
«Ich werde noch wahnsinnig ... Es ist zum Verrücktwerden.» Jeder kennt diese seine Äußerungen und er denkt, er meint sie nicht, sondern er sagt sie nur. Ich sage, was ich meine. Ein starker Druck von allen Seiten, der auf mich zukommt, mich einzwängt. In Form von Gedanken und Anliegen von Mitmenschen. In Lärm und starker Belastung, viele Arbeiten sind zu erledigen und man hat vergessen, wozu sie gut sein sollen. Vergessen, wo der Anfang war, der die Veranlassung zu einer Tätigkeit oder zur Aufrechterhaltung von belastenden Beziehungen bildet. Ich spüre den Druck in meinem Kopf, das Blut steigt hoch, manchmal gemischt mit Tränen. Der Körper fällt.
«Es ist zum Verrücktwerden.»
Die Langeweile kreist um den Kopf, der Raum ist leer und der Herzschlag hallt zurück. Einmal bin ich allein, doch ich will es nicht sein. Ich möchte wieder die Arbeit, das Getriebe und die Auseinandersetzung mit den Menschen, die mich so zermürbt. Es gibt keinen Weg zum Davonlaufen und keinen, um sich zu verstecken.
«Ich glaube, ich werde noch wahnsinnig!»
Aber es tut sich irgend etwas, man rappelt sich auf und ist für kurze Zeit ganz hingegeben, dieser Pflicht zu reagieren, auf ein Wort, eine Frage, man ist nicht wahnsinnig und nicht verrückt. Man ist normal. Gott sei Dank. Es ist alles in Ordnung. Doch im Hirn hat sich die Angst vor dem Wahnsinn, vor der völligen Verwirrung der Gedanken für immer eingenistet. Nie mehr ist sie loszuwerden, und wie eine Welle

steigt sie hoch, wenn die Belastung zu groß wird. Die Last der Einsamkeit innerhalb einer irren Betriebsamkeit.
Die neue Patientin schreit: «Ihr könnt mich doch nicht so behandeln – ich bin doch nicht verrückt – ich bin ein normaler Mensch!» Warum um Gottes willen schreit sie dann so, warum wehrt sie sich so? Kann sie nicht sehen, daß sie jetzt besser geduldig ist und stillhalten soll, bis der Irrtum der Einlieferung klar zutage tritt? So etwas kann im Leben passieren. Sie tobt und brüllt, sie muß hinter Gitter.
Ich möchte ihr raten, sei doch still, dann ist alles nicht so schlimm. Du kannst doch nicht sagen, du seist nicht wirr, wenn du dich aufführst wie eine Irre. Aber ich weiß, wer sich hinter dieses Maschennetz gebracht hat, durch wildes Beharren auf seiner Normalheit, der kann nichts mehr hören und sehen. Der gehört hierher, denn er hat sich selbst in Beziehung mit der Umwelt verloren, und die Vorstellungen und Wünsche haben sich in seinem Kopf verwirrt. Siehst du nicht, kleine blonde Frau, daß du mit deiner geringen Körperkraft dieses Netz nicht zerreißen kannst? Schrei doch nicht so, es tut mir in den Ohren weh, es tut auch dir weh.
«Es ist zum Verrücktwerden!»
Leg dich ruhig hin und quäle dich nicht so. Ich habe es gut, ich kann auf den Gang oder irgendwo hingehen, aber du mußt ja bei dir bleiben, du hast ja sonst niemanden außer dir. Du hast dich hier und jetzt mit verwirrten Gedanken und Angst mitten in einem Gitterbett in der Irrenanstalt. Ich liege und höre ihre Qual, ich kann nicht zu ihr sprechen, ihre Sinne sind verrückt, weil sie beharrt darauf, normal zu sein. Sie will zurück dorthin, wo sie hergekommen ist, in ein Reich der Sorglosigkeit, dorthin, wo keine Angst vor dem Wahnsinn ist und wo sie sich nicht mit äußester Kraft des Körpergeistes dagegen wehren muß.
Wehr dich nicht, kleine Frau, hab keine Angst vor der Wirrnis. Laß es sein, wilde Gärten sind lebender als zurechtgestauchte. Gönne dir einmal deine blumenreiche Wiese im Gehirn und leg dich auf das Polster. Beruhige dich, sonst kommen sie mit der Spritze und du mußt einschlafen. Aber ich weiß ja, du möchtest schlafen, denn du bist so müde von deinem Balancieren auf dem dünnen Balken der Normalheit. So müde und erschöpft. Deine Augen brennen, denn du mußt Gleichgewicht halten auf dem Balken, unentwegt in das tiefe Meer des Wahnsinns starren. Lege dich hin. Schau, ich liege auch und denke mir Dinge, die ich nicht sage. Sieh doch, ich denke mir nichts dabei. Vielleicht bin ich irre. – Jetzt sind wir in einem Schloß am Meeresgrund. Es kommen viele Menschen hierher. Sie toben, brüllen und weinen. Sie wollen zurück in den Zirkus, auf den schmalen Balken, ins weiße Licht, vor Hunderten von Zuschauern, die starren und für ihr Geld erwarten, daß tadellos balanciert wird.
Doch fallen muß man allein. Die anderen fallen nicht mit. Sie denken

nicht daran. Auch sie müssen allein fallen. Leg dich doch hin und schrei nicht so, es ist ja alles gut.

Es gibt viele Menschen, die hierherkommen, es gibt viele, die nicht hierherkommen. Viele haben einen Fernsehapparat. In dem kann man sich ansehen, wie es hier zugeht. Es will ja jeder nur sehen, wie es zugeht, aber er selbst gehört ja nicht dahin. Wegen dieses Interesses werden heute hier Fernsehaufnahmen gemacht. Nach dem Essen, am Abend: «Heute geben wir uns das Irrenhaus.» (Ha, ha, dort komme ich nie hin. Ich bin normal, ich bin normal.)

Das normale Fernsehteam kommt mit Kameras, Metallkoffern, Scheinwerfern und Stativen bei der Saaltür herein. Heute wird hier gefilmt, auf daß die Leute zu Hause einmal sehen können, wie irre es hier zugeht.

«2000 Watt an die Decke.» – «Ton läuft!» – «Kamera läuft!» – «Klappe bitte.» – «Krankensaal, die Zweite!»

Fast hätten sie vergessen, den Film einzulegen. Kann passieren, auch einem Normalen kann es passieren.

Der langhaarige Beleuchter nickt mir zu, weil ich von meinem Bett aus die Aktion verfolge. Er denkt: «Die ist irre», aber eigentlich sieht sie recht normal aus. Sicher ist sicher, ich verbrüdere mich jedenfalls und gebe das durch Nicken zu erkennen. Irre sind ja auch Menschen, wer weiß, vielleicht bin ich auch ein bißchen bekloppt. Manche sagen es, zumindest wegen meiner langen Haare und weil ich keine geregelte Arbeit schätze.

Ein junges Mädchen hält das Script in den Händen. Sie tritt an mein Bett.

«Wie geht's?»

«So wie dir», sage ich.

Sie kann damit nichts beginnen. Sie geht ab zu ihrem Team und tut beschäftigt, blättert im Script. Vor ein paar Tagen, erinnere ich mich, ist dieses Mädchen mit dem Primarius durch das Zimmer gegangen, und sie haben bedeutungsvoll miteinander geflüstert. «Hier sind zwei davon . . .» habe ich die Worte des Arztes gehört. Sie hat mich damals angelächelt, oder vielleicht habe ich es mir nur eingebildet. Wenn die Tage lang sind und der Kopf leer, glaubt man, daß man eine von den zweien sein müßte.

Patienten dürfen nicht deutlich gezeigt werden. Sie wollen das auch nicht, denn es ist eine Schande vor der Familie und den Nachbarn. Man gibt mir den Rat: «Drehen sie das Gesicht weg, wenn die Kamera vorbeifährt.» Ich habe nichts zu sagen.

«Ob die Zahl der weiblichen Selbstmörderinnen steigt.» Der Primarius wird ausgefragt. Er spricht im anderen Saal, ich kann ihn kaum verstehen. Mich hat niemand gefragt. Es ist hell erleuchtet, der Arzt trägt heute eine Krawatte, sonst tut er das nicht.

Ich weiß es, der Selbstmord ist eine verzweifelte letzte Herausforderung an das Leben. Eine letzte Möglichkeit des Lebens. Ich kann mich erinnern, wie ich vor meiner Einlieferung ins Spital in meinem Bett zu Hause gelegen bin. Ich habe in die Luft gestarrt. Ich war lahm, und es zeigte sich kein Weg. Ich wußte, ich würde sterben, aber ich wollte nicht darauf warten. Der Zeitpunkt ist so ungewiß. Ich bin so ausgeliefert dem unbekannten Schmerz. Ich habe Angst vor meinen Gefühlen. Ich will nicht – Ich will nicht – – –
Ich bin so eingezwängt, und es ist so dunkle Nacht in einem Raum, den ich nicht kenne.
Ich muß heraus – wohin? wohin?
Schnell soll es sein, bitte schnell möchte ich weg – weg – weg – kein Platz zum Laufen – kein Platz, mich zu verstecken. Ich habe Angst, daß ich müde werde. Es soll rasch gehen, rasch, damit ich nicht sehen muß, was ich zurücklasse. Ich will nichts sehen, ich will heraus, heraus. Ich kann hier nicht bleiben, ich will nicht mehr. Ich will mir das Hirn ausreißen. Ich will mir das Nichts ausreißen. Und dann passiert es, oder es passiert nicht. Tatsache ist, daß sich nichts verändert, weder wenn der Selbstmord gelingt noch wenn er nicht gelingt, noch wenn man ihn überhaupt nicht einleitet. Es ändert sich nichts. Man wird zu dem, was man war. Ich liebe es aber, nichts zu vergessen, ich weiß, es kommt alles wieder, jeder Gedanke ist immer in mir. Jeder zugleich. Ich kann nichts vergessen, ich will es nicht.
Das Mädchen vom Fernsehteam tritt wieder an mein Bett.
«Was schreibst du?» fragt sie.
«Eine Geschichte», antworte ich und zwinkere ihr zu. Ich bezwecke damit nichts Genaues, aber es wirkt als eine Aufforderung an sie, mir ihre Telefonnummer zu geben, daß ich fragen kann, wann die Sendung zu sehen sein wird. Dann kann ich endlich hören, was der Herr Primarius im Nebenzimmer gesprochen hat. Was er meint, über die jungen Selbstmörderinnen. Ich sehe mich, ich sehe sie liegen in ihren Betten. Die Geretteten, dem Leben Wiedergegebenen. Sie sind die Alten, die sie vorher waren. Ich bin die, die ich immer war. Lustig, traurig, energievoll und lahm, aber jetzt bin ich auch irre. Ich muß gestehen, ich war schon immer so irre wie jetzt, nur mit dem Unterschied, daß ich jetzt in der Irrenanstalt wohne und es nicht allein von mir abhängt, wann ich sie wieder verlasse. Mein Irrsinn ist aufgefallen als solcher, er ist aufgegriffen worden von der Administration. «Der Irre Nummer Soundsoviel.» Ich habe einen Namen. Ich bin eingeteilt. Ich gehöre nicht mehr in den Karteikasten, auf dem «Normal» zu lesen ist.
Ich kann damit leben, ich kann es aufschreiben. Vorher hatte ich nichts aufzuschreiben.
Das Fernsehteam hat nicht lang gearbeitet. Die Scheinwerfer werden abmontiert. Die Kamera fährt hinaus. Der langhaarige Beleuchter

nickt mir noch zu. Die Aufregung unter den Patienten und Schwestern, die alle miteinander gar nicht gefragt wurden, ob sie diese Aktion wollen, legt sich wieder. Die junge Selbstmörderin im zweiten Bett von mir nimmt sich ein Päckchen Schnitten aus dem Nachtkästchen und ißt.

«Bitte, ich möchte so gern nach Hause!» Ich wußte, es würde wiederkommen. Die heisere und kleinlaute Stimme von Frau Otti liegt dem Arzt bei der Visite in den Ohren. Sie ist immer kleinlaut und heiser, diese Stimme. Auch Frau Otti wird immer kleiner und magerer. Sie hat hier keinen Appetit. Sie will nur «so gern nach Hause». Ich sehe, der Arzt hat sie erkannt. Früher versuchte er ihr zuzureden, daß sich ihre Nerven noch etwas beruhigen müßten, daß sie Geduld haben sollte, sie sei noch nicht soweit. Aber heute geschieht es.

Frau Otti darf «so gern» nach Hause gehen. Der Anlaß zu dieser für alle überraschenden Wendung ist die Erkenntnis, daß Frau Otti niemals anders werden könnte. Ich glaube, sie sagt auch zu Hause «Ich will so gern nach Hause» oder vielleicht sucht sie sich dann eine andere Formulierung ihrer monotonen Bitte. Sie wird immer so klein und mager bleiben. Sie wird immer nicht wissen, ob sie sich in einem Gefängnis oder in einem offenen Haus aufhält. Sie wird wieder einmal, geplagt von Mißtrauen gegen die Menschen und sich selbst, zu einer Überdosis Pillen greifen. Sie wird so lange sie lebt immer in dieser Frage hängen: «Treibt man hier ein Spiel mit mir?»

Ich habe zu meinem Nutzen und zu meiner Ruhe gelernt, das Spiel der Irrenanstalt mitzuspielen. Meine Rolle heißt: Patient. Meine Diagnose: Skizofrenie.

Ich fühle mich gut auf meiner Bühne. Es ist das Spiel über die «Wahrheit von meinem Gehirn». Ich fühle, es ist die beste Rolle, die ich mir aussuchen konnte. Ich werde bezahlt mit Essen und Aufmerksamkeit der Ärzte. Es gehört zu ihrer Rolle. Nur spielen sie nicht so hingegeben wie ich, scheint es. Sie sprechen nicht viel mit den Patienten. Sie gehen nur an ihnen vorbei, jeden Tag. Wird man vielleicht doch einmal zu einem Gespräch gerufen, so ist es kurz und so sachlich abgezielt auf ein baldiges Ende und in bekannten Grenzen gehalten. Niemand erwartet, daß es interessant oder nützlich sein könnte.

Die Fragen stehen fest, die Antworten sind unwichtig. Es ist doch so? Oder hat es sich schon herumgesprochen, daß Gespräche zwischen Menschen nichts bedeuten. Daß Menschen miteinander nichts zu tun haben. Besonders dann nicht, wenn sie unfreiwillig aneinandergeraten. Arzt und Patient haben kaum die Chance, einander zu treffen. Die Erfüllung der Form dieser Beziehung, die Erwartung der Hilfe vom Patienten, und der Beruf des Arztes als Helfer, trennt sie auf immer. Die Grenzen der Beziehung sind gesteckt und die Flüchtigkeit der Behandlung, der das Mal der Unmöglichkeit, jemanden zu heilen, aufgebrannt ist, machen den Patienten mutlos und müde. Er will gar nicht, daß ihm geholfen wird. Er will keine Veränderung seines Zustands. Hätte er seine Krankheit nicht, was hätte er dann?

«Bitte, Herr Doktor, nehmen sie mir meine Krankheit nicht. Sie ist alles, was ich habe, ich habe sie mir selbst geschaffen, lassen sie mich, aber spielen sie mit mir so, als wollten sie sie mir nehmen, und ich kann dann immer wieder verzweifelt darauf zurückkommen. Ich kann mich in sie fallen lassen. Es ist eine Rechtfertigung für mein Leben. Es ist ein Ausweg aus dem Nichts. Ich bezahle sie auch dafür, daß sie diese Regeln einhalten, verstehen sie?»

Der Arzt versteht, denn er ist ein Mensch und kennt die Einsamkeit seines leeren Gehirns. Er spielt seine Rolle gut. Er macht Mut, er tröstet, er denkt sich Therapien aus, um das Spiel etwas aufzufrischen. Er gibt Interesse vor, an ihm schon zum Überdruß bekannten Symptomen und ist vielleicht sogar freundlich. Er spielt das Menschenspiel, er bekommt dafür Geld.

Frau Otti darf nach Hause gehen. Sie darf bleiben, wie sie ist. Ich sitze hier auf meinem Bett und darf sein, wie ich bin. Ich darf warten, bis man mich nach Hause gehen läßt. Ich darf warten, bis sich herausstellt, ob ich in meiner Bewußtseinsspaltung zu Aktionen bereit wäre, die das Spiel der Umwelt stören könnten. Ich darf warten und Seiten mit Buchstaben füllen.

Ich hatte wieder alles gegeben, was ich brauchte, um meinen Tag zu beenden. Ruhigen Gewissens. Ich hatte mich dem Leben der anderen angepaßt verhalten, ich hatte mit ihnen mitgetan, obwohl ich es im Grunde meines Lebens ja schon lange nicht mehr tat. Ich ernährte mein Leben nicht mehr. Ich hatte nicht mehr den Instinkt, meinen Hunger zu stillen, um zu leben. Ich kochte und kaufte ein, aber ich selbst aß nicht. Ich kostete auch die zubereiteten Speisen nicht, aber es war immer genug Salz und Gewürz dabei, und ich verrichtete diese Arbeit gehetzt von meiner Schwäche, aber nicht ungern. Ich gab mich jeden Tag völlig her, und es grenzte an die erschöpfte Befriedigung, nach einer endlich erledigten, lang hinausgeschobenen Arbeit. Sie war erfolgreich beendet, und es war ein Werk geschehen, ein Tagewerk.

Daß meine Werktätigkeit so seltsam aussah, faszinierte mich eher, als daß es mich fraglich gestimmt hätte. Ich hatte keine Frage, ich dachte nicht vernünftig, dieses Zentrum im Gehirn war lahmgelegt. Ich aß einfach nicht. Ich verfolgte diesen Plan mit Spannung und Freude und Erschöpfung, sowie ich hier meine Seiten fülle mit meiner ganzen Energie.

Manchmal wußte ich, daß ich meinem Körper schadete, aber der Standpunkt, von dem aus man Schaden oder Nutzen sich selbst gegenüber empfindet, der war unter meinen Füßen weggeglitten, und ich wußte das auch. Ich wußte, daß ich mein Leben um Jahre verkürzte,

aber wie hätte mein Leben länger sein sollen, als es werden müßte. Es gab nur eine Möglichkeit und die war mein Leben, so wie es lief und wohin es lief. Ich spekulierte nicht mit meinem Leben, ich setzte es ein. Ich setzte meinen Körper für mein Leben ein, und das war klar und schön und mir so einfach, daß es beinahe Sinn zu haben schien. Die Freiwilligkeit dieses Unternehmens war die Krone jeden Tages. Ich war die Königin meiner freiwilligen Mühsal. Ich war eine magere Königin geworden. In mir leuchtete es, selbst wenn die Kniekehle schmerzte.
Ich konnte auch eine Abmagerung an den Fußsohlen beobachten, zu der man kaum jemals kommen kann. Die Außenkanten der Füße sowie Ferse und Ballen waren ohne geringste Fleischansammlung, so daß es in den Schuhen härter und loser wurde. Das Gehen wurde mühsamer. Ich wußte nicht, ob man es an meinem Gang beobachten konnte. Ich versuchte es jedenfalls so gut wie möglich zu verbergen. Meine Spaziergänge wurden immer kürzer. Zum Einkaufen bevorzugte ich die nächsten Geschäfte, und ich nahm das Angebot weniger guter oder teurerer Waren dafür in Kauf. Am besten ging ich in weißen Tennisschuhen. Dazu trug ich eine rote, lange Kinderhose und ein loses rotes Wollkleid, aus dem die Hosenbeine mit den weichen Tennisschuhen recht putzig hervorragten. Ich zog mich gern hübsch an und achtete auf mein Äußeres. Das heißt, ich hatte immer gewaschenes Haar und war sauber. Aber mein Gesicht konnte ich nicht mehr verbergen.
Es ragte braun gebrannt mit eingefallenen Augen und spitz zulaufendem Kinn, Falten um den Mund und an der Innenseite der Augen, aus dem Kragen. Die Stirn war knochig und die Adern traten an den Seiten blau heraus. Ich hatte einen fast durchsichtigen Schädel, und manchmal glaubte ich, durch meine Stirn ins Hirn sehen zu können. Die Falten um die Augen zogen sich ein wenig über die Wangen herunter. Unter den Augen war ich manchmal aufgeschwollen, aber noch mehr fielen die Augen durch ihre tiefe Lagerung auf. Sie bekamen einen anderen Blick. Die Lider drängten ins Gesicht hinein. Der Mund wurde schmaler. Ich mußte es langsam sehen. Ich beobachtete, wie sich mein Äußeres total veränderte. Es war mir noch nie begegnet, daß ein Mensch innerhalb so kurzer Zeit beginnt, ein anderes Gesicht anzunehmen. Ich hatte ein immer eher pausbäckiges Gesicht gehabt und es hatte mich jünger gemacht als ich war.
Jetzt sah ich mich aus tiefen Augen an. Die Wangen waren knochig und selbst meine Haut veränderte sich. Sie wurde sehr trocken und brauchte Feuchtigkeit. Sie begann um die Stirn und die Wangen regelmäßig zu spannen. Es stellte sich auch, besonders in der Nacht beim Einschlafen oder beim Schlaflosliegen, ein Ziehen nach innen ein, zu den Augenwinkeln zu. So als würde mein ganzes Gesicht sich dahin zurückziehen wollen. Der Mund wurde schmaler, und ich hatte immer

einen vollen, schönen Mund gehabt. Ich stülpte manchmal meine Lippen nach außen, um ihnen das Aussehen von früher zu verleihen. Ich blähte ein bißchen meine Wangen auf, um zu sehen, wie es sein könnte. Ich lachte dann über diese Versuche.
Ich wollte ja dieses Gesicht, dieses eingefallene, das man nicht mehr hübsch finden konnte, es war für mich meines und ich stand zu ihm.
Ich hatte nur noch fünfunddreißig Kilogramm. Ich dachte nichts dabei. Nur manchmal tauchte etwas in meinem Hirn auf, manchmal beschäftigte es sich mit mir. Ich trug jetzt nur mehr dieses rote Kleid, es war das einzige, was mir noch paßte. Es war für die Jahreszeit zu warm, aber für meinen ausgekühlten Leib war es gerade gut. Ich beobachtete, daß ich daran war, mein Äußeres ein bißchen zu verdecken mit weiten Sachen und mit Hosen. Ich mochte das Kleid ohne lange Hose nicht mehr tragen, da ich meine Knie aus den beinahe wadenlosen Beinen knochig hervorlugen sah, so daß ich mir ihren Anblick lieber durch lange Hosenbeine entzog. Die Hose trug unter dem Kleid auch ein bißchen auf, so daß man nicht sehen konnte, wie geradlinig mein Unterteil war. Soweit war alles gut. Ich verrichtete meine Arbeiten mit dem roten Kleid mit der roten Hose und den weißen Tennisschuhen. Meine Spannung stieg von Tag zu Tag. Ich hatte bereits eine Alarmanlage in mir eingerichtet. Ich saß in der Nähe des Drückers. Ich wußte nicht, was geschehen würde, aber ich spürte das Leben näher und näher kommen.
Ich gehe vom Gang her, durch die einzige offene Tür, die Patienten benützen dürfen, durch den Waschraum in den Schlafsaal. Jeder kennt diese offene Tür. Kommt ein Randalierender, wird diese Tür verschlossen, und ich kann nicht mehr hinaus. Geläutet darf nicht werden, da nach Ansicht der Schwestern nichts so wichtig ist, um sie in den Saal hereinzuholen. So mancher Neuankömmling lehnt sich unabsichtlich an die Glocke am Türstock. Dann kommen sie:
«Passen Sie doch auf! Geben Sie Ruhe!»
Ich gehe durch den Waschraum. Die Ratte sitzt im Klo und hat alle Mühe, Stuhl loszuwerden. Sie sitzt ganz verzweifelt und schief auf der Muschel. Sie macht einen gequälten Eindruck. Sie ißt sehr wenig und kann nichts loswerden. Leute, die nicht gern essen, scheißen auch nicht mit Genuß.
Rita wäscht sich. Sie ist ausgezogen, bis auf ein durchsichtiges Monatshöschen. Darunter sieht man einen Bindengürtel aus rosa Gummi und eine Binde. Die Mischung zu dem über und über behaarten Körper mutet mich komisch an. Sie zeigt sich gern mit ihrer Binde. Sie spricht wenig, aber wenn, so ist es ihr ein Anliegen, das Eintreten ihrer Regel kundzutun und sich im Monatshöschen zu zeigen. Sie hat wider Erwarten eine schöne und straffe Brust. Sie hantiert ungeschickt mit dem

Waschlappen an ihrem Körper herum. Ich glaube, sie wäscht sich nur, um ihre Monatshose sichtbar zu machen.
Der Menschenbär steht daneben unter der Brause. Er wäscht sich regelmäßig, aber er stinkt nach wie vor und sieht unsauber aus. Flink und schnaufend führt sie den Waschfleck über ihren schwabbeligen Riesenkörper. Der Bauch hängt ihr so tief, daß er ihre Genitalien total überlappt. Sie hat große Füße. Einmal habe ich sie vor dem Spiegel stehen sehen. Nur kurz, die Irren sehen eigentlich wenig in den Spiegel. Sie sah teilnahmslos hinein, fuhr sich, für mich unerwartet, nicht ungeschickt durch die gekräuselten, fetten Haare. Ihr Gesicht blieb unbewegt. Aber diese Geste war ganz natürlich, und sie schien nicht unbefriedigt von ihrem Äußeren zu sein. Sie nimmt sich selbstverständlich hin.
Die junge Frau, die immer wild nach ihrer Zahnbürste zu suchen pflegt, um andere des Diebstahls bezichtigen zu können, wäscht ihre Strümpfe. Meine neue Bettnachbarin, eine derb und rauh, aber nicht unelegant wirkende Frau, stellt sich an das Waschbecken daneben. Sie sucht Kontakt zur Zahnbürstensucherin, die immer in borstiger Stimmung ist. Das weiß die Neue aber noch nicht so genau.
«Sei froh, daß ich dir die Zigaretten nachgetragen hab, so was soll man nie liegenlassen.»
«Paß auf, was du redest. Ich rauch überhaupt nicht! Mir gehören keine Zigaretten! Halt dich ja zurück, und schau dich um, bevor du was sagst. Wenn du auf mich stehst, sag's gleich. Ich steh schon auf dich.»
Die Neue ist etwas erschrocken über den unwirschen Ton, aber weiter nicht erstaunt über das Angebot der jungen Frau. Sie lehnt aber ab mit den Worten:
«Das wird heut nicht gut gehen, ich hab die Regel.»
«Na siehst, zuerst mich anreden und dann net wollen. Ihr seid's ja alle net richtig im Schädel!»
Ob sie's gemacht hätten, wenn die Lage anders gewesen wäre, weiß ich nicht. Das Gespräch bleibt hier oft nur Gespräch. Der Durchbruch, zu wirklichem sexuellem Kontakt, würde für die Patienten viel zuviel Mühe sein. Vollgepumpt mit Beruhigungsmitteln, unfähig bei einer Sache zu verweilen, scheinen sie nicht genug Zielbewußtsein für sexuellen Kontakt zu bieten. Das Gespräch darüber gilt als Befriedigung des sexuellen Verlangens, das zweifellos auch hier herrscht. Aber meist nur matt.
Die jungen Patientinnen stehen manchmal auf einen hübschen Arzt, frisieren und schminken sich vor der Visite. Sie wollen wieder als weibliches Wesen auftreten. Geschlechtslos ist man hier, nur irgendein Patient. Der Arzt ist zu allen gleich nett oder teilnahmslos. Er ist so sachlich, und die Mädchen sind doch so gern weiblich. Auch ich kämme mich, bevor der Arzt zur Visite kommt, auch ich setze mich geordnet

an den Bettrand, wenn es soweit ist. Ich bleibe lieber am Bettrand, denn wenn ich am Sessel vor meinem Bett sitze, bin ich so klein gegen den Arzt und muß so hoch hinaufsehen. Ich denke, der Arzt denkt dann, daß ich so klein bin, und wenn ich klein bin, denkt er, ich sei krank und hilfebedürftig. Diesen Eindruck möchte ich vor mir selbst nicht machen, daher setze ich mich höher und kann, einigermaßen gerade, ihn ansehen und den Eindruck eines Menschen machen. Mir liegt es nicht, die Augen zu erheben und mit der Koketterie der Unterwürfigkeit um eine Entlassung aus der Anstalt zu flehen. Ich kämme mich allerdings auch, wenn eine Ärztin kommt.
Die Ärzte stehen hier für die starke Welt des Mannes, und die Frauen sind klein und bittend. Die Frau ist der Patient des Mannes. Immer und überall.
Im Zimmer vor dem Raum, in dem die Musiktherapie abgehalten wird, kann ich ein junges Patientenduo gemischten Geschlechts beobachten. Sie sind nicht in meiner Gruppe. Ich sehe sie immer nur warten, wenn auch ich auf den Beginn des Spektakels warten muß. Die Frau ist dunkel, kurzhaarig mit ausgeprägten, strengen, aber hübschen Zügen. Sie trägt die Verwüstung ihres Geistes im Gesicht, aber sie gefällt mir. Sie hat die unkleidsamen gestreiften Anstaltskleider und derbe Schuhe an. Darüber eine dreieckige zusammengefaltete Anstaltsdecke. Dieser Umhang wirkt lässig und kleidsam. Die Frau ist voll innerer Erregung. Sie scheint nicht fummelig nervös, sondern fast edel in ihrer Verzweiflung. Sie sitzt wie immer mit dem jungen Mann an einem Tisch. Sie hat die Hände aufgestützt und spricht von sich selbst. Ich kann sie nicht hören, ich kann sie sehen. Sie spricht nicht laut.
Der Mann wirkt zerfahren, intellektuell. Dunkel und nicht unschön, aber zerfallen in seinen beredten Gesten, er spricht auf die Frau ein. Er erklärt sich selbst, aber er spricht über das Leiden der Frau. Sie legt das Gesicht in die Hände, sie stimmt ihm nicht zu. Ich kenne sie, ich weiß, wie sich Gespräche über das Leben zwischen männlich und weiblich abspielen, wenn die weibliche Rolle und die männliche geklärt werden soll. Ja, ich höre sie jetzt auch, laut und standhaft beteuert sie:
«Eine Frau ist anders, eine Frau ist nicht so!»
Zweifellos kann sie der Mann sehen, so wie ich es tue. Faszinierend in ihrer charaktervollen Hilflosigkeit, stolz im Beharren auf ihre Verzweiflung. Alle Zuneigung von sich weisend, denn jede Hinwendung ist zuwenig, nicht voll genug. Frauen fressen die Männer gern auf. Dieser Mann läßt sich nicht fressen, bevor sie nicht klein beigibt und ihm die Oberhand über ihr Leiden läßt. Bevor er nicht ihr Leiden wird. Keiner der beiden Geschlechter ruht, bevor nicht einer das Leiden des anderen geworden ist.
Stetig aufsteigend, bis zur Spitze des Martyriums geht der Kampf um

die Klarstellung der Rollen, Mann und Frau. Keiner kann verzeihen, daß er unverschuldet gerade dieses, genau dieses Geschlecht vertreten muß. Auf ewig zur Angehörigkeit an dieses verdammt, beinhaltet seine Verzweiflung auch, daß er das andere Geschlecht auch nicht sein möchte. Keiner kann verzeihen, daß er unverschuldet gerade ein Mensch geworden ist. Was habe ich als dieser zu tun? Wie verhalte ich mich zu dieser Gestalt mit den baumelnden Gliedmaßen und diesem Klumpen Bewußtsein im Schädel?

Um Gottes willen, was habe ich verbrochen?

So sitzen die beiden, verquickt in der Suche nach ihrem Sinn und Zweck auf diesem Sessel, in diesem Vorzimmer im Irrenhaus. Er will ihr zu verstehen geben, daß man sich nicht verkrampfen dürfe in der Suche nach der Liebe des anderen. Sie glaubt, das heißt, er denkt, es ist nicht notwendig, Liebe aufzubringen, und stößt ihn von sich. Dabei weiß sie genau, daß ihre Seele das Gefühl Liebe nicht finden kann. Wie ein Phantom aus riesenhaften Massen füllt diese Vorstellung ihren Sinn, aber das übergroße Wesen ist trotz seiner Mächtigkeit nicht zu sehen, es ist nicht zu berühren und nicht zu fassen. Sie möchte es beim Kragen fassen, das unsichtbare Wesen Liebe, und möchte es für sich verwenden. Sie möchte es sicher haben und besitzen, damit um sich schleudern wie eine gleißende betörende Hexe, die im Rausch um die brennenden Flammen tanzt.

Doch eine Hexe, die Angst vor den Flammen hat, geht den Weg der verzweifelten Frau, die ihr Auslangen im Leiden unter der Herrschaft des Mannes findet. Er herrscht in der Angst, daß es die Liebe nicht gibt. Keiner kennt, was er da eigentlich vermißt, aber es erfüllt einen Menschen, darunter zu leiden, daß er, was er sich ausgedacht hat, nicht finden kann.

Zwei Menschen, sie können nicht anders sein, auch ich kann nicht anders sein. Der Gedanken sind so viele, so viele auf einmal. Was meine ich? Ich meine noch so vieles. Ich drehe mich im Geiste wie ein Kreisel, die Gedanken ziehen in Regenbogenfarben wie eine nimmer endenwollende Leuchtschrift vorbei. Mein Hirn arbeitet gern. Es ist wie der Muskel zu meinen Gliedmassen, den ich gern bewege. Ich schaue auf und weiß, ich könnte alles ganz anders sagen, ich könnte es gar nicht sagen. Es gibt so viele Gedanken über und nebeneinander. Bunte Guckkästen, geisterhaft, ulkig, manchmal fährt eine Faust heraus, manchmal reicht jemand die Hand heraus – ich wähle einen Guckkasten in meinem Kopf, und ich sehe ruhig hinein: Eine Hand reicht mir einen Kugelschreiber heraus, und ich nehme ihn, über diesen Witz erfreut, und füge Buchstaben zu Worten und diese zu Sätzen – in der Sinnlosigkeit und Bedürfnislosigkeit meines Menschendaseins.

In der Musiktherapie ist etwas los. Wir sollen uns überlegen, wie ein Ton sein kann. Womit man Töne erzeugen kann, wie es klingt und wie man es aufschreiben kann, wie man ihn macht und ihn wiedergeben kann. Die irren Menschen hier haben kein Verlangen nach Irrsinn, sie sind völlig uninteressiert und ohne Ehrgeiz, sich irre Aktionen auszudenken. Wozu brauchen sie das auch. Irrsinn herzugeben, in bestimmte Formen der Kunst zu kleiden, ist die Koketterie des Künstlers mit dem Irrsinn. Was soll ein Wahnsinniger geben?

Herr Morch sitzt da mit dem Tamburin in der Hand, döst vor sich hin. Vorher war er an der Reihe, sich die verschiedensten Klangvariationen mit dem Tamburin auszudenken. Die Schellen klingen. Das Holz klingt anders als die Schweinsblase. Wer auf Metall klopft, hört einen anderen Ton, als wenn er sich auf den Kopf trommelt. Herr Morch leistet seinen Auftrag ab und döst weiter. Wie kann ein Ton sein, «lang – kurz – laut – schrill – hoch». «Herr Morch, wie kann ein Ton noch sein?»

Der alte müde Mann hebt den Kopf und beginnt zu trommeln. Man verzeiht ihm und lacht. Alle Irren sind nicht für absurde Situationen empfänglich.

Wir haben viele Instrumente zur Verfügung. Niemand ist hier mit besonderer Aufmerksamkeit an ein Instrument gebunden. Hier wird nicht aus Lust Musik gemacht, und selbst das Hören von Musik bereitet keine Wonne. Hier gibt es kein falsches Getue der Kunst gegenüber. Hier wird der geheimnisvollen Kunst die Larve heruntergerissen. Hinter der Larve ist gähnende Leere. Die Kunst ist eine Attrappe des Nichts.

Auf der Tafel steht: laut – leise – hell – tief. Ein Patient weist auf die Worte, und wir machen mit unserer Stimme helle Töne, leise, dann tiefe. Wer es fertigbringt, brüllt. Laut und hemmungslos herauszubrüllen, ganz von sich aus, ohne Anlaß oder Grund, das erfordert Kontrolle über den Wahnsinn. Da muß man sich trauen, es bedarf der Überwindung der Vernunft in sich selbst. Laut schreien, herausbrüllen, da glaubt man, erschrecken zu müssen vor diesem übermächtigen Laut. Ich glaube, er gehört nicht zu mir. Er steht wie ein Fremder vor mir in der Luft und ich weiß, er ist aus mir entsprungen. Er hängt vor mir, in mir mit allen Echos meiner Seele. Ich kann ihn nicht mehr zurücknehmen. Unabhängig von mir, umgibt er mich in seinen unzähligen Schwingungen.

Ich stehe noch wie gelähmt da, die Stimmbänder und die Muskeln angespannt, die Augen weit geöffnet, und ich höre mich. Ich höre meine Stimme und bin erschüttert und erschöpft von der Konzentration, die ich aufbringen mußte, um den Salto in der Luft mit diesem plötzlichen Energiedruck werden zu lassen. Nicht jeder findet den Angriffspunkt zu diesem sinnlosen Schwall. Es bedarf der Bereitschaft zum freiwilligen Zusammenbruch jeder Kontrolle und Vernunft für ein paar Sekunden. Das Loslassen dieser Zeit gibt die Energie, frei zu schreien. Dann stehst du da, wie einer, der geschrien hat. Mehr nicht. Wir saßen da in der Musiktherapie und hörten uns schreien. Wer es nicht zustande brachte, litt unter der Versuchung, es doch tun zu wollen. Er windet sich, keine Zeit mehr dazu zu finden und die Gelegenheit zu verpassen, sich einmal zu hören.

Es werden neue Übungen durchgeführt und jeder vergißt, was er vor Minuten eigentlich noch so sehnlich gewünscht hat. Eine Schallplatte dreht sich. Wir stehen im Kreis und sollen uns nach der Musik bewegen. Rasch und heftig, ruhig und sanft. Im Wechsel hin und her. Den Patienten macht es keinen sonderlichen Spaß. Warum sollen sie sich nach der Musik bewegen, warum Musik hören? Sie nehmen alles hin, was ihnen geboten wird und ihr lahmes Gehirn wird für eine Stunde lang in Bahnen gebracht, in die sie sich selbst nie gelenkt hätten. Die Abwechslung erfrischt sie ein bißchen und ackert in den Furchen des Gehirns ein bißchen um, auf daß frische Erde nach oben geworfen wird.

Herr Lappe beginnt nach der Musik zu turnen, was eigentlich nicht ganz der Absicht der Therapeutin entspricht. Er bewegt sich nach der alten Barockmusik wie auf dem Militärareal bei einer Übung. Arme hoch – Gewehr am Fuß, dazu schreit er: «Hab Acht!» und wieder «Marsch – links – rechts – Bataillon halt!» Und die Barockmusik plätschert neben ihm her. Er ist sein eigener Rütmus und seine eigene Musik geworden und in seiner Einmaligkeit und Schonungslosigkeit, der Umgebung und dem Gebot gegenüber, überrundet er die alte Musik, und ich sitze und sehe und höre nur diesen alten Soldaten auf dem Truppenübungsplatz der Musiktherapie.

Ein wunderbar einfach klingendes Xylophon kann man verwenden. Flöten und Trommeln, Rumbakugeln und Klanghölzer. Die Trommeln schlagen immer denselben Rütmus. Wir tanzen danach, wir gehen zu zweit zusammen. Ich tanze mit einem alten hageren Mann. Er gibt mir die Hände. Wir drehen uns wie die Tanzbären stampfend im Kreis. Wir machen es im Gleichschritt, und die Augen dieses knochigen Mannes leuchten auf. Er begreift: Ich tanze mit ihm, ich habe mir ausgesucht, mit ihm die Bewegung übereinstimmen zu lassen. Es gibt jemanden, der etwas mit ihm zusammen tut, und das macht die Augen des irren Mannes leuchten, und macht meine leuchten, wie ich bemerke, daß der Irre mein Angebot und meine Bereitschaft erfaßt hat, und wir stampfen nach dem Klang der Trommeln miteinander und mit den anderen durch den Saal.

Wer hier ungeniert Instrumente zum Klingen bringt, tut es ohne das Bemühen, Musik zu erzeugen. Die Töne wallen aus dem Instrument, und mühelos folgt ein Ton dem anderen. Absichtslos entstehen Tonreihen und Melodien. Es soll nichts werden, keiner Melodie ähnlich sein. Ich sitze, schaue vor mich hin und blase Flöte. Das heißt, ich improvisiere. Neben mir sitzt ein glatzköpfiger Mann und spielt Xylophon.

Der Schwengel fällt auf die Holzstäbchen, und es klingt. Es klingt verschieden. Flöte und Xylophon ... wir improvisieren. Wir bemühen uns nicht, zusammenzuspielen. Wir spielen einfach. Die Töne perlen aus den Instrumenten und vereinigen sich im Raum.

Improvisieren heißt nicht, etwas Neues erfinden oder eine bestimmte Form zu verfolgen, die Improvisation heißt und gut sein soll. Improvisation ist das sorglose Loslassen jedes Bemühens, Musik zu machen. In blindem Vertrauen auf sich, auf das Instrument, bildet sich Ton an Ton, und bevor der eine nicht angeklungen hat, weiß man nicht, was der nächste bringt. Mit leisem Erstaunen hört man sich spielen, lernt das Instrument während des Spiels kennen und lernt, sich selbst aus dem Instrument zu hören. Während es geschieht, ist es geschehen. Nichts sonst, Töne, Tonreihen, ein Klangbild ... und sie ziehen an meinem Hirn entlang. Improvisation erfüllt nichts, geht keinen Weg, tut nichts. Es ist ein Augenblick der Tat, ein Hören und Erinnern an das Gehörte, zugleich eine neue Tat, die wieder zu hören ist und vergessen wird. Zugleich das Instrument bedienen, hören, erinnern und vergessen, zugleich ... zugleich ... zugleich versinken in der Zufälligkeit des Tuns. Freiwilliges Freilassen des Wollens, ein Ziel verfolgen zu müssen.

Von den Tönen im Raum wird man mitgetragen, und das Spiel ist fern von der Absicht, Musik zu machen. Keinem Urteil beugen sich die beiden Instrumente, sie sind nur für sich, jetzt für sich, und wenn sie ausklingen, ist das Spiel vergessen. Es bleibt nur eine angenehme Leere. Der Körper lehnt sich entspannt zurück, und sein Geist ist ruhig geworden.

Ich fastete, und wenn ich aß, so würde es ein anderer vom Fasten nicht recht unterschieden haben. Mir schmeckte es, sowohl das Fasten als auch das Essen. Diese beiden Tätigkeiten, die sich zu Gefühlen in mir verwandelten, die wurden einander so gleich. Sie unterschieden sich kaum, sie waren mir so willkommen. Und wenn ich einmal kurz daran dachte, was Freiwilligkeit im Leben bedeutete, so war ich mir selbst frei zu Willen. Aber was wollte dieser Wille. Wollte er nur fasten? Oder wollte er nicht leben? Das ließ ich mir absichtlich ein Geheimnis sein. Ich lebte darauf zu. Es würde sich herausstellen. Was wollte ich? ... Suchte ich meinen Willen? Ich hatte ihn. Ich erprobte ihn an meinem Leben, ich maß ihn daran, das wußte ich, aber was wollte mein Wille? Wollte er sich nur als Wille beweisen? Nur so? Was war der Wille im Menschen? Ich würde es erfahren. Ich wußte es. Ich fastete, und ich wollte es. Oder war ich meinem Willen bedingungslos hörig und verfallen. Habe ich mich ausgeschaltet, um mich meinem Willen zu beugen? Wie sollte das zugehen. Wer war es dann, der meinem Willen sich unterwarf? War ich es? War es ein zweiter oder einer der unzähligen Willen in mir? Ich würde es erfahren. Ich erfuhr es, während ich fastete.

Ich mußte es tun wollen. Ich konnte nicht anders. Mein Wille war es auch zu essen, wenn ich es wollte.
Ich tat, was ich tun wollte. Es war ungeheuerlich bis komisch. Es war alles, was ich mir vom Leben erträumte. Nur Ruhe fand ich keine. Ich war so eingespannt in mein Leben. Ich sah es nicht, ich sah mich nicht. Ich wünschte mir Ruhe, und ich erhoffte, sie zu finden, in dem, was ich auf mich zukommen spürte. Vielleicht würde es mich von meinem Willen erlösen. Ruhe läßt sich mit Willen nicht heranziehen. Oder doch? Ich erinnerte mich, daß ich manchmal auf dem Sessel nach der Hausarbeit saß und beim Fenster hinaussah. Ich wollte nicht einmal mehr die Zeitung zur Hand nehmen. Ich brauchte nichts. Ich saß da und sah die Straße entlang. Sie faltete sich auf wie ein Bilderbuch. Ich war leer, ich schwelte in meiner eigenen Flamme. Oft lag ich im Garten im Freien unter einer Decke. Ich war schwach, und das Ruhen tat mir gut nach der Arbeit. Die Decke war warm, und ich lag da. Ich hatte alle Erinnerungen bei mir, ich spürte mich als kleines Mädchen, ich erinnerte mich an meinen Geruch und an den Klang der Türschnallen unserer ersten Wohnung. Ich roch die Speisen von damals, ich hatte mich in mir, und ich war selig darüber.
In mir leuchtete ein Licht. Ich war es. Ich war die einzige für mich. Ich war ruhig. Es war auch die Ruhe der Erschöpfung. Ich könnte es auch als höchste Anspannung meines Gehirns gefühlt haben. So wie ich jetzt unter höchstem Energieaufwand Seiten fülle, machen sie mich ruhig und jedem Geschehnis gegenüber gefaßt und anwesend.
So wie ich hier mit meinen Gedanken über das Papier flitze, so raste ich in meinem Hungerleben durch die Tage dahin. Dieses Tempo scheint ein Bestandteil meines Lebens zu sein. Ich erkenne mich als dieselbe. Ich tue verschiedenes in der gleichen Weise. Ich bäume mich auf zu neuen Kräften, und meine ich müde zu werden, so mache ich einen Satz nach vorn, wie ein Pferd, das gebrandmarkt wird, und ich laufe weiter. Ich pflegte schon des nachts die Rollos und den Vorhang wegzuziehen, um ja die ersten Lichtstrahlen nicht zu verschlafen. Ich wußte, ich müßte in meinen verlangsamten Körperbewegungen und mühsam gewordenen Denkablauf mein ganzes Tagewerk und meine ganze Mühsal unterbringen. Ich war oft in Angst, es nicht mehr zu schaffen. Mein Körper war auch jetzt in der Frühe erschöpft. Erschöpft vom Schlafen. Ich hatte schon wenig Energie zum Atmen. Ich tat es noch, ich spürte es genau, und mein Herz schlug noch.
Ich machte wie immer meine Turnübungen, mein Herz schlug schneller, aber es tat mit. Die Waage zeigte nur noch vierunddreißigeinhalb Kilogramm. Ich hatte das erwartet, aber ich verband damit kein Gefühl. Mir war um mein Gewicht nicht bange. Ich hatte keine eigentliche Sorge. Ich war leicht und losgelöst, von einem schweren Mühlstein im Leben jedes Menschen. Ich war frei von Vernunft. Ich hatte mich

davon befreit, und ich wollte sehen, wohin ein Leben ohne Vernunft führte. Wohin geht ein Mensch, der aufgibt, was ihn zu dem macht, worauf er baut, und was ihn stolz macht, kein Tier zu sein, wie er glaubt. Ich habe nicht so detailliert darüber gedacht, denn meine Gedanken waren lose und langsam.

Ich versuchte sie nicht zu fassen und zu bündeln, wie jetzt hier in diesen Zeilen. Ich hatte das Bedürfnis nicht nach Betätigung meines Gehirns. Ich hatte es ja hergegeben, das heißt, ich ließ es ja verhungern. Ich aß weiterhin nichts, und ich hielt meinen Lebensrütmus genau ein. Ich wurde von ihm aufrecht gehalten. Mich aufrecht zu halten, wurde jetzt zu einem bewußten Akt. Ich hielt meine Schultern zurück und hielt den Leib oberhalb der Gürtellinie mit Mühe aufrecht.

Ich ging gerade, ich spürte meinen Körper, ich war er selbst, ich hatte keine Gedanken für ihn. Keine Gedanken für die Gedanken. Ich ging einkaufen. Aufrecht ging ich, um nicht aufzufallen. Andererseits spürte ich meinen Körper gern. Nur wenn die Beine schmerzten, an den Sohlen und in den Knien, das war nicht so angenehm, aber ich nahm es hin. Ich wußte ja, woher dieser Schmerz kam. Er kam vom Hunger! Ich hatte ihn unablässig, aber es war mein Lebensgefühl, und das hatte ich ja gesucht. Ich hatte es gefunden. Das wußte ich, und ich stimmte zu. Deshalb konnte ich auch meinem gedörrten Gesicht und meinem ausgemergelten Leib zustimmen. Ich konnte meiner Schwäche, der Erschöpfung und meinem Gewicht zustimmen. Ich war meinem Verhalten gegenüber nicht im Zwiespalt. Und tauchte er auf, so gab ich ihm die Form der Frage, was werden könnte und was auf mich zukäme.

Die Bäume sind noch kahler geworden. Ein Blättermeer bedeckt den Waldboden. Ich fühle mich stark und bewege meine Glieder rasch und kräftig. Wie oft gehe ich jetzt schon durch diesen Wald? Ich gehe heute wieder einmal das erste Mal. Ich spüre bei jedem Schritt die Kraft in meinen Beinen, und ich hebe den Kopf. Ich halte mich gerade. Das Essen ist mir ein lieber Begleiter geworden, und ich freue mich über die einfachsten Bissen. Hier sind die Mahlzeiten ja sehr einfach gehalten.

Ich gewinne wieder einen neuen Genossen. Es ist der Schlaf. Er kommt jetzt regelmäßig und früh über mich, und ich erkenne ihn wieder als seelenruhige Erholung und Erneuerung. Ich beginne wieder mit Sorglosigkeit und Unbefangenheit den Naturereignissen eines Menschenwesens gegenüberzustehen. Essen, schlafen und die Bewegung wird bei mir zu einem Drang, wie sie dem Bewegungsdrang meiner Kinderzeit entsprach. Das Bedürfnis nach Abwechslung in diesen Ereignissen wird mir ein neues Gefühl und ich lerne in mich zu horchen. Der Körper sagt genau, was er will. Ich brauche ihm nicht zuvorzukommen, um ihn zu bändigen oder wachzurütteln. Der Körper ist leicht und aufmerksam. Er will gesund leben, ich spüre es, und er verlangt nach dem, was er braucht.

Ich spaziere durch den dunkler werdenden Wald. Es ist Abend. Der Tag liegt hinter mir. Es ist alles geschehen. Es ist nichts geschehen. Ich habe gegessen und geatmet. Ist ein Leben, das nicht von irgendeiner Sucht nach irgend etwas eingenommen ist, leer und hoffnungslos? Der Hoffnung auf das Jetzt bedarf es nicht, denn das ist

jetzt – jetzt – und jetzt –

Ich erkenne es. Ich hatte Angst gehabt vor diesem Leben und baute mir ein Gehege, in dem ich mich gefangenhielt, um nicht auf diesem ebenen, unendlichen Gleis gehen zu müssen, wie der einzige Zug auf dieser Strecke, die keinen Bahnhof hat. Ich weiß, ich hatte Angst davor gehabt, und jetzt ist es da. Es drückt nicht, es liegt mir nicht auf der Seele, es ist kaum zu bemerken. Ich habe alles getan, was heute zu tun war. Nichts war, nichts wird sein. Aber es drückt nicht. Ich gehe dahin wie losgelassen, ich lächle und habe keinen Grund dazu. Nur so tue ich es, weil ich es mir ausgesucht habe. Ich sitze und schreibe gern, weil ich es mir ausgesucht habe. Sonst gibt es nichts. Ich bin satt und nicht durstig, mir tut nichts weh. Mein Körper nicht und meine Seele nicht. Ich spüre nichts. Ich erwarte nichts. Nur ganz sachte merke ich, wie mein Körper müder und schwerer wird, der Kopf langsamer denkt und die Buchstaben langsamer aus der Feder rinnen. Ich beschäftige mich gern damit. Das Schreiben füllt neben anderen Beschäftigungen meine leeren Tage. Es wird spät, und ich bin schon lange wach. Ich kenne ihn, den Schlaf, er wird kommen, und ich erwarte ihn.

Heute ist er wieder da, der Mann in der Musiktherapie. Er ist unauffällig, in mittleren Jahren. Blaß und sehr blond, mit wenig Haaren auf dem Kopf. Seine Züge sind unauffällig, aber eher ins Kindliche zielend. Er ist ruhig und macht seine rütmischen Übungen wie jeder. Nicht besonders begeistert, nicht schlecht und nicht auffallend gut. Er ist nicht sehr einfallsreich und er sucht nicht nach Ideen.

Ich suche nicht danach, was die einzelnen Patienten für irre Taten hinter sich haben, die sie entweder in den Irrsinn getrieben haben, oder die sie im Wahnsinn getan haben. Arge Geschehnisse werden hier so undramatisch. Das Interesse, wie ein Mensch, der sich in abnorme Verhaltensweisen verstrickt hat, eigentlich sei und was er fühle, verliert an Bedeutung. Ich kann es sehen jeden Tag. Ich kann mich fühlen jeden Tag. Ich schreibe es auf. Der Irrsinn wird zur anerkannten Tatsache und damit kann hier jeder leben. Er selbst und die Mitpatienten.

Ich interessiere mich nicht besonders für diesen hellhäutigen Mann, er sich nicht für mich. Seine Geschichte steigt mir aber doch als eine sehr sonderbare entgegen. Besonders auffällige Krankengeschichten kursieren in der Anstalt, sie ziehen ihre Bahnen.

Dieser Mann lebte mit seiner Mutter. Viele junge Männer sollen das tun. Es mutet jedoch jeden etwas seltsam an, da man annehmen möchte, junge Männer wollten heiraten, unabhängig sein und eine Familie erhalten. Dieser Mann hatte seine Mutter nicht mit einer Ehefrau vertauscht und nicht Kinder gezeugt und keine Familie erhalten wollen. Er mußte nicht erkennen, daß er in der Ehe abhängiger war als jemals vorher. Er hatte nie den Antrieb, sich im Leben und das Leben in ihm in seinen verschiedenen Spielarten auszuprobieren. Er zeigt auch hier nicht den Antrieb, Instrumente oder Bewegungen kennenlernen zu wollen.

Er lebte bei der Mutter und von der Mutter wie ein kleiner Junge und wußte doch, daß er bereits wie ein Mann aussah. So eine Erkenntnis bringt eine Menschenseele immer in Zwiespalt und trägt nicht zur Ruhe und Gesundheit des Geistes bei. Bis heute sieht der Mann nicht gesund aus. Aber, im geheimen, hier sieht niemand gesund aus. Ich habe eingefallene Wangen und papierene Falten um die Augen und um die Mundwinkel. Ich sehe wirklich nicht gesund aus. Jeder ist hier in irgendeiner Form ausgewachsen und entstellt durch seine Krankheit, und sei es nur ein verkrampftes Mienenspiel. Aber wer hat das schon nicht.

Der Mann trommelt gern mit dem linken Fuß gegen die Sesselkante und kratzt sich häufig hinter dem Ohr. Sonst tut er nichts. Diese Symptome hatte mein Mathematiklehrer auch, wenn ich mich recht erinnere, oder zumindest eines davon. Die Ratlosigkeit dem Leben und sich selbst gegenüber und die Panikstimmung, es verändern zu müssen und das Bewußtsein, nicht dazu imstande zu sein, verwirrte dem Mann die Gedanken und seine Hemmung, Taten zu setzen, die nicht üblich sind.

Ein mittelstarker Mann, so sitzt er vor mir, teilnahmslos und blaß. Er hatte einen Streit mit der Mutter gehabt. Wahrscheinlich hatten sie oft Streit. Man pflegt, lebt man mit einem Menschen nicht ganz freiwillig zusammen, zu streiten. Ich konnte das immer wieder beobachten. Ich konnte auch beobachten, daß die Freiwilligkeit eines Zusammenlebens eingespannt ist in die Vorstellung, daß es freiwillig sei. Erkennt man, daß das nicht so ist, läßt man sich in den Gram fallen, daß es keine Freiheit gäbe. Dort lebt man dann mit dem anderen, der für sich dasselbe empfindet, weiter, jeder mit seinem Gram im Oberstübchen und im Herzen. Und da soll es nicht zu Streit kommen? Der geheime Kummer und die Bedrängnis im Leben, es bereits versäumt zu haben und jede Minute zu versäumen, schrie hervor.

Er brach aus. Es gab soviel Energie und Kraft in diesem Menschen, die er nicht an den Mann bringen konnte. Jetzt ging es wieder los: «Heraus damit, du Hure, du verfluchtes Schwein du. Du hast mir das Leben gestohlen, schau, wie ich dastehe, wie ein räudiger Hund! Das hast du aus mir gemacht! Das muß ich erleben!»

Und der andere Mensch, nicht faul, aufgepumpt von der irren Anspannung der Kräfte, die er in seinem Leben nicht zu verwenden weiß, und

benebelt davon, daß er selbst an seinem Schicksal schuldig ist, schlägt zurück auf den anderen, so als wäre er es selbst: «Ich hasse dich, ich verachte dich!» Sie meint sich selbst, und die Körper nähern sich. Manchmal geht so ein Streit über in einen Geschlechtsverkehr – und Kinder werden gezeugt. Bei Mutter und Sohn pflegt ein Streit meist nicht diese Form anzunehmen. Bei dem blassen Mann hat es aber trotzdem zu einer ungewöhnlichen Sache geführt. Er hat den Streit beendet, er hatte ihn für immer beendet. Oder doch nicht? Er sitzt da, so blaß und kratzt sich und schlägt mit dem Fuß an das Sesselbein. Er ist so unbeteiligt und abwesend, in seinem Kopf steckt ein Stein, und den wirft er hoch, und wenn er wieder herunterfällt, wackelt sein Schädel vor Schmerz, und er muß sich hinter dem Ohr kratzen und an den Sessel schlagen, das erleichtert ihm den Aufprall des Gedankensteines.
Jeder weiß, daß man sich an grausame Vorstellungen oder Erinnerungen gewöhnt. Was dem Geist heute wie äußerste Qual erscheint, daß man die Hand an die Stirn legen und die Augen schließen muß, wird nach einiger Zeit eine hohle Erinnerung, die man an sich vorbeigleiten lassen kann, ohne in Angst vor ihren unbekannten Auswirkungen zu sein. Man hat damit leben gelernt. Die Vorstellung ist eine bekannte geworden und man erschrickt nicht mehr, wenn sie sich drohend erheben will.
Der Mann hatte, angestachelt durch das beginnende Gerangel mit seiner Mutter, Geschmack daran gefunden, daß er nicht mehr nur mit dem Geist gegen sie kämpfen mußte, sondern er hat sie in die Hand bekommen, ganz einfach und ungeniert angegriffen. Welcher Sohn hat jemals die Gelegenheit, seine Mutter ungehemmt anzufassen? Sie wehrte sich. Es erschien ihr unschicklich, und die Angst stieg auf, daß etwas ihr noch Unbekanntes begegnen könnte. Es begegnete ihr ihr Sohn. Ein Unbekannter all die Jahre hindurch. Er hatte vergessen, sich am Leben erhalten zu wollen, als der normale, gequälte Mensch seiner Umgebung und seiner Zeit. Seine Losgelassenheit ließ das Blut in seinen Kopf schießen, und er hatte soviel Energie in sich angesammelt. Sie stürzte aus ihm in Form von Wut und gab seinem Körper Macht. Ein großes, scharfes Küchenmesser, so steht es in seiner Krankengeschichte, wird in seiner Hand zum Mordwerkzeug an seiner Mutter. Er hatte in der Küche sonst wenig angerührt, er war nicht einmal imstande gewesen, eine Eierspeise zuzubereiten. Manche Männer sind heutzutage zu begeisterten Köchen geworden, aber er war noch vom alten Schlag, wo Männer nichts in der Küche zu suchen hatten. Das Messer lag griffbereit, und er tranchierte das erste Huhn in seinem Leben. Ein zähes Huhn, wie ich mir denke. Noch dazu hatte er ein ganzes Leben, seine Kindheit und sein Mannesalter mit diesem verbracht.
Aber das war vergessen, oder vielleicht gerade deswegen brachte er das unerwartete Geschick auf, der Mutter den Schädel abzutrennen. Es

war ihm immer eine ungeheure Vorstellung gewesen, dieses zappelnde und um sich schlagende Wesen anzufassen. Er hielt den Vogel im Griff unter den Schlägen und Hackern des Schnabels. Er ließ nicht mehr los. Wie ein Messer mit Wellenschliff, und sei es noch so ausgezeichnete Qualitätsware, einen Halswirbel durchsägen kann, ist mir eigentlich nie recht klargeworden. Nicht vergessen darf ich die Kraft des blassen, mageren Mannes, der in äußerster Wut gehandelt hat. Er sitzt auf dem Sessel und schaut zum Fenster hinaus und kratzt sich wieder einmal hinter dem Ohr. Wenig Haare hat er für sein Alter schon auf dem Kopf. Die Geschichte geht noch weiter, wie dieser Mann mit dem Kopf der Mutter in der Küche stand und damit Fußball zu spielen begann. Ein Fußballmatch ohne Gegner, denn mit dessen Kopf spielte er.
Wahnsinn hat kein Urteil, Wahnsinn kann man nicht richten. Unheilbar, da ist nichts zu rütteln. Es gilt, verschiedene Töne mit der Zunge auszuführen. Die Reihe kommt an den Fußballer. Er kratzt sich hinter dem Ohr. Er weiß nicht, was die Zunge alles kann. Dafür schlägt er mit dem Fuß an das Sesselbein.
Das Einkaufen im Laden ist mir eine willkommene Abwechslung. Es geht hier so zu, als wäre ich in keinem Irrenhaus. Im Geschäft ist es so irr wie überall. Ein junges Ehepaar führt den Betrieb genau und sauber. Ob sie auch irre sind? Man kann das nicht sehen. Sie tun jedenfalls so wie jedes junge Ehepaar, das ein Geschäft mit Erfolg führt.
Sie wissen, daß sie an Irre verkaufen und treten ihnen unbefangen gegenüber. Es kaufen hier auch Ärzte, Schwestern und Kanzleipersonal ein. Man kann sie von vielen Irren nicht unterscheiden. Die Geschäftsleute lassen sich nicht darauf ein herauszufinden, ob sie einen Patienten oder einen Arzt bedienen. Ich habe sie im Verdacht, daß sie das überhaupt nicht interessiert. Wie angenehm, es interessiert sie einfach nicht. Ob sie Geld des Arztes oder das Geld der Irren einstreichen, ist ihnen egal. Diese geradlinige Behandlung und Interesselosigkeit dem Käufer gegenüber, die nur ein Interesse auf einer anderen Ebene ermöglicht, macht das Funktionieren dieses Betriebes möglich.
Hier stehen, fein gestapelt, Marmeladen und Säfte, bunt aufeinandergetürmte Dosen, Schokoladen und appetitlich aussehende Bäckereien. Die Irren tun nichts Verbotenes. Einige tropfen nur vor den Glasvitrinen vor Appetit und Gier aus dem Mund, aber niemand fährt durch das Glas auf die Süßigkeiten oder auf die Würste los. Sie sind nur manchmal etwas versunkener in den Anblick von Nahrungsmitteln als andere Käufer und sie lassen sich Zeit mit dem Zahlen und Auswählen. Nicht so oft wie die Normalkäufer vergessen sie die gekauften Dinge auf der Theke.
Die Irren haben meist keine Einkaufstaschen und tragen die Pakete ungeschickt. Man merkt, daß sie mit ihrem Einkauf keine unumgängliche Pflicht erfüllt haben. Es geschah aus Langeweile, oder weil ihnen

jemand Geld gebracht hat, oder weil der Laden so viele Sachen anbietet, oder weil, weil sie irre sind.
So mancher kommt nicht los von der Angst, nicht einkaufen zu können, besonders Frauen können nicht vergessen, daß sie keine Familie mehr in fliegender Hast zu versorgen haben. Ihre ganze Haltlosigkeit und Beschäftigungslosigkeit lassen sie in die Sinnlosigkeit schießen, blinde Einkäufe zu tätigen. Da wollen sie schon drankommen, sie können nicht erwarten, bis der dicke, langsame Bursche sein Wechselgeld eingestreift hat, sie drängen in fieberndem Eifer nach vorn und werden «fast wahnsinnig» an der Schlange, die noch vor ihnen steht. Aber diesen Zustand kennt man ja von überall, aus allen Winkeln der Geschäfte und Straßen, Häuser und Wohnungen und Seelen. Nur scheint das Drängen hier sinnlos zu sein und in der Welt draußen gerechtfertigt. Was rechtfertigt es? Der Drang und die Ungeduld ist ein Drängen ins Irrenhaus. Ein Flüchten in den Wahnsinn. Dorthin, wo man nichts rechtfertigen muß, wo kein Sinn sein muß, wo der Narr frei ist von Urteilen und Regeln der Umgebung und vor sich selbst.
Diese Frau, ihr Wahnsinn ist es, zu hetzen und rasch an die Reihe kommen zu müssen, obwohl sie nichts zu versorgen hat. Sie hat sich selbst nicht zu versorgen, aber sie hetzt, die Hast ist ihr Wahn. Und die Hast hat sie ins Irrenhaus gebracht. Hier kauft sie ein und läuft mit ihren Paketen in die Abteilung zurück. Ob sie dort in ihrem Eifer alles aufißt? Ich sehe sie nicht mehr, aber ich kann sie mir gut vorstellen. Vielleicht verteilt sie alles oder wirft es weg und rüstet zum nächsten Angriff auf das Lebensmittelgeschäft.
Gutgehen die Geschäfte hier. Vieles gibt es anzusehen und auszuwählen. Ich stehe gern da und bin glücklich, nichts zu brauchen. Aber ich habe Geld in der Tasche – ich könnte mir vieles kaufen. Ich brauche keine neuen Hausschuhe, keine Sonnencreme und keine Wolle. Ich brauche aber ein neues Heft, in das ich schreiben kann! Ich brauche Obst. Das andere sehe ich mir genußvoll an, und es macht mir Freude. daß es da ist, daß ich es haben könnte, daß ich die selige Leere damit nicht füllen kann – nicht muß. Denn in ein leeres Gehirn kann ich keine Schaumtörtchen, keine Preßwurst und keine Stopfwolle füllen. Mein Magen ist nicht leer, ich sorge da schon dafür. Er ist aber immer in Bereitschaft, mir das Wasser im Mund zu erzeugen.
Ich gehe weiter hinauf zur Kirche. Die beiden Päckchen sind nicht schwer. Ich atme gern die kühle Luft ein vor dem Abendessen, zu dem ich mich immer ordentlich auf meinem Bett zurechtsetze und in Seelenruhe schmause. Ich könnte vielleicht auch bei einem der beiden Tische Platz finden, aber ich meine, mein Platz ist an meinem Bett. Dort habe ich schon so viel erlebt und getan, daß ich es als meine engste Heimat einschätze. Ich komme auch den Menschen nicht gern zu nahe. Hier atmet ohnehin einer den Atem des anderen, und man kann kaum,

ohne den anderen zu berühren, im Saal gehen. Niemand grämt sich hier, wenn sich jemand absondert. Hier darf jeder seinen Gewohnheiten nachgehen und niemand fühlt sich gekränkt. Hier ist ja alles ein wenig sonderbar. Das bringt die spezielle Art des Ortes mit sich, aber manchmal vergesse ich es.
Hier spielt sich mein Leben ab und das der anderen. Ich kann ihnen zusehen, den ganzen Tag. Außer essen und sich waschen ist hier nichts zu tun, und ich finde, das wird meinem Bedürfnis gerecht. So manchem ist es nicht recht und er steigert sich in Gram oder Angstzustände, und dann passiert es, daß mir auffällt, wo ich eigentlich bin.
Ich bin schon oben bei der Kirche. Sie steht weiß da. Im Nebel hebt sie sich aus der milchigen Luft wie ein Gespenst ab. Heute ist sie geöffnet. Die Kirche ist leer. Nur die Säulen stehen da und die Bänke. Und da ist ein Gesang, der bei meinem Eintreten schon da war, und jetzt fällt mir auf, daß niemand zu sehen ist und daß es singt.
Es ist eine klare, einsame Frauenstimme:
«Rosenkranzkönigin, Mutter du reine ...»
Ich sehe sie nicht, ich höre sie mühelos und klar die Töne vor sich herrollen. Nicht laut, nicht leise. Kristallartige Laute erfüllen den riesigen Kirchenraum. Wort auf Wort füllt den Raum, geradlinig. Aus der tiefsten und reinsten Seele kommen sie, aus einem Mund.
«Rosenkranzkönigin, Mutter du hehre, lehre uns wandeln auf himmlischem Pfade ...»
Niemand ist zu sehen. Ich weiß, woher die Stimme kommt, aber ich brauche mich nicht hinzuwenden. Ich höre die ganze Kuppel singen und die Klarheit, mit der das Lied emporperlt, ist die Klarheit meiner eigenen Seele.
«Rosenkranzkönigin, Mutter du reine ...»
Sie sitzt auf der Orgelbank und besingt sich selbst.
Ich habe den Pflanzenmann heute wiedergesehen. Er pflegt vor Sträuchern und Pflanzen zu stehen und sie anzustarren. Ich habe noch nie gesehen oder beobachtet, wie sich seine Ankunft bei diesem oder jenem Strauch gestaltet und was ihn dazu bringt, gerade in Pflanzen und gerade in diese zu versinken. Tatsache ist, daß ich ihn schon oft in den Anblick eines Strauches versunken vorfand. Er steht gelöst da, in seinem schwarzen, dicken, zu großen Wintermantel. Barhäuptig.
Er ist ein stattlicher, älterer Herr mit grauen dichten Haaren. Er sieht unentwegt auf einen Strauch. Unbeweglich steht er, und er wird selbst zur Pflanze. Er ist am Boden angewachsen. Noch niemals habe ich ihn kommen gesehen, noch niemals hat meine Geduld oder mein Interesse ausgereicht, ihn wieder weggehen zu sehen. Daß er es aber tut, scheint mir Tatsache zu sein, da ich ihn schon vor verschiedenen Büschen angetroffen habe. Ich ging oft an ihm vorbei, und er zuckte auch nicht mit den Augendeckeln. Er schließt die Augen nicht. Er wirkt nicht

starr, aber er bewegt sich nicht, er sieht in die Pflanze hinein. Oder schaut er gar nicht?
Ich habe ihn einmal nach einer Stunde in derselben Position bei meinem Rückweg von einem längeren Spaziergang vorgefunden. Er hat nicht mit der Wimper gezuckt, als ich ruhig vorbeiging. Er ist angewachsen. Er schaut nicht die Pflanze an, er denkt sich alles und nichts. Er ist versunken in seine Leere, und die Farben und die Formen vor seinen Augen spielen keine Rolle, aber sie spielen ein bewegtes Spiel. Sie rinnen durcheinander, vermengen sich zu neuen bewegten Bildern und verlieren sich, um sich wieder irgendwo zu einer neuen Form zu vereinigen.
Farbenspiele und Bewegungen im Hirn und vor den starren Augen, formlose Bewegungen, Bewegungen der Pflanze, der Natur, des Menschen, des Alls bewegter Kern zu allen Energien, Ereignissen und sinnigen Zusammenhängen im Leben ...
So sehe ich mich, wenn ich vor einem Ding starr stehe und starr hineinblicke. Aber eine Stunde und länger bin ich, glaube ich, noch nicht gestanden. Aber ich weiß, daß sich der Mann nichts denkt. Er weiß, was er sieht, er sucht keinen Namen dafür.
Es hat keinen Namen – Es ist alles – Es tut nichts – Es ist nichts – Ich allerdings esse schon und ich lasse mich durch den Anblick des Mannes nicht davor zurückhalten, zu meinem Nachtmahl zu eilen. Denn man wartet nicht auf mich.
Frau Frieberg will sich waschen. Sie hat keine Seife, keinen Waschlappen, kein Handtuch. Sie hat keine Unterhose, aber man sieht das nicht, weil sie das Anstaltsnachthemd und den gestreiften Schlafrock trägt. Sie ist heute nacht gekommen. Ich habe geschlafen und weiß nicht, warum sie hier ist. Sie hat sehr kurz geschnittenes, ganz glattes Haar. Das macht sie ein wenig auffällig.
Sie bittet mich um Waschsachen und eine Unterhose. Waschzeug habe ich nur meines, das ich nicht herborge, und Unterhose kann sie eine der großen aus dem Wäschekasten nehmen. Auch dicke braune Strümpfe, die immer herunterrutschen, kann sie sich nehmen. Sie sammeln sich an den Knöcheln zu unzähligen Falten. Sie kichert nach jedem Wort und benimmt sich etwas kindlich und unsicher. Sie tut so verschämt. Diese kichernde Verschämtheit und die kindliche Frisur machen sie sonderbar. Darüber hinaus ist sie nicht auffällig.
Sie wandert im Saal umher, guckt hinter Ecken, um nichts zu suchen. Sie hat einen tänzelnden Gang. Sie langweilt sich, wirkt aber ruhig und abwartend. Der Arzt war noch nicht bei ihr, um das erste Kontaktgespräch zu führen. Manchmal wirft sie den Kopf zurück. Sie tänzelt wie ein Kind umher. Dann bewegt sie sich auf Zehenspitzen. Sie spricht niemanden an. Sie lächelt und wirkt so sehr geduldig. Nur die tänzelnde Nervosität fällt mir recht unangenehm auf. Manchmal setzt

sie sich, um sich bald wieder zu erheben. Sie hat wache, große braune Augen in einem flächigen Gesicht, der Körper wirkt kräftig, aber nicht füllig.
Es ist so verborgen, was ihr fehlen soll. Ich glaube, sie vermißt an sich nichts. Was sollte ihr dann fehlen? Aber warum wandert sie so unruhig hin und her. Ihr Zustand ist zwischen seelenruhig bis leicht nervös und unruhig. Sie bewegt sich wiegend, aber doch zu normal und ausgeglichen, um auffällig zu sein. Sie hat nichts zu tun, niemand hat hier etwas zu tun. Sie nimmt eine Zeitung zur Hand und tut so, als würde sie jetzt lesen. Ich kann dieses Bemühen bei manchen Neuankömmlingen beobachten. Sie sind nicht total verwirrt und aufgelöst, und so möchten sie sich den Anschein geben, als wäre alles in Ordnung und es bedürfte nur einer kurzen Überbrückungszeit, bis sich herausstellt, daß sie aus einem Irrtum ins Irrenhaus verschlagen wurden, und sie würden bald wieder nach Hause gehen. Sie greifen zur Zeitung oder zur Illustrierten, wie so oft schon, wie zu Hause auch. Und dann sehen sie hinein und bemerken, daß sie nicht zu Hause im Fauteuil sitzen und daß sie nicht seelenruhig lesen können, so als wäre nichts. Sie probieren es noch einmal, aber sie ertappen sich dabei, daß die Gedanken sich nirgends festhalten können, daß sie gar nicht lesen können und ihnen die Zusammenhänge in der Zeitung völlig undurchsichtig bleiben.
Das Hirn ist aufgewickelt und voll zum Bersten mir rasenden Gedankenströmen, und die Existenz einer Zeitung ist da nicht gerechtfertigt. Sie scheint total sinnlos zu sein und geht weit an dem Bedürfnis und dem Vermögen, sich darin zu vertiefen, vorbei. Grinsend legte ich die Zeitung weg, als auch ich versuchte, damals, als ich hier ankam, so zu tun, als sei nichts und glaubte, ich würde mir die Zeit einfach mit Lesen vertreiben. Heute nehme ich mir manchmal eine alte Illustrierte vor, um mir meist nur die Bilder zu betrachten. Mein Hirn ist so vollgestopft von einer quellenden Menge von irgend etwas, daß ich wenig Interesse an schon aufgeschriebenen Zeilen habe. Ich bin derzeit nur an eigenen Zeilen beteiligt.
Frau Frieberg macht diese Erfahrung mit der Zeitung, legt sie weg und spaziert wieder herum. Es wird ihr langweiliger, und sie wird unruhiger. Sie stellt sich vor mein Bett und meint: «Hier ist gar keine Uhr, ich weiß gar nicht, wie spät es ist. Es kann doch nicht gesund sein. Ich möchte gern etwas tun – kann ich nichts tun?»
Ich weiß keine Arbeit für sie, ich kann ja nicht jedermann raten, in ein Heft zu schreiben. Ich rate ihr aber, dem Arzt ihr Anliegen vorzutragen und vielleicht damit eine Initiative zu setzen. Immer geschieht etwas zum erstenmal, vielleicht wird es für sie zum erstenmal etwas zu tun geben. Sie nickt, belustigt über mich und die Vorstellung, sie könnte so etwas wirklich vorbringen. Sie wird wieder etwas ruhiger.
Sie schüttelt sich und tänzelt an meinem Bettende hin und her. Ich

schreibe, und sie lächelt mich in kindlicher unsicherer Weise an. Sie spricht nichts mehr. Sie wird wieder unruhiger. Die Uhr – die Zeit – ihre Gefangenschaft hier – das Warum und – Wozu, geht ihr im Kopf herum. Es wird schwierig, weiterhin so zu tun, als wäre nichts, als wäre alles nur ein kleiner Irrtum. Wie spät mag es sein? . . . Sie fragt nicht, aber sie will es wissen. Es muß sich doch etwas tun. Ihre gespielte Ruhe geht ihr selbst an das Mark, aber sie kann keinen Ansatzpunkt finden zum Ausdruck ihres chaotischen Geisteszustandes. Ist sie normal? Ist sie irre? Ist sie irre normal? Was hat sie? Sie weiß es nicht. Sie verbirgt nichts, sie ist sich selbst verborgen.
«Gibt es hier kein Essen? Rührt sich hier gar nichts?»
Ich weiß, daß der Nachmittagskaffee bald kommen wird und warte selbst schon auf das heiße Getränk.
«Gleich wird etwas kommen –» tröste ich sie. Diese Aussicht auf irgend etwas gibt ihr wieder Halt und hemmt den angekündigten Zusammenbruch, den ich an ihren nach und nach fahriger werdenden Bewegungen kommen sah. Sie drohte sich aufzulösen. Sie wollte zerfallen in einzelne wirre Stücke, sie konnte sich in der Realität nicht mehr halten. Sie war schon so angespannt. Ich sehe es ihr an. Sie zieht immer engere Kreise in tänzelnden Schritten bei meinem Bettende.
Das Essenwägelchen wird hereingeführt. Kaffee, Brot. Die bellende Küchenfrau pflegt zu pfeifen, wenn sie das Essen hereinrollt. Ich erwarte ihren einladenden und auch etwas befehlenden Pfiff gern. Sie möchte sehen, daß ihre Mühe belohnt wird. Ich belohne sie gern. Auch Frau Frieberg nimmt Kaffee und Brot. Sie setzt sich und ißt und trinkt. Nicht gierig, aber mit Appetit. Sie ißt nicht viel und trinkt nur eine Schale Kaffee. Ich glaube, es war nur eine. Ich weiß, daß ich immer zwei trinke.
Es ist vorbei. Frau Frieberg springt auf. Sie hat einen angstvollen Gesichtsausdruck, auch eine steile Falte an der Stirn. Sie ist gehetzt.
«Schnell läuten! Schnell! Mir ist so schlecht! Der Kaffee hat mit nicht gut getan! Mir muß man den Magen auspumpen! Schnell läuten!»
Ich will sie beruhigen: «So schlimm wird es nicht sein. Legen sie sich ein wenig hin.» Da komme ich schlecht an mit meiner Harmlosigkeit.
«Sie müssen sofort läuten. Ich falle hier auf der Stelle um! Schnell läuten! Ich falle!»
Ich lasse mich nicht rühren, ich zeige auf die Glocke und schreibe weiter . . . Sie läutet . . . Sie stürzt der Schwester entgegen. «Magen auspumpen . . . mir ist so schlecht!» Sie fuchtelt mit den Armen wild in der Luft. «Ich falle um! Tun sie doch etwas! Magen auspumpen, mir ist so schlecht!»
Ich sehe, sie ist auch etwas blaß geworden, oder irre ich mich. Hier sind ja alle Patienten etwas käsig. Die Schwester packt sie. Frau Frieberg läßt sich ruhig ins Gitterbett sperren. Da liegt sie plötzlich ruhig

und scheint ihre Lage nicht im geringsten sonderbar zu finden. Sie liegt und blickt mit ihren braunen Augen an das Netz über ihr. Es ist alles in Ordnung, es ist ihr nicht schlecht. Sie tänzelt nicht und wirft sich keine imaginären Haare aus den Wangen. Sie sucht kein Waschzeug und keine Unterhose. Sie liegt nur da und blickt kindlich harmlos an das Netz über ihr. Am nächsten Tag wird sie in eine andere Abteilung gebracht und ich sehe sie nicht mehr.
«Zum Herrn Primarius»! – «Gut, ich komme schon.»
Eines der wenigen Gespräche mit dem Arzt in seinem Zimmer wird sich abspielen. Ich kenne es schon. Ganz zu Beginn wurde ich ebenfalls hinbestellt.
Ich setze mich. Meine Krankengeschichte liegt vor dem Arzt. Sein Telefon läutet, er muß abheben und ein kurzes Dienstgespräch führen. Ich bin nicht böse über die Pause. Ich sehe mich unauffällig im Raum um. Ich kenne mich in solchen Situationen. Es könnten die ärgsten Erlebnisse an mich herantreten, ich würde ganz ruhig und gefaßt sein. In diesem Fall dreht es sich nur um ein Kontaktgespräch, aber harmlose Gespräche haben schon manchmal zu heillosen Verwirrungen geführt. Würde ich hier sitzen und es würde mir eine schmerzhafte Manipulation bevorstehen, ich wäre ebenso gesammelt. Das heißt, ich will das glauben und bis jetzt an mir so beobachtet haben. Ich lasse mir frei, daß es auch einmal ganz anders sein könnte. Ich schätze diese Einstellung an mir. Ich sammle alle Gedanken und Ängste zusammen für diesen Augenblick und ich bin gefaßt und beinahe empfindungslos. Angst weicht völlig, wenn ich mich mitten im Ereignis befinde, das mir Angst erzeugt. Wenn ich es tue, so habe ich keine Angst mehr davor. Das Nichttun spielt sie hoch, die Bangigkeit und Unruhe vor besonderen Ereignissen.
Die Angst ist eine Ausrede dafür, weil man es nicht tun will, und dafür, daß man nicht weiß, was eigentlich zu tun ist. Man erkennt sie gar nicht so recht, diese Angst. Sie schwingt in unserem alltäglichen Leben als Nervosität oder Unruhe oder Zerfahrenheit so beiläufig mit, und wir haben uns an dieses Gefühl eigentlich gewöhnt. Eingebacken in die Tätigkeiten und immer wiederkehrenden Abläufe eines Tages und einer Nacht tritt sie nicht als gesondertes Gefühl auf. Ich erlebte allerdings schon, bevor ich zu hungern begann, eine Stimmung, die unabhängig von irgendwelchen Ereignissen im gewöhnlichen Leben sich vor mir aufrichtete. Eine Eiseskälte, durch die ich ging. Sie legte sich auf mein Gemüt wie ein kalter Nebel.
Ich hatte nicht Angst vor einem bestimmten Ereignis. Das Ereignis war die Angst. Sie ging mit mir, oder war es wie Einsamkeit? Oder war es der Tod? Jedenfalls schien es nicht ein lebendiges Lebensgefühl zu sein, und es machte mich nicht lachen. Sehe ich eine bestimmte Situation an mich herantreten, so habe ich in mir keinen Platz für dieses ungerich-

tete Gefühl. Die Gefühle sammeln sich in mir zu Konzentration auf das Ereignis, und das schafft mir eine Wirklichkeit, in der ich mich zurechtfinde.

Der Arzt hat ausgesprochen und ich habe mir die Landschaften auf den Bildern angesehen, die an der Wand verteilt sind. Dazwischen sind viele Gedanken durch meinen Kopf gegangen und ich ließ sie gehen, wie ich es eben in den vorhergegangenen Zeilen geschehen ließ. Ich hatte ja nichts zu tun, ich saß nur so da, während der Arzt telefonierte. Ich habe so wenig zu tun, und Gedanken kann man nicht abstellen, Augen nicht verschließen. Selbst wenn ich die Deckel herunterließe, ich würde alles sehen.

Die Hände liegen ruhig ineinandergefaltet. Ich wechsle die Stellung der Beine. Ich halte sie übereinandergeschlagen. Bei meinem ersten Besuch hier saß ich vor dem Schreibtisch, heute sitze ich neben dem Schreibmaschinentisch. Auch Kinderzeichnungen sind an der Wand des Holzkastens mit Reißnägeln befestigt. Der Arzt setzt sich und nimmt die Krankengeschichte zur Hand. Ich wechsle wieder die Stellung meiner Beine.

Ich sehe ihn an. Ich glaube, er weiß, daß ich darauf gefaßt bin, mit ihm zu sprechen. Aber worüber?

«Fühlen Sie sich schon besser? Ja. Sie haben arg gehungert. – Essen Sie jetzt wieder?»

Dieser Fragen sind so viele. Sie sind aber nicht als Fragen klar zu erkennen. Nur die letzte werde ich beantworten:

«Ja, ich esse sehr gern und viel –»

Unser Gespräch spielt sich in den Zwischenräumen ab, in denen die Gedanken eines jeden flirren, in denen sich die Stimmbänder zu spannen beginnen vor dem Ausbrechen des Lautes. Wir sehen einander in den Gesten, in den Bewegungen. Auch der Arzt hat die Beine übereinander geschlagen. Wir sind eigentlich Taubstumme und geben uns durch Gesten und Zurückhalten von Gesten zu verstehen, wer wir sind.

Wir sind Arzt und Patient. Ich verhalte mich meiner Rolle gemäß und lasse dem Arzt die seine. Er darf fragen, ich muß antworten. Gebe ich keine angepaßte Antwort, so würde ich als verwirrt gelten und einer intensiven Beobachtung unterzogen werden. Würde ich mich unangenehm äußern oder benehmen, würde ich ins Gitterbett gesperrt werden. Würde ich toben, so würde ich niedergespritzt werden. Ich bekenne mich zur herkömmlichen Führung eines Frage- und Antwortspiels.

«Wieso konnte es überhaupt so weit mit Ihnen kommen?»

Das bin ich auch schon beim ersten Zusammentreffen gefragt worden.

«Ich hatte das Gefühl für meinen Körper verloren. Ich habe ihn verloren aus meiner Kontrolle.» Ich habe den normalen Instinkten meines Körpers nicht mehr gefolgt. Mein Geist machte sich selbständig.

Ich sagte dem Arzt nur den ersten Satz und den zweiten. Die anderen denke ich noch nebenher. Ich habe von dem Zustand der letzten Tage des Hungerns gesprochen, der so hilflos war. Meint er, ich hätte vom Beginn des Hungerns gesprochen? Ich denke noch vieles nebenher und sehe auch die Wand und den Arzt. Er findet mich nicht sonderbar, aber auch nicht gesund. Ich weiß nicht, was er denkt, außer daß so wie bei mir unendlich viele Gedanken auf einmal durch den Kopf gehen.

Eigentlich hätte er mir sagen müssen, was er über mich und meinen Zustand denkt. Er nimmt sich von mir ein Bild und umschließt es mit seinen Erfahrungen und Erkenntnissen. Er macht mich zu sich selbst in Windeseile in seinem Kopf. Er sieht sich selbst mit meinen Symptomen der Abnormität, und beurteilt danach meinen Zustand. Eigentlich ein tolles Unterfangen –

«Haben Sie so etwas schon öfter gemacht?»

«Das Essen war mir, sei es beim Essen oder Fasten, immer wichtig –»

«Unterhalten Sie normale sexuelle Beziehungen?»

«Ja, soviel ich beurteilen kann, läuft mein sexuelles Verhalten so wie bei den meisten Leuten ab –»

Ich zucke mit den Schultern. Der Arzt rechtfertigt seine Frage: «Wissen Sie, ich frage Sie das, weil die Eßstörung auf eine Störung im oralen Bereich hinweisen könnte –»

Ich glaube, er hat mir diese Frage nicht unbefangen gestellt, obwohl er es sicher schon oft getan hat. Ich nehme ihm das nicht übel, ich habe diese Frage auch nicht unbefangen beantwortet. Oral und anal, zwei Enden derselben Sache, und ich denke daran, daß ich mit dem Mund in sexuellen Belangen als junges Mädchen ungeschickt war. Ich denke neben vielen Gedankenflitzern, während der Arzt zur nächsten Frage rüstet und schon die Antwort für mich parat hat, daran, wie schwer es mir einmal fiel, das Glied eines Mannes mit meinem Mundmuskel zu umspannen und festzuhalten. Ich bekam einen Krampf im Schlund und verlor dabei den Rütmus. Und ich denke, das wird es wohl sein, was der Arzt meinte.

«Haben Sie Orgasmusschwierigkeiten oder so etwas?»

Ich sage: «Nein.»

Ich zucke wieder mit den Schultern. Es soll ihm die Belanglosigkeit seiner Frage anzeigen. Er wußte, daß ich nein sagen würde. Warum hat er mich dann gefragt. Und das etwas unbestimmt klingende «Nein» soll auch heißen, wie viele Blickpunkte und Ansichten und Empfindungen ich an diese Frage hefte. Ich hätte auch Ja sagen können, aber ich habe kein Verlangen, mit dem Arzt über meinen Orgasmus zu sprechen, deshalb habe ich nein gesagt. Erstens spüre ich hier im Spital in meinem Schwächezustand kaum sexuelles Verlangen. Mein Kopf ist gefüllt und satt und außerdem: Ich gebe mir den Orgasmus oder ich gebe mir keinen. Ich spreche nicht darüber und schon gar nicht, wo es den Arzt nicht im geringsten interessiert, ob ich Orgasmusschwierigkeiten habe oder keine. Ich ficke ja nicht mit ihm, wie sollte ihn dieser Punkt dann berühren? Es soll auch Männer geben, die sich überhaupt nicht darum scheren, ob die Frau, mit der sie ficken, einen Orgasmus hat oder nicht. Oder sollte ich dem Arzt sagen, daß eigentlich jede Frau Orgasmusschwierigkeiten hat, weil das ihre Rolle als untergeordnete Frau rechtfertigt und bestehen läßt. Oder sollte ich ihm sagen, daß eine Schwierigkeit nur bestehen kann, wenn man Schwierigkeiten sehen will und er mir die Frage viel zu eng gehalten gestellt hat? Ich konnte darauf nicht antworten, was ich mir dachte. Es hätte ihn nicht interessiert; und mich interessiert es nicht, so über meinen Orgasmus Auskunft zu geben.

Jede Frau pflegt einsam, verbissen einsam zu bleiben mit ihrem Orgasmus oder Nichtorgasmus. Einmal als Kind ganz unbewußt und einmal als junges Mädchen sehr bewußt hat man ihn als Tatsache entdeckt. Es ist eine der größten Entdeckungen, zu denen ein Menschenwesen fähig ist. Aber das weiß der Arzt ja auch, was fragt er mich denn?

«Wollen Sie es – am Ende – lieber schnell oder langsam? Ah, langsam ist besser, das schiebt den Orgasmus hinaus!» –

«Nein, ich habe es lieber schnell am Ende, mir kommt's ja, so oft ich will –»

Aber mit dem Arzt spricht man doch nicht so. Hier heißt es oral und anal und Zone und Bereich und sexuelle Schwierigkeiten. Ich kenne es schon, daß ich manchmal einem Orgasmus nachlaufe, ich kann ihn nicht einholen. Bin ich so müde, oder will ich nicht? Die ganze Verzweiflung schießt in den Körper, und ich kralle mich zusammen und letztlich weiß ich gar nicht recht, hatte ich einen Orgasmus oder war es die Wut, ihn verpaßt zu haben, die mich ohnmächtig machte für ein paar Sekunden. Ist das Orgasmusschwierigkeit? Will er das wissen, der Arzt? Und was dann?

Muß ich dann auch sagen, wie sich mein Alles ausbreitet und auflöst in dem befreienden Schrei bei einem Orgasmus? Will er das wissen? Er muß es ja wissen. Will er wissen, daß Frauen bei manchen Partnern geheim ihre Wut zurückhalten, wenn sie keinen Orgasmus haben und glauben, der Mann hätte sie schlecht bedient, um ihre Wut jederzeit auf ihn herabprasseln zu lassen, wenn sich die Gelegenheit dazu anbietet. Woher sollte sie überhaupt so viel aufgestaute Wut nehmen, wenn nicht aus absichtlich zurückgehaltenen Orgasmen, die man der Unfähigkeit dieses Mannes zuschiebt? Ist das Orgasmusschwierigkeit? Bei wem liegt dann die Schwierigkeit? Bei der Frau, beim Arzt, bei mir, beim Mann oder bei der Schwierigkeit? Jeder hat, was er will. – Die Frau hat keinen Orgasmus, sie gibt ihn sich selbst nicht, dafür hat sie die Wut, und der Mann hat die Schwierigkeit mit der Frau und darf mit ihr kämpfen und sie wieder unterdrücken, denn im Kampf gegen die unterdrück-

te Ehefrau, die sie sein will, denn was sollte sie sonst sein, gewinnt er immer. «Noch so ein Sieg und wir sind verloren.»
Die Schwierigkeiten bringen die Frau zum Arzt, der sie braucht, um sie zu heilen. Er ist interessiert an Schwierigkeiten. Daher also hat er mich so gefragt.
Wie sehen Sie es? Haben Sie es gefunden? Sie haben mich hier festgehalten unter dem Vorwand, es herauszufinden. Das, was nicht sein darf. Was haben Sie jetzt damit gemacht? Was, Sie haben es nicht? Noch nicht? Noch immer nicht? Wie, Sie haben es gar nicht gesucht?
Aber Sie haben es doch benannt, dasjenige, das sie nicht finden konnten. Ein Name für das Nicht-Sehen-Wollen. Sie haben ihn mir gegeben, damit mein Aufenthalt hier gerechtfertigt ist und damit ich nicht Sie damit belehne. Ich habe sie gesehen, Herr Doktor, wie sie damals vor meinem Bett gestanden sind und mit den Schwestern tuschelten, daß ich nicht wüßte, wer ich bin, Sie haben mich nicht wie einen Menschen behandelt. Sie haben mich übersehen, denn sie dachten, mir täte es nicht weh, wenn sie so tun, als wäre ich nicht da als ganzer Mensch. Sie glauben, einem Irren darf man so mir nichts dir nichts weh tun? Wie? Ich soll nicht so empfindlich sein? Ich war es mein ganzes Leben lang, genau wie jetzt, und ich möchte mich und meine Empfindsamkeit nicht missen. Sie meinen, ich habe ja nichts gesagt, als sie mich gefragt hatten? Nein, ich konnte auf Fragen, die keine waren, nicht antworten. Können sie denn nicht hören, was ich nicht sage –? Sie müssen es doch wissen!
In der Hängematte im Operationssaal des Lebens, da sind sie doch neben mir gelegen, mit aufgeschnittenem Schädel, als uns das Werk eingepflanzt wurde. Können sie sich denn an gar nichts mehr erinnern. Die Narben, die leuchten uns doch noch heute von der Stirn, sie werden niemals verschwinden. Können sie sich denn gar nicht mehr erinnern. Ich weiß schon, sie haben einen Namen für ihr Nicht-Erinnern. Viele Namen haben sie für den Notstand gefunden und immer neue werden gesucht.
Da, hinter den Augen, dieser hohl klingende Körper, da, wo die Stürme brausen und die Windmühle die Gedanken, Gefühle und das Leben mahlt, da ist nicht hören, nicht sehen und nicht wissen. Da ist es, genau da, und da gibt es keine Namen, darüber kann ich nichts sagen. Da ist die Sprache nicht, aber sie müßten es doch hören, was ich nicht sage?
Sehen sie nicht, wobei ich still stehe? Sehen sie nicht, wo ich hänge? Ich hänge so in diesem Leben. Ich lasse mich hängen. Mir tut meine Namenlosigkeit nicht weh – verstehen Sie? Aber Sie mußten mich einteilen, auf Grund eines Tests, der erfunden wurde, um nur ja nicht zu sagen, daß nichts zu sagen ist, daß nichts zu tun ist, es nichts zu erfassen gibt.

Ich lebe mit dem Tumult des Nichts hinter meinen Augen, und ich achte dieses Leben, aber ich habe darüber nichts zu erklären. Es hat sich aufgeklärt, ich habe keine Worte dafür und niemand hat sie. Diese, die ich hier finde, sind ein Teil einer Ausdrucksform dieser tanzenden Energien.

Das Herbeizerren des Lebens erklärt nicht das Leben, aber man kann Namen finden für das Unbekannte und damit hantieren, ordnen und denken, und wissen, aber nur auf der Ebene, wo Ordnung sein muß, wo wir unsere Tage abdienen, wo Namen eine Bedeutung haben, wo wir aufgehängt sind. Dort, wo die Sprache, das Spital, die Krankheit, die Verwirrung und die Frage und Antwort sich abspielen. Da, wo Arzt und Patient sind und das Leben eine Bedeutung hat.

Sie haben nicht gefragt und ich habe nicht geantwortet und wir haben alles gewußt. So muß es eigentlich seine Ordnung haben. Die Narben auf unseren Hirnen leuchten einander zu. Sie haben nichts miteinander zu tun. Hinter ihnen steckt derselbe Tumult. Einer faßt ihn, einer läßt ihn, einer sucht ihn, einer mißt ihn. Mißt mit den Werten einer Welt, die verspricht, daß es einen Zugang zum Tummelplatz der glänzenden tollen Wesen im Hirnstrom gibt. Da werden Netze ausgeworfen. In den Maschen fangen sich Gedanken und Gefühle, aber was ist mit denen, die durch das Netz fallen? Das Netz ist mit Gedanken gesponnen, die nicht so klein und fein weben könnten, daß sich alles verfangen könnte. Und was ist mit dem Fang? Kann man das essen? Kann ich es essen?

Zurück mit ihm ins Meer. Ein lebender Fisch in meinem Mund hat nichts zu sagen, und ich kann nicht sprechen, wenn er mir nicht entwischen soll. Fische sollen bekanntlich stumm sein. Ich hänge so in meinem Triebwerk. Können Sie es mir nehmen? Wie? Sie sind von demselben getrieben? Es schlägt von Zeit zu Zeit das Nichts an. Die Zeit ist eine andere, als die meiner sichtbaren Stunden. Die Zeit hält so rasend still, sie ist ein angezurrter Zügel, unter dem das Pferd dahinjagt.

Eine Kutsche kommt mir in rasender Fahrt entgegen. Sie trägt das Ärztezeichen, Arzt im Dienst, kann ich lesen. Vielleicht brauche ich einen, aber wie soll ich diese Kutsche anhalten. Wie soll der Mann da drüben das Roß anhalten, er hält ja die Zügel nicht. Da, vorbei ist sie, die Kutsche. Knapp aneinander vorbei, ich höre noch das wilde Getrampel ...

«Jetzt müssen Sie noch weiteressen und ihre Muskeln trainieren. Auf Wiedersehn –»

Ich hatte schon lang keine zusätzlichen Hausarbeiten angerührt. Ich war froh, mein kleines Tagewerk unterzubringen, in meiner Kraft. Ich hatte aber doch einen Kuchen gebacken. Er wurde gut und sah schön aus. Er roch herrlich nach Ei und Rosinen. Er leuchtete satt dottergelb, und oben war schneeweißer Staubzucker. Kaffeebraune Pralinen kränzten das gleichmäßige Rund. Ich freute mich. Ich fühlte mich, als äße ich ihn, während ich ihn sah und, ich war erstaunt, daß ich dazu Energie hatte, und das gab mir für den ganzen Tag Schwung. Ich hatte dann für kurze Zeit den Gedanken, daß Menschen vielleicht gar nicht essen müssen, um am Leben zu bleiben.

Woher wollte man wissen, daß es so sein muß? Jeder will essen, aber muß er? Muß er sterben, wenn er nicht ißt? Ist Nahrung das Leben? Dann war ich tot, und ich stimmte zu. Ich dachte so darüber nach, wie ich im Meßglas das Mehl, das Öl und den Zucker maß.

Wieder war ein langer mühseliger, aber seliger Hungertag überstanden. Ich lag in meinem Bett. Erschöpft, aber glücklich. Mein Tag hatte sich erfüllt. Ich hatte nur mehr vierunddreißig Kilogramm. Aber ich lag da und fühlte mich wohl. Mein Körper war eigentlich nur mehr zum Liegen gut, aber ich konnte mir das nicht leisten. Ich hatte Verpflichtungen, die ich erfüllen mußte, um mir das Hungern leisten zu können. Ich lag da und sah mich in meinem Polster, und ich empfand dieses bescheidene Zimmer wie das Traumschloß meines Lebens. Alles hatte sich hier erfüllt. Es war einfach, es genügte mir, alles gefiel mir. Ich war friedlich in meinem fieberhaften Treiben. Ich hatte mir ein Leben gewählt, das eigentlich keines mehr war. Es mußte nicht sein, es stellte Ansprüche, die es sich selbst erfüllte.

Ich wurde immer so frühzeitig müde. Meine Müdigkeit war oft jenseits des Schlafes gelegen. Ich lag und starrte an die Decke. Es war alles. Ich sehnte mich nach nichts, aber ich erwartete etwas. Ich war voll bei der Sache. Meine Augen wurden besonders rasch müde. Sie brannten oft. Ich schloß sie gern. Ich hob meine Hände und betrachtete sie. Sie waren durchsichtig. Vor das Licht der Lampe gehalten, begannen sie durchzuscheinen. Noch lag ich gut, aber zu fortgeschrittener Nachtstunde würde sich wieder das mühsame Spiel mit den Knochen und dem Widerstand der Matratze ergeben. Die Knie konnten nicht mehr aufeinander liegen. Ich verwendete ein kleines Polster, das ich mir zwischen die Innenseiten der Knie legte.

Die Hüftknochen ragten stark heraus. Mein Unterkörper war ein Gerüst, hölzern und kantig vorn, auf der Seite und hinten. Ich mußte häufig die Liegestellung wechseln. Ich dachte manchmal daran, auf einer Tuchent zu schlafen, aber es kam eigentlich nie dazu. Meine Füße und meine Hände waren eisig kalt, und ich half mir mit dünnen Socken im Bett. Eine seltsame Veränderung bemerkte ich an meinen Augen. Morgens waren sie angeschwollen. Das Lid war dick erhoben und gerötet bis bläulich. Unterhalb des Auges und auf der Seite dehnte sich die Geschwulst hin. Zu Beginn dieses Merkmals normalisierte sich diese Verdickung bis zu Mittag wieder einigermaßen. Die seltsame Verfärbung am Lid legte sich aber kaum mehr. Und am Morgen sahen sie mich wieder an, die verschwollenen Augen in dem knochigen Schädel. Langsam wurde mir dieser Zustand lästig. Es war offensichtlich häßlich und nicht zu verbergen. Außerdem juckten die Augen, ich konnte sie aber nicht reiben, da es schmerzte. Ich half mir mit einer Sonnenbrille, die ich auf der Straße überhaupt nicht mehr abnahm.

Ich war so sehr unruhig. In mir pulsierte das Blut so stark, und in meinen Gliedern war ein Brennen. Wollte ich es loswerden? Wollte ich mich loswerden, meine Glieder, das Brennen, den Hunger? Ich war voller Ungeduld. Das Leben war so eintönig. Manchmal war es mir so lieb, und manchmal kam es mir mit seiner ganzen langsam sich verzerrenden Fratze entgegen, gaukelte einen Tag lang vor meinem Gesicht herum, narrte mich. Ich ließ mich irre machen und hetzte der Fratze nach, um sie zu vertreiben, anstatt sie sein zu lassen. Lief ich ihr nicht nach, konnte sie mir ja nichts anhaben. Er war ausweglos, dieser Tag.

Er war es immer, aber manchmal suchte ich keine Wege. Er würde noch so lang sein und alles konnte in dieser Zeit geschehen. Ich könnte zu fressen anfangen und einen Magendurchbruch erleiden, ich könnte vor Schwäche zusammenbrechen, ich könnte aggressiv werden, um etwas um mich oder in mir zu zerstören, ich könnte zu saufen beginnen, ich könnte mich in Wirrnisse stürzen, aus denen ich mich vielleicht nicht mehr hätte erheben können. Alles war möglich. Unmöglich schien es, meine Fastenstunden abzudienen. Aber es war möglich, ich wußte das, auch wenn es nicht so erschien und mir das Vertrauen zu meinem Willen dazu fehlte. Es fehlte die Kraft, die ich dazu aufwandte, die war in die Winde gesprengt, sie sprühte von mir ab wie Funken, und die machten mich so zerfahren.

Ich kaufte ein. Die nötigsten Lebensmittel, die ich ohnehin schon auf einem Zettel notiert hatte, zusammenzuholen, war eine Denkarbeit sondergleichen. Ich schaffte es kaum, den Zettel zu kontrollieren, mir entfiel, was ich zubereiten wollte, und ich konnte mich nicht auf Änderungen im Einkauf einstellen, wenn etwas nicht zu bekommen war. Ich hing in meiner Pflicht fest. Ich mußte sie tun, aber ich war so zerstreut.

Ich schaffte es irgendwie. Instinktiv brachte ich alles nach Hause. Ich bog ein Haus zu früh ein. Es sehen einige Häuserreihen ganz gleich aus. Ich versuchte, eine fremde Tür aufzusperren. Es war offenbar niemand da. Ich wurde nicht bemerkt. Erst als mein Blick auf das Türschild fiel, erkannte ich meinen Irrtum, und ich mußte lachen. Es erlöste mich etwas aus meiner Spannung, und ich ließ Ruhe in meinen weiteren Arbeitsgang einkehren. Die Unrast hatte mich sehr angestrengt, und da kehrte in mich die Müdigkeit ein, und ich tat schleppend, aber weniger hektisch, meine Hausarbeit zu Ende.

Ich hatte wieder etwas weniger Gewicht. Die Abnahme war regelmäßig gering, aber stetig. Ich hatte mir eine leichtere Einkaufstasche zugelegt. Ich hatte sie nicht etwa gekauft, ich kaufte überhaupt nie etwas für mich. Ich wollte nichts und ich brauchte nichts. Es wäre mir lächerlich erschienen, für dieses Leben noch etwas anzuschaffen, wo ich es doch eigentlich gar nicht mehr verfolgte oder führte. Ich ernährte mein Leben nicht mehr, ich versuchte es nicht zu erhalten. Wozu hätte ich neue Dinge anschaffen sollen. Ich sah sie noch manchmal an, aber sie übten keinerlei Reiz auf mich aus. Ich war den Dingen gegenüber gleichgültig.

Nicht ganz so gleichgültig verhielt ich mich den Mitmenschen gegenüber. Ich brauchte sie nicht, und ich hätte sie fast lieber nicht um mich gehabt, aber sie waren mir nötige Orientierungspunkte, an denen ich mein Dasein bemerkte. Ich verhielt mich noch einigermaßen normal. Ich sah nicht mehr normal aus. Ich war so mager wie einem Menschen ein anderer Mensch nicht auf der Straße begegnen kann. Normalerweise – aber ich war ein Sonderfall, und ich fiel auf wie nie zuvor.

Die Leute waren höflich zu mir, sie grüßten und sahen mich lächelnd an. Ich grüßte auch, aber ich bemerkte, daß ich nicht mehr lächelte. Das fiel mir auf, als ich beim Einkauf mit meiner leichten, gestreiften Stofftasche, die ich wegen ihres kaum merkbaren Eigengewichts wählte, auf Grund irgendeines Mißverständnisses, die Frau an der Kasse anlächelte. Ich erfuhr diese Geste an mir als eine schon lange nicht mehr vollzogene Gesichtsverzerrung, und ich glaube, die Kassiererin war über mein Lächeln eher entsetzt als angenehm berührt. Es muß zum Fürchten ausgesehen haben. Der lebendige Tod geht in diesen so satten Zeiten sehr selten einkaufen. Sie klärte das Mißverständnis schnellstens auf, ich glaube, sie wollte sich mit mir nicht einlassen, und ich ging. Sie grüßte noch besonders höflich, sie wollte mir gegenüber auf Nummer Sicher gehen. Wer weiß? Unbekanntem gegenüber verhält man sich vorsichtig.

Bei vielen wird mein Aussehen den Verdacht auf eine Krankheit erregt haben. Ich war es. Ich war hungerkrank, ich war bereits am Verhungern. Mit Todkranken läßt man sich nicht gern ein. Das Leiden könnte ansteckend sein.

Hat sie es nun getan oder glaubt sie, es getan zu haben? Oder möchte sie, daß es geschehen wäre? Damals am Abend haben ihr die Krankenträger die Kleider vom Körper gezerrt, weil sie sich nicht ausziehen wollte. Die Schwester dachte, die Männer würden ihr Respekt einjagen. Aber sie war in äußerster Not, ich sah es ihr an, das dunkle schmale Gesicht unter den gepflegten Haaren war so bis ins Mark getroffen. Sie wollte weg, sie war zu keinem Spiel bereit, sie wollte weg, und weder von Männern noch von Frauen ausgezogen werden. Die Ereignisse und das Ansinnen der Schwester, sie von starken Männern ausziehen zu lassen, schwappte über sie herein. Sie wollte fliehen – aber wohin? Wohin soll sie, wenn die Türen versperrt sind und sie sich nur allein in ihrem Schädel gegen lauter Gegner sieht. Feinde, die nichts wollen, als ihr die Kleider vom Leib reißen, nur damit sie sich das Anstaltsnachthemd überziehen kann. Sie braucht ja dieses Nachthemd nicht, dieses blödsinnige Nachthemd, sie will ja fort, sie will ja nicht hierbleiben in diesem kahlen Keller mit den Gitterbetten, wo in einem eine blasse Frau mit blauen Fingernägeln nackt kniet und an diesen Nägeln beißt.

Sie will ja fort – aber wohin? Dorthin, wo sie glaubt, ihr totes Kind zu finden? Dahin kann sie nicht zurück. Wohin? Was tun? – Ihr Gesicht ist unter den dunklen Haaren zu Tode gestört, und die Ausweglosigkeit dieser Sekunden gehen ihr ans Gebein. Ich kann es spüren. Sie hat sich durch die rasende Wirrsal der Gedanken schon so erschöpft, daß sie sich wehrlos von den Männern ausziehen und sich ins Gitterbett sperren ließ.

Dort hat sie sich beruhigt und heute sogar eine Illustrierte von mir verlangt. Ich wußte, es würde ihr gehen wie jedem Neuling, der glaubt, Zeitung lesen zu können, aber ich schiebe ihr eine Illustrierte durchs Netz ins Bett hinein. Ich kenne den kleinen Einakter, der folgen würde. Ich sehe ihn mir nicht einmal mehr an. Und dann ist es doch soweit, als ich zum Waschen an ihrem Käfig vorbeigehe, daß sie mich fragt:

«Lebt die Mutter meines Kindes noch?»

Sie ist so klar und nur etwas aufgelöst. Ich frage:

«Lebt dein Kind noch?»

Sie meint, nicht ganz sicher:

«Ja.»

«Lebst du noch?»

Sie stimmt felsenfest zu:

«Ja, ich lebe noch. – Dann ist ja alles in Ordnung –»

Sie schläft ruhig ein.

Und am Morgen hängt sie am Gitter wie ein getroffenes Tier. Hat sie es getan? Sie wird es selbst nicht wissen. Ich werde es niemals wissen. Die Wahrheit werde ich niemals erfahren. Ob die Ärzte sie wissen? Was ist die Wahrheit? Das tatsächlich tote Kind, die Mutter, die tatsächlich glaubt, es umgebracht zu haben, obwohl das Kind noch lebt? Oder ist die Wahrheit die, daß die Mutter vor Angst wahnsinnig geworden ist, weil sie fürchtete, das Kind umbringen zu wollen?

Sie hängt am Maschennetz und rüttelt, sie fleht um Hilfe:

«Bitte, bitte, ich brauche ...»

Ich kann ihr nicht geben, was sie braucht. Niemand kann es ihr geben, noch dazu liegt die Sache ungeklärt, denn sie sagt nicht, was sie braucht. Es geht ihr scheinbar gar nicht in erster Linie darum, frei zu kommen. «Ich brauche...» Sie braucht so sehr und sie ist schon so müde davon. Die Tatsache, eine Mutter zu sein, kann einen schon ins Irrenhaus befördern. Wenn da Tag und Nacht jemand ist, der immer nur braucht, braucht und wieder braucht ... das Fläschchen, die frische Wäsche, das Einwiegen, die ganze Zeit, die ganze Person braucht, da frißt so ein Kind wie ein Schmarotzer an der ganzen Seele der Mutter. Das Kind sagt: «Ich habe keine Beteiligung an meiner Geburt, ich wasche meine Händchen in Unschuld. Du hast es getan. Jetzt bin ich da, und ich fordere und fordere, ich nehme mir das Recht heraus zu brauchen, dich, Mutter, Tag und Nacht zu gebrauchen. Deinen letzten Saft sauge ich dir aus dem Mark, denn du hast mich geboren, um daß du gebraucht wirst!»

Ein geisterhaftes Phantom liegt in der Wiege. Ein grausames Wesen mit ausgebildetem Gehirn – und es heißt, die Mutter hat dieses Schreckgespenst freiwillig gezeugt und freiwillig ausgetragen und freiwillig großgezogen. Doch nie hat sie jemand gefragt, ob sie mit der Tatsache, daß beim Ficken Kinder gezeugt werden können, einverstanden ist.

Nicht freiwillig hat sie das Kind gemacht, nicht freiwillig ausgetragen und nicht freiwillig aufgezogen und sie ist auch nicht freiwillig ins Irrenhaus gegangen.

Aber jetzt hängt sie am Gitter und braucht eine Erklärung für ihre Wirrsal. Wer zerhackt ihr den Knoten im Gehirn, der sich in der letzten Zeit so beinhart angefühlt hat? Wie ein Stein liegt er im Schädel, und sie weiß nicht, ob sie es getan hat. «Ich weiß nicht, warum ich mein Kind gezeugt habe. Ich hatte nicht das Verlangen danach, ich bin unschuldig dazu verurteilt worden – Ich bin unschuldig – unschuldig –

«Bitte, ich brauche ...»

Ich brauche nicht zu wissen, ob sie ihr Kind wirklich umgebracht hat oder nicht. Ihre Angst davor, es getan zu haben oder es einmal tun zu können, das ist die Wahrheit, und die wird sie nie mehr los, und diese Wahrheit kann auch das Kind nie mehr abschütteln. Sie ist das Vermächtnis der Mutter an das Kind, daß es diese Frage an das eigene Kind weitergeben soll, ob der Mensch freiwillig – lebt – gebiert – lebt – und gebiert – Das Erbe einer Mutter ist die Notwendigkeit, Klarheit darüber zu brauchen, ob es Freiheit gibt.

Die dunkle Frau hat ihre knöchernen Finger in das Maschennetz verkrallt und läßt den Kopf müde hängen. Langsam wird sie müde zu glauben, sie könnte die Gitter einreißen. Sie ist nicht so geduldig und geschickt, einzelne Maschen zu durchbeißen und nach und nach ein Loch zu reißen, aus dem sie sich zwängen könnte. Manche können es, ich habe es schon erlebt. Sie bräuchte den Vierkantschlüssel, um den ganzen Gitterrahmen herunterzulassen. Aber den gibt ihr niemand, und bekäme sie ihn, sie könnte nichts damit beginnen, denn von innen kann sie nicht zum Schlüsselloch.

Mit meiner Leber steht es nicht zum Besten, sagt man auf Grund von

Blutuntersuchungen. Zu diesem Zwecke mußte ich nüchtern bleiben. Ich bin schon immer am Abend voll Verlangen nach dem Frühstückskaffee, so daß ich nicht gern mein Frühstück hinausschiebe. Es mußte sein, es war mir gar nicht recht klar, was nüchtern heißt. Ich habe eine große Übung im nüchtern bleiben. Aber es zu bleiben, wenn es jemand anderer vorschreibt, hat nichts mit meinem Fasten zu tun. Oder eigentlich doch, denn ich erinnere mich, das Bohren im Magen und Schlagen im Kopf war dasselbe, vielleicht war es auch gar nicht einfacher. Hier heißt nüchtern sein: Ab etwa acht Uhr abends nichts mehr zu essen und zu trinken.
Das muß mir ja gesagt werden. «Nüchtern.» Was soll ich damit, keinen Alkohol trinken? Nichts essen? Wann nichts essen und warum nichts essen? Ich darf nichts essen, es ist zum Lachen. Ich darf wieder nichts essen. Ich muß beim Frühstück hungrig auf die trockenen Brote und auf den heißen Kaffee schauen. Mir wird gleich ganz schwach, und ich sehne die Nadel herbei, die sich in meine Vene bohrt. Den Oberarm umgreift der Stauschlauch streng und er drängt die Vene dick aus der weißen Innenseite meines Armes.
Es ist soweit. Ich zeige dem Arzt meine gute Vene, er sticht zu, ich leiste leichten Widerstand und pumpe. Dickes, dunkelrotes Blut fließt aus der Nadel in das Röhrchen. Das wird zugestöpselt und mit meinem Namen versehen. Noch Blut her – noch ein Röhrchen für die Elektrolythe. Es fließt langsamer, ich beginne schon ein wenig auf dem Sessel zu rutschen, ich möchte schon endlich diese Nadel im Arm loswerden. Ich will mein Frühstück. Ich soll in kurzer Zeit zum Turnen. Wie soll ich denn die Kraft aufbringen, meiner Reiterin entgegenzuradeln, wenn ich keine Nahrung im Bauch habe? Nüchtern – Nüchtern –
Ich habe genug Blut gelassen. Ich darf zu meinem Frühstück. Die bellende Küchenfrau gibt es mir. Sie ist schlecht gelaunt und läßt ein Knurren auf mich los, was mir aber den Appetit nicht verderben kann.
Meine Leber hat sich nicht gebessert. Mich wundert das gar nicht, denn sie mußte ja aufmerksam werden, die gute Leber. Sie hat sich so sehr aufgeregt in den letzten Monaten, und ich nehme ihr gar nicht übel, daß sie sich jetzt ein wenig erschöpft zeigt. Ich muß sie zum Internisten tragen, damit er sie sich näher betrachten kann. Er soll sich da auskennen mit einer kranken Leber. Bitte, ich zeige sie gern her. Ich nehme mein versperrtes Köfferchen mit meiner Krankengeschichte und trage meine Leber zum Internisten auf eine höher gelegene Abteilung nahe dem Waldrand. Es sitzen schon einige Frauen im unfreundlichen Warteraum herum. Ist man Insasse des Irrenhauses, so ist eine Untersuchung des Körpers nicht angenehmer als für einen Zivilisten, aber es kommt ein angenehmer Umstand dazu, und zwar bringt das Warten in einem neuen Raum etwas Abwechslung in das karge Leben eines Irren. Er befindet sich ständig zwischen denselben Wänden und darf sie ohne

Grund nicht wechseln. Es gibt niemals einen Grund, sie zu wechseln, und auch die Gesellschaft kann man letztlich nicht wechseln. Er kann sich auch selbst nicht wechseln. Außer es ist seine Krankheit, die Wechselkrankheit. Nur hängt er ihr unfreiwillig an und sie bringt ihm keine Erfrischung der Sinne.
Hier gibt es neue Gesichter, neue Wahnideen, neue Bilder, neue Figuren. Eine erfrischende Gesellschaft wartet auf den Internisten.
«Zwei Flaschen Bier hab ich trunkn beim Fernsehn in vier Stunden. Und deswegen hat mich meine Mutter da reinbracht!» Das berichtet mir ein junges Mädchen eindringlich und empört. Sie hat einen rosa, kurzen Rock an und geht mit einer verbogenen Haltung. Die Zähne sind verwahrlost, die Fingernägel abgesprungen und knallrot gefärbt. Sie raucht eine Zigarette nach der anderen. Sie bietet mir eine an, aber ich lehne freundlich ab, ich habe kein Verlangen nach Zigaretten. Sie ist nicht böse, oder doch? Vielleicht ist es ihre Bosheit, sich weiterhin an mich zu halten. Sie hat sicher keine Gelegenheit gehabt, hier zu trinken, aber sie riecht nach Bier. Ihre Mundwinkel sind feucht, und ich sehe, es ist wie schaumiges Bier. Manchmal kommt sie meinem Gesicht so arg nahe, und sie spuckt ein bißchen in ihrer Erregung, und ich kann mir nicht helfen, sie spuckt Bier. Dabei hat sie, wie sie doch sagt, nur zwei Flaschen in vier Stunden beim Fernsehen getrunken, und das noch dazu schon vor drei Wochen.
Sie dringt weiter in mich, wobei sie mir immer auf die Schenkel schlägt, um ihren Worten Nachdruck zu verleihen.
«Wie ich a Gelegenheit hab, füll ich mir zwei Vierteln ein! Ein Glas Wein, und ich bin ein anderer Mensch, des is mir des Liebste!»
Ich sage ihr nicht, daß ich genau weiß, wovon sie spricht. Ich halte innig mein Wissen bei mir, daß ich nach zwei Vierteln auch ein anderer Mensch bin. Nur mag ich mich jetzt, wo ich hier auf der Bank mit meinem Köfferchen sitze, auch gern leiden. Sie scheint für eine kurze Weile in stille Wehmut nach dem Verlorenen zu versinken, aber es waren vielleicht nur ein paar Sekunden. Sie steht hastig auf und versucht neue Kontakte anzuknüpfen, indem sie Zigaretten anbietet und ihre Geschichte mit den zwei Flaschen aufwartet und die Leute auf die Schenkel schlägt.
«Schwester, ich hab wieder meine manische Phase!» ruft sie der geschäftig Durcheilenden zu.
«Die ist besser als die Depressive», meint die Schwester lachend und weiß, warum sie schnell die Tür hinter sich schließt. Sie will weder mit Bier bespuckt noch auf die Schenkel geschlagen werden. Das Mädchen wirft sich mit hängenden Schultern herum, und der Wirbel in ihrem Hirn quält sie und sie quält die anderen mit ihrem Wirbel. Sie wird immer heftiger in ihren Erzählungen über die zwei Flaschen Bier und den Wein. Sie schlägt immer pausenloser auf Schenkel, und ich frage mich,

ob die depressive «Phase» nicht doch um eine Spur angenehmer ablaufen würde. Ich kann mich ihr nicht entziehen, sie kann sich ihrer Getriebenheit nicht entziehen. Hier kann niemand hinaus, und hinein können wir auch nicht, weil der Arzt noch nicht da ist.
«Meine Mutter, die alte Sau, da hat's mich reinbracht! Wegen zwei Flaschen Bier! Die hätt da reing'hört, nicht ich! Aber ich hab einen Anwalt, die Alte muß entmündigt werden –»
Sie klatscht einem jungen, grün und blaß wirkenden Krankenträger auf die Brust, der gerade einer blutjungen Fixerin seine Erfüllung durch Yoga vermitteln möchte.
«Zwei Flaschn Bier, in vier Stunden! Du bist ein kluger Mann –» zischt sie höhnisch. «Alle Achtung! Weisheit kommt vor den Fall! Dreimal war ich verlobt, aber um keinen hat's mir leid getan!»
Der Träger ist empfindlich berührt, und er belehrt sie: «Ich würde nicht so wählerisch sein, sonst könnte es zu spät sein –» ... Ob es in seinen Yogaübungen etwas gegen den bösen Blick gibt? Scheinbar beherrscht er diese Übung noch nicht, denn er muß kurz hinaus und «mit einem Kollegen etwas besprechen» –
«Zwei Flaschn Bier – die Alte g'hört erschlagen!» schreit ihm das Mädchen nach und meint eigentlich ihn.
Das blutjunge, süchtige Mädchen in dem orangen Schlafrock verlangte damals, als sie noch auf der Aufnahmestation neben meinem Schlafsaal war, ein bißchen Creme, um sich die Einstichstellen an den Venen etwas zu überdecken. Ich gab ihr gern. Sie schminkte an den Innenseiten der mageren Arme, als könnte ihr ganzes Übel damit wegretuschiert werden. Ich weiß nicht, warum sie eingeliefert worden war, jedenfalls nicht wegen ihrer Morphiumsucht.
«Daß das nicht auch noch bemerkn», meinte sie sorgenvoll – «dann lassen's mich überhaupt nimmer raus ...»
Ich bin sicher, daß bereits alles aufgedeckt wurde, und die Mühe, die zerstochenen Venen zu überschminken, ist ein absurdes Spiel gewesen.
Sie macht nicht den Eindruck eines glücklichen jungen Menschen; das erwarte ich nicht, ich erwarte das bei niemandem, aber es fällt mir auch auf, daß sie sich keiner Verzweiflung hingibt und sich nicht in alle Bestandteile zerlegt. Sie hört ruhig dem Mann, der inzwischen wieder hereingekommen ist, zu und denkt sich ihren Teil über Yoga. Ich glaube, sie denkt sich nicht sehr viel. Der Mann kennt alle Verlage, die Yogatechniken herausgebracht haben. Er rät ihr, etwas zu kaufen.
Er spricht so viel – er kennt so viel, er ist so blaß, und sein bloßer Körper, der nur mit einem ärmellosen Leibchen bedeckt ist unter dem sterilen weißen Mantel, der macht so einen glasigen und durchsichtigen Eindruck. Ein paar blonde Haare bewachsen seine Brust – er ist so hellgrün – und überhaupt, er ist die blasseste Hure mit den kleinsten Brüsten, die mir jemals begegnet ist. Seine Yogaübungen können diese

Brüste, die er gar nicht hat, nicht heben. Er sucht nach einer Technik, diesen ekelhaften Beuteln an seinem weißen Glasleib einen Kern zu geben. Kein Verlag hat da eine Technik zu bieten, die nicht Vorhandenes heben könnte.
Und diese Qual strömt er aus, wenn er sich verbissen bemüht, es endlich herauszuquetschen. Er beteuert dem jungen Mädchen: «Es gibt eine Technik, dem Blick eines anderen standzuhalten.» Sie sieht ihn gar nicht sehr konzentriert an, aber er möchte es gern. Er beginnt sich im Geist an dieses Mädchen im orangen Schlafrock zu kleben, und sein ganzes Elend, das er im Zusammenhang mit weiblichen Wesen hat, schüttet er über diese eine. Er kniet nackt im Bett vor ihr, sie macht die Beine breit, und er versucht vergeblich, seinen Schwanz mit Yogaübungen hochzuzerren. Das hat er davon, weil er gelernt hat, in der Kälte zu stehen, nur mit einem dünnen Mantel bedeckt. Er beteuert, er sei nackt darunter und könne seinen Körper durch eine Technik warm machen. Ganz warm – obwohl er nackt sei. Er ist eine schlitzige Nacktschnecke – eine ganz warme. Ja, endlich, ich hab's, er muß ein Warmer sein, ohne es zu wissen. Ein warmer Yogaanhänger, der in seiner Freizeit Krankenträger spielt und junge Mädchen mit seiner Wärme, die er auch in Eiseskälte erzeugen kann, bedrängt. Sie ist geschickt, sie kommt mir so charaktervoll vor, sie ist so taktvoll, sie hört zu und notiert sich einige Verlage, die Erbauungsliteratur herausbringen, denn dafür tritt er ein. Glaubt sie ihr verzweifeltes Fixerleben durch Erbauungsliteratur aufmöbeln zu können?
Das kommt mir recht geschmacklos vor. Es war eigentlich auch geschmacklos von ihr, die Einstichstellen an den Armen verdecken zu wollen. Ich hätte die Löcher mit schwarzer Ölkreide markiert, und diese gähnenden Schlünde hätte ich der Nacktschnecke ans Nudel gehalten und er hätte müssen hineintreffen. Jeder Treffer eine neue beherrschte Yogatechnik. Aber die bringt kein Verlag heraus –
«Zwei Flaschen in vier Stunden ...» Nein, vier Stunden warte ich noch nicht, aber ich esse gern Leber, und ich bin hungrig! Ich werde aufgerufen – Oberkörper freimachen. Noch immer ziehe ich mich nicht sehr gern aus. Mein Körper ist dünn und mein Bäuchlein vom vielen Essen aufgetrieben. Ich will nicht, daß man das sieht. Ich lege mich auf das weiße Bett, den Kautschuk unter dem Popo. Der ältliche Arzt drückt mir kurz auf die Lebergegend.
«Haben Sie einmal Gelbsucht gehabt?» – «Nein.» – «Sie können sich wieder anziehen.»
Ich tue es rasch und nehme mein verschlossenes Köfferchen. Niemand hat meine Krankengeschichte gelesen, niemand will sie. «Der Befund wird nachgeschickt – auf Wiedersehn!»
Ich trage meine Leber an der Nacktschnecke und der Fixerin vorbei zur Tür hinaus.

«Zwei Flaschen in vier Stunden – die alte Sau, da hat's mich reinbracht!» tönt mir der Gruß nach.
Ich glaube, meine Computerfreundin, mit der ich wortlos einig bin, daß wir einander nicht mehr so einig wären, würden wir viele Worte machen, scheint fasten zu wollen. Sie schenkt mir bei jeder Mahlzeit ihre Portion, und sie nährt sich von Orangen und heißem Kaffee und ihrer Zeichenkunst.
Ich achte ihren Wunsch und ihre Fähigkeit, so mühelos Gewicht zu verlieren. Sie entscheidet sich bei jeder Mahlzeit neu, nicht zu essen. Ich glaube, sie wäre nicht betrübt, täte sie es. Oder ist sie so eine Meisterin ihrer Eßkomplikationen? Irgendeine Meisterin ist sie. Ich achte sie als diese. Sie ist Meisterin auf diesem Gebiet, das sie zum Zeichnen führt, das ihr die stille und unaufdringliche Energie gibt, bei sich zu bleiben, mit Hilfe ihres Stiftes und ihres Papiers. Ich achte mich als eben dieselbe –
Sie legt sich am Nachmittag hin, um einen Traum aus ihrem Inneren wachsen zu lassen. Sie legt alle Kraft in diesen Wunsch zu träumen. Sie stellt sich etwas Bestimmtes vor und es kommt, oder es kommt nicht.
«Heute habe ich den Ast des Nußbaumes bereits fassen wollen, ich hatte ihn fast in der Hand, aber die rücksichtslos plärrende Stimme der Zahnbürstensucherin hat mich verwirrt und mir das Bild zerstört!»
Sie tut ganz verletzt und empört. Ich kann nicht recht glauben, daß sie wirklich das Verweilen des Baumes erwartet hat oder ihn zwingen wollte. Sie erscheint mir in ihrer erbosten Erschütterung darüber, daß ein Traum sich nicht erfüllt hat, sehr irrsinnig. Ich habe keine Wunschträume. Oder mir fallen zumindest jetzt keine ein. Ich habe auch keine Wünsche. Es ist mir in den letzten Wochen aber etwas zurückgekehrt, was die Hauptmahlzeiten meines Mädchengehirns ausmachte.
Die Traumbilder beim Gehen im Freien, beim Stilliegen. Sie kommen wieder. Wenn ich allein war, früher, so habe ich gesprochen, mit mir selbst, mit den anderen. Ich habe erklärt, beteuert, gelacht und so viele Worte und Formulierungen gehabt. Ich habe geübt, ich habe das Leben erwartet, sehnlich habe ich mir ein Schicksal gewünscht und ich habe es mir formuliert. Ich habe mich gesehen, ich habe agiert, war aufgeregt und oft so liebevoll, ich stellte mich mir vor: – «Angenehm» – so ein Leben möchte ich haben. So ein Schicksal, dahin zog es mich mit unstillbarem Verlangen. Und dahin bin ich gekommen. – Jetzt bin ich da, und ich habe mein Schicksal, meine Erschütterung. Ich habe meinen Traum erreicht. Ich habe an die Zweige des Nußbaumes gegriffen. Sie fühlen sich an wie Nußbaumrinde. Glatt und stark. In meinen letzten Jahren und besonders in meiner Fastenzeit, war da kein solches Schillern im Gehirn, es hatte sich nicht für dieses Leben und seinen seltsamen Glanz entschieden.

Ich gehe durch das aufgehäufte Laub in der Irrenanstalt, wie ich früher meine Spaziergänge oder den Weg zur Schule machte, und ich habe Musik im Kopf. Klare, wilde Rütmen, Bewegungen des Lebens, und ich stehe auf der Bühne, und ich tanze in einem violetten langen Kleid. Ich erzähle mich mir selbst, in diesen Scheinwerfern. Ich höre auf zu tanzen, ich senke die Arme – – – Die Musik quillt weiter, aber ich stehe still und habe meine Augen klar auf einen Punkt gerichtet – auf einen gleißenden Scheinwerfer. Aus ihm spiegelt sich meine Gestalt – die ruhige Gestalt auf der Bühne steht still in der wilden Musik, und mein Gehirn dehnt sich. Es wird so weit – ich stehe in ihm – es ist meine Bühne – und ich bin so still.

Ich brauche nicht nach den rauschenden Rütmen zu tanzen, ich gehe still durch das raschelnde Laub, und ich habe einen Traum im Kopf, während er sich erfüllt. Ich träume bei Tag, ich träume bei Nacht, ich träume, daß ich schreibe. Ich lasse den Stift gleiten und die Sätze erfüllen sich. Sie treffen sich wieder und entfernen sich, und ich erkenne, was ich vorher begonnen habe zu schreiben. Jetzt leuchtet es mir ein, ich lasse die Feder weitergleiten, und die Bilder wachsen vor meinem Gehirn, und ich muß mich nicht anstrengen, den Nußbaum zu erfassen. Ich handle nur mit Bäumen, die von selbst wachsen, und ich bin es, die sie formt. Ich habe es ihr nicht gesagt, meiner Traumsucherin. Es ist ihr Irrsinn zu glauben, daß Träume sich erfüllen müßten. Träume haben kein Ziel, sie sind nur Träume. Es war ihr halbwaches, gehetztes Gehirn, das den Ast in den Griff bekommen wollte. Sie wollte ihn herüberzerren in die nackte Zone der «Realität». Doch soviel ich weiß, halten sich Traumpflanzen in diesem Klima nicht gut, und der Ast wäre sicherlich abgebrochen und der Baum eingegangen. Er hätte keine Nüsse gegeben. Den Baum kannst du nicht fassen, aber laß dir die Nüsse, die am Boden liegen, schmecken. Sie gleiten nicht weg. Sie werden bald in den St. Nikolaussäckchen durcheinanderkollern, denn bald ist es soweit. Dann gibt es Äpfel, Orangen, Feigen und Nüsse und Lebkuchen mit dem Heiligen darauf, mit Bonbons behängte Ruten und die kleinen Teufelchen mit den langen, bunten Schwänzen. Es gibt Butten aus Schokolade, in die die Irrsinnigen vom Bösen geworfen werden, weil sie sich nicht angepaßt aufgeführt haben, die Bösen. Das Böse holt euch alle und sperrt euch ins Irrenhaus – paßt nur auf . . .!

Ich sehe die beiden im Tagraum sitzen. Ich wandere am Gang auf und ab. Dort kann ich auch immer auf die Speisekarte sehen, die am Schwarzen Brett hängt. Manchmal wird sie nicht erneuert. Sie ist zu meiner Tageszeitung geworden – ich bin gern am laufenden. Wegen dieses Bedürfnisses habe ich entdeckt, daß die Speisen für die nächste Woche immer schon auf der Rückseite des Zettels geschrieben sind. Ich pflege ihn daher jetzt immer beizeiten selbst umzudrehen und mit Reißnägeln wieder festzuzwecken.

Ich kann mir die Bilder am Gang anschauen. Es gibt da Almhütten und schneebedeckte Berge, Sommerwiesen und Autobahnen. Ich kann auf den Sesseln sitzen, die aus einem Eisenrahmen bestehen und, mit bunten Nylonschnüren bespannt, eine Lehne und eine Sitzfläche ergeben. Die Schnüre sind oft locker, verschieben sich und lassen Löcher an der Sitzfläche, und der Popo hängt durch. Meiner hat nicht viel Überschuß zum Hängen, der Hosenboden ist kaum noch gefüllt damit.
Es gibt drei Fenster, die den Blick auf die Autos der Schwestern und Ärzte der Abteilung und auf den Mülleimer freigeben. Es sind viele Autos – kleine, große, grelle und unauffällige, auch bunt beklebte. Der Mülleimer ist seriös in grau gehalten. Dahinter wachsen riesige Nadelbäume, und sie lassen die Mauer der nächsten Abteilung teilweise durchscheinen. Die Bänke, die vor ein paar Wochen noch oft besetzt waren, sind unter das Vordach des benachbarten Hauses gestapelt worden. Jetzt sitzt niemand mehr im Freien. Die wenigen Spaziergänger sind schon warm angezogen.
Die Schwestern sind geschäftig, außer wenn sie Pause in ihrem Zimmer machen. Das Telefon läutet, Blutproben werden abgeholt und Harngläser verstaut. Listen geführt und neue Patienten aufgenommen.
Ich sehe sie sitzen, am Ende dieses Ganges im Tagraum. Die neue junge Frau und die ältere, mir schon reichlich bekannte, mit den tiefen Ringen unter den Augen, die zu viele Schlaftabletten geschluckt hat, um sich «einmal auszuschlafen». Ich habe nichts zu tun, außer nachher meine Gedanken über das Jetzt aufzuschreiben, um den Anschein zu erwecken, daß ich es jetzt im Augenblick täte. Dabei schreibe ich jetzt und tue nur so, als würde ich jetzt in den Tagraum zu den beiden gehen – weil ich nichts zu tun habe, und mich auf den Klavierhocker zu ihrem Tisch setze. Die ältere Frau macht einen aufgebrachten, fast ärgerlichen Eindruck. Sie spricht auf die junge ein: «Sie können doch nicht erwarten, daß sie der Arzt für gesund hält, wenn Sie dauernd so traumverloren Ihre Hände und Fingernägel betrachten – Sie sind ja ganz abwesend, so benimmt sich doch kein normaler Mensch!» Sie schnaubt in ihrem Temperament, steckt sich hastig eine Zigarette an, nachdem sie die vorige gerade abgedämpft hat. Sie fuchtelt mit den Händen und ist empört. Sie raucht hastig: «Das geht doch nicht, was glauben Sie denn eigentlich, wo Sie hier sind?» Ich weiß schon, wo wir hier sind. – Ich weiß nicht, ob die Junge weiß, wo wir hier sind.
Beim Mittagessen bin ich heute ausnahmsweise an einem Tisch gesessen, gegenüber dieser Neuen. Es hat Auflauf gegeben, für mich zwei Portionen, ohne Zucker. Ich habe allerdings Zucker von meinen Lieben zu Hause in einem Säckchen, das mein Kind mit «Zucker» beschrieben hat, bekommen, und ich gebe ihn ordentlich auf den Auflauf. Wir essen. Mir schmeckt es. Die Frau ißt auch viel, aber sie macht es so mechanisch. Löffel in den Mund und in den Teller – in den Mund und

in den Teller ... sie spricht nicht, macht aber nicht den Eindruck, als wäre ihr meine Anwesenheit unrecht und auch nicht, als wäre ihr überhaupt etwas nicht recht. Sie ist so verloren, so traumverloren. Sie sieht in das Essen, als würde es eine Welt in sich beherbergen. Kleine Wesen auf den Bergen bewegen sich. Die Rosinen, sie klettern die Berge hoch, und der Kristallzucker ist der Schnee. Da tut sich was im Teller, ich kann es jetzt auch sehen. Diese braunen Krusten an den Auflaufstücken, die sind mir sehr verdächtig in dieser Welt. Sie sind geheimnisvolle Tümpel, die seltsam riechen. Ich habe ihr Geheimnis erkundet, es sind angebrannte Bröckchen.

Sie sitzt da und ißt. Ich sitze da und esse. Sie sieht mich an. Selten beginne ich ein Gespräch, aber es ist kein Prinzip von mir. Diese Augen möchten etwas gefragt werden. Ich frage nicht, aber sie weiß, daß ich etwas hören will, und sie sagt:

«Ich bin viel in der Welt herumgefahren. Einmal dahin, einmal dorthin – ich habe nichts –»

Ich verstehe. Sie hat ein breites, kräftiges, sehr weißes Gesicht. Fettiges, aber wenn es gewaschen ist, sicher sehr hübsches halblanges Haar. Ihr Körper unter dem gestreiften Anstaltsmantel ist etwas seltsam. Ich weiß nicht, was an ihm seltsam ist. Er ist nicht dick und nicht mager. Die Beine sehen kräftig aus ... irgend etwas – ist ... Sie scheint ruhig und nicht aufgeregt. Sie legt sich langsam auf ihr Bett nach dem Essen. Sie tut das so umständlich, sie liegt so verquer, wie man sich nicht hinlegt, wenn man ausruhen möchte, oder wenn man nichts Besseres zu tun hat.

Irgendwie ist sie unproportioniert, und auch ihre Unternehmungen entspringen keinem Antrieb. Sie läßt sich so hängen und entspannt sich doch nicht. Sie liegt und dreht ihre Hände von einer Seite auf die andere, ganz langsam, und so wie sie in den Auflauf gestarrt hat, betrachtet sie ihre blutleere Haut. Sie ist so reduziert in allem, was sie tut. Sie fällt in ihr Tun – sie taucht ein – tief und lang – in das laue Hirnwasser ihres Seins.

«Der Süchtling! Wo ist der Süchtling!» So höre ich die Zahnbürstensucherin räsonieren. Also das ist es. Süchtig ist sie und dafür hat man sie hierhergebracht. In der Welt ist sie herumgezogen und Rauschgift hat sie genommen. Ich kann sie sehen, wie sie vor den Landschaften und den Seen steht, sie sieht so viele auf ihren Reisen, und in sie hineinstarrt wie in den Auflauf und wie auf ihre weißen Hände und wie in meine Augen.

Sie möchte etwas gefragt werden. Ich frage nicht, aber sie kommt langsam an mein Bett. Ich sehe sie zum erstenmal von Leben und Energie erfüllt:

«Ich habe in der Blutbank gearbeitet. Ich habe schwer gearbeitet, ich habe oft viel zu tun gehabt. – Dort gibt es Wein und Würste für die

Blutspender, ich habe sie auf einem großen Wagen geführt. – Ich habe schon schwer gearbeitet.» – Ich nicke und horche, nicke und horche. – Sie fällt wieder langsam in sich zusammen, setzt sich auf ihr Bett und betrachtet langsam ihre blutleeren Hände.

Eine Frau hat sich die Haare gewaschen. Sie kommt vom Waschraum mit feuchtem Haar herein. Die Patienten sind angriffslustig auf die neue junge blasse Frau. Sie bietet so gar keine Wand, an der sie ihren Gram wetzen könnte. Sie suchen diese Wand: «Die Haare solltest du dir waschen, wie du aussiehst, ganz verwahrlost! Hier auf so engem Raum muß man sich sauberhalten.» Sie reagiert nur schwach, sie hört kaum hin. Ich glaube, sie weiß gar nicht, daß gerade sie angesprochen wurde, sie ist ja in ihren Händen und in ihrer weißen Haut. Doch jetzt richtet sie sich auf und legt Energie in ihre Beteuerung: «Meine Haare dürfen nicht gewaschen werden, die vertragen nur besonderes Shampoo – sie dürfen nicht so einfach naß werden, das schadet ihnen!»

Mich wundert es, sie nach einer Stunde doch im Waschraum anzutreffen. Sie bleibt ihrem Grundsatz, die Haare nicht zu waschen, treu, aber sie sitzt in der gefüllten Wanne und starrt traumverloren in die weiße Seife. Sie wälzt sie langsam in der Hand – ganz langsam. Die Seife wird immer kleiner und kleiner. Sie wäscht sich gar nicht, aber sie ist schon aufgeweicht. Ich lasse sie mit der Seife allein. Eine Frau in der Wanne, die andauernd in die Seife starrt, wird leicht langweilig. Ich vergesse sie, außerdem habe ich ja etwas zu tun.

Ich starre geistesabwesend in mein weißes Heft, aber das bleibt nicht weiß. Ich bewege den Stift sehr rege und blättere um. Neue Spuren bedecken das neue Weiß. Ich versinke in meinem Tun, und tauche ein – ganz tief – in das Hirnwasser meines Seins. Ich muß aufs Klo. Ich trinke viel, und da ist der Drang oft recht groß, so daß ich sogar mein Schreibzeug weglegen muß. Ich gehe in den Waschraum, und da sitzt die Junge in der Wanne und dreht das letzte Stückchen Seife in den Händen. Das Wasser hat schon einen grauen Film an der Oberfläche gebildet. Der wird Ränder geben, ich höre schon die Küchenfrau bellen, die neben Töpfen auch Wannen reinigt. Da erhebt sich die Frau umständlich aus der Wanne, ganz langsam taucht sie auf, und da sehe ich es –. Das war es, was mir an diesem Körper so seltsam erschienen war – sie trägt ein rundes, gefülltes Bäuchlein! Mich sollte es nicht wundern, könnte ich den Inhalt dieses Bäuchleins erraten ... Langsam, ganz langsam bemerkt sie, daß sie nichts zum Abtrocknen hat. Ich erspare mir zuzusehen, wie sie ganz langsam darauf kommen wird, mich um ein Handtuch zu bitten. Ich will ja schließlich auch wieder aus dem Waschraum, und ich kürze das Verfahren ab, indem ich ihr ungefragt eines bringe.

Es ist Abendvisite. Zu den Neuankömmlingen kommt ein Arzt. Zu uns kommt er abends fast nie. Aber da ist heute jemand, der ihn spre-

chen möchte. Es ist ein junger Arzt, den eine junge Patientin sprechen möchte. Eine blasse Patientin, die einen Babybauch hat. Sie liegt auf ihrem Bett, und die weißen Hände greifen förmlich nach dem Arzt: «Bitte, Herr Doktor, kommen Sie zu mir – bitte, ich habe Angst!» Ein energievolles, von einem Geist besessenes weißes Gesicht hält sich dem Arzt entgegen. Die weißen Hände winden sich vor seinem Kopf. Er setzt sich auf ihren Bettrand, und sie spricht so gedrängt, aber doch überlegt und so wahr. Sie hat Angst. Sie stößt aus ihr heraus – jetzt muß sie es sagen – jetzt, schnell ihm es sagen – solange er noch am Bett sitzt – solange er seine Augen noch auf sie gerichtet hält – der junge Arzt. «Ich war in Hollywood, ich sollte Schauspielerin werden. – Ich war gereist nach Kalifornien. Mich hat es viel herumgetrieben! Ich bin getrieben nach Hollywood! Ich war Tänzerin bei einer Truppe in Vegas. Im Ballett war ich, habe getanzt. – Es ist wahr – hören Sie. Ich bin so viel herumgetrieben. – Ich habe Angst, bitte helfen Sie mir! Ich war Tänzerin bei einem Ballett ...»
Sie hält die Hände des Arztes fest und beteuert ihm ihre Not, daß sie Angst hat und Tänzerin war und daß er ihr helfen solle. Sie wirft sich ihm entgegen, sie hält ihn fest: «Helfen Sie mir – helfen Sie mir –» Ihr, nur ihr, soll ausnahmsweise ganz schnell geholfen werden, denn ihre Bedrängnis ist so ausweglos. Jetzt helfen, denn sie war Tänzerin der Angst! Der Arzt befreit sich von ihr, als er das Spiel einige Zeit mitgemacht hatte und langsam begriff, daß sie in ihrem Beteuern und Ringen genauso tief eintauchte, wie in die stille Betrachtung ihrer Seife und ihrer Hände. Sie bleibt hängen an den einmal begonnenen Aktionen, sie klebt daran und sie ringt damit, sich zu befreien, aus diesem Gedankenschlund, in den sie gefallen ist. Ich kenne sie diesbezüglich schon besser als der Arzt, denn ich lebe schon einen ganzen Tag mit ihr zusammen. Ich atme dieselbe Luft, und der Arzt ist ja eben erst aufgetaucht.
Er verabreicht ihr eine Beruhigungsspritze, und sie schläft ein. In ihrer umständlichen Stellung, auf dem Bett verquer samt gestreiftem Schlafrock auf der groben Decke, die den Namen der Stadt trägt. Sie ist viel herumgereist, ihre Reise hat sie auch hierhergeführt in den Irrgarten, und ich habe sie da auf meiner Reise getroffen, im irren Garten.
Am nächsten Morgen wird sie in eine andere Abteilung gebracht. Sie läßt alles widerspruchslos und unbeteiligt geschehen. Ich vergesse nicht, daß sie auf Wiedersehen sagt. Sie hat nichts mitzunehmen. Sie besitzt nichts. Nur ein paar Lagen Zellstoff nimmt sie mit. Sie hatte damit ihr Nachtkästchen belegt, denn auch ihre Art, die Hände zu betrachten und sie aneinander leicht zu reiben, war die Bewegung, mit der man auf nie abgehendem Schmutz reibt, ein Makel, der sich nicht entfernen läßt, aber der da ist. Sie hat sich abgefunden, den Schmutz nicht loswerden zu können, denn sie braucht ein besonderes Shampoo dazu. Sie

kommt nicht los von dieser Schicht, die auf ihren Händen wie Pech haftet. Sie heißt nicht Marie, sondern Angelika.
«Die Schwester sagt, die ist gar nicht schwanger, die tut nur so.»
Was? Auch eine andere Frau hat diesen Bauch gesehen? Und jetzt soll sie gar nicht schwanger sein? Mir gibt das ein Rätsel auf, wieso jemand einen eindeutigen Babybauch hat und nicht schwanger sein soll. Ich kenne doch diese Bäuche. Ich habe ja meinen gesehen, hochgewölbt schon am Magenansatz beginnend, ein harter runder Vorbau, ganz fest und eindeutig trächtig. Ich lasse mir dieses Rätsel offen, gemäß dem unlösbaren Lebensrätsel, das sich diese Frau gestellt hat.
Ob sie es in der Betrachtung der schmutzigen Hände findet, die mir ganz weiß und sauber erschienen sind? Vielleicht reibt sie sich ihn einmal herunter, dann braucht sie nicht zu glauben, daß er sie bedeckt. Es soll ja eingebildete Schwangerschaften geben. Aber das sich da wirklich ein Bauch wölbt? Vielleicht ist er luftgefüllt.
Ich sehe Angelika nach Tagen wieder im Gelände. Sie geht mit einer Schwester auf die Untersuchungsabteilung zu. Die Schwester trägt das versperrte Köfferchen mit der Krankengeschichte. Angelika geht langsam Schritt für Schritt, sie ist in eine rauhe, grobe Decke gewickelt. Dicke braune Strümpfe wölben sich über den Sandalen, die für diese Jahreszeit viel zu leicht sind. Sie spricht langsam etwas zur Schwester, und dabei macht sie eine erklärende Bewegung mit der weißen Hand. Ich komme entgegen, unsere Wege kreuzen sich, und ich höre die Schwester sagen:
«Aber Sie können doch nicht so einfach in der Welt dahinleben – das geht doch nicht.» Der Weg der beiden führt sicher zum Gynäkologen, wegen des geheimnisvollen Bauches.
Und mein Weg führt mich zurück in meine Abteilung zum Abendessen und zu meinem Heft. Es gilt etwas aufzuschreiben, denn ich bin gerade belehrt worden, daß man nicht so einfach dahinleben kann.
Es wollte kein Ende nehmen. Es ging jeden Tag vor sich in der gewohnten Form. Seite um Seite – Tag um Tag – Nacht um Nacht. Es füllte sich jeder Tag, so wie sich jede Seite füllt. Ich hing daran, ich lebe damit. Ich lebte vom Hunger, wie andere Menschen vom Essen leben. Vielleicht tat ich es nicht, aber zumindest ging ich noch umher, in der Wohnung, auf der Straße. Ich machte meine Gymnastik, um meine Gelenkigkeit zu testen, meinen Körper zu spüren und meine Gewohnheit abzuwickeln. Ich versorgte den Haushalt, und ich las die Zeitung. Ich bemerkte immer öfter, daß ich in den Sog eines ruhigen Wassers eingetreten war. Mein Gewicht stand auf knapp vierunddreißig Kilogramm, und ich fühlte mich in den letzten Tagen beinahe ruhiger und kräftiger.
Ich wußte, der Tag würde sich endlos lang hindehnen, und die Nacht würde eine schlaflose mit kleinen erschöpften Schlafpausen werden,

aber ich hatte dieses Wissen in mich einkehren lassen. Es wurde mein Bewußtsein. Ich lebte damit, und eine andere Möglichkeit gab es für mich nicht. Selbst Essen hätte mir in diesem Zustand keinerlei Erleichterung mehr gebracht. Es hätte meinen Körper eher erschöpft als gekräftigt. Ich hatte keine Sehnsucht nach Essen. Ich lebte von meiner eigenen starken Knochensuppe, die ich direkt in mir selbst verzehrte. Ich war Selbstversorger. Ich hatte keine Sorge um mich. Ich hatte sie ausgeschaltet. Die Sorge wurde durch Spannung ersetzt. Ich lebte auf etwas zu. Ich hatte einen Lebensinhalt. Ich wartete. Ich erwartete etwas. Es war nichts, was ich erhoffte oder ersehnte. Jetzt war es.
Eine gemäßigte Ruhe breitete sich selbst über meine zeitweilige Unruhe. Ich stand über meiner Unruhe. Ich fürchtete nichts mehr, was mein Gerüst, auf dem ich hing, zerstören oder beschädigen konnte. Ich hatte alle Bekanntschaften aufgelöst. Ich wollte sie nicht, ich brauchte sie nicht. Gesellschaft anderer war mir so überflüssig wie das Betrachten von Dingen in den Geschäften. Ich beobachtete an mir sogar wieder die Ruhe, außerordentliche Beschäftigungen in mein System einzubeziehen. Ich fand wieder etwas Zeit, und ich konnte mich in meinem Zwang freier bewegen. Ich änderte oft meine Spazierrouten. Ich fand Zeit und Ruhe, mit meinem Kind zu zeichnen oder Musik zu machen.
Mein Leben war so nackt und beinhart geworden, daß ich mich getraute, weiter auszuholen und keine Angst hatte, verletzlich zu sein. Ich versteinerte mehr und mehr, wurde aber zugleich beweglicher und unternehmungslustiger. Ich badete in der letzten Essenz meines Blutes und meiner Energie. Ich hatte die letzten Reservekräfte mobilisiert. Sie waren der beste Treibstoff für mich Menschenwesen. Dorthin, auf den Grund meines Reservoirs, hatten sich die besten Nährstoffe gesammelt. Meine Augen waren weiterhin geschwollen. Die Geschwulst legte sich jetzt nicht mehr bis zum Anwachsen der neuen. Besonders nachts quollen die Augen auf. Sie fanden keine Ruhe. Waren sie geschlossen, so ruhten sie sich nicht mehr aus. Ein seltsames Flimmern und dieser Zug nach innen, in die Augenwinkel hinein, verstärkte sich.
Mein Gesicht war selten entspannt. Versuchte ich es absichtlich locker zu lassen, so verwandelte es sich in die Fratze der Entspanntheit. Das Muskelspiel, das locker oder angespannt ist, sagte mir seinen Dienst auf. Es war wenig da, um mit ihm zu spielen. Knochen lassen sich nicht willkürlich bewegen. Sie sind überhaupt unbeweglich und starr. Und dieses letzte braune Fleisch an meinem Gesicht wollte sich durch die Augenwinkel verflüchtigen. Mein Körper wollte meine Haut auf dem Gesicht aufessen. Diese trockene braune Haut konnte er vielleicht noch in ein bißchen Energie umwandeln. Meine Hände waren verkrampft. Besonders, wenn ich aus den kurzen Schlafpausen erwachte, spürte ich meine Fingernägel in die geschlossenen Innenflächen meiner Hände gekrallt, und lange blieben diese Löcher dort eingeprägt.

Meine Fußsohlen wurden ebenfalls platter. Weiterhin konnte ich an mir die starre Ruhe und Freude an spaßigen Beschäftigungen finden. Ich lehnte mich an meine engsten Mitbewohner wieder mehr an. Ich hatte sie nicht so ungern um mich. Ich empfand sie ein bißchen als Schutz, für meine letzten, spröden Tage, die sich in sonderbarem Licht, aber sonst in der alltäglichen Form abspielten.
Ich hatte jeden Tag meine Attraktion. Ich hatte einen Zirkus. Ich war jeder Künstler und jeder Zuschauer. Ich spielte die Nummern meines Lebens – ich spielte mit meinem Leben. – Am besten war ich in der Nummer, in der das Gerippe kocht und vor den vollen Töpfen verhungert. Das mußte es tun, sonst könnte es diese Nummer nicht mehr geben. Der Inhalt des Schauspiels wäre verlorengegangen. Ich gab meinen Beifall allabendlich neuerlich kund und ermutigte das Gerippe, weiterhin zu spielen. Mein Zirkus war kostenlos. Er kostete nur das Leben, und um das ging es ja hier. Das Leben war der Inhalt des Schauspiels und das Motiv zum Spiel und es war das Ergebnis des Bemühens. Es war auch der Applaus des Publikums. Es war geheim, es spielte sich im geheimen ab. Ich wollte keine Mitwisser. Ich wollte meinen Einpersonenbetrieb erhalten.
Ich habe mich vollgegessen und müdegelebt. Der Sandmann kommt bald zu mir. Morgen darf ich wieder essen, es ist mir eine große Beruhigung. Morgen darf ich wieder leben. Ich nehme das leere Paket gern an. Ich werde es füllen, oder ich werde es leer lassen. – – Heute ist schon morgen geworden. Ich konnte eigentlich gestern gar nicht wissen, ob es morgen werden würde. Ich bin vor Freude auf das Morgen nicht geborsten, das pflegt man ab einem gewissen Alter nicht mehr zu tun. Man hat sich an die Ereignisse schon so gewöhnt, die auftauchen können. Die Skala der Möglichkeiten, die imstande wären, die Regeln des Lebens zu zerreißen und begeisterte Spannung zu geben, sind gering.
Früher, als ich ein Kind war, da gab es manchmal irgendein besonderes Ereignis, das mich schon Tage vorher erregte, und ich fieberte darauf zu. Meine ganze Energie, die ich vorher in die Spannung legte, entlud sich im eintreffenden Ereignis. Wenn es vorbei war, war ich meist so müde, daß ich einschlief. Ich bekam nicht viele Spielsachen, ich hatte nicht viel, aber manchmal, da wurde ich Besitzer eines Puppenkoffers oder eines neuen Baukastens, und die Nacht verging, und ich fieberte dem neuen Morgen entgegen, der mich wieder mit den neuen Sachen spielen ließ. Ich vergaß dabei alles um mich, ich ordnete stundenlang die Puppenkleider und legte das Püppchen hierhin und dahin – ich war dabei – ganz dabei – ich hatte keine Sorgen und keinen Wunsch –
Es ist belanglos aufzuschreiben, daß das heute nicht mehr so sei und warum ... Jeder weiß es ... Es gibt nichts ... Das Lieblingsspiel des

Kindes ist das «Erwachsen spielen», und das beflügelt es, darauf fliegt es zu, denn es scheint die Vollendung, die Krönung und die nötige Ergänzung dieses Kinderseins zu werden. Der Wunsch danach erfüllt es schon früh. Der Wunsch und die Gestaltung dieses Wunsches erfüllt das Kind-Sein. Ich werde älter und jeder Wunsch wird aufgefressen von der Energie, die ich zum Leben brauche. Gefressen von der Ansicht, daß es nicht genug sei, was ich hier schreibe, daß es mir nicht wahr genug, nicht tief genug sei, daß es anders sein sollte.

Ich habe mir ein Spiel geschaffen, dem ich am Abend entgegengefiebert habe. Ich habe es mir selbst gebaut und meinem Leben einverleibt, und deswegen habe ich gestern abend geschrieben: Ich darf leben, und ich nehme dieses leere Paket gern an. Ja, ich erinnere mich, ich freute mich gestern abend auf JETZT. Ich sah mich wieder sitzen, mit dem Heft auf den Knien und dem neuen Kugelschreiber. Ich war höchst gespannt, wie ich heute meinen Stift bewegen würde, mühsam oder leicht. Wie es flitzen würde über das Papier. Ich habe mir die Erwartung wiedergegeben, die ich als Kind neu erfundenen Spielen gegenüber aufgebracht hatte. Ich habe es für mich gefunden zu schreiben und ich bemerke mit Erstaunen, wie vielfältig dieses Spiel ist und wie es immer wieder neue Variationsmöglichkeiten ergibt. Ich hänge daran zu beobachten, was mir neu ist.

Es gibt wieder Neues für mich, ich habe es aufgefunden. Ich brauche oft lang, bis ich mich im Schreiben eingefunden habe. Ich kann es an den Zeilen hier spüren, sie finden keinen rechten Anfang zum Ende, und ich stelle an mich nicht die Forderung, etwas zu finden. Ich tüftle herum in meinem Gehirn, lege einen Gedanken über den anderen, schiebe sie von hier nach da, rüttle die Gedanken wie ein Würfelspiel in meinem Kopf ... Ich schüttle noch einmal – – – ich werfe – – nichts weist sich – – – Stille – – – der Ober bringt mir einen Kaffee. Ich nehme, auf das äußerste konzentriert, mit aller Sorgfalt und Genauigkeit, die ich aufbringen kann, noch einmal meine Würfel in die hohle Hand. Ich sehe sie an, die schwarzen, roten und violetten Würfel mit den leuchtenden Punkten, die mich mit blitzenden Augen ansehen, und ich schließe die beiden Hände darum – ganz sorgfältig und langsam tue ich es. Ich erhebe die hohlen Hände zum Ohr und horche – ich höre sie durcheinanderkollern in dumpf verhaltenem rütmischem Gewirr – – und ich öffne die Hände und entlasse die Gedanken mit den blitzenden Augen – – – sie rollen aus und liegen vor mir auf dem Tisch – – die Augen sehen mich listig und verschmitzt an – ein Auge – fünf Augen – sechs Augen, sie lächeln gutmütig über mich, denn sie wissen, daß ich beim Spiel, das «Aufschreiben», heißt, nach dem geeigneten Faden suche, den ich gestern abend ausgelassen habe und den ich heute morgen nicht mehr erhaschen kann. Es müssen meine Augen sein, die hier auf dem Tisch leuchten. Sie sind golden.

Ich zücke meinen goldenen Kugelschreiber, nein, er ist nur gelb und einer von der billigsten Sorte, und lasse ihn über das Papier rollen. Er schreibt sich gut ein. Er drückt regelmäßig und klar auf. Er hinterläßt dünne blaue Spuren auf dem makellos weißen Papier.
Makellos weiß sind die Mäntel der Ärzte und Schwestern, die eben Visite machen. An mir sind sie bereits vorbei.
«Na, jetzt noch kräftig das Konditionstraining betreiben, das stärkt die Muskeln!» Das waren die Worte der heutigen Lesung!
Zwei Betten weiter liegt ein Mädchen. Neunzehn Jahre ist sie jung, und sie hat einen sonderbaren Wunsch – einen irrsinnigen Wunsch: Sie will Nonne werden. Diese Wahnsinnsidee fordert das Lachen der Schwestern heraus. Ein neunzehnjähriges fickriges junges Blut will sich hinter den Mauern der Keuschheit verschanzen, nur um der Enttäuschung, daß ihr der erste Fick nicht recht gelingen würde, zu entgehen.
Enttäuschung ist eine Arbeit. Es ist die Enttäuschungsarbeit. Sie hat sich getäuscht, jetzt muß sie sich wieder enttäuschen. Sie hat sich verwickelt, jetzt muß sie sich wieder entwickeln. «Entwickle dich täglich», soweit mein neuer Slogan für heute! Von mir für mich –
Die Schwestern schwanken zwischen boshaftem Gelächter über die neue Patientin Margit, das sie diesmal gar nicht flüsternd über die Schulter vollführen und zwischen gutmütigem Augenzwinkern zur Patientin: «Geh, du wirst doch nicht blöd sein – das meinst du doch nicht im Ernst – das ganze Leben liegt ja noch vor dir –» Ja, das ist es ja eben, dieses ganze Leben und dieser Ernst. Er heißt nicht Ernst, sondern sein Name ist Angst und deswegen will sie ins Kloster.
Margit hat ein weiches Gesicht mit großen, aufgerissenen braunen Augen und braunem Wuschelkopf drumherum. Sie gibt sich nicht modern, sondern eher altmodisch, sie scheint aus Familie «Reich» zu stammen. Sie liest gern Alte Meister, aber auch bei den Alten Meistern geht es ihr wie anderen mit der Illustrierten. Sie trägt einen seidenen, langen Schlafrock mit bunten Vögeln daran, Paradiesvögel sind es, bunt auf schwarzem Seidengrund. Die aufgestickten Tiere bewegen sich aufreizend im Faltenwurf, wenn Margit ihre dicken Hüften und ihren saftigen Popo durch den Schlafsaal schwenkt. Sie tut das besinnlich und genußvoll langsam. Sie ißt und nascht gern. Ob sie das als Nonne noch wird tun können?
Ihre Mutter war von dem phantastischen Wunsch des Mädchens, sich taufen zu lassen, denn im Genuß dieses Aktes steht sie noch gar nicht, und das Elternhaus mit dem Kloster zu vertauschen, an ihrem wundesten Punkt getroffen worden. Das hat sie sogar veranlaßt, das allerliebste Kind ins Irrenhaus zu stecken. Das Mädchen lehnt die Ehe ab, sie lehnt ab, was sie neunzehn Jahre lang vor Augen haben mußte: Wohlhabende und gebildete Eltern. Sie lehnt die Ehe eines wohlhaben-

den und gebildeten Ehepaares ab. Sie will es nicht mitmachen, es kommt für sie nicht in Frage, nicht als Zuschauer und nicht als Akteur. Aber die Mutter kann nicht mehr zurück, sie ist festgenagelt.
Einmal ihrem Gott versprochen und angetraut, ist sie eingetreten in die düsteren hallenden Mauern der Einsamkeit eines Klosters. Ein Irrwitz ist es von dem Mädchen und ein rasender Hohn gegen die Mutter, dieses Spiel auf die Spitze zu treiben und wahrhaftig in ein Kloster eintreten zu wollen. Auf ein Leben lang, jemandem mit Ehering angetraut, der gar nicht auftaucht und vor dem man in der langen Kutte, aber ohne aufgedruckte Paradiesvögel, kniet und die Hände zum Gebet erhebt. «Herr, verlaß mich nicht, ich habe dir ja nichts getan!» Er hat sie verlassen, weil sie nichts getan hat.
Das kleine Mädchen Margit war immer allein mit der zu Tode betrübten und bis aufs Messer reizbaren Mutter und oft hat sie das Leid der Mutter am eigenen Geist verspürt.
Intellektuelle quälen mit dem Geist. Gebildete Eltern, die ihren Kindern alles bieten und sie verstehen wollen, quälen durch ihr Verständnis. Denn das Verständnis ist der goldene Käfig, in dem die Paradiesvögel geatzt, gepflegt und gefangengehalten werden. Diese goldenen Stäbe des Edelmutes, die halten wie Gußeisen, und Margit kann den Rost durchschimmern sehen. Sie ist gewöhnt an die Stäbe des Käfigs. Sie möchte ihn nicht loswerden, aber sie möchte ihn gern gegen einen vertauschen, den sie sich selbst aussuchen darf.
Sie wählt die steinernen Klostermauern, aber das darf sie nicht, denn die Mutter betrachtet es als Irrsinn, daß sie nicht im goldenen Käfig bleiben, sondern einen steinernen haben will. Will sie nicht im goldenen Haus bleiben, darf sie nicht ins steinerne Haus, so muß sie ins Irrenhaus, und die Schwestern lachen über sie.
Ich habe Filzstifte. Viele, in den verschiedensten Farben, ich biete sie ihr an, weil sie so darauf schaut. Sie nimmt einige und zeichnet etwas. Es ist der Kopf der Computerfachfrau. Ich freue mich, daß meine Stifte einem Menschenkopf für kurze Zeit zur Entspannung verhalfen. Warum sie gerade diesen Kopf gewählt hat? Sie hätte ja auch meinen wählen können. Eigentlich hätte sie diese Pflicht gehabt, weil ich ihr doch meine gehüteten Stifte geborgt habe. Oder sie hätte ihren eigenen zeichnen können, nein, diesen Kopf hat sie gewählt, in dem der Wahnsinn nach dem Traum seine Bahnen zieht, dieser Kopf, der liegt ihr am nächsten.
Auch Margit hat einen Traum: «Ich glaube, jeder sucht Gott, jeder sucht nach dem Totalen –» So formuliert sie ihren Traum zu einer ebenfalls jungen Frau, die in die Abhandlung eines schwierigen Werkes vertieft zu sein vorgibt. Ich esse mein Müsli aus einer weißen Plastiktasse. Es ist gemischt aus goldgelben Haferflocken, weißen Nüssen, großen Rosinen und Zucker. Obenauf habe ich es mit Weintrauben be-

legt und mit dicker Milch getränkt. Es zergeht auf der Zunge. Der Zucker fährt ins Blut und der Saft der Weintrauben zerrinnt gleichmäßig über dem saftigen, körnigen Brei im Mund. Ich esse langsam und bedächtig. Die Nüsse knacke ich einzeln mit den Vorderzähnen auf und lasse den süßen Brei darüberfließen. Dann zerdrücke ich eine Weintraube auf der Zunge. Sie hat kleine Kerne und süßes Fleisch. Ich esse langsam, Löffel für Löffel, während ich bei den beiden Frauen sitze, die nach dem Totalen suchen. Ich nehme wieder einen Löffel und gebe mir den totalen Genuß dieses Müslis. Die beiden sehen mich essen. Ich weiß, sie wissen, daß ich ihnen das «Totale» unter die Nasen halte.

Wie ich fühlen kann, sehen sie es gar nicht so gern, daß ich hier so seelenruhig total beschäftigt bin mit meinem goldgelben Brei. Beide weisen hochgradigen Hüftumfang, feiste Schenkel und dicke Oberarme auf. Sie erfreuen sich dieses Besitzes nicht, und eine will dafür ins Kloster gehen, weil sie denkt, mit so viel Fett käme sie zu keinem delikaten Fick, und die andere glaubt, in den hochgeistigen Abhandlungen eines einsamen Gehirns ein Rezept zum Abnehmen herauszulesen.

Wie sollten sie da mich gern sehen, mit meinem schmatzigen Müsli am Löffel, das so sehr ihre Qual stillen würde und das sie aber nicht essen dürfen, weil sie sonst noch dicker würden. Schlank sein – beweglich sein – beneidenswert total – durch Askese – durch Klosterluft und Lesen – durch Hungern – Müsli, bestehend aus Haferflocken und getrocknetem Obst ist wichtige Aufbaunahrung für geistig arbeitende Menschen – schlank bleiben – hungern – einen gereinigten Geist haben – rein sein – im Kloster leben – sich in Werke vertiefen – denken – bewegen – schlank sein – schön sein – einen beweglichen Geist haben – total sein – Liebe und Anerkennung für Schlankheit und Schönheit . . .

Liebe und Anerkennung durch Hungern
Ich hungere nach Liebe und Anerkennung
Sie hungert nach Liebe und Anerkennung
Er hungert nach Liebe und Anerkennung
Wir hungern nach Liebe und Anerkennung

Uns hungert – der leere Magen öffnet seinen Schlund, und er läßt ein höllisches Knurren los. Das Loch dehnt sich und dehnt sich, wie der Muttermund bei der Geburt eines Gedankens. Das Knurren wird zum grauenhaften Grollen und Brausen, und das Loch wächst ins Unendliche und verschlingt seinen Ursprung – total leer – hungern macht total leer – Hunger stillt die Sucht nach Liebe und Anerkennung durch Hunger.

Ich bin froh, daß ich eine Kapuze habe. Die wollenen Handschuhe schützen die Hände kaum mehr vor der Kälte. Die Finger sind ganz klamm, und sie umkrampfen den Stift. Sie werden sich schon warmschreiben. Noch vor nicht langer Zeit stand ich am vergitterten Fenster im Waschraum. Draußen standen die alten mächtigen Kastanienbäume in bunter Lebenspracht. Es war noch warm, und die Menschen saßen auf den Bänken. Ich sah hinaus auf alles, das man Leben nennt, und ich wußte, ich war bereit, dieses Leben zu verlassen. Seine Essenz heißt Tod, und dahin wäre ich lebend gegangen. Ich hing nicht an diesen Bäumen und an diesen Menschen auf den Bänken, nicht an ihren Stimmen und an ihrer Regsamkeit.

Es war ein schöner, warmer Sommertag, an dem ich bereit war, dieser Landschaft das Gesicht des Todes zu verleihen, sie bloß zu wenden, denn mir schien nicht, als müßte ich etwas verlassen. Mir war nicht so, als hätte ich dieses Leben jemals besessen oder mir gewünscht.

Dann war es Herbst, und jetzt sind meine Finger steif vom Frost des Winters. Der Sturm treibt die ersten vereinzelten Schneeflocken in die Ecken und Winkel der alten abgebröckelten Mauern der Gebäude.

Ich wandere unermüdlich und, wie man so sagt, lebend, mit meiner Pelzkapuze durch den Park. Ich dachte damals, ich würde nicht mehr wandern, ich dachte fast, ich wollte es nicht mehr, aber ich habe mich auf der Ebene, wo es keiner Entscheidungen bedarf, wieder auf die Seite der Jahreszeiten, der Kälte, der Wärme und des Lebens geworfen; und es ist gut so, denn was hätte ich dann mit meiner Kapuze gemacht. Die gehört ja für den Sturm, für den Schnee, für die Kälte und für mich.

Ich lebe hier schon lange. Ich habe schon viele kommen und gehen sehen und ich weiß nicht, wann ich mich gehen werde sehen. Ich lebe seit diesem Spätsommertag schon so lang, daß es genug wäre, um zu sagen: «Ich habe gelebt, ich kann sterben. Ich habe alles gehabt, was ich mir wünschte, alles erlebt, was ich erwartet und erträumt habe. Ich kann ruhig sein, und diesen ersten Schnee in den Ecken der alten abgebröckelten Mauern der Häuser verlassen, ohne ihn zu vermissen –»

Zuerst möchte ich aber unbedingt noch meinen heißen Kaffee trinken, der eben hereingerollt wird. Und außerdem möchte ich noch einige Seiten schreiben ... möchte noch – noch – ich möchte noch! Ich möchte noch nicht – das heißt, ich möchte noch sagen – ich meine, ich lebe gern ... gern, hier und jetzt im Winter mit klammen Fingern, in denen der Kugelschreiber hängt und Spuren über das schneeweiße Papier zieht. Wie ein Schlitten gleitet er dahin, kräftig und leicht. Vorn mein Rößlein mit der Kapuze.

Viele Patientinnen haben dieses weiße Eisenbett neben mir schon benützt. Sie kamen und gingen wieder und Neue kamen. Manchmal haben sie geschnarcht. Nahe stehen die Betten hier aneinandergerückt. So viele sind schon hier gelegen, und jetzt erst erinnere ich mich an die

Frau, die damals, als ich hier meine erste Infusion bekam, Bewohnerin dieses Bettes war.
Als ich hier ankam, noch so neu war, und die Gestalten an mir wie Gespenster vorbeizogen und ich selbst wie ein ausgemergeltes Stück Haut dalag, damals, als die ganze Hoffnungslosigkeit, in dieses Leben noch einmal einzusteigen, über mir hing und mir die Geschehnise in zerklüfteten und zusammenhanglosen Einzelbildern entgegeneilten, da lag sie da, diese Frau, und sie trat mir entgegen, so wie sie war.
Still – still, sie sprach nie und mit niemandem. Langsam – sie bewegte sich so langsam. Sie aß langsam und wenig, sie las, aber sie tat es so langsam. Sie war so still und so verlangsamt. Sie hatte braune Augen in einem fahlen Gesicht und dunkles kurzes Haar. Sie war so unauffällig. Sie schien nicht betrübt zu sein, war Leben in ihr? Dachte sie? Wenn, dann sicher nur ganz langsam, oder kann man nicht sehen, wie schnell jemand denkt? Ist das Denken abseits des Tuns? Denken tut nichts –. Sie schien unbeteiligt an ihrer Umgebung, aber sie reagierte immer, wenn etwas unmittelbar an sie herantrat. Sie gebärdete sich seltsam, aber nach und nach konnte ich beobachten, daß sie sehr wohl lebendig war und alles zu ihrem Wohle tat. Langsam tat sie es. Ein fahles Gesicht, starr, die Gestalt starr, wie unbeweglich. Sie ging so steif und so langsam. Konnte sie nicht anders, oder wollte sie es so? Sie schien auch so fern, entrückt zu sein, und wie von fernher steuerte sie ihren Körper. Er tat langsam, aber sicher, was sie ihm zu tun befahl, und er tat immer Übliches und Angebrachtes. Ihre Reaktionen paßten genau in diese Welt und sie waren den Zeiten und dieser Welt angepaßt und alles traf sich mit dem Leben. Sie selbst aber war viel langsamer als diese Welt, sie kam von fernher, und ich bin nicht sicher, ob sich dort überhaupt irgend etwas abspielte.
Sie stellte eine sichtbare Brücke für mich dar, zwischen dem Leben um mich, der Zeit und dem Atem, und dem Dort, wo die Befehle dazu ihren Ursprung haben. Bedenklich gab sie dort ihre Befehle an den Körper, hier herüben neben mir, neben meinem Bett, bewegte er sich langsam, richtete sich auf und ging bedächtig und starr zum Essenwagen, um sich Kaffee und ein Stück Brot zu holen. Die Frau trug über ihrem unscheinbaren grauen Leibrock einen dunkelblauen Schlafrock. Es war damals noch warm draußen, aber ihr Körper schien in diesem Leben eher zu frieren. Sie setzte sich an das Fußende des Bettes und führte die Schale langsam zum Mund. Die Augen blickten ausdruckslos in die Ferne. Sie trank und aß langsam. Schmeckte sie etwas? Sie aß, und warum sollte sie es ungern tun, sie hätte ja nicht essen müssen.
Sie hatte auch kein Minenspiel. In ihrem Gesicht war nichts zu lesen. Lebte sie? Erst lange Tage nach meiner ersten Begegnung mit ihr konnte ich sehen, daß auch in diesem Gesicht etwas geschrieben stand. Sie war fertig mit dem Essen, sie erhob sich, um bedächtig die Schale zum

Wagen zurückzutragen. Sie bewegte sich starr zurück zu ihrem Bett. Für kurze Zeit sah sie an das vergitterte Fenster. Sah sie hinaus? Sie blickte nach nichts. Sie stand da, so als würde sie überlegen, was sie jetzt tun wollte. Sie legte sich vorsichtig zurück auf das Bett. Sie ließ die Arme links und rechts von ihrem Körper liegen und schloß die Augen. Selbst diese Geste verlief lang und tönend, wie ein Glockenschwung. Eine ganze Weile dauerte es – eine Weile lang war sie dabei, die Augen zu schließen und nicht mehr zu öffnen.

Sie lag da neben meinem Bett. Ein Gespenst, ein langsames Gespenst. Ich lag da, ein so mageres Gespenst. Im Waschraum, damals am ersten Morgen, als ich aufwachte und doch gedacht hatte, man würde mich mit der Schlaftablette einschläfern wollen, auf immer, da sah ich in den Spiegel. Ein knochiges, faltiges Gesicht sah heraus. Ich hatte irgendeine Beziehung dazu, eine entfernte Beziehung, da stand diese Frau neben mir und wusch sich. Ich habe sie noch nicht gekannt, denn sonst hätte ich wahrscheinlich ein wenig Scheu vor ihrer befremdenden Art gehabt. Ich habe sie zum erstenmal gesehen und mir fiel damals schon auf, wie langsam sie sich wusch. Ich bat sie um ein Stück Seife. Ich hatte keine, und ich war so fettig und schmierig von dem Reis, den ich in den Zahnbecher gepackt hatte.

Sie reagierte nicht sichtbar auf meine Bitte, aber ich spürte so etwas wie eine Zustimmung. Von wo aus sie diese zu erkennen gab, weiß ich jetzt eigentlich nicht mehr, aber damals war es mir eindeutig sicher – sie borgt mir ihre Seife. Es war eine duftende, grüne, durchsichtige. Jetzt fällt mir ein, daß man sehr wohl Reaktionen an ihr merken konnte, aber sie gab diese nicht in herkömmlicher Weise von sich. Sie blieb immer starr, aber sie lebte und gab Regungen von sich. Sie vibrierte in Starrheit. Oder war es meine Regung, die mir als ihre erschien? Vielleicht ging alles Regen nur von mir aus, und sie tat wahrhaftig nichts – rein gar nichts. Sie war nur langsam und wie ferngesteuert.

Einmal glaubte ich, sie ertappt zu haben. Sie gähnte. Sie gähnte aus tiefster Seele, lautlos und tief. So wie ich das Gähnen kenne, als Möglichkeit, sich Sauerstoff in die leeren Lungen zu pumpen. Ausgiebig tat sie es. «Sie ist schläfrig, einzig und allein dauernd schläfrig.» Doch das wäre eine zu einfache Lösung gewesen. Sie war nicht nur schläfrig, obwohl ich mich langsam an ihr Gähnen gewöhnte. Sie tat es oft und lang. Sie sprach mit dem Gähnen. Sie sagte etwas.

Ich konnte ihr Alter nicht schätzen. Ich konnte nicht sehen, ob sie noch jung oder schon älter war. Damals schienen mir alle Menschen viel jünger zu sein, als sich herausstellte. Ich sah manche Frauen immer so jungfräulich, so losgelöst von jedem Niederschlag einer Lebensrolle oder Aufgabe. Wie alterslose Wesen, wie ihr eigenes Wesen selbst, so begegneten sie mir, wenn sie an meinem Bett vorüberzogen.

Bei den Infusionen mußte ich lange Zeit ruhig liegen, und ich sah sie

alle durch meine Entspanntheit und Ruhe gehen, die Gespenster. Gespenster sind ewig jungfräulich. An ihnen kann nichts verletzt werden, was sie nicht mehr so sein ließe, wie sie waren und was sie waren.
Ich war ein wenig erstaunt, als sich herausstellte, daß meine langsame, stille Nachbarin Mutter von vier Kindern war und Witwe noch dazu. Es scheint mir jetzt fast unvorstellbar, aber diese Information kam aus dem Mund dieser Frau selbst. Sie muß von irgend jemand gefragt worden sein, und sie antwortete sogar. Sie sprach nicht widerwillig, sie gab langsam und bestimmt Auskunft in wohlgeordnetem, ruhigem Tonfall. Aber wie immer sehe ich sie in meiner Erinnerung nicht sprechen, und die Zusammenhänge, die zu dieser Äußerung geführt haben könnten, sind untergetaucht, aber ich weiß, sie hat es gesagt und ich habe es gehört.
Ich bin aufmerksam auf diesen Menschen geworden. Nach und nach löste sich die Starrheit, mit der ich sie betrachtete und die ich in ihr gesehen habe und es begegnete mir ein langsamer, stiller, lebender Mensch, dessen Art es war, tief und erholsam zu gähnen, viel zu liegen und langsam sich zu erheben. Das Gesicht mit den braunen, reinen Augen trat mir entgegen, ich konnte es sehen.
Der Mund war etwas schmal und ein klein wenig an den Winkeln nach unten gezogen. Das wäre vielleicht ein Anhaltspunkt gewesen, es verkrampft und verhärmt zu finden, doch das war es nicht. Es war manchmal sehr hell und die Augen ganz klar. Es war ruhig und locker, es bewegte sich in genau der verzögerten Weise wie dieser Körper. Wie gar nicht sichtbar, aber doch sehr spürbar, regten sich diese Züge, und die Augen gaben verschiedenes Licht. Der Mund bewegte sich, und es bildete sich eine Sprache. Die Augen sahen auch auf mich, aber sie blickten durch mich. Ich beobachtete dieses Wesen gern, ich fühlte mich sehr verwandt, und ich merkte, daß ich auch langsamer wurde.
Ich ging langsamer, ich ließ Ruhe in die Bewegungen ein und siehe, ich fühlte mich so, wie ich mich mir gab. Ich experimentierte mit dieser Erfahrung, und mir war, als würde eine Beziehung zwischen uns bestehen. Diese Frau hat vielleicht nie etwas davon bemerkt. Sie war dazu nicht nötig. Ich habe diese Beziehung gefunden und gewollt und sie gehabt. Die Art dieses Verhältnisses spielte sich nur von mir und zu mir ab. Ich war langsam und still. Ich aß langsam, ich bewegte mich langsam und ich fühlte mich langsam.
Konnte ich eintreten in die leeren Hallen, in denen die Antriebsmaschine für das Verhalten dieses Patienten sich befand? Ich fühlte so – von fern her – bewege ich mich – langsam und ohne viel Energie zu verbrauchen – keine unnütze Bewegung – kein Zerflattern – langsam und bedächtig – nur nicht zu viel – es tut gut, sich nicht auszugeben für nichts – nichts tut nichts – –
Jetzt weiß ich, wie sie lag, denn ich habe mich gesehen. Sie konnte nicht

anders, sie ließ sich nicht anders. Deswegen war sie Patientin. Das war ihre Krankheit. Ich wechselte meine Langsamkeit wahlweise, wie mir zumute war. Ich trat heraus aus der Drosselung meines Verhaltens. Sie konnte nicht. Sie durfte nicht. Ich hörte die Schwester einmal im Vorbeigehen sagen, und es war meine Lieblingsschwester: «Irma, du steigerst dich schon wieder hinein.» Was hatte das zu bedeuten? Was meine Lieblingsschwester sagte, mußte irgendeinen wahren Kern in sich bergen. Ich wußte, was es bedeutete. Das, was ich sehen konnte! Die Schwester hat bei ihr einen krankhaften Zustand in Betracht gezogen, ich habe ihr Wesen gesehen, denn es ist mir als Gespenst erschienen.

In den darauffolgenden Tagen konnte ich eine geringe Veränderung an ihr feststellen. Sie war langsam und gedrosselt wie zuvor, aber sie wurde unternehmungsfreudiger. Mit abgezirkelter Bewegung nahm sie ein Buch zur Hand und führte es vorsichtig vor die Augen. Ich habe nie geachtet, wie lang sie zu einer Leseseite brauchte, aber umblättern hörte ich sie nie. Sie tat es aber sicher. Sie tat überhaupt alles, was auch flinke Menschen tun, nur ohne den geringsten Aufwand an Energie und ohne Schnörkel. Scheinbar paßt alles, was getan werden muß in den Tag, egal ob man es schnell oder langsam tut. Sie war wie ihre eigene Uhr, ihre Bewegungen waren der Minutenzeiger, den man unbeweglich vermutet, aber der stetig weitergeht, ohne daß man es genau sehen könnte.

Sie begann zu lesen. Manchmal aß sie einen Apfel. Sie tat auch etwas, das ich von ihr nicht erwartet hätte. Sie schien mir so zurückgezogen und unauffällig und das setzte ich gleich mit schamhaft. Ich war deshalb erstaunt, als sie abends, mitten im Schlafsaal, ihren Rock auszog, den Pullover ablegte und sich pudelnackt auszog und sich seelenruhig ihr Anstaltsnachthemd überstülpte. Sie trug keinen Büstenhalter, und das hätte ich doch von ihr erwartet. Die Mutter von vier Kindern, die Witwe war und so ein verträumtes Mädchengesicht hatte, nicht zu vergessen den herben Zug um den Mund, die trug ihre vollen, etwas schweren Brüste offen und frei unter dem Pullover. Ihr Körper war nicht dick, er hatte keine Ecken und Kanten, er war glatt und rund – er schien mir so wie das Gesicht: Mädchenhaft.

Sie pflegte die nächsten Tage in die Nähstube zu gehen. Sie tat es pünktlich und langsam. Sie kam immer zu den Mahlzeiten zurecht. Sie konnte das Programm genau und pünktlich erfüllen, es war auch ihr Programm, und sie schmiegte sich in die Zeit wie ein liebenswertes, unscheinbares Faultier. In ihrem Gesicht konnte ich jetzt öfter ein Aufleuchten erkennen. Es wurde regsamer. Sie schmunzelte mit den Augen, manchmal, wenn gelacht wurde, und ich konnte sehen, daß sie alles mitverfolgte und mitten im Geschehen stand. Nur schmunzelte sie langsam und verträumt über dieselben Witze wie die anderen, und da

löste sich auch dieser harte Zug um den Mund, der sie mir als Witwe und Mutter von vier Kindern bezeichnete.
Wenn ich schon lang an der Infusion gehangen hatte, mußte ich jedesmal auf die Schüssel. Ich hatte sie unter dem Bett stehen. Die Schwester schob sie mir unter den Popo und ging wieder hinaus. Ich füllte die Schüssel und wollte niemanden rufen, das drückende Ding zu entfernen und hatte die glorreiche Idee, es selbst zu tun. Den einen Arm an die Nadel gefesselt, der ja nicht bewegt werden durfte, da sonst die Vene durchstochen werden könnte und die Infusionsflüssigkeit in das Gewebe dringen würde, zog ich langsam mit der freien Hand die Schüssel an den Bettrand, um sie langsam hinuntergleiten zu lassen. Als die volle Urinschüssel an die Bettkante gewandert war und in der Schwebe hing, ich sie weder vor noch zurückbrachte, weil sie viel schwerer war als ich angenommen hatte, geriet ich in äußerste Bedrängnis. Ich durfte mich nicht bewegen, ich hätte mir selbst sehr weh getan, ich wollte aber auch den Urin, selbst wenn es meiner war, weder mir ins Bett schütten, noch wollte ich ihn über den Boden gießen. Außerdem war diese Schüssel in der Schwebe schon so schwer und die Nadel schmerzte, weil ich den Arm verkrampfte. So lag ich da, mutterseelenallein, denn der Saal war bis auf einige Schläfer leer. Nur meine langsame Nachbarin lag in ihrem Bett und las langsam. Sie bemerkte meine stille Panik nicht. Sie bemerkte ja überhaupt wenig, und Leibschüsseln übergibt man nicht gern unzuständigen Personen, aber ich konnte es nicht mehr aushalten, mein Körper war angespannt wie ein hartes Seil zwischen zwei Schmerzen und es mußte jeden Augenblick die Schüssel kippen oder die Nadel aus meiner Vene reißen. Ich beugte mich zu meiner Nachbarin und hatte scheinbar einen sehr verzweifelten Ton in meiner Stimme: «Bitte, können Sie mir helfen – ich kann die Schüssel nicht mehr halten!»
Ich rechnete mit der Langsamkeit meiner Nachbarin und wußte, es müßte doch schnell gehen. Sie begriff schneller als ich dachte, erhob sich rasch und trat rascher an mein Bett als ich erwartete und sie nahm mir die Schüssel ab. Ich war erlöst und diesem Wesen so dankbar. Ich sprach nicht, sie sprach nicht. Es war mir wie eine Antwort, als sie die Schüssel selbst auf das Klo trug und dort ausleerte. Sie hätte das nicht tun müssen. Die Frau hatte jetzt rasch reagiert und war nicht ganz so langsam, aber sie wirkte wie immer. Selbst wenn sie schnelle Bewegungen machte, tat sie es so sparsam, daß man das gar nicht recht bemerkte. Ja, man bemerkte sie nicht, sie fiel gar nicht auf. Was auffiel, war nur ihre Art, etwas zu tun, nicht, was sie tat.
Niemals jedoch habe ich beobachtet, daß sie von anderen Patienten ihrer Art wegen verspottet wurde oder mit ihnen in Konflikt geraten wäre. Es muß das Licht in ihrem Gesicht gewesen sein, das die anderen Distanz halten ließ, und es muß ihnen, die sonst schnell bereit sind, an-

dere ihres Wahns wegen zu verspotten, wie ein Geheimnis erschienen sein, was diese Frau an den Tag legte. Diese Frau könnte vieles verborgen haben hinter ihrer Stirn, was sie gegen etwaige Spötter einsetzen hätte können. Geheimnisvoll und für manche Patienten vielleicht gefährlich mutete ihre Art an, und jeder ließ sie in Ruhe.

Ich glaube zu wissen, daß hinter dieser Stirn ablief, was in jedermanns Hirn sich abspielt und daß sie innen so war wie außen. Sie war nur langsamer in der Zeit, aber die Zeit blieb dieselbe für sie und für die anderen.

Ich durfte damals noch nicht aus dem Saal, ich hatte auch noch keine Kleider, ich war eingesperrt und sah nur oft durch die Gitter hinaus in den Park. Er war damals in den bunten Farben, die Wege sauber angelegt und die Blätter hingen noch an den Ästen. Die Sonne war noch warm. Ich sah jemanden ganz langsam den Weg entlanggehen, die Hände am Rücken gefaßt, schritt sie langsam dahin. Ich wußte, wer es war, und dieses Gehirn, das so weit entfernt war, schien mir so nahe und bekannt. Das mir dabei so warm und wohl wurde, hatte nichts mit dem Sinn dieser Frau zu tun, dieser wandelte unter den Bäumen und dachte nicht an mich, aber es hatte mit mir zu tun, mit dem Teil von mir, der mir in der Art dieses Wesens begegnet war.

Ihre Kinder haben sie besucht. Ich denke, es müssen ihre Kinder gewesen sein. Ein Bursche und ein Mädchen. Hastige Kinder unserer Zeit, Insassen einer höheren Schule scheinbar. Nette Menschen, wie ich sie kenne, nicht allzu modern aufgemacht, aber nicht sonderbar. Sie wirkten etwas klug. Vielleicht waren es auch die Brillen, die sie trugen, die mir diesen Eindruck hinterließen. Sie sprachen rasch auf ihre Mutter ein. Sie lächelte nur von fern her, hörte, sagte dann und wann ein Wort, das ich nicht verstehen konnte, weil ich zu weit entfernt war. Sie schien über diesen Besuch eigentlich nicht hocherfreut, sie zeigte wie immer nichts an. Sie zeigte keine Uhrzeit an, aber sie war pünktlich da. Ihr Gesicht blieb so ruhig, aber manchmal lächelte sie aus den Augen. Vielleicht hat sie sich doch gefreut über den Besuch. Ich lasse es als Geheimnis bestehen, ich muß ja nicht alles wissen.

Der Besuch ging wieder, und sie blieb zurück wie immer. Ein Leben hinter den langsamen, blicklosen Augen, oder kein Leben. War sie traurig oder war sie erlöst, daß der Besuch abgezogen war? Was war? War etwas? War überhaupt eine Regung hinter dieser klaren, glatten Stirn? Mir löst sich dieses Geheimnis, indem ich es als solches bestehen lasse.

Noch einmal hat sich diese Frau an mich gewandt. Sie wurde für ein Wochenende beurlaubt, nach Hause zu den vier Kindern und keinem Mann. Sie sollte sich wieder langsam in ihr Alltagsleben einfühlen. Langsam würde sie es tun, da war ich sicher. Als sie in den Mantel gekrochen war, kam sie an mein Bett und bot mir ihre Bücher an, die sie auf ihrem Nachtkästchen liegen hatte:

«Wenn Sie vielleicht Lust haben zu lesen – es sind ganz nette Geschichten dabei –» «Danke, ich werde es gern tun wollen –» war meine Antwort. Wollte sie mir ihr kleines Reich zur Aufsicht über das Wochenende übergeben? Wollte sie, daß ich auf ihre Bücher achte und wollte sie mir Unterhaltung bieten, wollte sie nur nett sein zu mir? Tatsache war, sie hat mir Zutritt zu ihrem Reich gegeben. Sie wollte sich nicht absichtlich in Geheimnisse hüllen, sie war eines und hatte nichts zu verbergen. Sie hatte meinen Urin ins Klo geschüttet und sie bot mir, mir allein, ihre Bücher an. Mir schien es wie Vertrauen von ihrer Seite. So still und vorsichtig vertraute sie mir, wie sie sich bewegte. Sie war rücksichtsvoll und unaufdringlich, sie bot mir ihre Bücher an. Sie tat es langsam und bedächtig.
Ich habe gesehen, was sie las. Eine Abhandlung über eine Bibelausgrabung und archäologische Funde. Und, ich sehe und lache, ein Witzbuch! Ich habe es nicht gelesen, es war mir ein besserer Witz, daß diese Frau in einem Witzbuch schmökerte.
Sie kam wieder, sichtlich erfrischt, aber sie war langsam wie immer, und am nächsten Wochenende wurde sie entlassen. Sie packte langsam ihre paar Sachen und verließ bedächtig den Saal.
Heute wandere ich mit meiner Kapuze und die Hände tief in den Manteltaschen vergraben flott durch die blätterbedeckte Landschaft. Es rauscht unter meinen Schritten. Ich trage schon Stiefel an den Füßen. Es macht mir sogar Spaß, zu hüpfen wie ein ausgelassenes Kind. Die Kälte fährt mir in die Glieder, die Blätter fliegen. Sie fangen an zu verfaulen am nassen Boden. Meine Nase und meine Wangen müssen arg rot sein.
Ich laufe mit den Blättern, ich rutsche auf dem nassen Laub, aber ich falle nicht – ich könnte jeden Augenblick zu Boden gehen, aber ich gleite weiter, anstatt zu fallen, ich verwende die Energie des Fallens zum Weiterlaufen. Mich treibt meine neu gewonnene Kraft in den Gliedern, mich treibt mein neu gewonnenes Leben. Ich bewege meinen Körper wieder. Die Muskeln reiben aneinander, sie wärmen mich, erregen mich und regen mich an, weiterzulaufen – stetig und stark in den Winter hinein, den ich noch erleben wollte! Ich bin am Waldrand angelangt, und außer Atem gehe ich den Waldweg weiter. Ich laufe nicht mehr, ich mache gleichmäßige flotte Schritte und atme tief bei jedem Schritt. Ich atme ein und drücke alle verbrauchte Luft wieder hinaus – ich hole wieder Luft. Ich schreite weiter, mein Körper strafft sich wie von selbst, ich hebe meinen Kopf, ich gehe ruhig. Die frische Luft kühlt mein Gehirn –
Ich fühle, wie einfach der Ablauf eines Lebens ist: Essen – Kraft – Energie – Lust – Bewegung – Frische –! So ein Gefühl von tief innen heraus. Ich gebe ihm einen Namen: Es ist das Lebensgefühl – nur das ist es. Es ist das Todesgefühl – es ist mein Leben . . . Wie eine Spirale schnalzt

mein Leben auf in dieser Kälte in diesem Winter, wie ein Kasper aus der Schachtel flitze ich heraus in den Winter, und ich trage meinen Kopf hoch. Ich habe mich losgelassen – ich habe mich ausgelassen. Ich bin losgelassen auf diesen Winter. Losgelassen auf mich in diesem irren Blättermeer.

Es klingt Musik an. Ein junges Mädchen kommt einen Seitenweg herauf. Sie hält einen Kassettenrecorder vor sich hin und bewegt sich nach der Musik. Ich habe so lange keine solche Musik mehr gehört. Laute, rütmische Popmusik, ich horche auf. – Wir treffen einander an der Wegkreuzung. Wir gehen wortlos den breiten Weg weiter. Wir gehen mit der Musik. Wir bewegen uns zusammen nach dem Rütmus, er verbindet uns. Wir sprechen nicht. Das Mädchen ist ein dickes, in einen dicken Wollschal gewickelt. Sie hat eine rote Nase und rote Wangen, das verbindet uns – die Kälte verbindet uns.

Sie dreht lauter. Die Bäume bewegen sich im Rütmus. Die Blätter fliegen mit uns. Unsere Energie ist dieselbe geworden, die Musiker dazu treibt, solche Musik zu machen. Es ist die Energie unserer Zeit. Wir fühlen das Leben pulsieren – jetzt – jetzt – jetzt – ist unsere Zeit. Wir fassen uns an der Hand und schreiten weiter. Die Musik trägt uns. Sie ist die Rechtfertigung unserer Berührung. Wir fliegen dahin, ohne einem Ziel zuzuwandern. Ich kenne jedoch das Ziel, es wird zweifellos meine Abteilung und meine Bettstatt sein, denn meine Nase und meine Wangen sehe ich im Spiegel des Gesichts neben mir, wechseln langsam die Färbung ins Violette und mich wundert, daß unsere Musiker keine Anzeichen der Erfrierung von sich geben. Aber es ist ja nur die Maschine, wir sind ja nur Maschinen, die sich müde gelaufen haben.

Wir lassen die Hände los, wir trennen uns. Die Musik entfernt sich langsam, doch sie tönt in mir weiter. Ich bin müde, und ich gehe langsam die Stufen zu meinem Schlafsaal hinauf. Es ist warm hier, ich ziehe meine Kapuze aus, meine Handschuhe und meine Stiefel. Ich setze mich auf mein Bett und beginne aufzuschreiben, was ich eben geschrieben habe.

Hier geht man früh schlafen. Hier spielt sich nichts ab. Es ist keine Veränderung zu erwarten. Es passiert nichts, außer daß der Wahnsinn ein und aus geht. Der Wahnsinn ist für den, der ihn hat, nichts Auffälliges. Ich habe mein Heft auf den Knien, und ich sehe blind auf meine Buchstaben.

Alle liegen schon, auch ich bin schon ausgekleidet und im gestreiften Schlafrock. Das Abendessen ist lang vorbei, bald wird das Licht abgedreht werden. Ich sehe blind auf meine Buchstaben. Der Kopf schmerzt leise, so als hätte ich zuviel Kaffee getrunken, doch hier gibt es keinen Bohnenkaffee.

Ich weiß nicht – ich weiß nicht – ich weiß nicht – mein Geist wälzt sich langsam dahin wie eine breiige Masse. Ich suche, ich suche,

ich möchte füllen meinen Kopf, mein Heft, meinen Teller. Ich habe keinen Teller, denn Porzellan ist hier nach den Mahlzeiten verboten. Ich habe keinen Kopf, denn Holzklötze sind hier verboten, sie könnten als Waffe dienen. Man könnte damit Scheiben einschlagen und sich mit den Scherben die Adern öffnen oder Herzen herausschneiden. Ich habe nur Papier, weißes Papier und einen Kugelschreiber. Wir sind unbeaufsichtigt, der Irrsinn schwirrt im Schlafsaal. Die Geister sind losgelassen. Es wird bald das Licht abgedreht werden. Es passiert nichts mehr. Es gibt nichts. Im Dunkeln kann ich nicht mehr schreiben. Da liegen wir dann mit geschlossenen oder geöffneten Augen. Müde, aber schlaflos. Das Hirn entweicht, ich kann es nicht halten, es juckt mich im Kopf und fliegt wieder weg. Ich möchte tief Luft holen – frische Luft, aber hier atmet man den Atem des anderen und der ist nicht frisch. Ich möchte füllen, mich erfüllen. Ich glaube, ich werde die Klomuschel füllen. Vielleicht ist es das? Das wird es sein.
Sind wir müde? Wovon sollte ich müde sein. Ich bin ausgeleert. Ich hänge an etwas, irgendwo bin ich hängengeblieben. Vielleicht hänge ich zu sehr an meinem Schreibstift und mache ihn deswegen so schwer. Er liegt wie eine Eisentraverse in meiner Hand, aber meine Hand ist angeschweißt, sie würde arg schmerzen, würde ich versuchen, sie abzulösen. Ich werde nichts tun, gar nichts, ich werde nur so daliegen, die Hand an das Eisen gelegt wie an die Infusionsnadel und werde sie bewegen ohne zu denken.
Ich weiß nicht – ich weiß nicht, der Kopf, der schlägt wie ein Lebenswerk. Es geht so – es geht so. – Was sollte gehen? Was will ich – was will ich. Muß ich etwas wollen? Für wen soll ich wollen? Was muß ich wollen? Gegen Abend zu wird es hier immer sehr heiß. Alle Fenster sind geschlossen. Es dampft. Die Köpfe dampfen den Wahnsinn aus.
Ich spürte ihn kaum noch, den Hunger. Ich wußte nicht, wo er seinen Sitz hatte, nur manchmal mußte ich frische Luft einpumpen, um etwas dort einzufüllen, woher die Leere tönte. Ich war mir meiner Sache sicher. Ich war kraftlos, da war ich sicher. Ich konnte mein Leben seiner äußeren Form nach aufrechthalten, da war ich für heute auch sicher, denn ich hatte mein Tagewerk schon hinter mir. Jetzt wurde nur mehr meine Anwesenheit verlangt und selbst das schien sich etwas anstrengend zu gestalten. Meine Gedanken waren flüchtig und mein Körper durchsichtig. Ich hatte keine Schmerzen, außer an den Stellen, wo ich mit der Umwelt in Berührung kam. Ich hatte mich an sie gewöhnt. Auch an den Schmerz in der Kniekehle und an die geschwollenen Augen. Ich sah sie nicht gern, ich sah sie wirklich nicht gern, sie waren nicht schön. Ich hoffte immer, sie loszubekommen, ich brauchte sie ja nicht, aber die Geschwulst haftete mir an und es war mir ein Zeichen, über das ich nicht hinwegsehen konnte. Es wäre einem starken Schmerz in der Ma-

gengegend gleichgekommen, den ich auch nicht übergehen hätte können. Es war mir eine Mahnung meines Körpers, der sich sonst bis auf die Erschöpfungszustände und sein sonderbares Aussehen nichts anmerken ließ.

Ich war ruhiger geworden. Fast schien mir, als könnte ich auch besser schlafen. Vielleicht war meine Erschöpfung auch gestiegen und ich merkte nicht mehr, ob ich gut oder schlecht schlief. Die Gleichgültigkeit breitete sich mehr über mich, und ich empfand das Fasten und die Anstrengung nicht mehr als etwas Besonderes, das nicht jeder hat oder das ich nicht haben müßte. Meine Leere erfüllte mich, sie war mir keine Frage mehr, und ich versuchte nicht, sie wegzudrängen. Ich lebte mit der Fratzengestalt, die Angst hieß, Angst um mich und Angst vor dem Schmerz. Ein knöcherner, klapperiger Begleiter, der jederzeit bei mir war. Das war ich.

Ich hatte Ruhe in der Zeit. Ich versuchte die Zeit nicht zu verdrängen oder ihr nachzueilen. Ich lebte in ihr, und ich füllte sie öfter als noch vor ein paar Wochen mit ruhigen Spielen und Unternehmungen. Ich war langsam, und das tat mir gut. Ich hetzte mich weniger, ich hatte Zeit, meine Erschöpfung des Tages abzuwarten. Sie kam sicher – und ich würde zu ihr stehen und sie empfangen.

Ich sah mich jetzt nur mehr selten im Spiegel. Ich war nicht mehr sehr neugierig auf mein Ausehen. Ich konnte mich fast nicht mehr erkennen. Ich staunte nur manchmal darüber, daß sich ein Gesicht und ein Körper so verändern konnten. Ich hatte nicht vergessen, wie ich aussah, ich wollte es auch nicht vergessen. Zu meiner jetzigen Gestalt und zu meinem Gesicht hatte ich nur eine schwache Beziehung. Ich hielt mich sauber, diese Arbeit gehörte zu meinem Ritual, in das ich mich eingespannt hatte, um nicht so leicht zu stürzen, aber ich trug meinen Körper nicht mehr bewußt vor mir her. Er trug meinen Geist und dieser hielt den Körper noch aufrecht.

So einfach spielte sich mein Leben ab, und der Wechsel zwischen vielen Gefühlen trat kaum offen zutage. Ich mußte nur meinen Körper über die Runden bringen, und das beanspruchte meine ganze Körper- und Geistesenergie. Sie wallte dann und wann noch recht intensiv auf. Ich schien noch zu leben, und ich konnte noch alles tun.

Niemand bemerkte mich, nur die Menschen, die auf engstem Raum mit mir lebten, konnten nicht umhin, meinen Zustand und mein Treiben zu beobachten. Für gut gemeinte Ratschläge war ich nicht empfänglich. Ich hörte sie gutwillig an und lächelte, aber ich reagierte nicht. Ich konnte es da nicht mehr. Ich war hoffnungslos festgefahren in meinem Tun, oder besser gesagt, Nichttun. Man beobachtete mich als eine etwas schief geratene Person und war rat- und tatlos meinem Anblick ausgeliefert. Ich schämte mich meiner Gestalt nicht und stand für mein Tun ein. Auch war ich ein nicht unangenehmer Hausgenosse. Ich bewegte mich langsam und ruhig. Ich erfüllte meine Pflichten. Der Haushalt lief ungestört ab, ich sprach wenig und wollte wenig. Ich war hilfsbereit und sogar liebevoll meinen Mitmenschen gegenüber gestimmt. Ich sah sie, und es machte mir sogar Freude, sie zu beobachten. Ich fühlte mich so abgesondert und distanziert von ihnen, daß ich mich nicht mehr sehr in das Spiel der Mitmenschen verfangen konnte. Ich war allein mit mir und ich war angenehm. Ich wandte mich freiwillig meinen Hausgenossen zu, ich empfand ihre Anwesenheit als Beruhigung für meinen Zustand. Ich ahnte wohl, daß ich sehr bald auf ihre Hilfe angewiesen sein würde, und ich bereitete unser Verhältnis, um es im entscheidenden Augenblick einer großen Belastung aussetzen zu können.

Mein Zustand bewegte sich zwischen Erschöpfung und Energie – Ohnmacht – Schlaf – Traum – Wachen – Bewegung – Denken – und Hausarbeit – Freude und Ungeduld stufenlos und ich erlebte es als eine Art konzentriertestes Leben. Die Gemütsverfassungen zogen sich zusammen auf den Punkt des Augenblicks. Ich sah alles und fühlte alles. Ich zerfiel, indem ich mich faßte. Ich ordnete meine Arbeit nicht mehr. Ich tat sie wie instinktiv. Es stimmte alles, was ich tat, es war alles recht. Ich selbst habe die Steuerung in diesen letzten Tage verloren. Ich stäubte mich teils dagegen, während ich es sein ließ und ich hing im Geschehen, das ich automatisch weitertrieb und das mich seinerseits in Trab hielt. Ich stand auf dem Rollbrett und ging und ging, ich mußte gehen, weil ich es doch durch jeden Schritt neuerlich antrat. Ich erlebte mich, ich tat noch alles.

Die alte Frau ist von ganz allein gekommen. Sie tritt beim Tor des Gebäudes herein. Ein dickes Wolltuch um den Kopf gezogen, bis tief in die Stirn gedrückt «Aufnahme bitte!» Niemand kommt. Die Frau will aufgenommen werden. Niemand kommt, um sie aufzunehmen. Die Schwestern sitzen beim Mittagessen und haben keine Zeit für Aufnahmen, noch dazu, wenn jemand freiwillig kommt. Die alte Frau wird vertröstet: «Es kommt gleich jemand.»

Die Frau wartet geduldig. Sie zieht sich ihr Wolltuch tiefer in die Augen. Sie war schon einmal hier, sie kennt den Hausbrauch, sie wartet geduldig. Aber sie hat Kopfschmerzen. Ich sehe es ihr an, sie will, daß ich es ihr ansehe, sie zieht ihr Wolltuch immer tiefer in die Augen. Der Schmerz hängt ihr knapp über den Augen. Irgendein schwerer Balken drückt ihr die Augen zu.

Sie sitzt da am Gang mit ihrer Tasche auf den Knien und dem schweren Tuch auf dem Kopf. Sie wartet auf ihre Aufnahme. Sie hat die Augen geschlossen. Sie ist geduldig. Die Zeit wird so lang und die Schwestern kommen nicht. Mir wird die Zeit zu lang. Manchmal schaut die Frau auf und dann reißt sie ihren Kopf auf eine Seite. Ich habe nicht genau gesehen, ob es immer dieselbe Seite ist. Sie drückt auch ihren Kiefer mit Nachdruck auf diese Seite. Dann drückt sie sich wieder das Tuch tiefer in die Augen und wartet auf die Aufnahme. Mir wird die Zeit zu lang. Ich gehe zurück in den Schlafsaal, und da steht die junge Ungarin mit einer neuen Perücke.

Die Ungarin ist hübsch und rothaarig. Sie ist klein und flink. Sie spricht ein lustiges Deutsch. Die Ratte sieht die graue, kurzhaarige Perücke an und meint: «Ihre echten Haare sind viel reizvoller, meine Liebe, warum lassen Sie ihr Haar nicht heraus?» Auch mir gefällt sie viel besser mit ihrem roten Roßschwanz, der jetzt unter der aufgebauschten, silbergrauen Plastikperücke steckt.

«Ich fühle mich immer schlecht, wenn ich mehr als fünfundfünfzig Kilogramm habe –» antwortet sie auf die Frage, warum sie ihren Roßschwanz nicht herausläßt. «Dann komme ich immer wieder hierher.» Als – auch freiwillig – eine Freiwillige. Wie die alte Frau draußen am Gang, die ihr Haar unter einem dicken Schal verborgen hat, der ihr über die Augen wächst, weil sie so Kopfschmerzen hat. Freiwillige reizen nicht so zur Aufnahme der Aktivität der Schwestern, denn sie werden sich auch freiwillig entkleiden und sich brav und ruhig ins Bett begeben, dafür bricht man kein Mittagessen ab. Sie essen recht lang, und ich fürchte fast, sie werden mehr als fünfundfünfzig Kilo ansetzen und sich nicht recht wohl fühlen. Dann werden sie ihr Haar hinter silbergrauen Perücken oder unter dicken Wolltüchern verbergen müssen. Ob sie auch Freiwillige werden? Freiwilliges Personal. Das wäre zuviel Luxus für die Bescheidenheit dieser Anstalt. Und dann müßte ja auch die alte Frau, der der Schal bereits über die Augen gleitet, nicht so lang auf die Aufnahme warten.

Die Ungarin ist betrübt und meint: «Ich möchte Hause, ich möchte nur Hause –» Aber ich dachte doch, sie sei freiwillig hier? Wie schwer sie wohl sein mag? Ob ihr Gewicht wirklich etwas mit ihrem Wohlbefinden zu tun hat? Heute morgen habe ich sie unter der Dusche gesehen. Sie duschte ohne Perücke. Sie hatte den Schwanz hinten aufgesteckt. Sie hatte einen wohlproportionierten Körper. Glatt und angenehm anzusehen. Sie bewegt sich flink und wäscht sich gern. Ihr Schwanz wurde lose, und sie steckte ihn neuerlich fest. Sie wirkt sehr blond am Körper. Sie hat glatte weiße Haut. Eine feste Brust, eine schmale Taille und feste Schenkel. Stramme, aber schlanke Arme und Beine. Ich sah sie mir genau an, durch den Spiegel. Ich kenne ihr Gewicht, ich sehe ihren Körper. Ich kenne mein Gewicht und sehe meinen Körper, und ich denke mir, mit fünfundfünfzig Kilogramm ist man ein ordentliches Weibsbild. Ein freiwilliges – will sie fasten? Ich will nicht fasten – oder doch? Fühlt sie sich wie ihr Körper, oder sieht ihr Körper so aus, wie sie sich fühlt?

«Aufnahme bitte!» Die alte Frau fühlt sich nicht gut, sie legt sich ins Bett und will ihren Schal nicht ablegen. Sie darf ihn oben behalten.

Sie fühlt sich mit ihm sicherer. Eigentlich sollte es nicht erlaubt sein, den Kopf damit zu verhüllen, der Schal ist lang und jemand könnte sich daran erhängen oder erwürgen. Vielleicht würde mich die Ungarin damit umschlingen, weil ich so wenig Gewicht habe und sie sich mit wenig Gewicht besser fühlen würde. Nun, sie hätte ja ihren Roßschwanz, den sie immer unter der Perücke verbirgt. Er ist ziemlich lang und selbst diesen könnte man hier verbieten. Weiß sie das, und trägt sie ihn immer deshalb unter der Perücke?
Ich spreche ja nicht mit der Frau aus Ungarn. Sie ist auch ihrerseits sehr still, nur ihre hohen Absätze kündigen ihr Kommen an. Sie ist sehr sorgfältig gekleidet. Sie trägt modische lange Hosen, bunte Pullover und einen schmalen Gürtel um die Taille. Sie kann sich das leisten, denn sie hat nur fünfundfünfzig Kilogramm und wirkt schlank. Sie ist sehr sauber und legt Wert auf Seife und Creme. Zu Beginn meines Aufenthalts hier, als ich mich nicht ausziehen wollte, denn ich wollte meinen ausgemergelten Körper für mich behalten, da war ich nicht sehr sauber. Meine halblangen Haare hingen fettig und ungewaschen in die Stirn. Mein Gesicht war noch sehr braun von der Sommersonne und darin blitzten die Zähne weißer, als sie waren. Der Körper war so aufgelegen und wie spröde. Die harten Matratzen und die eckig hervorstehenden Knochen, die trafen scharf aufeinander. Rötungen an den Ellbogen, an den Hüftknochen, und ich brachte auch kaum die Energie auf, diesem Körper Gutes zu tun. Mein Hirn war so wund, und sah ich meinen eckigen, rot gelegenen Leib an, so schien er unrettbar dem Verfall preisgegeben und ich konnte ihn nicht hegen und pflegen. Ich schämte mich, mich in diesen Zustand gebracht zu haben. Ich wollte mich selbst nicht ansehen. Ich hatte Angst vor diesem Körper. Er erschreckte mich wie nie zuvor. Ich dachte, er würde unter meinem Hirn langsam wegfaulen. In unbeobachteten Minuten cremte ich mir die Ellbogen, Knie und Hüftgelenke ein, um dem Brennen Linderung zu verschaffen.
Die Ungarin sah mich damals im Waschraum, nur so, angezogen und kurz beim Zähneputzen. Sie duschte langmächtig und sah, daß ich nicht recht bei der Waschsache war, und sie sah mich böse an. «Du Dreckige, Verwahrloste, wie du ausschaust, schmierig und vertrocknet!» So hörte ich ihre Gedanken. Sie dachte das allerdings sicher in Ungarisch und außerdem glaube ich fast, sie dachte überhaupt nicht an mich, sie sah mich vielleicht gar nicht. Ich lege in ihre Person ja nur meinen Vorwurf an mich. Es ist mir leichter, jemandem diese Aufgabe zu übertragen. Daß sie mich böse ansah, habe ich vielleicht auch nur so sehen wollen. Vielleicht hatte sie Magendrücken oder Zahnschmerzen oder Seelenschmerzen gehabt. Tatsache jedenfalls ist, daß ich, als ich mich einmal zum Ausziehen überwunden hatte und wieder einen regelmäßigen Waschrütmus einführte und alle meine Sachen und Gedanken ge-

sammelt hatte, auch angelächelt wurde von der kleinen, sauberen Frau. Sie rückte auch auf die Seite, um mir beim Spiegel Platz zu machen. Sie belohnte meine Sauberkeit, sie verstand sie, weil sie selbst sauber ist.

Heute trägt sie einen bunt gestreiften enganliegenden Pulli und wieder den unvermeidlichen Gürtel, der auf ihre gute Figur hinweisen soll. Ich hätte diese auch ohne den Hinweis bemerkt, denn hier streifen jedermanns Augen gierig nach den Mitpatienten. Man sieht sie genau, ihr innen und ihr außen, denn hier gibt es ja sonst nichts zu tun oder zu sehen. Es ist nicht die gewöhnliche Situation, mit vielen fremden Wesen so nahe aneinandergerückt zu leben. Mir scheint die Möglichkeit, sich so einfach in diese so ungewöhnliche Lage zu finden, fast seltsam. Jeder kann es – jeder muß es – jeder tut es –

Nun, Frau Janos, wie steht es jetzt mit ihnen? Sie wollen «Hause», sie sind aber freiwillig hierhergekommen, weil Sie mehr als fünfundfünfzig Kilo hatten. Ich kann während meines Schreibens nicht recht finden, was mir an dieser Frau so nahe gerückt ist, daß ich hier so lange nach ihr suche. Es ist so ein belangloser Fall und ich komme in Versuchung zu glauben, daß mich Frau Janos' Schicksal gar nicht sehr bewegt. Aber ich habe Vertrauen zu mir, ich habe eine Nase, die reicht aus, daß ich nicht von ihr zu erzählen begonnen hätte, gäbe es nicht eine verborgene Leitung zu ihr, die ich gern ausgraben würde. Es gibt etwas in ihrem Wesen, das ein Stück von mir sein könnte, und ich sammle meine Fremdgänger gern ein. Ich habe sie gern bei mir. Ich habe sie gern alle beisammen. Will ich etwas finden, so rate ich mir, warum will ich etwas finden. Ich kenne mich, ich will Buchstaben schreiben, sie flink und begeistert aufschreiben, ohne viel über sie nachzudenken, und dann möchte ich erleben, wie sich die aufgeschriebenen Stückwerke wie von selbst treffen und ein Ganzes ergeben und mich staunen machen, wie einfach ich eine Wahrheit für mich aufgestellt habe. Gesammelt aus schwirrenden Gedanken, sie sind so glitschig und schwer zu fassen – und wie eine Wahl treffen, welchen man nachlaufen soll? Ich wähle nicht gern unter Qualen, ich nehme, was mir entgegenkommt, ich füge sie aneinander, sie passen ineinander, sie gehören zusammen. Ich erkenne sie als meine Gedanken, als mein Gesuchtes, das ich gefunden habe. Ich suche die Gedanken so gern, wie ich sie finde. Ich finde mich, indem ich mich suche. Ich schreibe mich auf in mein großes Heft, ich trage mich ein. Vielleicht trägt es mir irgend etwas ein.

Liebe Frau Janos, auch ich bin allein. Auch ich möchte «Hause». Aber ich habe noch nicht fünfundfünfzig Kilogramm und ich habe noch ein zerklüftetes Gehirn, das sich sucht und gern findet. Bitte sehen sie mich nicht böse an, weil ich am Anfang meines Aufenthalts im Irrenhaus nicht so sauber war. Ich konnte nicht anders, verstehen Sie? Was essen

Sie gern? Ich esse so gern, ich bin glücklich, daß ich es wieder tue. Am Essen scheint mir das Wichtigste zu sein, «es sich zu erlauben». Ich will sie nicht belehren, aber glauben sie mir, ich habe mich und die Nahrung so sehr kennengelernt. Es hat mir diese Bekanntschaft so viel An- und Aufregung und so viel Freude gebracht, daß ich sie nicht mehr missen möchte. Ich lasse zu, daß ich gern esse, ich erlaube mir zuzugreifen. Ich weiß, daß man Angst hat, einmal den Appetit zu verlieren. Den Appetit am Leben zu verlieren. Man lebt auch, nachdem man ihn schon verloren hat.

Langsam essen – nie essen müssen – essen, was schmeckt – mit dem Körper den Geist essen und umgekehrt. Die Nahrung steigt ins Gehirn und läßt so viele Gedanken da wachsen und gedeihen. Und die darf man denken. Alles darf ich denken, ich erlaube es mir. Sie sprudeln ziellos in meinen Speisekarten. Mein Gehirn – meine Speisekarte. Ich habe Eintopf und Braten, Tomatensauce und Salatblätter. Ich – ich – ich – ich – das Gewicht, das Ficken, das Aussehen, die Gestalt, der Körper, der Körper, der Körper . . . der Körper macht Sorgen im Gehirn! Sehe ich das richtig, Frau Janos? Man möchte gesund sein, beweglich und frei. Frei von seinem Körper. Aber Sie wollen doch noch nicht sterben? Sie wollen – ich will – wir wollen . . . Will ich meinen Körper durch meinen Geist beherrschen? In einem gesunden Körper lebt ein gesunder Geist? Darum zieht es mich so oft an die frische Luft in den Park hinaus. Ich spüre, es ist gut, tief einzuatmen und frische Luft in die Lungen zu saugen und sie wieder tief auszuatmen. Und dabei denke ich, ich atme alles aus, was sich abgenützt hat in mir. Gedanken, Luftblasen, Schwermut und Aufgeregtheit. Ich entlasse Unnötiges aus meinem Mund durch die verbrauchte Luft, die ich ausatme. Ich gehe aufrecht und langsam, ich atme. Ich bekomme Appetit, Appetit auf das Leben. Es wiegt nicht sehr schwer. Schwer werden wir nur, wenn wir glauben, das Leben aufessen zu müssen.

Ich darf, ich erlaube es mir, ich nehme mir heute nach, denn es schmeckt mir besonders. Ich werde nicht schwerer, ich überschreite mein Wohlgefühl nicht, ich habe nicht mehr als «fünfundfünfzig Kilogramm». Ich lasse sie freiwillig ein, die Nahrung, und sie nimmt Wohnung bei mir und leistet mir Gesellschaft, gibt mir Lust, am Leben zu sein und meine Muskeln und mein Hirn zu bewegen. Ich weiß noch, wie es war, als ich besessen war, den Appetit am Essen und am Leben zu verlieren, es ausschlug, ganz einfach nicht annahm. Ich esse nicht, daher muß ich nicht leben. Ich nehme es mit meinem Körper und mit meinem Geist nicht auf, ich lebe nicht, ich stelle mich ganz einfach ab. Ich stelle mich tot. So, kann ich mich erinnern, war es; ein Rebhuhn, das sich totstellt in der Ackerfurche, weil es glaubt, nicht mehr rechtzeitig entfliehen zu können, obwohl ich ihm gar nichts getan hätte. Ich jage und esse das Rebhuhn nicht. Ich bin aufgeflattert in Angst, denn das Totstel-

len genügte nicht, ich wollte weg und ich bin zu Tode erschrocken, als ich unerwartet neben mir aufflog.
Sie wollen schlank bleiben, liebe Frau Janos aus Ungarn, Sie wollen nicht diese Fettpölsterchen an den Hüften und an der Taille spüren, die vielleicht gar nicht da sind, aber die das Denken und Fühlen so sehr bedecken wie Geschwüre, Geschwüre an den Oberarmen, am Bauch und an der Taille. Die Oberschenkel und die Brust hängen wie aufgeblähte Würste, wie angeschwollen. Ein Ballast, den man abwerfen möchte. Manchmal steigen die Tränen der Wut in der Speiseröhre hoch, wenn man sich so eingebacken fühlt in das Fett der Gedanken. Es tropft, es sind die Tränen. Es ist so ausweglos. Dieser Körper kann keinen Weg finden, der für ihn begehbar wäre. Sie möchten sich frei, befreit fühlen von sich selbst. Alles von sich werfen und frei sein – schön sein. Wenn man schön ist, erhält man Liebe und Anerkennung dafür. Das ist der Wert, mit dem hier gehandelt wird. Ein ranker, schlanker Körper belastet nicht das Gehirn. Man schreitet stolz durch das Leben und man wird geliebt, denn man ist frei und freie Menschen werden geachtet. Sie brauchen niemanden, sie sind selbst für sich.
Wie? Sie bekommen Liebe für ihre Schönheit? Oder Neid, oder Neugier? Wie Sie es wohl so weit gebracht haben? Achtung oder Verachtung? Ich weiß, was Sie möchten, Frau Janos: Sie möchten ruhig sein, wissen, was Sie wollen, wissen, wann Sie Hunger haben und wissen, womit Sie ihn stillen können. Und wissen, was zu tun ist, wenn er satt ist. Sie möchten die Beruhigung haben, daß nichts passieren kann, die Sicherheit, daß Sie sich niemals Angst einjagen wollen. Und wenn Sie mehr als fünfundfünfzig Kilo haben, steigt die Angst hoch in der Speiseröhre und dann fehlt der Appetit am Essen, denn der Druck, der gegen die Speise von unten her drängt, von unten her aus der Magengrube, der stemmt sich mit Macht gegen das Leben.
Und wenn Sie mehr als fünfundfünfzig Kilogramm haben, ist Alarm. Das Essen und die Angst, die haben sich an der Kehle, dort sind sie aufeinandergeprallt und da wühlen sie das Wasser auf und schlagen Wogen, und die Tränen, die fließen über aus den rotbraunen Augen und aus meinen graublauen Augen und wir werden weggeschwemmt, einfach weggeschwemmt. Wir haben so großen Hunger, aber diese Angst im Magen vor der Zeit, in der wir den Hunger erkennen, die wühlt und reibt den Magen und das Hirn wund und ich kann ihr Brennen nicht einmal durch Auftragen einer Salbe lindern.
Ich weiß, liebe kleine Frau, auch du verwendest gern Cremes und Salben. Du trägst sie so häufig auf, aber innen, innen, da kommt man so schwer hin. Der Körper ist nicht wendig genug, da hineinzutauchen. Vielleicht sollten wir abnehmen, vielleicht werden wir dann freier und beweglicher und schaffen es, sich hineinzustülpen in uns und können dann unsere inneren Druckstellen mit Salbe bestreichen und uns ganz

pflegen. Es darf auch duften. Darf's ein bißchen mehr sein? Noch ein Cremetupfer? Ich rücke auf die Seite, damit Sie mehr Platz haben, kleine Frau aus Ungarn.
Ich weiß, Sie sprechen jetzt nicht mit mir, aber ich habe gerade herausgefunden, warum ich mich mit Ihnen im Geiste so gut unterhalte. Sie haben die «Fünfundfünfzigkilokrankheit» und die habe ich auch und deswegen sind wir hier und heute zusammengetroffen. Unser Wohlgefühl und unsere Ausgeglichenheit haben nicht unmittelbar mit dem Gewicht zu tun. Aber haben wir eine Grenze überschritten, die wir nicht kennen, eine Körpergrenze, mit der man sich nicht freiwillig einlassen möchte, wer weiß, was jenseits dieser Grenze sich abspielt? Da ist die Angst da, sie erhebt sich vor uns und wir weichen zurück und zittern. Dann kommen die rasenden Gedanken, sie fliehen in alle Windrichtungen, und sie verlassen uns. Wir haben unserer Panik einen Namen und eine Gestalt gegeben. Die heißt Waage, und das Maß ist: fünfundfünfzig Kilogramm.
Das soll die Erklärung für jedes Übel unseres Hirns sein? Einfach diese Geschichte! Gewicht ist die Parole. Alle Frauen auf die Waage! Jetzt wird die Seele gewogen! Wiegt sie mehr als fünfundfünfzig Kilo, dann hinein mit dir ins Irrenhaus! Dort ist das Essen nicht so reichhaltig, das Angebot nicht so groß, hineinzufressen in die leere Röhre, wo unten die Angst steht wie ein Tormann, der jeden Ball zurückstößt. Er ist der beste Tormann, der jemals Bälle abgewehrt hat, und jeder Stoß schmerzt dich, den der aufprallende Ball bewirkt. Noch ein Knödel mehr? Hinunter damit – der Tormann hält. Alle Mann auf die Waage, heute wird die Schönheit gewogen! Schönheit bringt Liebe und Anerkennung. Gute Position – Aufstiegsmöglichkeiten und eine volle Geldbörse, mit einem Wort – das Glück und die Freiheit.
Was soll ich erfinden, um zu beweisen, daß das nicht stimmt, Frau Janos? Sie sprechen nicht mit mir, Sie möchten «Hause» und Sie sehen so schick aus, Sie haben sich schon zurechtgerückt, um zu gehen. Zu Hause wartet der Ehemann, und er wird Sie viel mehr lieben und so gut lieben und so phantastisch leidenschaftlich ficken, nur deswegen, weil Sie jetzt wieder nur fünfundfünfzig Kilo haben. Halten Sie die, ich rate Ihnen, halten Sie die, Sie wissen, ich warne Sie inständig, sonst steigt es wieder hoch in der Gurgel zu einem Würgen – Würgen – Würgen, das die Tränen, den Trübsinn aus den Augen treibt. Und eine trübsinnige Frau fickt kein Mann gern. Sie wissen, dann geht er zu einer anderen, der macht nicht viele Geschichten. Ungarische Männer sollen da, habe ich mir sagen lassen, besonders sorglos sein. Nie – kein Kilo mehr als fünfundfünfzig?
Dann ist alles in Ordnung. Aber Sie müssen tüftelig genau beobachten, daß das Zünglein an der Waage nicht steigt, denn dann ist alles aus. Aus ist es, das Leben, dann nehmen Sie Ihre paar Sachen und rennen hier-

her und verlassen Ihren Mann und jetzt, gerade jetzt, wird er's mit einer anderen treiben, die weniger als fünfundfünfzig Kilogramm hat, und er wird sie mehr lieben und besser ficken als Sie, denn Sie haben ja sechsundfünfzig Kilogramm, da mag er Sie nicht mehr anfassen. Es graut ihm vor diesem fetten Leib, der tropft vor Tränen.
Ja, und jetzt möchten Sie «Hause – Hause», weil ich Ihnen gesagt habe, daß Ihr Mann eine andere fickt, während Sie im Irrenhaus die Alarmglocke gellen lassen. Jetzt soll auf einmal alles wieder in Ordnung sein, jetzt wollen Sie wieder Hause und mit dem Mann lieber doch fikken, bevor er zu einer anderen sein ungarisches Feuer trägt. – Liebe Frau Janos, ich weiß, Sie sprechen nicht mit mir, weil ich auch die «fünfundfünfzig» Maßkrankheit habe, und Sie glauben, ich könnte Ihnen den Platz vor dem Spiegel stehlen, weil Sie glauben, Ihr ungarischer Mann könnte vielleicht zu mir kommen, während Sie im Irrenhaus sind.
Liebe Frau, daß Sie nicht mit mir sprechen wollen, hindert mich nicht daran, mit mir über Sie zu sprechen, und sind Sie doch einmal vernünftig – Ihr Mann kann mich ja gar nicht besuchen, ich wohne ja nur zwei Betten von Ihnen entfernt, und Sie müßten ihn ja sehen, wenn er sich einschleichen wollte. Sie kennen ihn doch. Ich meine, Sie müßten es ja sehen, wenn er es wäre.
Wissen Sie, Frau Janos, ich stimme mit dem Arzt völlig überein, daß Sie noch nicht gesund sind und noch nicht nach Hause können. Bleiben Sie nur noch lieber bei mir, denn dann kann ich sicher sein, daß Sie es nicht mit meinem Mann treiben können, während ich hier meine Fünfundfünfzigkilokrankheit auswachse. Oder wie wäre es, wie wäre es, wenn wir es einmal probieren würden? Sie könnten das nie? Aber vielleicht wollen Sie es. Sie wissen nicht, was Sie wollen? Das glaube ich sofort. Ich will meine Krankheit, ich habe mich darin breitgemacht, ich klage mich hinein, sie ist mein Rahmen und meine Welt.
Wie wäre es, wenn wir uns einmal herausschleudern aus diesem Rahmen? Ein Salto vom Stand weg – und heraus – heraus aus diesem Bild von uns selbst, auf dem die Spinnweben hängen. Sich jeden Tag neuerlich für das alte entscheiden. – Neu, frei von gestern, frei von morgen – aber neu, es darf ja das alte sein. Ich kann mich nicht entscheiden? Ich habe überhaupt nichts zu entscheiden? Wer hat mich gewählt? Und warum? Und sie wollen mir nicht ihren Mann borgen? Er könnte mir vielleicht sagen, «so sehe ich dich jetzt, so siehst du aus, so eine bist du, wie du früher warst, weiß ich nicht, denn da habe ich dich nicht gesehen».
Aber ich war ja immer dieselbe, was sollte mir dein Mann schon Neues erzählen, oder jeder Mann, oder viele Männer oder Frauen. Ich weiß, jeder sieht ja nur sich selbst und spricht nur von sich selbst. Sterben darf man allein, der gemeinsame Selbstmord ist ein Zwang. Nicht ein ande-

rer wird den Rahmen sprengen. Er sieht ihn ja nicht, er steckt ja im eigenen.
Nur ich kann es von innen tun, mit einer ganz weiten Bewegung könnte es gehen. Ich dehne mich, und ich finde keinen Widerstand, der meinem Bemühen Halt gibt. Nein, ich habe mich entschieden, ich will mich neuerlich wählen mit den vertrauten Menschen um mich. Ich darf sie sehen, neu sehen von einem anderen Blickpunkt meiner Landschaft. Wohltuende und erfrischende Gefühle und Taten gehen nur von mir selbst aus.
Sehen kann nur ich selbst: mich – und wählen kann nur ich selbst: mich. Ich könnte jetzt alles leicht eintauschen – ich möchte meine Situation nicht eintauschen – ich entscheide mich neu, und ich will es so.
Es war in der Nacht, ich kann nur aus dem Schlaf gerissen werden von lauten Patienten, die neu eingeliefert werden, die entweder nicht ins Bett wollen oder sich nicht niedermachen lassen wollen. Die Hilfe brauchen und das mit aller Kraft ihres Körpers fordern. Und dann werde ich wach.
Die Frau, die eben gekommen ist, braucht scheinbar keine Hilfe, sie hat alles parat, was sich ein Mensch ausdenken kann. Ich sehe sie nicht, es ist dunkel. Ich höre sie aber mit der Nachtschwester laute Worte wechseln. Die scharfe Stimme der Schwester, eine verrauchte Stimme der Patientin, die in hochdeutsch ihre Verhältnisse klarlegt:
«Ich habe drei Autos, einen Ford, einen Maserati und einen Kleinbus, für mich und meinen Hund, mein Gott, der arme ist jetzt ganz allein, hoffentlich kümmert sich mein Lebensgefährte um ihn. Er ist Rechtsanwalt, und ich bin pensionierte Oberlehrerin!» Sie spricht plötzlich breiter.
«Der Alte, der schaut sicher nicht auf den Hund, der hat sicher wieder einen Rausch. Die hätten mich im Knast lassen sollen, hier ist es ja noch schlechter! Drei Kilo Fleisch im Eiskasten, wer soll das essen, nicht einmal der Hund. Dieses Gesindel, daher bringen sie mich!»
Die Schwester interessiert sich immer für die Eheverhältnisse und Freundschaften der Patienten, sogar in der Nacht, wenn ich lieber schlafen möchte. Daß sie selbst allein ist, beschäftigt sie Tag und Nacht, aber ich möchte doch lieber schlafen.
«Füttert der Lebensgefährte nicht Ihren Hund, kommt er nicht, hat er keinen Schlüssel?»
«Ich habe keine Wechselstörungen, eine Frau bleibt so lange jung, so lang sie liebt, meiner hat's nach der Reihe getroffen, aber heut ist auch nichts mehr los mit ihm, und seitdem sauft er. Mir ist es nicht wichtig, ich hab meinen Hund und den Pelzmantel, da fahr ich im Maserati, ich fahre ohne Führerschein. Ich bin pensionierte Oberlehrerin, den Führerschein hat man mir genommen, wie ich das letzte Mal ein-

gesperrt war. Der alte Besoffene, er soll sich wenigstens das Fleisch kochen und dem Hund was geben!»
Die Schwester ist neugierig. «Na, weiß der Lebensgefährte, wo Sie jetzt sind?»
«Der Alte, der weiß gar nichts mehr, der kann nicht mehr, das ist ihm ins Gehirn gefahren, und jetzt sauft er. Eine Frau kann immer, ein Mann nicht – da sieht man es ja –, na sehen Sie, er kann nicht mehr, und jetzt sauft er. Eine Frau braucht Liebe, und ich habe keine Störung! Ich lebe gut mit meinen Autos, mit meinen Pelzen, da gehe ich aus dem Haus, ich bin eine pensionierte Oberlehrerin, ich lasse mich nicht in die Enge treiben!»
Die Schwester meint: «Ja, das sind Ihre Träume, liebe Frau, das wollen Sie gern, aber vergessen Sie nicht, daß Sie aus der Strafanstalt kommen.»
Dazu hätten mich die beiden nicht wecken müssen. Sie sprechen schon so lange immer das gleiche, und das schläfert mich ein. Das ist in der Nacht wieder in Ordnung. Am Morgen tappen laute Schritte durch den Schlafsaal. Es müssen Holzpantoffel an diesen Füßen sein, ja, das ist sie, diese ungenierte laute Person. Die Oberlehrerin mit dem Maserati aus der Strafanstalt.
«Mein Hund muß unbedingt versorgt werden, ich muß die Nachbarn erreichen!» Sie langt sich vom Wäschekasten ein altes zerfetztes Telefonbuch herunter. Ich hätte niemals ein Telefonbuch dort vermutet, sie hat es gleich gefunden. Sie ist so laut wie ihre Pantoffeln, sie sieht auch laut aus. Sie überwälzt alle und alles. Eine bärenstarke, muskulöse, gedrungene Frau mit kräftigem hochgestecktem Haar. Sie rennt alles nieder, alle Patienten, alle Regeln der Anstalt, sie geht auf wie eine Windhose.
«Ich habe Hunger, ich kann's niemand sagen, ich habe drei Autos, wie ich mit dem Maserati gefahren bin ohne Führerschein, da hat es mich erwischt, ich muß unbedingt die Nachbarin erreichen!»
Sie erreicht die Nachbarin, sie darf telefonieren, die Schwierigkeiten, die sie gemacht hätte, wenn man das alte «Nicht-telefonieren-Spiel» mit ihr getrieben hätte, wäre den Schwestern anscheinend zuviel geworden. Ihr blieben alle Barrieren offen.
«Der Hund ist versorgt. Bin ich froh. Hoffentlich frißt der Alte die drei Kilo Fleisch im Eiskasten!» Sie steigt in den Lehrerton: «Hier sind wir nur, weil wir so vielseitig sind, und das ist der Welt ungeheuerlich, das kann sie nicht brauchen.» Meint sie zu einer schüchternen Frau, die sie mit großen Augen ansieht.
«Ich sage Ihnen, ich habe ein langes Leben, ich habe viel erfahren!» Sie spricht sich in Erregung.
«Ich werde mein Leben aufschreiben!»
Damit klappert sie auf die Toilette und holt eine Rolle Klopapier. Sie

ist so laut und so mächtig, ich selbst sitze und schaue ihr zu, sie gibt ihre Schau, im Maserati mit Hund und Pelz in der Strafanstalt. Die Oberlehrerin rollt die Klopapierrolle auf im Saal, legt das Ende auf den Tisch, nimmt einen Stift und beginnt zu schreiben. Blatt für Blatt. Währenddessen spricht sie.

«Laßt euch nicht unterkriegen von denen hier, ich kenne mich aus, ich sage euch, laßt euch nicht blöd machen, die haben kein Recht dazu. In der Strafanstalt, da habe ich das gelernt!» Sie schnappt so unerwartet, sie hat alle Scheinwerfer auf sich gerichtet. Sie gibt alle Nummern auf einmal. Alles sieht auf sie, niemand applaudiert. Sie klappert mit den Holzschuhen am Boden.

«Um Gottes willen, ziehen Sie doch diese Schuhe aus!» Meldet sich die erste Gequälte. Die Qual entpuppt sich. Ein Clown für sich, ein Clown für die anderen, eine Zwangsnummer für die Vorstellung.

«Sind Sie nicht angerührt! Im Leben darf man nicht heikel sein, ich weiß das!»

Ihr Lebenslauf ist fertig, die Klopapierrolle wird geschäftig aufgerollt und aufs Klo getragen. Ich höre auf, mich von ihr fangen zu lassen, ich nehme mein Heft zur Hand. Sie hat nichts Neues zu bieten. Ich sehe schon, dieses Weib walzt alles nieder. Selbst meine Erinnerung an sie. Selbst ihr eigenes Tun im Augenblick macht sie zunichte mit ihren lauten Pantoffeln und ihrem röhrenden Organ. Versuche ich, sie in die Erinnerung aufzurichten, so ist es, als wollte ich aus einem Spinnenfaden ein Tau drehen.

In der Nacht ist es, ich sitze auf dem Klo. Ich habe zuviel Kochsalat mit Erbsen gegessen und kann die Sitzung nicht auf morgen verschieben. Ich sitze auf der Muschel, da kommt jemand und sieht mich mit riesigen braunen Augen an. Sie stellt sich vor mich hin und arbeitet mit mir mit, ganz ungeniert. Ich habe fast den Eindruck, als gehöre sich das so, obwohl es doch nicht üblich ist, aber es ist ja auch nicht üblich, offene Klos zu benützen. Also muß ich mich mit dieser Unmöglichkeit, die hier die einzige Möglichkeit ist, abfinden. Sie ist es. Mitten in der Nacht auf dem Klo vor mir. Sie schnauft im Waschraum herum wie ein Trüffelschwein. Sie sollte doch lieber wieder in die Strafanstalt zurück und dort schnüffeln und trüffeln. Sie stöbert in einer Tischlade, findet alte Seifenstücke und Kämme.

«Laß dich nicht stören, mich störst du auch nicht.» Dann frisiert sie ihr starkes Haar, daß die Funken sprühen, mitten in der Nacht, während ich am Klo sitze. Sie hat feiste Oberarme. Sie geht nur im Nachthemd und schwitzt.

«Mir ist heiß, ich hab einen Hunger!»

Die Beine sind stämmig, immer in den Holzschuhen. Sie läuft meiner Erinnerung und meiner Energie, sie zu beschreiben, weg. Sie ist mir über das Hirn gefahren. Sie hat sich in ihrer Eile selbst ausgelöscht in mir. Aber sie ist da, sie ist nicht zu übersehen. Alle haben eine unbestimmte Angst vor ihr. Sie ist nicht zu berechnen. Ein Erdbeben. Niemand kann da sagen, wann der nächste Stoß kommt. Niemand weiß, ob einer der letzte war oder wie stark ein möglicher folgender sein würde. Noch während ich mich einigermaßen heil erhebe, trifft die nächste Erschütterung ein und läßt die Beruhigung erbeben. Solche Naturereignisse laufen sich an den überlebenden Köpfen der Menschen heiß und man gewöhnt sich an ihre Art, sich klarzumachen. Und da habe ich gedacht, daß ich mich von ihr nicht fangen lasse und mein Heft zur Hand nehme. Während ich schreibe, läßt dieses Wesen unentwegt Dampf ab. Eben tritt sie an mein Bett und hält mir ein Telefonbuch hin:

«Haben Sie gute Augen? Lesen Sie diese Nummer.»

«Ich habe keine guten Augen.» So höre ich mich sagen und bin erstaunt, als sie nur mißmutig die Haare schüttelt und abdampft. Aha, sie beißt gar nicht. Noch einmal wendet sie sich an mich:

«In der Nacht am Klo, das war ich!» Sie hat mich auch erkannt.

«Ich weiß, daß du es warst.» Gebe ich zurück. Sie läßt mich wieder sein.

Sie kämmt sich ihr Haar in Funken und läßt einen Wortschwall los von Maserati, Fleisch und dem Besoffenen, der sauft, weil er nicht mehr kann und ihrer Jugend und daß man sich nur nicht unterkriegen lassen soll.

Ich soll zur Schwester. Ich werde gerufen, bin aber gerade bei der Morgenwäsche, gebe dies zu bedenken und lasse mich nicht stören.

«Die ist eine von uns, das merke ich gleich.» Damit meint die Walze mich. Von wem bin ich jetzt eine? Ich bin unsere. Ich gehöre zu ihr? Sie nimmt mich auf in die Strafanstalt und in den Maserati. Aber ich muß sagen, mich erfüllt auch Stolz, so wie wenn ein neuer Schüler von den Klassenrowdies anerkannt wird. Ich wollte keine Nummer geben, aber ich habe die Probe bestanden. Auf in die Strafanstalt, ich darf mit ihr mit. Ich habe nichts mehr von ihr zu befürchten, sie hat sich bereit erklärt, mich neben sich bestehen zu lassen. Das ist mir ein nicht unangenehmes Gefühl.

Irgend etwas ist anders, als ich wieder in den Schlafsaal trete. Es fehlt etwas in der Luft. Das Zittern der Luft wie in der Hitze, das hat sich beruhigt. Ja, sie ist nicht mehr da. Frau Berger kommt mit einer Neuigkeit:

«Sie ist durchgegangen!»

Sie, die Dampfwalze, will fliehen, wohin? In die Strafanstalt oder zum Alten, der sauft? Sie darf doch gar nicht hinaus. Neulinge dürfen nie hinaus, bevor sie nicht eingeteilt sind. Beim Männertrakt ist sie gesehen worden. Hoffentlich bleibt sie nicht bei uns, das Trüffelschwein. Sie soll wirklich einmal Oberlehrerin gewesen sein, verrät eine Schwester.

Gegen quälende Patienten schließen sich Personal und Patienten immer zusammen. Hoffentlich bleibt sie nicht bei uns. Aber würde sie es tun, so weiß ich auch zugleich, daß es mir gleichgültig wäre. Man würde sich innerhalb kürzester Zeit auf sie in der Gruppe einstellen. Man muß jeden sich hier eingliedern lassen. Es bilden sich Gegner und Freunde. Die Gruppe gestaltet sich, bildet sich um, dehnt sich dort aus, wo sie vorher eingebuchtet war, sie wendet sich, sie bewegt sich. Sie bewegt sich immer, wenn jemand Neuer kommt, dann sehe ich es. Wenn diese Frau bleibt, sehe ich große Gruppenumwälzungen kommen, denn sie wird sich auf Kosten vieler Privilegien ihr Nest bereiten. Sie nistet großzügig, sie nimmt keine Rücksicht. Aber sie würde sich ihr Nest machen dürfen und wäre ein Vogel unter den anderen. Sie hätte aber den lautesten Vogel, und das weist darauf hin, daß selbst die Schwestern und Ärzte froh sein werden, entscheiden zu können, die Einweisung in eine andere Abteilung zu machen. «Sie ist wieder da», verkündete Frau Berger. Was? Ich habe geglaubt, sie ist ausgebrochen? Auch in Strafanstalten pflegt man das zu tun. Wahrscheinlich war sie dem Personal dort zu laut, und sie haben sie hierher ins Irrenhaus abgeschoben. Ja, da ist sie wieder, die Luft erzittert bei ihrem Eintreten, die Pantoffel schlagen den Steinboden.
Sie wirft Geld auf den Boden. Viele Münzen.
«Da, nehmt's euch, ich war bei den Männern, die haben mir Geld geschenkt!»
Da liegt es und keiner nimmt es. Jetzt zugreifen, bares Geld. Dafür kauft man sich Maseratis, Fleisch und auch Alkohol, wenn man nicht mehr kann. Sie ist nicht erschüttert. Sie kniet nieder wie ein Waschweib, die Oberlehrerin, sie gräbt ihr Geld in die Taschen des gestreiften Schlafrockes. «Von den Männern kann ich alles haben, ich mache Liebe, Liebe! Ich habe keine Wechselstörungen!»
Sie erhebt sich, steht da und alles sieht auf sie. Eine Windhose steht in der Luft. Um elf Uhr wird sie abtransportiert, mit anderen Neuankömmlingen, in eine andere Abteilung. Sie dampft hinaus bei der Tür. Der Zettel mit der Nummer der Abteilung und dem Namen der Patientin, der auf die Schlafröcke lose aufgeklebt wurde, zum Abtransport, weht hinter ihr her. Der Strom ebbt ab, die Luft glättet sich, und ich sehe die Frau nicht mehr.
Frau Kranzer ist erlöst. Sie ist eine Depressive. Sie hat Angst, beim Fenster hinunterzuspringen. Sie hat es mir einmal geschildert. Ich hätte nie geglaubt, daß diese Frau auf meiner Bettkante sitzen würde und mir ihre Angst schildern könnte. Abends, wenn das Licht abgedreht wird, da kommen mir die Patienten entgegen, wie sie mir das erste Mal begegneten. Im Urzustand, hineingeworfen in eine völlig unbekannte Situation. Wie sich ein Mensch in einer ihm neuen Situation zurechtfindet, das ist er, so sieht er aus, so findet er sich im ganzen langen Leben.

So begegnet er mir, und diese Frau Kranzer, die kam mir entgegen, lange nachdem ich sie zum erstenmal gesehen hatte, ich erinnere mich, als sie noch die Neue war, hineingeworfen in diese Anstalt, weil sie Angst hatte, sich aus dem Fenster werfen zu müssen.
Sie wollte nicht, sie sträubte sich mit aller Energie. Sie saß auf dem Sessel in ihrer Wohnung, so erzählte sie mir, abgehackt und zurückhaltend. Sie war wie hingesogen in das offene Fenster. Sie vergaß alles, sie wußte nicht, warum sie da hinunter wollte, sie wußte nur, daß sie immer weinte. Daß das offene Fenster sie immer anzog. Die Angst, doch zu springen, baute sich über ihr auf, und das Gerüst hing lose über ihrem Kopf. Es war nichts mehr, außer der Frage: Springen oder nicht. Und die Möglichkeit, in den Tränen sitzen zu bleiben, war genauso unmöglich wie das Springen. Warum eigentlich, warum. Warum konnte nicht alles weitergehen, wie bei normalen Menschen. Den Haushalt führen, kochen, waschen, den Kindern und dem Mann das Essen richten, es war ja genug zu tun. Die Kinder waren zwar schon groß und gingen in die Lehre, aber sie brauchten Frau Kranzer doch! Brauchten sie noch? War sie noch für jemanden notwendig in diesem Leben? War sie sich selbst noch nötig. Die neue Person, ihre große Liebe, wurde die Distanz zwischen dem Fenster und ihrem Sessel. Denn allzuviel hatte sie nicht mehr zu tun. Der Haushalt war rasch gemacht, den Kindern konnte sie bei den Hausarbeiten nicht mehr helfen, die gingen ja schon in den Beruf, so hatte sie Zeit, auf dem Sessel zu sitzen und zu denken und zu vermissen.
Sie vermißte alles. Nur der Abstand zum offenen Fenster war ihr geblieben und die Angst vor dem Aufprall auf dem Straßenpflaster. Nur vor diesem hatte sie Angst. Nur vor diesen paar Momenten, in denen sie vielleicht Zeit fände, das Vermißte zu finden – und dann wäre es zu spät. Sie hätte sich ja dann darum gebracht, um das Vermißte, das sie dann gefunden hätte. Ich hätte nicht gedacht, daß mich einmal diese Frau Kranzer mit ihrem gepflegten Gesicht und den runden braunen Augen so nah ansehen würde. Ich erinnere mich, ihr wurde das Bett gegenüber angewiesen. Es war damals ein sehr ruhiger Tag, auch draußen war es windstill, der Herbst hielt den Atem an. Die Blätter waren schon bunt. Die Neue war still und störte die Ruhe im Saal nicht. Sie war bunt, sie trug einen roten Schlafrock, aber sie war still. Sie wirkte fast wie vornehm, fast ein wenig überheblich, sie stellte keine Kontaktversuche an, sie schwelte in ihrem Kummer. Er bedrückte sehr ihre stille Seele, ich konnte es bis zu mir her spüren. Schwer war es für sie. Dabei hätte sie vergitterte Fenster gehabt und gar keine Chance hinunterzuspringen. Das hätte für sie hier eine Beruhigung bedeuten müssen. Aber das ließ sie nicht zu, das Fenster und der Sessel allein waren es nicht, auf sie drückte das Gewicht, allein auf sie, und sie war einsam unter der alten Last. Die Last der Tränen und der Trauer. «Ich

war immer traurig ohne Grund, ich habe stundenlang geweint.»
So sprach ihre besorgte dünne Stimme, die ich manchmal während unserer Nachbarschaft auch schneidend verärgert und ironisch ihrem Schicksal gegenübertreten hörte, die manchmal auch lachte, aber immer den Verdacht auf den Knödel im Hals offenließ, der jederzeit in Form von Tränen heraussprudeln konnte. Frau Kranzer hielt sich immer kampfbereit ihrer Trauer gegenüber. Sie war immer bereit abzuwehren. Hätte sie sie zugelassen, diese Trauer und die Tränen, sie hätte nicht kämpfen müssen. Trauer und Tränen tun ja nichts, sie sind ja in Ordnung. Aber sie wollte eine Kämpferin sein, und die Anstrengung, die war so groß, die Anspannung wie Muskeln im Hirn, so festgezurrt, die beiden Widersacher ja rechtzeitig abwehren zu können. Und manchmal schaffte sie es nicht. Manchmal lief sie davon. Dann liefen die Tränen und liefen, aber es war nichts. Die Augen blieben in den Höhlen, der Körper entspannte sich, der sonst so angriffsbereit verkrampft war, und sie hörte wieder auf zu weinen.
Am Anfang, am ersten Tag, schien sie unbeteiligt an ihrer Umgebung. Ich spürte, sie wollte wieder zurück. Hier war sie kaltgestellt, bei vergitterten Fenstern. Hier erübrigte sich ihre Angst, von der sie gelebt hatte, hier war sie zum Tode verurteilt, denn sie hatte nichts zu befürchten. Einfach weggenommen hatte man ihr alles. Ja, ich erinnere mich, ihre Art trug sehr die Züge einer Empörung über etwas, und diese Eigenschaft zeigte sich noch oft an ihr, sie war empört über sich, und dann verwendete sie diese harte, dünne Stimme, die spöttisch aufräumte mit ihrer Traurigkeit und ihren Tränen, so als wäre sie ihrer Traurigkeit jetzt Herr geworden. Diese Art war es aber, die ihr die letzte Widerstandsfähigkeit abrang, gegen die Tränen zu kämpfen, und ich gehe richtig in der Annahme, daß sie sie absichtlich damit herbeigeführt, herbeigelockt hatte, um wieder einmal entspannter und entladener sein zu können.
Wie tief muß ich in meine Erinnerung tauchen, um das hervorzuholen, was ich erlebt habe, und das nicht mit dem Vorhaben, es mir zu merken. Ich habe mir nichts gemerkt, aber ich kann mich erinnern. Jetzt erst fällt mir Frau Kranzer auf, jetzt hat sie sich einen Platz in meinem kleinen Leben auf engstem Raum hier in dieser Anstalt gemacht. Sie hat ihn sich gemacht und ich ließ sie einen finden. Unser Verhältnis ist das Akzeptieren des anderen als einen, der einen Platz einnimmt und den man ihm läßt. Ihr Revier, mein Revier. Rund um das Bett. Ich genieße das Privileg, ihr allmorgendlich beim Bettenmachen helfen zu dürfen. Ich helfe nur ihr dabei, und ich lasse mir nicht helfen. Ich wende selbst meine Matratzen und spanne mein Leintuch selbst. Wir pflegen ein Verhältnis, und Frau Kranzer hat sich im Zusammenhang mit mir entwickelt. Ich kann ihre Position feststellen, ich übersehe die Lage. Eine Entwicklung ist zu Ende, wenn man sie übersehen kann. Am Beginn

dieses Erinnerungsfadens sitze ich auf meinem Bett und Frau Kranzer vis à vis in einem roten Schlafrock. Da war schon alles bestimmt, mein erster Eindruck, ihr erster Eindruck, der Ursprung unseres Verhältnisses. Er ist geblieben, aber er hat sich im Laufe der Zeit geklärt und sich aufgeblättert zu diesen Seiten. Und hier steht es, hier wird es klar und deutlich eingetragen, was sich mir in einem Augenblick, in dem ersten Wechsel des Augenblicks mit dieser Frau eingepflanzt hat. Diese Pflanze ist gewachsen unter der Erde des Ereignisses, unter der Bewegung des Lebens, und jetzt ist sie heraus, ihre Entwicklung ist zu Ende, ich kann sie sehen. Ich kann Sie sehen, Frau Kranzer.

Sie nimmt ihre Tasche, übergibt sie ihrem Ehemann zum Tragen, eingehängt gehen sie einträchtig zum Schwesternraum. Auch ein anderes Gesicht hatte diese Frau noch gezeigt. Nicht nur das zurückhaltende Stolze, sondern sie wurde auch klein, wenn sie mit verkrampftem Lächeln den großen Arzt anflehte, sie doch nach Hause gehen zu lassen. Sie wollte durch ihr Lächeln und die fast kokette, aber schulmädchenhaft täppische Art ihr gutes Befinden zeigen. Ein über fünfzig Jahre altes Schulmädchen reicht aber ins Lächerliche. Ich habe gesehen, wie sie ihren Charakter verlor. Sie wand sich in lächerlichen Bewegungen einer Schlange, die in eine zu enge Haut gezwängt ist. Sie gab Besserung vor und wollte zeigen, daß sie sich nicht mehr so einsam fühlte, daß sie vor der Einsamkeit keine Angst mehr hätte. Diese Lüge war es, die ihr Körper ausstrahlte, unter der Qual dieser Lüge wurde sie so klein, und der Arzt war so groß vor ihr. Sie brachte kaum den Kopf in die Höhe unter der Last der Lüge, und deshalb hob sie nur die Augen hoch, und das sah lächerlich aus.

Sie wußte, daß sie lächerlich war, denn später weinte sie wieder. Sie litt unter der Beteuerung, nicht mehr einsam zu sein und keine Angst zu haben. Dabei waren es ihre beiden besten und letzten Gefährten, die sie hier verleugnete. Einsamkeit und Angst sind ihr geblieben, sie machen ihr Leben aus, sie geben ihr das Gefühl, noch zu leben, und jetzt hatte sie ihr Leben verraten. Sie hat sich selbst vor dem Arzt verleugnet, und sie weiß, die beiden Gefährten werden sich bitter rächen. Sie werden zuschlagen, unerbittlich, wenn sie, wie sie es sich wünschte, wieder zu Hause auf dem Sessel vor dem Fenster sitzen würde. Es ist eine totale Lüge. Sie wünscht sich nicht, wieder zu Hause zu sein. Es ist doch ein sehr alarmierendes Zeichen, einen Wunsch vorzugeben, von dem man weiß, daß man ihn nicht hat. Aber es ist, wie mir scheint, ein ganz «normales» Unterfangen. Und wer verbringt seine Zeit gern im Irrenhaus, wenn er normal ist?

Es ist die Norm, daß eine Frau über fünfzig zu Hause sitzt, in Tränen aufgelöst, mit Angst besetzt um die verlorenen Kinder und um den fleißigen Ehemann weint und schwer leidet unter den so gering gewordenen Pflichten im Haushalt. Das ist üblich, das ist erlaubt. Aber im

Irrenhaus? Das ist nicht üblich, besonders wenn man normal ist, da gehört man doch nicht hin! Empörend ist es, einfach bodenlos. Nein, auch hier gibt es einen Boden, eben einen Steinboden. Der wird jeden Tag mit klarem Wasser und einem Desinfektionsmittel gewaschen, und da gibt es keine verborgenen Ritzen, in denen sich Lügenstaub verbergen könnte. Ich bemerke zu meinem Erstaunen, daß es üblich ist, nicht die Wahrheit zu sagen. In der Schule hat man mich da anders unterrichtet, wenn ich mich recht erinnere. Besonders im Religionsunterricht, da ist sehr darauf gedrungen worden, ja nicht zu lügen. Dagegen, wenn man in das braune Häuschen, den Beichtstuhl, bestellt wurde, da waren die Lügen plötzlich ein sehr geringes Vergehen. Sie sind ja üblich. Die Unkeuschheiten, die hat man unter höchstem Befangen gebeichtet. So befangen, wie man sie beging. Obwohl auch sie üblich sind.
Frau Kranzer ist religiös, und religiöse dürfen nicht aus dem Fenster springen. Denn der Glaube besteht daraus, daß es keine Fenster gibt. Niemand darf springen und sich der Ungewißheit der Momente vor dem Tod überlassen. Niemand darf ohne Erlaubnis dieses Wagnis nur so für sich selbst begehen. Das Ungewisse, es ist nicht beinhaltet in der Religion, denn Religion ist die Regel der Gewißheit. Und Frau Kranzer ist es gewiß, daß sie gelogen hat, als sie den Arzt bat, nach Hause zu dürfen. Sie mußte zugleich über ihre Lüge in den Boden versinken, das ist so üblich, sie kniete nieder vor dem Altar, und der Arzt erhob sie huldvoll:
«Na, vielleicht nächste Woche, Frau Kranzer, wir werden sehen.»
Das Übliche ist die Religion des Alltags. Frau Kranzer ist empört, daß ihr der ungeschickte Ehemann wohl Rock und Jacke gebracht hat, aber keine Schuhe. Er hat einfach vergessen. Und sie wollte doch diesen Sonntag in die Kirche gehen. In Hausschuhen geht man nicht in die Kirche, das ist nicht üblich. Ich hätte es bei dieser Kälte auch nicht getan, das halte ich für vernünftig. Vernunft ist üblich. Aber Vernunft ist nicht immer wahr, man denke an die politische Vernunft oder die Vernunft der Zivilisation überhaupt.
Frau Kranzer tröstet sich:
«Ja, ich wäre ohnehin zu müde gewesen.»
Ich weiß aber und sie weiß es auch, daß es sie sehr zu diesem Altar hingezogen hat, um ihre Last der Lügen zu erleichtern im braunen Kästchen. Sie drücken so sehr, sie drücken auf die Stirn und auf die Augendeckel, und Frau Kranzer schläft auch manchmal bei Tag. Was hätte sie zuerst gebeichtet, hätte sie Schuhe gehabt, die Lügen oder die Unkeuschheit? Die Unkeuschheit drückt nur, weil es eine Lüge ist, daß man sie nicht mehr begehen wird, und weil es eine Lüge ist zu glauben, Unkeuschheit wäre verboten. Das braune Flüsterkästchen ist ein Lügenkästchen. Aber das ist üblich. Aber Regeln müssen eingehalten werden. Die Regel des Alltags ist die Lüge.

«Frau Kranzer, nehmen Sie es nicht so schwer, sie sind im Wechsel, an das Ausbleiben der Regel werden Sie sich gewöhnen», tröstet sie die Schwester über die Last der Lügen hinweg. «Wir werden vielleicht Schuhe für Sie finden, die Ihnen passen, dann können Sie noch zur Kirche gehen.»
«Wissen Sie, der Bub mit seiner lauten Musik, diese Popmusik, ich hab halt nichts dafür übrig, dieses Närrische.» So saß sie auf meiner Bettkante und war ganz hingegeben ihrer Bedrängnis, dabei war hier gar keine Popmusik zu hören, es war still.
«Er dreht den Plattenspieler so laut die ganze Zeit, ich halte das nicht aus!» Sie griff sich an die Schläfen in äußerster Qual, dabei war nicht das geringste Geräusch zu hören. Oder kann sie überhaupt nichts hören? Der Bub und die Popmusik ist allerdings nur, was sie mir zugab.
«Dann fahre ich manchmal dazwischen, da hau ich auch manchmal zu!» Ich muß lächeln, wenn ich mir vorstelle, wie diese zarte Frau auf den Lackel einschlägt. Aber ich weiß auch, ihre dünne Stimme, die kann auch in schneidende Schärfe überschnappen, die ist gewöhnt, sich selbst zu treffen, wie sollte sie damit ihren Buben nicht verletzen können. Dabei hatte ich geglaubt, sie trauere um ihre Kinder, sie weint, weil sie die Kinder nicht mehr brauchen?
«Das Mädchen kürzt sich selbst die Röcke, und früher mußte ich sie immer verlängern, wenn das Kind herausgewachsen war!» Jetzt stellte sich heraus, daß sie den Buben nicht mochte, weil er ihr mit Popmusik in den Ohren und im Hirn lag. Er braucht sie nicht, denn er hat die Mutter für Popmusik eingetauscht. Und weil sie nicht mehr gebraucht wird, möchte sie die Popmusik und den Buben loswerden, aber wie, wie wird eine Mutter ihr Kind los, endlich los?
Die Kränkung, daß er sie eingetauscht hat, die ist zu groß. «Aber denken Sie nicht? Die Kinder brauchen mich doch noch?»
«Ich höre auch gern Popmusik, aber ich bin auch eine Mutter», höre ich mich sagen. Ich hatte mich herausgeschwindelt, ich hätte sagen sollen:
«Nein, Ihre Kinder brauchen Sie nicht mehr, die Popmusik ersetzt Sie voll und ganz. Brauchen Sie ihre Kinder? Sie wollen Sie loswerden, weil sie laut sind. Ohne Kinder, in denen Sie sich wiederbegegnen, ist Ihr Leben sinnlos, scheint Ihnen. Sie möchten sie am liebsten mit dem Plattenspieler, den Sie selbst ihnen gekauft hatten, beim Fenster hinunterstürzen.» Aber wozu sollte ich das gesagt haben, während ich es schreibe, ist es eine ganz kleine Spur auf der Spanne, die zwischen dem Sessel von Frau Kranzer und dem offenen Fenster liegt. Sie hat Besuch, auch heute sind die Kinder dabei, der Ehemann wartet, der Sohn erklärt seiner Schwester etwas von «Ten Years After», worauf der Vater sagt: «Was du immer hast!»
Frau Kranzer sitzt starr am Bett und blickt auf das vergitterte Fenster

und ist still erregt, daß der Mann die Schuhe vergessen hat. Das Mädchen schaut sich neugierig um und besieht mich wie ein seltsames Tier. Eine vollkommene Familie. Der Bub hört Popmusik, der Vater schimpft, die Mutter starrt das Fenster an und das Mädchen sieht unsicher herum und überlegt sicher, ob sie als Mädchen vielleicht verantwortlich gewesen wäre, auf die komplette Garderobe der Mutter zu achen. Denn jetzt kann die nicht mehr in die Kirche gehen; die Mutter kann nicht im Beichtsuhl lügen, daß sie nicht mehr Unkeuschheit treiben wird. Zweimal hat sie es getan und nie wieder, diese beiden Kinder genügen ihr. Sie will keine mehr, sie schafft es nicht. Sie ist so traurig und weinerlich geworden, so ängstlich an ihnen. Die Unkeuschheit hat sich nicht ausgezahlt. Seitdem sie so mißmutig ist, arbeitet ihr Mann auch fleißiger, ist abends müde und will sie nicht mehr ficken. Er ist müde ihrer Traurigkeit und Angst und jetzt braucht sie keine Unkeuschheit zu treiben, sondern sie hat Wechselstörungen. Die muß man im braunen Flüsterkästchen nicht bekennen, das ist keine Sünde, mit denen darf sie ins Irrenhaus. Im Irrenhaus braucht sie keine Schuhe, da tun es auch Hausschuhe, hier kann sie nicht aus dem Fenster springen und es wäre doch sehr ungewöhnlich, ohne Schuhe auf der Straße zu liegen.

Ich stand auf aus einem Schlaf zwischen Ohnmacht, Erschöpfung, Wachen, Starre und Angst, ich machte meine Gymnastik nicht mehr, meine Gliedmaßen waren steif geworden und zu außertourlichen Bewegungen nicht mehr bereit. Die Bewegung wurde zur äußersten Belastung, ich brauchte meine Kraft, um noch die letzten Wege tun zu können. Ich war wie im Wirbel, ich war nicht da. Ich schwebte, nicht im Glück und nicht im Unglück. Ich trieb auf der Oberfläche meines Alltags, der in die Endzeit meiner Spannung überging. Ich hatte alles, ich tat alles. Es war, was ich wollte. Ich bemerkte, daß ich mich auf meinen Instinkt verlassen konnte. Wie im Leeren erledigte ich Einkäufe und Haushalt. Ich hielt mich weiterhin sauber. Mein Körper war äußerlich nicht verwahrlost. Das Dehnen und Zerren in meinem ganzen Körper wurde zu einem anerkannten Zustand. Es waren die Muskeln von Kopf bis Fuß, die spannten und aufs äußerste aufgebraucht waren. Es war kein Schmerz mehr, es war mein Körperzustand.

Ich hatte nur noch 32 Kilogramm. Angefangen hatte ich mit 55. Ich hatte keinen Gedanken dafür, ich besah mich nicht mehr im Spiegel. Ich existierte nicht mehr. Ich fühlte nur meinen Instinkt, der mich die Lebenslinie entlang begleitete. Die Einkäufe spielten sich schon recht chaotisch ab und strengten mich sehr an. Ich hielt Einkaufen, Kochen und die anderen Arbeiten nur mehr schwer auseinander. Sie vermengten sich in meinem Kopf zu einer Enge. Doch ich erfüllte sie noch wie im Traum. Ich tat alles zugleich und alles zugleich wurde fertig. Mein

Zustand erschien mir sonderlich, aber der Umwelt fiel ich noch immer nicht auf. Ich bin nicht aufgefallen, solange ich meine Arbeiten leisten konnte. Ich war nur verlangsamt, und so manchem fiel meine Zerstreutheit auf, aber man sah sie nicht. Nichts, nur meine total ausgemergelte Gestalt, mein totenähnlicher Kopf, der machte mich zu einer Attraktion, so daß man hinter mir zu tuscheln begann:
«Sicher krank», «Sieht ungeheuerlich aus», «Sollte sich schonen», «Tapfere Frau».
Ich bewegte mich weiterhin wie sonst, aber nur mit äußerster Anstrengung und langsamer. Ich neigte einem Ende zu, ich spürte es. Es kam auf mich zu mit Riesenschritten, jeder Schritt erscholl in mir beim Gehen. Ich stand mitten in meinem Leben, mitten in dem Leben, das ich mir seit meiner Geburt bereitet hatte. Ich hatte mir auch ein Kind bereitet, ich versorgte es, ich hatte es ja gemacht. Ich versorgte mich nicht mehr, ich konnte auch gehen. Ich hatte alles getan, solang es notwendig war, was dann kam, war nach dem Weltuntergang für mich, und was sollte ich da noch tun. Ich konnte nichts tun.
Ich fiel von phantastischen Träumen in die harte Wirklichkeit meines Atems und meiner Glieder, die mit der Umwelt schmerzhaft in Berührung kamen. Dieses Leben war für meinen Körper nicht mehr eingerichtet, und mein Körper paßte nicht mehr in diese Welt, ich hatte mich herausgehoben und schwebte zwischen hier und da. Ich fiel, während ich flog, ich bekam ein teures Präparat, um meinen Augen Linderung zu geben. Sie waren trocken und wundgebrannt. Ich wußte, wovon es kam, und langsam wußte ich, daß ich in eine Sackgasse geraten war. Ich habe es immer gewußt. Einmal wollte ich mich fangen. Ich mußte diesen Weg gehen, ich wäre mir sonst für immer entschlüpft. Ich hatte mich müde gelaufen, ich lief mir nicht mehr weg, ich hatte mich eingeholt. Das Mittel half mir nicht mehr. Die Speisen, die ich zu mir nahm, änderten meinen Zustand nicht mehr. Weder den Körper noch den Geist konnten sie erreichen. Ich war am Ende angelangt. Ich hatte mein Knäuel entwickelt. Das Ende erwies sich als der Anfang, und ich lag da. Ich hatte nichts mehr zu entwirren, ich war am Ende meiner Arbeit angelangt. War ich am Ende meines Lebens, meines Wollens, meines Herzens? Ich lag da und hatte nichts mehr zu tun. Ich hatte keine Schmerzen, aber mein Herzschlag, der war alarmierend. Der Kreislaufzusammenbruch.
Ich war zu rasch gelaufen, die letzten Monate. Ich war außer Atem. Ich lag unbeweglich und war außer Atem in meinem Bett. Ich hatte alles getan, ich wog nur noch knapp 32 Kilogramm. Ich hatte nichts mehr. Ich war meinen Weg gegangen. In der Sackgasse habe ich mich getroffen. Ich hatte mich nicht verirrt. Ich wollte dahin. Und nach der Nacht des Kreislaufzusammenbruchs führte mich das Krankenauto ins Spital.

	Früh	Vormittag	Mittag
Stufe I			
MO	Kaffee, Schwarzbrot, Margarine	Grapefruit	Mineralwasser
DI	Kaffee, Schwarzbrot, Margarine	–	Birne
MI	Tee/Zitrone, Schwarzbrot, Margarine	–	heiße Magermilch
DO	Kaffee, Schwarzbrot, Magerkäse	–	Grillhuhn, Tomatensalat, Gurke, Mineralwasser
FR	Tee/Zitrone, Schwarzbrot, Margarine	Apfel	–
SA	Kaffee, Schwarzbrot, Margarine	Grapefruit	–
SO	Kaffee/Milch, Toast	–	Schinken, Magerkäse, saure Gurke, Mineralwasser
Stufe II			
MO	Kaffee, trockenes Knäckebrot	–	Apfel
DI	Tee, trockenes Knäckebrot	–	Räucherfleisch, Sauerkraut, Mineralwasser
MI	Kaffee, trockenes Knäckebrot	–	Mineralwasser
DO	Tee/Milch, trockenes Knäckebrot	–	gekochtes Rindfleisch, Blumenkohl, Mineralwasser
FR	Tee, trockenes Knäckebrot	–	heiße Magermilch
SA	Kaffee, trockenes Knäckebrot	–	Grillhuhn, Tomatensalat, Mineralwasser
SO	Kaffee/Milch, Toast, Margarine	–	Orangenjuice
Stufe III			
MO	Hagebuttentee, Knäckebrot	–	heiße Magermilch
DI	Hagebuttentee, Knäckebrot	–	Grapefruit
MI	Kaffee, Knäckebrot	–	Knäckebrot, Schinken, Mineralwasser
DO	Hagebuttentee, Knäckebrot	–	heiße Magermilch
FR	Hagebuttentee, Knäckebrot	–	Apfel
SA	Kaffee, Knäckebrot	–	heiße Magermilch
SO	Kaffee, Knäckebrot	–	Tomatenjuice

	Nachmittag	Abend
Stufe I		
MO	–	gegrillte Leber, gekochte Karotten, grüner Salat, Magermilch
DI	Mineralwasser	Schwarzbrot, Schinken, Gurke, heiße Magermilch
MI	Apfel	trockenes Knäckebrot, heiße Magermilch
DO	–	trockenes Knäckebrot, heiße Magermilch
FR	Mineralwasser	Fisch, gekochte Kohlrüben, Tomatensalat, heiße Magermilch
SA	Mineralwasser	Beefsteak, grüner Salat, gekochte Karotten, Rotwein
SO	–	Knäckebrot, heiße Magermilch
Stufe II		
MO	Mineralwasser	trockenes Knäckebrot, heiße Magermilch
DI	–	trockenes Knäckebrot, heiße Magermilch
MI	Birne	trockenes Knäckebrot, heiße Magermilch
DO	–	trockenes Knäckebrot, heiße Magermilch
FR	Apfel	Knäckebrot, Magerkäse, heiße Magermilch
SA	–	trockenes Knäckebrot, heiße Magermilch
SO	–	Knäckebrot, Schinken, Tomaten, heiße Magermilch
Stufe III		
MO	Apfel	Knäckebrot, heiße Magermilch
DI	–	Knäckebrot, heiße Magermilch
MI	–	heiße Magermilch
DO	–	Knäckebrot, heiße Magermilch
FR	–	Knäckebrot, heiße Magermilch
SA	heiße Magermilch	Beefsteak, Spargel, Rotwein
SO	–	Knäckebrot, Schinken, heiße Magermilch

Danach kam allmählich das Auslassen des Knäckebrotes, des Schinkens und der letzten verbliebenen Wochenmahlzeit.

Ich habe einmal aufgeschrieben, wie mein Hungerunternehmen ausgeschaut hat, die Speisen betreffend. Es hatte keine so genaue Form, aber heute habe ich versucht, es in Abstufungen wie einen Speisenplan aufzustellen.

I. Stufe: Wenig.
Dabei gab es noch schwach gesüßten Kaffee oder Tee, die Brote mit wenig Margarine bestrichen.

II. Stufe: Weniger.
Dabei waren Kaffee und Tee ungesüßt.

III. Stufe: Noch weniger.
Wenn der Hunger sehr quälend wurde, habe ich zu jeder Zeit mir ein Glas heiße Magermilch gegönnt. Diese bestand aus 50 % Wasser mit 50 % Magermilch.

Ich hielt in groben Zügen diese Stufen jeweils einige Wochen ein, die letzte Stufe am längsten, bis zu meinem Kreislaufzusammenbruch.

«Und Sie haben sich nach den Infusionen besser gefühlt?»
«Ja, viel besser, die Infusionen sind sehr gut, Sie werden sehen.» So antworte ich auf die Frage einer gar nicht unhübschen schlanken Frau. Sie hat vier Kinder und ist «gereizt bis dahinaus», wie sie sagt.
«Ich bin immer gleich in der Höhe, ich hau sofort hin, daß sie gleich in die Ecken fliegen, und dann tut es mir gleich wieder leid, ich kann mich nicht halten, ich bin wie eine Furie!»
Ein paar Kilogramm soll sie zunehmen, angeblich liegen die Nerven frei. Das kann man zwar nicht sehen, aber ich kann sehen, daß diese dunkelhaarige Mutter mager ist und sehr unruhig. Sie soll auch nur mehr den halben Magen und keine Eierstöcke mehr haben, auch das kann man nicht sehen, aber ich will es glauben. Irgend etwas fehlt ihr. Sie sagt es selbst. Die Hülle über den Nerven. Es könnte sein, daß sie einmal zu sehr Furie war, die Nerven zu arg herausgetreten sind und eines ihrer vier Kinder sehr zu spüren bekommen hat, daß diese Frau nur den halben Magen und keine Eierstöcke mehr hat. Ob die Infusion dagegen hilft, scheint mir jetzt eine etwas vage hingesprochene Auskunft gewesen zu sein. Ich habe ja eigentlich nur mich gemeint, liebe Frau, nur mich, ich spreche eigentlich immer nur über mich.
Ich kann ein ganzes Heft füllen, nur über mich mich mich. Ich habe nur mich, und davon kann ich erzählen. Und mir waren die Infusionen sehr wohltätig. Stellen Sie sich meinen Körper vor, 32 Kilogramm, und die Nerven waren fast das einzige, was von mir übrig war. Da haben die Infusionen doch geholfen, das kann doch um Gottes willen nie-

mand übersehen! Ich scheine mit meiner Vermutung in die rechte Richtung zu gehen. In dieser Frau steckt verborgene Brutalität. Dieser Zug ist es, der sie von einer aparten dunklen Person zu einer nicht ganz so vollkommenen macht, und ich bezeichne sie zu Recht nur als «nicht unhübsch».

Auch der Mann war es, der an ihrem Bett saß, und die drei Kinder waren es. Das vierte fehlte geheimnisvollerweise, es fehlte, auch Kinder pflegen manchmal ins Spital zu kommen, wegen kleiner Defekte, nur wegen kleiner unscheinbarer Hautschäden, von denen man nicht weiß, woher sie stammen. Na ja, Kinder wollen spielen, der Bub ist immer ein Wildfang gewesen – und da ist es passiert. Hinein mit ihm in die Ecke, daß das Blut spritzt an die Wand, und noch eine, was, du rührst dich noch, da hast du noch eine, und noch eine . . .!

Diese magere dunkle Frau, wer hätte ihr diese Kraft zugetraut. Na ja, sie ist eben manchmal auch ein Wildfang. Untergewichtige Wilde werden im Irrenhaus mit Infusionen behandelt. Ich zweifle jetzt fast, daß sie ihr helfen werden. Aber ich will ihr den Glauben nicht nehmen. Sie möchte das Feuer in ihren dunklen Augen und die hastigen Bewegungen so gern dämpfen, sie möchte, daß ihr die Infusionen die Brutalität nehmen. Ob sie das tun werden können? Man müßte sie ihr aussaugen, aber eine Infusion tropft ja hinein. Ob dieses Unternehmen richtig eingesetzt ist? Ich vermute, die Infusion wird auf die Brutalität auftropfen und sie bedecken. Dann glaubt sie vielleicht, sie ist nicht mehr da.

«Und dann haben Sie nicht mehr geschrien und um sich geschlagen?» fragt sie eine andere Frau.

«Nein, hier habe ich nicht zu schreien, da steckt man mich ins Gitterbett und spritzt mich nieder», antwortet diese. Sie kann dumm fragen. Irgend etwas scheint ihr zu fehlen, nicht bloß der halbe Magen und die ganzen Eierstöcke. Sie hat kein Gefühl für Zusammenhänge. Hier ist es nicht möglich, lange um sich zu schlagen, hier wird es einem ausgetrieben, das Schreien. Hier macht man das nicht lang. Sie fühlt das nicht. Ja, sie hat kein Gefühl. Sie ist brutal, und wenn ich mich an ihren Ehemann erinnere, der auf der Bettkante gesessen hat, mit seinem roten Anflug im Haar am etwas schlecht rasierten Gesicht und seinen Augen, da war es auch, dieses rote Licht der Brutalität.

«Der Mann wird schon sehen, wie er sich mit den Kindern abwürgen wird müssen, wenn ich nicht da bin. Der soll auch einmal sehen, wie ich mich abschufte den ganzen Tag!» Er saß da, die Arme breit über dem Sessel, halb mit dem Rücken zu seiner Frau. Immer auf die Uhr sehend, ob er nicht schon gehen müsse. Die Besuchszeit dauerte lang. Und ich setzte vorhin meinen Kugelschreiber ab und überlegte, ob die Infusionen ihr helfen würden. Aber ich sage es ihr nicht, ich würde mir nur ihre Mißgunst zuziehen, und bei ihrem Zug ins Brutale will ich Kämpfen aus dem Weg gehen. Ich bleibe lieber hier auf meiner rau-

hen Bettdecke sitzen und werde noch ein paar Buchstaben schreiben, dann werde ich einen kleinen Spaziergang antreten.
Es war gut, wieder einmal den Kopf gehoben zu haben. Heraus aus der Kapuze, die mir die Augen bedeckte. Ich bin einen anderen Weg gegangen, ich habe mich umgesehen. Es war nichts. Aber ich habe mich umgesehen, habe den Kopf gehoben und gewittert. Über mir schlagen die Wogen des täglichen Meeres zusammen, ich tauche nur manchmal auf, und ich spüre, wann ich es tun muß. Da wird mir die Luft so dünn und der Atem seicht, und dann hebe ich ihn hoch, meinen Kopf, und auch meinen Kugelschreiber, ich stoße mich ab von meinem Grund und tauche auf. Da sehe ich die Fluten, den Wasserspiegel, die gefüllten Seiten und die leeren weißen Seiten. Sehe ich, was ich eigentlich tue? Wo bin ich da – ich muß mich nicht finden. Ich darf mein Gehirn entlassen, hinunter über den Wasserfall, es kommt sicher unten an. Ich lasse ihm einmal seinen Lauf, es hat es ja gewollt. Die Buchstaben fließen, ich erlaube mir die Sattheit der Gedanken und des Magens, sie gehören zusammen. Mit Hunger kann man leben, mit Sattheit ist man tot und sucht und erwartet den Hunger. In Sattheit hält man es nicht aus. Nicht aus, da drängt die Welt nach innen, und da möchte man Luft haben, Luft, und vergessen, daß man sich eine Form gegeben hat, die zu erfüllen das Hirn belastet.
Ich schreibe beschreibe ich schreibe und überschreibe verschreibe mir ein Mittel gegen die Sättigung. Auf daß nichts im Magen und im Hirn liegen bleibe. Daß es nicht faulen kann, darf es nicht rasten. Ich blase in mich wie ein Wirbelsturm und lasse mich rasten. Die Zeit, sie soll eingeholt werden, die Gedanken sollen fließen, wie sie wollen, und ich tue es. Ich lasse es. Es wird nichts, es kommt von nichts. Ich eile, ja, ich eile ja, aber erst muß ich innehalten und Atem holen . . .
Ich habe es getan, und ich habe dabei an die weiße Wand gestarrt vor mir. Das ist es, deswegen habe ich innegehalten? Die weiße Wand. Hatte ich eine Frage? Die weiße Wand vor mir. Das weiße Licht. Es hat kein Licht und leuchtet nicht. Spiralene Kreise wachsen an, sie kreisen meinen Kopf ein, sie wachsen. Die bunten Ringe wellen von innen nach außen in meinen Augen, sie wachsen über meinen Kopf hin, sie erfüllen den Raum, sie sind der Raum und meine Daumenkuppe, die hat solche Rillen. Die Rillen auf meiner Daumenkuppe, sie wellen auf, ich bin es, ich bin es, hier jetzt das einzige im weißen Licht, das nichts tut. Nichts tut nichts. Ich welle an, in meinen Ohren beginnt es zu brausen, es ist ein Orkan. Der Orkan meines Blutes kreist im All – ich bin die weiße Wand vor mir. Und weiß sind die Blätter meiner noch unbeschriebenen Seiten. Und von neuem entscheide ich mich, meine Spuren zu ziehen.
Visite, alles aus den Betten! Aber ja, ich bin ja ohnehin hier. Wo sollte ich sein, wohin sollte ich mich verkriechen. Habt acht! Aber ja, wir

haben immer acht. Worauf sollen wir denn schon achten. Auf das Bett, daß es niemand davonträgt, oder auf unser Hirn, daß es uns nicht wegfliegt. Gewehr bei Fuß! Aber ja, nur habe ich den Kugelschreiber lieber in der Hand.
«Bitte, Herr Doktor, würden Sie mir gestatten . . .»
«Machen Sie auch fleißig Muskeltraining?»
«Aber ja, Herr Doktor, ich habe mich schon so daran gewöhnt.»
«Essen Sie auch brav.»
«Aber ja, Papa, ich bleibe ja hier, verhalte mich sicher ruhig, da kannst du dich drauf verlassen. Du kennst mich doch jetzt schon? Oder kennst du mich etwa noch immer nicht?» brüllt eine lautlose Stimme in mir dem Arzt entgegen. Das Brüllen muß aus meinen Augen zu ihm gefahren sein, er hält den Zug an, stoppt die Mannschaft, und verlangt von der Schwester meine Krankengeschichte. Er blättert. Er muß sehen, wer ich bin und wieviel ich habe.
«Na ja, man wird sehen.»
Das also hat er herausgelesen, das ist der Eindruck, den er von meiner Geschichte hat. Er wird sehen. Was wird er wann sehen?
«Was wollen Sie sehen, was wollen Sie hören, was wollen Sie eigentlich von mir!!» brüllt es wieder zu ihm hinüber, und er sieht mich an.
«Den Test haben sie ja schon gemacht.»
Also testen will er mich. Aber wie lang denn noch, wie lange noch.
«Nummer zehn vortreten.»
Der Zug geht weiter, und ich lege mich ruhig auf die rauhe Decke zurück, verschränke die Arme hinter dem Kopf und sehe an die weiße Decke. Weiße Mäntel haben sie alle an. Viele Patienten, beinahe jeder, möchten wissen, wann er nach Hause gehen kann:
«Herr Doktor, bitte lassen Sie mich gehen.»
Den Ort verlassen, wohin es ihn getrieben hat. Nach Hause. Ich liege da, und ich bitte nicht. Worum sollte ich bitten, wo ist mein Zuhause. Welchen Ort soll ich angeben. Wie sieht es da aus und wie komme ich dahin. Was soll ich dort tun und was soll ich wollen. Ich erinnere mich an das Jetzt. War ich da nicht zu Hause. Ich suche keine Wohnung, ich suche Einsamkeit und Ruhe. Ich spüre die Ruhe im Gehirn weich und satt. Habe ich sie da nicht zugleich. Bin ich nicht da zu Hause. Aber ich habe ein Fenster, und da fliegt mein Geist aus und ein, wie er will. Er zieht seine Himmelsschlingen und findet an seinem Faden wieder zurück. Kenne ich eine Sehnsucht nach «zu Hause»? Herr Doktor, kennen Sie das? Das Sehnen und Dehnen im Gehirn. Ist das in ihrem Buch aufgeschrieben, das alle Krankheiten beschreibt, die Sie unter den Patienten verteilen. Freigebig sind Sie damit. Unter welchem Buchstaben? Unter M oder unter B, aber jedenfalls unter H, Hirn. Und was wollen Sie heilen? Können Sie das heilen. Und wollen Sie das heilen? Reiß mir das Nichts aus. Können Sie mir das nehmen? Oder, was kön-

nen Sie mir geben?
Ich habe auch eine Art Buch, Herr Doktor, es liegt hier vor mir, und ich habe es selbst geschrieben, und da steht: Die Krankheit jedes Patienten, der nach Hause will, hat kein Zuhause, und dazu zählen alle. Geben Sie es, geben Sie es, ich verlange es jetzt hier, sofort auf der Stelle verlange ich ein Zuhause. Wohin soll ich gehen, wenn ich diese Anstalt verlasse, wohin soll ich mich wenden. Ich weiß, ich gehe dorthin, von wo ich komme. Will ich das? Ich will nichts. Ich liege und habe die Arme unter meinem Kopf verschränkt, und ich sehe an die Decke.
Der weiße Zug verläßt den Krankensaal und zerstreut sich am Gang.
«In den nächsten Tagen kommt die Gerichtskommission!» höre ich eine Schwester zu einer anderen sagen.
«Wir müssen die Patienten noch vormerken.»
Ich gehe nachdenklich meinen Weg am Gang weiter. Bei jedem Bild bleibe ich stehen und sehe es mir genau an. Ich tue das mindestens einmal am Tag. Ich erfülle diesen Weg gern und aufmerksam. Die bunten Farbfotos von Almhütten, Getreidefeldern und Alpengipfeln weisen jeden Tag neue Blickpunkte auf. In dem Mohnfeld bin ich gestern gegangen. Es war so lau, und kaum ein Lüftchen wehte. Die Kapseln sind schon fast reif, und ich nehme eine vorsichtig zur Hand und beuge mich darüber. Schon als Kind habe ich gern die kleinen schwarzen Samenkapseln geöffnet und den Saft mit meinen Fingern zerpreßt. Heute denke ich mir, Mohnkapseln soll man so lassen, wie sie sind. Die Mohnblumen sind überhaupt Pflanzen, die sehr kurzlebig sind und sofort verwelken, wenn sie entwurzelt werden. Heute flutet das Mohnfeld in einer stärkeren Brise, und ich habe meine Gedanken bei Gericht. Bei einer Gerichtskommission. Ist es vielleicht verboten, so mir nichts, dir nichts im Mohnfeld zu wandeln und sich die Frage zu stellen, ob Mohnkapseln geöffnet werden sollen oder nicht? Man will zu Gericht über mich sitzen, weil ich Bilder betrachte und Gespräche der Schwestern belausche. Weil ich am Gang auf und ab gehe und weil ich schreibe.
Oder vielleicht will man mich richten, weil ich soviel esse? Ob es das Schreiben ist oder das Essen? Ich sollte vielleicht wieder hungern, das würde unter Umständen ein Milderungsgrund sein. Ich habe Zeugen, so viele Zeugen. Aber wer soll mich anklagen? Wer hat mich angeklagt, um Himmels willen, ich habe doch nichts getan! Ich habe doch nichts verbrochen. Ich bin ja nur hier. Ich bin ja nur. Ich bewege mich nur von meinem Bett über den Gang in den Tagraum und auf den Balkon. Zweimal jeden Tag gehe ich durch den Park und manchmal in die Kirche, falls sie geöffnet hat. Wenn ich Geld habe, kaufe ich mir im Laden etwas Obst und verstecke es in meinem Nachtkästchen. Das wird doch noch erlaubt sein.
Manchmal besucht mich meine Mutter und Robert. Und beim Portier

sehe ich manchmal meinen kleinen Sohn Sebastian, denn kleine Kinder dürfen nicht weiter herein. Für die ist das nichts.
«Bitte, Herr Rat, ich bitte Sie, ich habe nichts, ganz einfach nichts.» Ich habe das «Nichts», und für diese Krankheit wollen Sie mich verurteilen? Das kann doch nicht alles sein. Das genügt nicht für ein Urteil. Indizien her, her damit. Zeugen vortreten. Ich verteidige mich selbst.
«Herr Rat, zuerst möchte ich belegen, hier mit diesen Seiten möchte ich belegen, Herr Rat, ich habe ein Alibi! Ich war im Irrenhaus. Ich war die ganze Zeit über, in der Sie mich eines Verbrechens bezichtigen, im Irrenhaus. Ich beweise, hier auf diesen Seiten beweise ich, wo ich war, wer ich bin und was ich tue.» Ich sitze wieder auf meinem Bett und schreibe. Ich weiß nicht, ob ich unter den Patienten bin, die für die Gerichtskommission vorgemerkt sind. Es wird sich herausstellen.
Die Ratte, die sich hier gut auskennt, hat mich aufgeklärt, daß von Zeit zu Zeit die Gerichtskommission anrückt und Patienten testet, ob es gerechtfertigt ist, daß man sie hier festhält. Also bin ich doch in einem Gefängnis, folgere ich. Ich wußte das nie genau, es hatte sich mir nie ganz klargestellt. Ich habe mir auch nie ernsthaft die Frage gestellt. Niemand hätte es gewußt, hätte mir Auskunft geben können.
«Kann jemand sagen, ob er gefangen ist oder nicht, Herr Professor?» Wo ist innen, wo ist außen. Wer sind wessen Wärter und wohin zeigen Mauern. «Herr Professor, haben Sie auch das Gefühl, daß, wenn Sie sich an den Schädel greifen, die Schläfenknochen so hart sind und daß die Schädeldecke so festhält und daß das Stirnbein so fest schließt? Haben Sie auch das Gefühl, daß da drin etwas eingeschlossen ist, daß sich da etwas bewegt, etwas fließt, in Schlingen und Windungen? Ich sehe in Ihre Augen und die, jetzt sehe ich es, sind vergittert, wie die Fenster hier in meinem Saal. Was lassen Sie nicht heraus? Was halten Sie da drin gefangen? Oder lassen Sie nicht hinein?»
«Schwester, sagen Sie jetzt klipp und klar, sind Sie gefangen oder bin ich es. Ich fordere Klarheit, ich fordere, das ist mein Recht. Ich habe ein Recht zu erfahren, ob ich hier drin oder draußen bin. Schwester, kann ich meine Sachen nehmen und nach Hause gehen? Einfach hinaus beim Tor? Und schnurstracks nach Hause?»
«Meine Liebe, beruhigen Sie sich, sonst müssen wir Sie spritzen. Das bestimme nicht ich, das muß der Herr Primarius bestimmen und die Gerichtskommission.» Bestimmen, bestimmen, hier wird bestimmt über mich, ganz einfach so? Kann ich nicht über mich selbst bestimmen. Ich allein weiß doch, was für mich recht ist. Ich ich weiß, ich weiß alles. Wissen Sie, ich habe gehungert. Wissen Sie? Haben Sie das schon einmal gemacht – ach ja, im Krieg, ich weiß. Ich weiß, ich habe mich hier hereingehungert und jetzt bin ich da und weiß nicht, ob ich mich

gefangen habe oder ob ich frei bin. Und deswegen, weil ich das nicht weiß, weil ich es nicht herausfinden kann, bin ich im Irrenhaus? Oder bin ich es, weil ich mir die Frage stelle, ob ich gefangen bin oder frei. Bin ich im Irrenhaus, weil ich denke? Ist das Gehirn ein Gefängnis? Ist das Bewußtsein ein Fußtritt ins All?
Also mir soll es recht sein, Schwester, wenn Sie selbst nicht wissen, wo wir sind, so bin ich dafür: Bei Ungewißheit nichts tun. Nichts tut nichts. Ich bin müde und habe jetzt kein Verlangen herauszufinden, wer mich hier tritt, wer tritt hier wen, wen trete ich? Fühlen Sie sich getreten? Getreten vom «Schicksal», Herr Rat? Kommen Sie nur, wenn Sie nicht anders können, und halten Sie Gericht und finden Sie ihn heraus, den der tritt, den Meuchelmörder. Ja, finden Sie ihn erst einmal. Sie wollen richten über einen, den sie noch gar nicht haben. Ob das gutgeht. Haben Sie das, Schreiber? Haben Sie das, nehmen Sie nur ja alles ins Protokoll auf, damit bei der Visite geblättert werden kann. Wer ist es, wer ist es, das ist die Frage, wer ist schuld?
Wer stellt hier die Fragen – ich bin es – ich stelle sie – und ich beantworte sie mir. Ich habe Sie von der Frage nicht heilen können, aber ich lasse Sie trotzdem gehen? Ich lasse, lasse auch mich gehen, denn ich habe keine Frage mehr an Sie. Ich gehe jetzt, leben Sie wohl, es war mir ein Vergnügen, ihre Bekanntschaft zu machen.
Ich kenne hier viele Gitter, allerorten begegnen sie mir. An den Fenstern, am Balkon, ein großes Gittertor gibt es beim Ausgang der Anstalt. Und da draußen fahren Autos und gehen Menschen in neuen Pelzen und pelzgefütterten Handschuhen. Sie tragen Taschen und Päckchen. Sie parken ihre Autos, sie steigen in den Autobus, der die Haltestelle vor der Anstalt hat. Er fährt geradewegs in die Stadt hinein. Dort bringt er die Menschen hin, die hier einsteigen. Dort steigen sie aus und sie sind in der Stadt. Ich erinnere mich, ich kann es mir vorstellen, ich werde es nie vergessen, ich möchte es auch nie vergessen. Die Erinnerung ist mir Gegenwart. Damals eben, jetzt als ich am Fenster stand und bereit war, das Draußen und das Drinnen zu verlassen für nichts, nur für den Tod, da war ich schon tot und mit mir die Natur, die Menschen und ihr Treiben in der Stadt. Verhungern soll eine sanfte Art des Sterbens sein. Ich wollte mich nicht auflehnen, ich wollte es mir nicht schwermachen. Es war nicht schwer. Es war das einzige.
Es begann schon, als ich geboren wurde, damals habe ich begonnen zu sterben. Es war mir gleich, ob ich weiterhin meinen Körper durch die Straßen der Stadt tragen würde oder ob ich den Körper sein ließe, ich hatte mich für die Gleichgültigkeit entschieden. Sie läßt mich ruhig stehen und schauen, am großen Gittertor. Ich sehe nicht ungern die Menschen da draußen und den Autobus. Ich habe aber nicht vergessen, ich möchte es auch nicht vergessen, daß ich tot geboren wurde und daß ich keine Sehnsucht nach Autobussen habe, die in die Stadt fahren,

wenngleich ich nicht leugnen will, daß sie mir nicht unangenehm sind. Hier hinter dem Gitter gibt es nichts, da bin ich so, nur so, es gibt nichts zu tun, nichts zu verwenden, hier wird kein Spiel gegeben, hier ist die Welt nackt und bloß, ich kann hier sein. Wollte ich, ich könnte immer hierbleiben. Ich will es gern, es ist mir lieb ich bin hier ich kann hier sein. Nur so sein.
Es ist Gleichmut, der mich erfüllt, er läßt mir die Möglichkeit offen, doch noch in diesen Bus steigen zu wollen, in die Stadt zu fahren, mich mit Päckchen zu beladen und mir gefütterte Handschuhe zu kaufen. Ich könnte mich noch einmal in dieses theatralische Getriebe begeben und mitspielen, denn ich bin eine gute Spielerin. Ich spiele auch hier meine Rolle gut. Ich versuche nicht herauszufinden, ob es mich sehr in das Leben drängt, es genügt mir, daß ich es mir vorstellen kann.
Und daß ich es mir vorstellen will. Es fällt mir nicht schwer, es ist mir nicht neu. Mir ist es niemals abhanden gekommen. Ich lebe hier mit Straßenbahnen, Restaurants, Warenhäusern, Kaffee und Alkohol, ich habe alles in meinem Kopf hier aufbewahrt, ich habe allen Zuckerguß des Treibens aufgegessen mit meinem Hirn. Ich spüre, es ist harter Kandiszucker geworden, und die Glasur des Lebens, der Luxus und der Kampf ums Überleben wachsen als Zuckerrüben aus meinen Schädelnähten. Um das Leben kämpfen ist Luxus. Wer ihn sich leisten will, gern, es gibt viele Möglichkeiten dazu. Wenn ich mich aber recht erinnere, engen sich die Möglichkeiten, sein Hirn zu verwenden und sich spaßig die Zeit zu vertreiben, sehr ein.
Wie ein Tier gehe ich, das heißt, ich meine hier jeder, presche über den dröhnenden Erdboden. War das damals? Wird es wieder so sein? Will ich da eigentlich hinaus? Mir liegt es noch in allen Knochen, das Treiben und Getriebenwerden, das Hin und Her, das Leben mit Hunderten und aber Hunderten Verzierungen und mit dem Verlangen, es noch weiter zu schmücken und zu füllen. Es drückt mich, es drückt mich, die Creme ist schon uralt und steinhart geworden. Die Zuckerpuppe zerbirst wie eine sechstausendjährige Mumie, wenn man sie nur ansieht.
Sollten die Gedanken, die ich mir über das Leben außerhalb der Anstalt mache, bedeuten, daß ich es gern wollte – gern wieder einmal vielleicht bald vielleicht so bald als möglich. Würde ich sonst so viele Gedanken daran verwenden und in der Kälte hinter dem Gittertor stehen und schauen? Was gibt es da schon zu sehen. Was gibt es da schon zu denken. Ich denke gern und ich gucke gern, das ist es, was ich dort draußen in dem Autobus, den ich genau kenne, nicht gern getan hatte, als ich ihn noch unbedenklich benutzen durfte. So liegen die Dinge, aber ich verlasse mich nicht auf meine Gedanken, ich verlasse mich nicht auf diesen Stift, der so mühelos über das Papier gleitet. Ich bin gefaßt, ich weiß, der Fluß des Lebens muß nicht immer freie Bahnen ziehen. Er geht krumme Wege, und ich halte meine Stellung als stiller Fähr-

mann, der die Sprache des Wassers kennt, aber der weiß, daß ihn die Fluten überschwemmen können. Er ist nicht sicher auf seinem Posten, aber er hat nur diesen. Ich habe nur, ich nehme nur, was mir entgegenkommt, ich habe Zeit. Ich weiß natürlich, was ich tun würde, ich sehe mich, ich weiß, wohin ich ginge, wenn ich dieses Tor durchschreiten könnte, ich werde schon lange gebraucht, ich habe ein Kind zu versorgen, aber ich lasse mir Zeit. Ich habe nur mich, und ich habe mich vom Hunger durch den Alltag treten lassen, und jetzt will ich mir Zeit lassen, und ich will schreiben, will essen, will spazierengehen. Ich will auf die Gerichtskommission warten und am Gittertor stehen und mich fragen, ob ich da hinaus will und was draußen sein wird. Ich weiß es ja. Jeder weiß immer alles gleich, es gibt nichts, was nicht schon erfüllt und beendet wäre, aber ich sperre gern die Schatzkammern meines Gehirns auf und wühle darin. Ich hatte mir so lange keine Zeit dazu gelassen. Keine Zeit, keine Zeit, ich habe keine Zeit, ich muß laufen, der Hunger hetzt mich, ich muß Geld verdienen, auf daß ich ihn stillen kann. Hurtig und noch schneller, die Zeit die Zeit der Zeiger das Blatt der Stift sie laufen. Und ich muß um das Leben kämpfen, denn die Zeit, sie beendet mein Leben bald, es wird zu spät, es wird sonst zu spät. Der Hunger – er frißt soviel er frißt die Zeit und ich werde alt und es wird zu spät sein. Zu spät zum Leben? Wann ist das? Wann ist es zu spät? Was ist zu spät. Wann wäre es recht. Jetzt ist es recht. Es ist alles in Ordnung . . . Wo bin ich?

Jetzt, jetzt – jetzt bin ich zugleich – bin eins – bin ich – bin überall – bin in meinem Kopf – ich war es – bin aufgeblättert an Ästen – meine Gedanken perlen in Blasen, die rasch oder langsam steigen und fallen, die schweben. Sie ändern ihren Platz, sie sind schwerelos, die Gedanken. Ein Standplatz, eine Plattform, auf der ich stehe, es ist jetzt dieses Stück Papier, und die Schriftzeichen halten fest, was so fliegt. Ich kann sie nicht halten, die Gedanken, ich will sie nicht halten. Ich denke – ich denke – in meinem Kopf soll es sein – ich denke. Habe ich auch gedacht im Hunger? Wollte ich denken? Kann ich denken wollen, kann ich tun wollen, was ich denke? Ich lasse sie los und gebe ihnen keine Form, den Luftblasen. Es ist eine Energie in mir. Es sind Teilchen und noch einmal Teilchen, ich bin so viele Teilchen. Sie werden kleiner, sie ballen sich, sie binden sich, sie trennen sich, sie bewegen sich, ich kann sie spüren – es ist die Bewegung in mir, etwas herausfinden zu wollen. Ich bewege das Unbewegliche in mir, um zurechtzuschieben und zu rücken, bis ich ein Bild vor mir habe, das ich sehen will. Ich lasse dieses Bild, ich werde es nicht suchen und nicht formen. Ich weiß, es ist geformt, indem ich es nicht zwinge. Was will ich denn zwingen? Schon wieder?? Ich hatte mich zum Hunger gezwungen und jetzt soll ich neuerlich? Das sollen meine Gedanken sein? Sie sind so schlitterig, in ihrem Schwund und ihrem Schweben, sie sind so leicht, sie lassen sich nicht fassen. Wer könnte sie fassen, ich vielleicht? Aber wo bin ich, ich habe mich verlieren wollen und ich bin verloren in der Höhle meines Kopfes. Ich sehe mich um.

Klirrende Perlen – tropfendes Gedankeneis – es tropft – es hallt so endgültig und klar – es tropft wieder. Die Schritte sind ihr Echo – das Echo ist zugleich das Geschehen. Der Gedanke, er hallt wieder, er erhebt sich, schwillt an, er wächst, er teilt sich – er fliegt um sich, sein Echo ist seine Bewegung. Viele, viele durchsichtige Kristallbälle in der Leere meines gläsernen Kopfes. Kann ich sie halten? Ich will es nicht. Ich habe sie aber gedacht, ich habe sie ausgedacht, die schimmernden Gedankenkugeln, und ich lasse sie fallen, langsam, langsam, ich sehe ihnen zu. Sie schweben in die Tiefe meiner Geburt. Sie vereinen sich, sie trennen sich, sie begegnen einander. Sie werden und zerplatzen, sie wachsen und sie sammeln sich. Sie bilden sich. Sie werden, sie bauen sich auf ...

Sie werden eine Gestalt, sie sind geformt, sie sind meine Gedanken, sie sind mein Körper, sie bewegen sich, sie werden und sterben, sie sind starr in ihrer Bewegung. Jetzt – jetzt – sie haben sich wieder verändert – ich bin es. Mein Körper und mein Geist ist die Ausgeburt meiner Gedanken. Ich denke ohne zu bilden ohne einzuhalten gibt es ein Bild eines von mir? Ich habe es zusammenbewegt. Kann ich mich bewegen? Will ich etwas, habe ich mich ausgedacht? Wo wohnt die Energie zum Denken zum Leben? Man sagt, im Kopf. Ich bin es, die es tut. Ich lasse sein, den Willen zu bilden und zu formen. Ich lasse es werden und siehe, es ist schon geschehen. Ich denke – es geschieht alles, wie es will. Daran kann ich sehen, wer ich bin. Ich kam in die Irrenanstalt, und ich habe mich dahin gebracht. Ich versuchte nicht, vernünftig zu bleiben, das ist meine Krankheit. Ich habe versucht, meine Gedanken zusammenzuhalten, mein Bild von mir zu zeichnen und ich habe mich verwirrt. Doch verirren kann man sich nicht. Im Gehirn gibt es viele Wege, aber jeder führt dahin, wo ich jetzt stehe! Die wirkliche Wahrheit läßt sich immer in ganz gegensätzlichen Ansichten darstellen.

Die Mühsal von Freiwilligkeit und Unfreiwilligkeit hebt sich nicht. Im tiefen Gedankenmeer des Ursprungs sind keine Fragen. Der Dunst steigt auf, und dann bilden sich unendlich viele Tropfen der Gedanken. Im tiefen Wahnsinnssee herrscht Endgültigkeit. Dort liegen die Wurzeln unseres Denkens, aber dort ist es noch nicht aufgespalten. Dort hat das Bewußtsein Zugang, weil es dort seine Wünsche hat. Der Wille ist die Energie, die sich erst im Aufsteigen an die oberen Schichten in Freiwilligkeit und Unfreiwilligkeit aufspaltet. Dort beginnt das menschliche Spiel mit den Gedanken erst. Die Gedanken darüber sind selbst ein untrennbares Produkt der Spaltung. Ich bewege es gern – ich lasse es wieder fallen. Ich denke etwas an und verändere seine Form. Ich denke während ich Gedanken benütze, um das Gedachte zu verändern.

Ich spiele mit mir selbst das heitere und ernste Spiel des Geistes, das wirkliche und wahre, das zeitige und späte.
Geist ist das Resultat der körperlichen Hirnfunktion. Zu bewegen und bewegt zu werden, das ist Instinkt des Lebens. In ihm herrscht Willensfreiheit. Instinkt ist eine Abspaltung vom Wahnsinn. In ihm gibt es den Gedanken an die Unfreiheit nicht. Kein Gedanke formt sich – einen Gedanken forme ich. Der Wille ist es – ich habe ihn. Der Wille ist das erste Motiv. Motiv ist ein isoliertes Gefühl – ich will – ich – ist ein Bündel von Motiven – das Meer aller Motive ist der Wahnsinn – die grenzenlose Einheit von allen Gedankenbildern und Formen. Kann ich es auffinden, mein Denken?
Kann ich meinen Willen zur Bewegung meines Lebens auffinden? Ich muß mich dahin denken, während ich es ungedacht lasse. Ich darf mich an keine Form heften, keine Gestalt geben wollen und bin gebunden an die Regeln meines Gehirns.
Ich kann mein Hirn benützen, um in es einzukehren. Ich habe einen Weg – ich beobachte es nicht. Ich bin nicht vernünftig. Ich glaube nichts aufzufinden, was ich nicht schon hätte, aber trotzdem gehe ich auf die Suche. So leicht so aufgespalten und perlend sind die Kristallblasen meines Denkens. Ich sehe in die Kristallkugel. Kann ich mein Auge in meinen Gedanken halten? Kann ich mich sehen in dem Spiegel meines Gedankens? Was habe ich getan.
Ich war in die Irrenanstalt gekommen, ich habe mich verhungern wollen und habe mich dadurch dahingebracht. Ich habe es freiwillig getan? Ich habe es mir ausgedacht, um an meine Gedanken zu stoßen. Sie spüren, mit ihnen in einen Wirbel der Bewegung zu gelangen, auf daß ich Leben spüre? Dort, wo ich mir das gedacht habe, war die Mechanik des Denkens nicht ausgebildet, die ich jetzt anwende, um mich auf den Boden einer Plattform zu stellen, von der aus ich mich selbst und das Leben begrüße. Aber mein Bewußtsein hat den Schlüssel zu diesem Raum, denn dort wohnen die Wünsche.
Grenzenlos ist der Mensch, wenn er sich nicht beweisen will. Grenzenlos steht das Meer des Wahnsinns still und starr und aus ihm bewegt es sich, der Wille erhebt sich und auf sprüht der Springbrunnen der Motive. Warum? Die ruhende Energie ist auf ihre Erhaltung bedacht, auf sonst nichts, dazu gerät sie auch in Bewegung, Energieerhaltung – Lebenserhaltung – Lebenserhaltungstrieb, der treibt alles an, dem müssen alle Motive folgen, obwohl sie auch ihre Rangordnung und Gruppen haben. Auf faltet sich die Fontäne des Strahls in alle Teile, und ein Teil ist jetzt der Ort, von dem aus ich so sehe.
Es war es war wieder es ist wieder neu. Ich sehe mich still und sehe mich bewegt. Ich wende mich, ich denke. Ich denke nach über die Art, in der ich mich mir ausdenke und kann keine Frage finden. Ich sprudle den Saft im Hirn, um mir eben diesen Saft auszukochen. Ich schlüpfe

hinein in die Traube, während ich mich esse. Ich denke mich mir aus. Ansonsten wäre ich nicht, doch ich weiß, ich wäre auch, wenn ich mich nicht erblickte, zugleich. Ich habe viele Formen. Meine Gedanken haben viele Ebenen. Und immer wieder tauche ich auf aus dem ruhigen Meer meines Ursprungs. Zugleich – zugleich – jetzt – immer wieder – immer wieder neu. Und schon wieder vergessen. Denken, bis es schmerzt. Eisern ist der Griff an die eigene Seele. Ich kenne ihn, ich spüre ihn. Ich halte mich. Am Leben. Im Leben.

Sie stehen hier vor mir, vor meinem Bett, die beiden alten Frauen, Frau Ulz ist die Witwe eines Professors. Sie hat mir eine Schokolade geschenkt, und sie sitzt meist stundenlang auf einem Stuhl mit geschlossenen Augen. Ihr Gesicht ist in den letzten Tagen noch mehr eingefallen und sie beginnt, gespenstisches Aussehen anzunehmen. Ihre Ruhe ist die Abnützung des Alters, und sie hat schon sehr viel Ruhe. Das maskengraue Gesicht bewegt sich kaum mehr, und die Augen sind trüb. Sie stehen vor mir, die alte Frau Ulz und die Ratte. Diese hatte mir Geld geschenkt, weil ich sie wieder geweckt hatte, sie muß früh auf sein für ihre Botengänge. Auch sie sitzt oft stundenlang auf ihrem Bett und schaukelt hin und her. Es ist die Bewegung des Stumpfsinns. Sie ist auch schon sehr alt und lang in dieser Anstalt, sie kann sonst nirgends hin. Sie wohnt hier. Sie trifft sich mit der alten Frau Ulz jetzt hier vor meinem Bett. Die beiden Alten sind irgendwie aneinander hängengeblieben. Sie sind hier schon lange zusammen in diesem Saal, aber ich habe sie noch nie Worte wechseln gesehen. Das ist bei den beiden nicht üblich.

Doch diesmal, da konnten sie nicht aneinander vorbeikommen, und eine sieht die andere an aus trüben alten Augen. Ich sehe es, ich sehe genau hin, ich kann sehen, wie sehr die eine die andere sieht. Jede weiß von der anderen alles. Was wollen sie jetzt tauschen, wenn doch eine dasselbe hat wie die andere? Was sollen sie jetzt tun. Ein Geist hat den anderen Geist – sich selbst – gesehen und jetzt stehen sie da vor meinem Bett und sie hängen aneinander mit den Augen. Ansonsten sind sie immer aneinander vorbeigegangen, vorbeigekommen, wortlos, ohne einander anzusehen. Das darf man hier ohne weiteres, niemand wundert sich.

Da rafft sich die Ratte zum nicht mehr zu vermeidenden Wort auf: «Wie geht's heute.» So wie Ihnen, denke ich mir, aber ich werde nicht gefragt. Frau Ulz allerdings meint:

«Ja, ganz gut, ein bißchen Kopfschmerzen.»

Da sieht sie die Ratte wieder an, dann sehen beide wie auf Befehl auf den Steinboden, die Ratte scheint dort etwas zu suchen. Ja, jetzt hat sie es gefunden, etwas, was sie nicht hat, im Gegensatz zu Frau Ulz. Die bekommt manchmal Besuch und die Ratte nie. Jetzt geht es schon leichter, das Wortespiel.

«Sie hatten ja gestern Besuch.»
«Ja, gestern war mein Bruder da mit den Kindern. Er hat viel zu tun, er hat wenig Zeit, er ist auch Professor, wie mein verstorbener Mann.»
«Gute Menschen, feine Menschen!» steigt die Ratte begeistert ein. Aber ich sehe schon, aus diesem Gespräch wird kein langes. Es reicht nicht mehr, es kann sich nicht mehr dehnen, es gibt nichts mehr, es ist leer, es ist aus. Das Schlußwort zitiert die Ratte:
«Hier herinnen hat man keinen Anteil am Leben, hier ist das Leben zu Ende.» Sie rafft sich auf und löst sich von den Augen der anderen Frau und geht weiter, dem Waschraum zu. Ich sitze da, und mich haben die Worte der Frau angegriffen. Sie hat etwas wie die Wahrheit gesprochen. Sie ist alt, und sie wartet nicht mehr, daß sich Gittertore öffnen, sie hängt nicht mehr am Leben. Ihr Entschluß, Frau Ulz mit dieser Wahrheit allein zu lassen, berührt mich. Es war alles recht so, es war alles in Ordnung. Ich erinnere mich, vor ein paar Tagen, da hat sie in ihrer feinen spröden Art, die oft sehr ins Komische reicht, mir, indem sie leise hin und her schaukelte, gesagt:
«Wissen Sie, ich liebe dieses Leben nicht.»
Das wäre weiters gar nicht verwunderlich gewesen und ich habe es auch so dahingehört, aber jetzt sehe ich sie vor mir, wie sie so schaukelt, und ich sehe, als sie den Blick endgültig von Frau Ulz abgezogen hat, spüre ich, diese Frau hängt nicht am Leben, und zugleich kehren meine Gedanken zurück. Es war das einzige, es war nicht schwer, ich war bereit, das Draußen und das Drinnen zu verlassen für nichts ... Meine Gedanken führen zum Gittertor, ich wußte, ich würde hier wieder zurückkehren, an den Ort, wie ein Täter an den Tatort, und da draußen ist er, der Tatort, da wo der Autobus fährt und die Menschen mit den Päckchen mit gefütterten Handschuhen einsteigen und zur Stadt fahren. Ich tue es, ich möchte es, ich werde es wieder tun. Ich konnte warten, ich habe nicht vorgehabt, es zu lernen. Ich hätte das gekonnt, aber ich tat es einfach – ich mußte es ja tun. Ich habe es ja immer schon getan. Warten auf das Eintreffen. Immer wieder muß ich es von neuem tun und immer fällt es anders aus. Vielleicht werde ich allein mein Fleisch braten, das Gemüse kochen, vielleicht werde ich allein den Wein trinken und allein essen. Vielleicht werden die Hausschuhe vergeblich beim Ofen stehen. Vielleicht werde ich umsonst warten. Ich werde es tun. Ich kann das umsonst Warten. Ich tue es, ich muß es ja tun. Ich werde allein sein, allein müde werden und allein einschlafen. Ich leiste mir den Luxus, im Leben zu kämpfen, nicht. Ich nicht. Ich werde still sein und warten.
Ich will nicht niedergespritzt werden, ich will nicht hinter den Maschen des Gitterbettes sitzen und noch ein Gitter mehr vor meinem Angesicht sehen! Eines hinter dem anderen, ein nimmer endenwollendes Maschengewirr an eisernen Gestängen zieht vorüber an mir, und ich

werde es allein vorüberziehen lassen. Ich lasse es ziehen und werde allein mein Fleisch braten, ich rieche es schon, ich bin schon ganz mürbe gebraten. Warten macht mürbe und ich vergesse, daß ich warten muß. Es steht mir frei. Frei? Da muß ich noch auf die Gerichtskommission warten, die feststellt, ob ich gerechtfertigt hier festgehalten werde. Festgehalten, aber gerechtfertigt. Wer hat hier recht. Wer hat das Recht. Ich habe recht. Es ist mir recht. Es ist alles in Ordnung.
Und jetzt stehe ich da und will ehrlich sein. Ich will das letzte aus mir herausholen, ich will, ich will. Was soll ich noch in mir haben? Was will ich sehen? Ich will nur haben, daß noch etwas ist. Meine Worte, meine Gedanken, sie bewegen sich so unentwegt, und ich setze ein Wort hinter das andere. Und ich weiß jetzt, was ich haben möchte, ich möchte ich möchte wieder einmal Ruhe. Ich möchte es beenden, das Warten und das Denken, ich möchte es sein lassen, das Nacheinander der Worte, die mit Worten spielen. Wo bin ich? Ich weiß, wo ich bin, jeder weiß es. Ich bin im Irrenhaus, mit meinen vielen Gedanken über- und nebeneinander und zugleich.
Da bin ich, und da sitze ich auf meinem Bett und schreibe. Ich tauche auf. Ich werde sehen, was jetzt werden wird. Ich werde es finden, was ich suche, ich glaube, es ist Luft und Sauerstoff, den ich suche und den finde ich nicht in meinem Heft. Ich habe ein Geheimnis, ich weiß genau, wo ich den finde. Draußen, im Park, da werde ich tief Luft holen, mir meine Kapuze in die Stirn ziehen, und da habe ich dann, was ich brauche. Es kostet nichts. Nur dorthin zu finden, das ist nicht immer so selbstverständlich. Ich habe lange gesucht und habe lange gehungert, um dahin zu kommen. Hierher, und auch da muß ich vielleicht nicht bleiben. Falls mich mein Spaziergang, den ich machen werde, wieder dorthinführt, zu dem Gittertor, wo die Autobusse in die Stadt fahren. Weiß ich um diesen Weg, so muß ich ihn ja nicht nehmen, aber warum eigentlich nicht?
Es ist eingetroffen. Heute nacht. Mein Herzschlag war so laut. Ich habe ihn als Kind oft im Kopfpolster schlagen gehört. Er war geheimnisvoll und hat nicht zu mir gehört, ich war unbeteiligt an ihm, er war mir ein bißchen unheimlich. Heute nacht habe ich ihn wieder so schlagen gespürt in meiner Brust, und er war so laut, und ich bin eingestiegen wie in einen Autobus, und ich habe gedacht, ich müßte ihn lenken. Er war mir ein bißchen unheimlich, mein Herzschlag. Ich wußte, er ist mein Leben, und wie soll ich ihn steuern. Ich darf nicht auf ihn vergessen. Wie, wenn ich einschliefe, ob es dann weiterschlägt? Ich will nicht auf mich vergessen, ich habe so lang gewartet, und jetzt habe ich Mühe mit meinem Herzschlag? Ich atmete tief ein, ich ließ meine Glieder und meine Muskeln locker. Ich ließ meinen Herzmuskel locker und atmete ruhig, und da wurde mein Pulsschlag langsamer und mein Gehirn ruhiger, ich durfte doch einschlafen. Es gelingt, es gelingt, ich ha-

be nichts dafür getan. Ich habe mich beruhigt, nur weil ich mich gelassen habe, weil ich meinen Körper und mein Hirn entlassen habe, und ich bin ruhig eingeschlafen.
Ich habe Vertrauen zu mir. Ich lebe noch, auch wenn ich schlafe. Es ist eingetroffen, ich habe es erwartet. Ich mußte ja warten, ich habe nicht darum gekämpft, ich habe es nur ausgelassen. Ich spüre, es gilt, noch einmal tief auf den Grund meiner Seele zu tauchen und zu sehen, ob die Kammern leer sind. Ein paar weise weiße Blätter liegen noch herum. Unbeschriebene Blätter, und ein Stift liegt noch bereit. Ansonsten kann ich jetzt nichts auffinden in meinen Kammern. Ich werde sie vielleicht verlassen. Bald werde ich sie vielleicht verlassen, es sind nur mehr ein paar weiße Blätter da.
Ich überlegte nicht mehr, wie oft ich schon durch diesen Park gegangen bin und wie oft ich noch hier gehen würde. Wie oft ich aufgestanden bin, ganz zeitig, und wie oft ich schon schlafen ging, sehr zeitig. Ich kannte sie alle schon so genau, diese Wege in diesem Park. Ich war sie von allen Richtungen schon oftmals gegangen und immer war ich zur rechten Zeit wieder im Haus gewesen, um die Visite, das Essen oder die Medikamentenausgabe nicht zu versäumen. Ich war das, ich war eine gewissenhafte Patientin. Ich erfüllte diesen Beruf mit peinlicher Genauigkeit. Auch für mich selbst erfüllte ich das Ritual der Eintönigkeit. Es war hier nichts zu tun. Nur ein paar Eckpfeiler des Tages ergaben ein Gerüst, und an diese Pfeiler hielt ich mich. Es hätte ja einmal etwas Überraschendes auftauchen können. Etwas ganz Unvorhergesehenes und dafür wollte ich bereit sein, jederzeit. Ich sah mich um im Wald, auf dem Kirchplatz, ich kannte ihn, hatte ich es vorhergesehen? Ich habe geahnt, daß ich mich hier bald einnisten würde, ich habe das immer sehr bald getan, wenn ich eine neue Umgebung belebte. Dieser Zug an mir, oder ist es der jedes Menschen, war mir ein sehr beruhigender. Ich habe es in mir gefunden. Ich habe es niemals vorgehabt, so zu tun, aber ich beobachte es gern an mir.
Ich esse und spaziere, ich sehe den Patienten in die Gesichter, ich schreibe meine Seiten voll. Ich könnte ja auch einmal etwas Unvorhergesehenes schreiben. Irgend etwas könnte aus meinem Kugelschreiber fließen, was ich nicht erwartet hätte. Etwas, das mich verblüffen würde. Eine Seite lang, eine Zeile vielleicht, möglicherweise nur ein Wort, das vor mir ersteht und das mir erklärt, wie ich zur Ruhe kommen könnte, was und wer ich bin. Ich schreibe es, um es nicht zu sein, um nicht nur so sein zu müssen. Ich versuche mich zu erklären, ich möchte mich begreifen, ich erwarte mich. Ich erwarte meine Einsamkeit, die mich immer erfüllt. Ich gehe vom Tag in die Nacht und ich erwache wieder und steige in dieselbe Bahnlinie wie gestern. Vielleicht fährt dieser Zug einmal beim Tor der Irrenanstalt hinaus. Ich erwarte es, aber es drängt mich nicht, ich dränge mich nicht im Menschengewirr, ich frage nicht

nach der Richtung. Ich versuche, ein geduldiger Patient zu sein. Manchmal steigt eine Ungeduld auf. Ich darf nicht glauben, daß ich mich nicht ganz einsetzen müßte für mein Tun. Ich muß es in der Gleichförmigkeit der Tage, ich muß es beim Essen, beim Plaudern, jede Tätigkeit zieht mich ganz heran, ich möchte es.
Jede Seite, die ich fülle, will mein ganzes Leben. Ich setze mich ein für nichts, ich weiß, ich will mich mir abverlangen, ich habe sonst nichts als mich. So lebe ich hier, ich gebe meine Energie in Stille, ich gebe alles und ich habe nichts. Ich bekomme nichts, außer das angenehme Gefühl zu wissen, daß ich so sein möchte. So gehe ich hier dahin und erwarte einen Einschnitt in die Eintönigkeit. Ich lechze danach und werde wie ein begeisterter Sprinter auf die Hürde zulaufen. Ich werde sie nehmen, unter dem Einsatz meiner ganzen Energie. Es wird sich ereignen, ich habe es schon gehört.
Die Gerichtskommission ist für heute mittag angesagt. Es kann allerdings auch Nachmittag werden, hieß es bei den Schwestern. Ich habe nicht gern mit Gerichten zu tun, aber das neue geheimnisvolle Ereignis ist mir trotzdem willkommen. Es würde Abwechslung in meine Eintönigkeit bringen. Ich bin ungeduldig, ich erlaube es mir, Ungeduld treibt voran, es erregt die Gedanken, erfüllt den Körper und bringt das regelmäßige Spinnengewebe der Tage in Unordnung, es zerrt an der Gewohnheit. Es mobilisiert meine Energieströme, das Blut kreist schneller, ich bin ungeduldig, ich erwarte etwas. Ich liebe die Gewohnheit, wenn sie nicht zu Stein wird. Ich bin froh, daß der Stein gerollt wird, man bemerkt ihn nicht, wenn er so lange liegt, wenn er so unbeweglich ist Tag und Nacht und wieder Tag. Rollt er, so hört und sieht man ihn leichter. Ich gehe am Gang auf und ab. Ich bewege mich, ich bin ungeduldig, ich steige ein in meine Ungeduld. Ich darf nicht mehr aus dem Haus, denn als gewissenhafter Patient habe ich hier zu sein, ich bin vorgemerkt, wenn die Gerichtsverhandlung startet, auch wenn es Nachmittag wird. Ich bin ungeduldig, und dieses Gefühl verlangt viel Energie. Es spielt damit, daß man glaubt, es nicht erwarten zu können. Es spielt damit, jederzeit zusammenzubrechen und das Warten aufzugeben. Es spielt damit, das Ereignis aufzulösen, es ganz einfach nicht anzunehmen und vor dessen Eintreffen in die Knie zu gehen und erschöpft den Geist aufzugeben, den es dann nicht mehr bekräftigen und erfüllen kann. Meine Geduld spielt mit der Ungeduld, und ich genieße dieses Spiel mit dem Zusammenbruch, aber es verlangt mir meine ganze Kraft ab, die ich dafür ins Rennen werfe. Die Gerichtskommission wird bestimmen, ob ich hier gerechtfertigt festgehalten werde. So hat man es mir gesagt und «Regen Sie sich nicht auf.» Das hat man mir dazu gesagt. Ich rege mich nicht auf, dagegen gibt es keinen Trost, wenn ich mir selbst dieses Gefühl gebe. Was habe ich noch für Gedanken, was könnte ich noch heraufholen aus der tiefsten Gedankengrube,

ich möchte es ungeduldig heraufschöpfen, ich möchte es sehen, ich möchte es beenden. Aber es ist noch nicht soweit. Die Leute von der Kommission sollen schon im Haus sein. Aber noch nicht bereit. Sie werden mich fragen, wie jeder Arzt mich schon oft und oft gefragt hat. Ich werde antworten. Ich werde nicht gehört werden, und ich werde mich nicht gefragt gefühlt haben. Jeder wird feststellen, was schon lange festgestellt ist und nichts Neues wird mir einfallen. Ich stehe auf demselben Grund wie immer, ich fühle es, ich kann nichts Neues erwarten, es wird nicht tiefer gehen, als diese Zeilen es tun können. Wie soll ich beschreiben, was nicht ist. Was so lang nicht eintrifft und so vage auf mich auftrifft. Es berührt mich kaum und doch gehe ich voll Ungeduld am Gang auf und ab und finde keine Rast. Ich denke, sie sollten mich nicht so lang warten lassen, ich wäre lieber in der Zwischenzeit noch in den Park an die Luft gegangen, außerdem meldet sich der Hunger. Ich finde, sie lassen mich lang warten und sie lassen mir so übermäßig viel Zeit zum Denken. Ich könnte inzwischen ganze Bücher füllen, hoffentlich werden sie das nicht beanstanden. Ich weiß ja nicht, woran ich bei ihnen bin, ich bin wie immer. Und es kann ja auch Nachmittag werden.

Es verhält sich aber jetzt so, daß es meinem Hunger nach und der Lust, die ich nach heißem Kaffee spüre, schon längst Nachmittag sein müßte. Die Küchenfrau fährt auch schon mit dem Servierwagen in den Schlafsaal. Sie führt dampfenden Kaffee und trockenes Schwarz- und Weißbrot. Sie war schon ganz böse, daß ich immer an der Küchentür vorbeispaziert war. Sie mag das nicht, da wird sie selbst ganz ungeduldig und fängt zu bellen an. In diesem Fall war ich aber auch voller Ungeduld, und wir drohten aneinander zu geraten. Die Beziehung hielt sich jedoch locker, da ich nicht gewohnt bin zu bellen, und so kam es nur zur Mahlzeit. Ich sitze auf meinem Bett und bin gedankenverloren mit meinem Brot beschäftigt. Ich bin müde vom Warten.

Die Schwester ist aufgeregt:

«Bitte zur Kommission!» Ja, um Gottes willen, ich komme schon, warum regt sie sich denn so auf. Um sie geht es ja nicht. Sie hat hier ihren sicheren Posten, ich nehme an, sie will ihn behalten. Ich muß meinen heißen Kaffee kalt werden lassen. Mein Brot kann eigentlich nicht mehr älter werden. Ich gehe mit der aufgeregten Schwester den Gang entlang, über die Stufen in den oberen Stock. Ich war noch niemals da. Heute geschehen viele neue Dinge. Die Kommission scheint Unruhe und Unordnung in das Haus zu bringen. Ich dachte, das hätte nur bei mir gelegen. Ich denke oft, es liegt nur in mir, bei mir, es kommt von mir oder es geht nur mich an, oder es sieht mich jemand an, und immer wieder kann ich mit neuem Erstaunen feststellen, daß niemand Anteil nimmt und mich niemand sieht. Es werden nur Pflichten erfüllt, von denen ich einen kleinen Teil bilde, aber mit mir hat niemand zu tun.

Die Ungeduld erfüllt das ganze Haus, es ist die Luft des Tages, es ist die Witterung von heute, wo die Kommission tagt. Ich muß wieder warten. Ich hätte ruhig meinen Kaffee noch heiß trinken können. Ich stehe hier am Fenster und warte vor dieser weißen Tür. Es ist still dahinter. Ich höre nichts, ich kann mir nicht vorstellen, was mich in diesem Raum erwarten wird. Es wird sein, was immer ist, aber genau kann ich es mir nicht geben, ich erwarte gern Unsicheres. Ich lasse mich fallen in die Unsicherheit meiner Lage, ich denke nicht nach, was mir begegnen wird. Ich kenne es, und ich schiebe es auf, bis es eintrifft. Ich bin aufgeweicht, aber leer und gedankenlos vor dieser weißen Tür. Ein Schluck heißer Kaffee würde meine fliehenden Gedanken nähren. Ich starre an die Wand, ich starre an die Tür, an die Türklinke. Ich tue so, als wäre etwas, ich habe ja nichts zu tun, aber ich weiß, in Bälde werde ich alles geben müssen, was von mir verlangt würde. Ich werde mich stürzen müssen, mit meiner ganzen Person, die hier noch untätig herumhängt, in den Abgrund der Anforderungen, die an mich gestellt würden. Ich habe gern, wenn man mich fordert, wenn man erwartet, daß ich noch etwas von mir geben könnte, aber wann gefragt wird, kann ich beim besten Willen nicht bestimmen, ich werde für mich stimmen, ich habe nur mich zu vertreten.
Die Tür öffnet sich mit einemmal. Eine alte Frau auf einem Rollwagen wird herausgeschoben. Ich kann nicht hineinsehen. Es gibt noch eine Innentür hinter der äußeren, und die wird sofort geschlossen. Die alte Frau blickt ruhig vor sich hin. Sie scheint nicht besonders mitgenommen worden zu sein. Aber auf Gesichter von Patienten gebe ich nicht besonders viel. Sie blicken manchmal so ruhig vor sich hin und nehmen nicht Anteil. Sie vertreten sich nicht, sie sitzen nur, sind oft alt. Ich bin müde und ausgehungert, warten macht mürbe.
Die alte Frau ist lange weg, und ich starre an die gepolsterte weiße Tür. Ich weiß jetzt, hinter ihr befindet sich noch eine Tür. Ich kann nichts hören, ich brauche mich nicht zu bemühen, etwas zu erlauschen. Ich weiß auch nicht, ob ich es hören würde, wenn man die Innentür öffnete. Ich würde es erst hören, wenn man sich drinnen anschickt, mich zu rufen. Der Weg, bis sich die Leute entschließen, bis sie es tun, bis sie den Weg zur Tür gemacht haben. Wer wird es sein, der es tut? Bis sie die innere Schnalle erreichen, die Tür öffnen und die äußere Schnalle von innen ergreifen, um sie zu drücken. Ich werde es erst sehen, bis sich die Tür aufschiebt, und dann ist es nicht sicher, daß sie mich rufen. Es könnte ja einer der Herren von der Kommission aufs Klo gehen müssen oder vielleicht muß die Schwester eine Krankengeschichte holen, und die Tür schlösse sich wieder. Außen ist ein Türschnallenknopf. Ich kann nicht sehen, wann innen die Schnalle gedrückt wird. Was werden sie wissen wollen von mir? Ich weiß, sie wollen wissen, was alle bisher wissen wollten: Nichts wollen sie wissen, nichts.

Die Tür geht auf. Ich werde gerufen. Ich bin gelassen. Ich gehe hinein und schließe die äußere Tür. Während ich nach der Schnalle der inneren Tür greife, kann ich schon alles sehen. Das weiße Zimmer mit dem Schreibtisch, an dem ein Mann mit einem weißen Mantel sitzt. Er sieht mich nicht an, er schreibt etwas auf einen Bogen. Auf dem Untersuchungsbett, das mit einem weißen Leintuch bedeckt ist, sitzt eine Frau im weißen Mantel. Sie hält Papierbogen in der Hand auf dem Schoß. Sie blickt kurz zu mir her. Sie sieht streng aus dem weißen steifen Kragen. Sie trägt lustig baumelnde Ohrgehänge, und die verhalten sich sehr gegensätzlich zu ihrem bösen verachtenden Blick, den sie mir gibt. Mit dem Rücken zu mir sitzt ein Mann an einem kleinen Tisch. Er hat ebenfalls Papiere vor sich. Er schreibt. Auch er trägt einen weißen Mantel. Ich schließe die innere Tür. Die Schwester weist mir einen Sessel vor dem Schreibtisch an. Ich setze mich leise, denn man beschäftigt sich nicht mir mir. Die Schwester bleibt hinter mir stehen. Hinter dem Mann mit dem breiten Gesicht an dem großen Tisch, der noch in einer Krankengeschichte blättert, wahrscheinlich in meiner, ist ein Fenster. Ich kann die Bäume draußen sehen und den Himmel. Ich habe Zeit, es wird mir Zeit gelassen, und ich sitze.
«Haben sie die Eingabe notiert, Nummer 52–6», wendet sich die gestrenge Frau an den Mann an dem kleinen Tisch. Er scheint das Protokoll zu führen, er wird alles aufschreiben, was aus meinem Mund kommt. Oder vielleicht tut er nur so, er hat sicherlich Abkürzungen und Nummern, die er für Reaktionen von mir einsetzt. Es legt ja hier niemand Wert auf meine Worte, ich muß nur eingepaßt werden in die Vordrucke, ich muß in eine Reihe gepreßt werden, auf daß ich Platz finde ich der Liste des Mannes. Denn dazu ist er da. Er führt Listen. Und der Mann mit dem breiten Gesicht, wozu ist er da? Er sieht auf und schlägt einen mir sehr verächtlich klingenden Ton an. Er ist dazu da, um mich zu verachten. «Haben Sie geglaubt, daß es vernünftig ist zu hungern?» Er verzieht seinen breiten Mund und blickt zu der Frau hinüber. Er ist sich einig mit ihr, auch sie schüttelt den Kopf, sie sehen einander verächtlich an. Sie sind dazu da, einander ihre Verachtung zu geben, oder sind sie sich einig, daß sie lieber zusammen mich verachten sollen. Ich finde das nicht sehr höflich. Auch die Schwester hinter mir wird in die wortlose Abstimmung der beiden einbezogen. Ich kann sie nicht sehen, aber ich sehe am Verhalten der beiden, daß auch sie sich anschließt. Der Mann am Tischchen schreibt es auf. Ist das Urteil schon gefällt? Aber ich habe ja noch gar nichts für mich tun können! Sehen sie nicht, wie ich hier sitze und nur mich habe. Ich kann nichts tun. Ich kann mich nicht erklären. Ich spüre, sie wollen es nicht wissen. Und zugleich wird mir ein wenig heiß, ich richte mich ein wenig auf, ich habe begriffen, ich muß mich wieder einmal voll für mich verwenden, ich muß alles ins Rennen werfen, um für meinen Irrsinn ein-

zustehen und ihn mit der Sprache der Normalen beschreiben. Ich muß meinen Irrsinn auf der Ebene der Vernunft tanzen lassen. Es ist ein schwieriges Unterfangen, aber ich schicke meinen ganzen Hirnsaft auf die Jagd, um die Zweifel zu erlegen.

«Nein, ich habe nicht gedacht, daß es klug war zu hungern.» Ich habe keine Zeit gehabt, mich an die Regeln der Vernunft zu halten. Ich sehe dem Mann gerade in die Augen. Er tut es auch, aber er schickt dann und wann seinen verächtlichen Blick zu der Frau auf dem Bett und zu der Schwester. Manchmal neigt er sich über meine Krankengeschichte. Er tut so viel auf einmal, und ich sitze nur ruhig da. Ich sehe auch die Frau an. Sie hat viel Ähnlichkeit mit dem Herrn vor mir. Auch aus dem Fenster sehe ich mit kurzem Blick. Die Bäume halten sich ruhig, es ist windstill. Mir gefallen die Vorhänge am Fenster. Ich bin so etwas nicht mehr gewöhnt. In meinem Schlafsaal gibt es nur Gitter und keine Vorhänge.

«Sie waren verwirrt, wieso das», stellt der Mann fest und glaubt, sicher sein zu können, daß ich nicht zustimmen würde.

«Ja, mein Gehirn war erschöpft von der Unterernährung, und ich habe mich nicht sogleich zurechtfinden können mit meiner neuen Position als Irrsinnige, ich war verwirrt», bestätige ich in ruhigen Worten, denen ich aber anhörte, wie ein nagender Grundton leise anklang, den ich bekomme, wenn ich sehr aufgeregt bin. Der Mann sieht die Frau an. Er sieht mich an. Die Frau richtet sich etwas auf, sie scheint etwas von mir zu wollen. Sie regt sich und die Ohrgehänge pendeln um das harte Gesicht. Der Mann sieht zur Schwester und gibt einen Blick zu der Frau auf dem Bett. Sie kreisen mich ein. Sie haben es leicht, sie sind zu dritt, ich bin allein. Und der Mann am Tischchen schreibt den Stand des Spiels in seine Liste. Sie spielen mit mir «Verachtung weitergeben», und sie sind geübt darin.

Irrsinnig oder nicht? Gefährlich oder nicht? Womit stempeln wir sie? Was geben wir ihr? Einen Denkzettel? Kann sie denken? Normal denken?

«Ich sehe, Sie glauben mir nicht ganz.» Höre ich mich sagen. Der Mann sieht mich an, er wirkt jetzt ein bißchen belustigt über meine Person. Auch die Frau regt sich wieder etwas und wechselt einen teils aufgebrachten, teils besänftigenden Blick mit dem Mann. Ich habe mich ein bißchen erhoben, ich habe mich bemerkbar gemacht. Ich glaube, sie sind aufmerksam auf mich geworden. Ich spüre mein Blut in mir kreisen. Ich bin für mich, ich werde mich sichtbar machen.

«Wie stellen Sie sich Ihr weiteres Leben denn vor?» will sie wissen. Ja, das möchte ich auch gern wissen. Wie Frauen sich ihr Leben wünschen, was sie für sich selbst tun werden, das muß sie ja interessieren, das beschäftigt sie ja, ich weiß, ich weiß, aber ich nehme die Neugierde nicht übel. Ich bin es auch. Ich bin neugierig, wohin ich mich stelle

vor den Blicken dieser drei Menschen. Ich will mich nicht verstecken, das ist mir klar, ich will eine klare Position beziehen, ich werde sie finden. Noch hängt alles in der Luft. Ich bin ungesichert auf dem Seil. Ich verwende kein Netz.
Was entscheidet sich hier? Haben sie es schon entschieden, und was hat es mit mir zu tun. Kann ich für mich stehen? Das wollen sie sehen und hören. Es soll ihnen in die Augen fahren, ich werde mich nicht verbergen und ich werde nicht kämpfen. Ich werde mich geben, wie ich bin. Das ist das Beste, was ich für mich tun kann.
«Ich werde mein früheres Leben weitergehen, ich habe nie etwas dagegen gehabt.»
«Essen Sie jetzt wieder?»
«Ja, ich habe viel zugenommen, ich esse gern, ich habe auch früher gern gegessen, wenn ich es getan habe», weiß ich zu bestätigen. Sie sehen einander wieder an. Das Kreiselspiel dreht sich. Der Mann am Tischchen schreibt. Schreibt er Blicke auf? Vielleicht zeichnet er sie. Die Gesellschaft lockert sich ein wenig. Der Mann ändert seine Sitzstellung, und die Frau schlägt ein Bein über das andere. Ich sehe kurz aus dem Fenster. Die Bäume sind weiterhin ruhig. Es ist so lang, das Seil, ich bin mitten drin, die Lichter der Blicke sind scharf auf mich gerichtet. Wie, wenn ich gut über das Seil käme? Und dann? Was dann? Was würde dort auf mich warten. Sichere Position. Applaus. Entspannung. Was kann ich hier gewinnen. Was geben mir diese Menschen hier.
«Und werden Sie zu Hause auch wieder essen?» will der Mann wissen. Ja, warum sollte ich nicht essen, mir schmeckt das Essen, ich habe meinen Appetit nie verloren. Ich belustige die Menschen mit meinem Leiden. Aber habe ich überhaupt eines? Sie verhalten sich einer Leidenden gegenüber sehr frech, muß ich sagen, ich rege mich etwas, ich richte mich auf und habe den Ball der Frechheit leicht aufgefangen, mit einer Hand. Ich bin eine gute Fängerin.
Ich verstehe jetzt, sie suchen nach einem Leiden an mir. Sie können es nicht finden, und ich habe keines, um es ihnen zu zeigen. Darum muß ich so lang am Seil bleiben. Das grüne Licht leuchtet nicht auf, das mir frei gibt zur Plattform. Der Direktor will meine Künste am Seil weiterhin beobachten. Sie sehen mir zu, sehen in mein Gesicht, sie beobachten jede meiner Bewegungen, jede Schwankung. Sie entspannen sich wieder, sie sehen einander an. Sie lächeln skeptisch. Die Frau schüttelt den Kopf und blättert in Papieren. Er sieht währenddessen zur Schwester, und die gibt den Blick an die Frau, die jetzt aufschaut, weiter. Sind sie einig? Sie sind sich einig, sie sind äußerst mißtrauisch. Aber sie sagen es nicht. Sie wissen, daß sie mich quälen können, wenn sie nichts sagen, denn sie wissen, ich habe eine Ahnung, daß sie es nicht sagen wollen, weil sie mich weiterhin balancieren sehen wollen. Sie sind so

entmutigend in ihrem Bündnis. Sie haben sich gegen mich verschworen, schon lang bevor ich dieses Zimmer betrat. Es ist ihr Beruf, sich zu Normalen zusammenzuschließen und gegen die Irren herzuziehen und diese tanzen zu lassen auf dem dünnen Seil der Verständigung. Macht mich nicht so müde und hetzt mich nicht hier im Kreis. Ihr verdammten Menschenjäger, ihr habt euch einen schauderhaften Beruf ausgesucht, aber ihr kommt nicht aus. Die Verachtung, die ihr mir gebt, die schlägt euch selbst in den Buckel. Ich kann es sehen, was ihr euch gebt. Ich kann die Eintönigkeit eures Hirns sehen, das ihr füllt mit Verachtung gegen mich, weil es sonst zu leer wäre darin. Die Gedanken werden euch sausen durch den Schädel, alle Hämmer werden schlagen und dröhnen wird die Einsamkeit und alle Nerven werden erschüttert beben. In eurem Leben. Verachten als Hauptberuf, damit dieser Sack einen Sinn hat, das geht, das geht. Dabei ist man nicht verwirrt, da ist alles klar.
Ich verstehe, ich verstehe, ihr sucht mich, um euch abtrennen zu können. Ihr sucht mich auf dem Seil hängen zu lassen, um zu wissen, daß ihr auf sicherem Boden steht. Ihr sucht mich, um euch vergleichen zu können. Ihr sucht mich, um zu spüren, daß ihr da seid. Könntet ihr es nicht an mir spüren, so wäret ihr irre, und dann gibt es keinen Dienstschluß mehr und keine Verachtung als Beruf, in den man am Morgen wieder schlüpfen kann wie in eine Unterhose. Stinkt sie euch noch nicht zuviel?
Eure Blicke fahren rund um mich. Spürt ihr das nicht. Aufschreiben, aufschreiben, bitte, Herr am kleinen Tischchen. Haben sie eine Spalte, in die dieses Verhalten passen könnte. Unter welche Krankheit fällt es, «Menschenspiel»? Ich habe es mir gedacht, aber sie sind mißtrauisch. Sie beenden die Szene nicht. Ich sitze hier und es schwelt ein Brand am Steinboden. Die Flammen lecken an unseren Beinen und wir werden unruhiger. Die Frau sieht auf ihre Beine, dann auf ihre Blätter, dann hebt sie entschlossen den Kopf und gibt dem Mann eine Geste, wie «Na ja, wenn sie meint, wir können nichts dafür».
Der Mann neigt den Kopf und verzieht den Mund in Ratlosigkeit, er sieht zur Schwester hinter mir und scheint auch von ihr irgendeine Geste zu erwarten. Sie sprechen nicht, sie führen ihre Sprache der Verachtung, von der sie annehmen, ein Irrer könnte sie nicht bemerken. Sie glauben, er sieht nichts, daß Irresein auch Blindheit miteinschließt, ist mir neu. Oder wissen sie, daß er alles versteht, wollen sie ihn damit bestrafen, daß sie ihm vorspielen, als verstünde er nicht. Sie wollen ihn verwirren, auf daß er als Irrer über die Liste geht. Sie müssen ihn ja einreichen können. Es ist ihr Beruf. Und die Zeit drängt. Der nächste Patient wartet. Es gilt, einen neuen mit Verachtung zu umspielen, bis er erschöpft niederbricht und in wirre Zuckungen des Geistes verfällt. Das braucht Kraft, das bringt Geld.

Sie raffen sich auf zum Gnadenschuß. Sie legen die Gewehre an. Sie zielen mit der Übung des Berufsjägers.
«Wir können nichts mehr für Sie tun, wir überlassen Sie sich selbst.» So als hätte es dazu so lange Zeit gebraucht. Die ganze Zeit war ich mir selbst überlassen. Immer, immer und immer werde ich mir selbst überlassen sein. Es ist das letzte und einzige, was ich habe, und damit schieße ich nicht zurück, ich behalte meine Kugel. Ich gebe sie nicht her, ich trage sie euch nicht an den Schreibtisch. Ich habe nichts zu geben. Ich besitze nichts, und ich kann keinen Rat empfangen. Ich trage mein letztes Hemd und das hat keine Taschen. Aber ich weiß, ihr seid böse, weil ich euch nicht früher aufgesucht habe, deswegen sagt ihr, jetzt kann man für mich nichts mehr tun, sehen Sie, wo Sie bleiben. Wo gibt es hier Versöhnung, wo kein Haß ist. Nur Fremdheit ist es. Nur die Entfremdung ist es, die ihr zum Beruf gemacht habt!
Und ihr gebt vor, Helfer zu sein. Will ich in diesen Betrug nicht einsteigen, so straft ihr mich mit Verachtung, ich habe es gespürt, so wie ich hier sitze. Ihr laßt mich gehen, aber ihr gebt mir euren Zweifel mit. Mit dem belegt ihr mich, auf daß ich ihn ja nicht vergesse. Niemals, niemals mehr in meinem Leben. Sie haben mir den Denkzettel verpaßt. Sie haben ihr Geschäft beendet, und sie sind sich einig.
«Ich glaube, sie kann gehen, sie soll es probieren.» So spricht der Mann mit dem breiten Gesicht mit versteckt auffälligem Grinsen zu der Frau mit den Ohrgehängen. Sie nimmt entschlossen und voll übereinstimmend einen Zettel und spricht:
«Bitte unterschreiben Sie hier.»
Ich nehme den angebotenen Stift. Mir ist heiß geworden, ich spüre es. Ich schreibe meinen Namen. Ich habe ihn schon lange nicht geschrieben. Hinter mir herrscht Stille, aber ich spüre, sie bleiben einander im Blick. Sie sind sich einig. Die soll ja aufpassen und sich nicht spielen. Wir kennen keinen Pardon, wir wissen, was wir wollen. Die soll sich ja nicht noch einmal erwischen lassen. Ein zweites Mal kommt sie uns nicht mehr aus. Aber ich habe auch erfahren, daß man sich gar nicht mit mir beschäftigt. Es dreht sich nicht um mich, vielleicht üben sie schon für den nächsten Fall. Ich habe unterschrieben. Unterschrieben, daß sie mir den Zweifel mitgegeben haben und daß ich ihn hüten werde. Sie haben mir die Unsicherheit unter das Hemd gejubelt, das war ihr Lohn für meinen Balanceakt. Meine Gedanken sind unsicher, ich denke soviel aufeinmal, ich denke übereinander und zugleich. Ich bin nicht sicher. Alles ist unsicher, und mir ist es recht so. Ich habe geschrieben, ich bin fertig, und damit erhebe ich meinen Kopf. Ich gebe den Stift zurück, nicke der Gesellschaft kurz zu, wie es sich gehört, und ich drücke die Schnalle der inneren Tür, dann die der äußeren Tür von innen. Ich öffne leise, und ich brauche die Türen nicht mehr zu schließen, denn der Name der nächsten Patientin wird bereits gerufen, und

die steht schon bereit. Sie nimmt mir die Tür aus der Hand und wir gehen aneinander vorbei.
Ich greife mir an die knochige Stirn. Ich bin müde und fast ein wenig erschöpft. Ich fühle, ich habe alles gegeben, wie ich es schon vorher gewußt hatte. Für nichts. Ich habe nichts. Ich habe nichts gewonnen. Ich habe alles verloren. Ob jetzt noch ein Autobus in die Stadt fährt? Ob man gealterte Frauen da einsteigen läßt, ob man sie überhaupt sieht, wenn sie an der Station stehen und einsteigen wollen. Wird der Bus halten? Wenn er nicht hält, bleibe ich im Wartehäuschen sitzen. Dort ist eine Bank und es ist windgeschützt. Ich werde dort bleiben, vor mich hinstarren aus meinen leeren Augenhöhlen und die kalte Luft wird durch meinen knöchernen Schädel pfeifen und meine Gehirnwindungen durchblasen. Das soll recht gesund sein. Es reinigt, sagt man. Vielleicht würde dann ein Bus einmal zufällig stehenbleiben, und ich könnte doch einsteigen.
Ich trete ins Freie. Ich setze mich unter einen Baum. Der Baum ist kahl und der Himmel ist klar.
Bin ich bei Bewußtsein? Bin ich? Was soll sein? Was soll ich erkennen? Was soll ich unterscheiden? Ich bin in Bewegung. In mir bewegt es sich. Ich bewege mich. Außen bewegt es sich und innen. Wo sind Wände? Was erfüllt mich? Oder bin ich die Füllung? Oder gibt es keinen Raum, der leer ist? Die Leere ist selbst in Bewegung und sie erfüllt sich in kleinen Teilen, die durch ihre kleinsten Bestandteile bewegt werden. Energie-Bewegung – ich spüre sie – ich denke – ich bewege meinen Körper – er ist eins – es ist Bewußtsein – es ist Auflösung der Grenzen, die eins vom anderen unterscheiden lassen. Ich muß nicht trennen, ich kann mich ganz sein lassen. Ganz nichts, ganz im Nichts. Das bin ich – das ist eins, mein Körper, mein Geist.
Wenn Geist Energie ist, ist Körper in seinem kleinsten Aufbau dasselbe, also kein Gegensatz, sondern nur ein anderer Zustand derselben Sache. Beim Gehirn ist der Aufbau aus den kleinsten seiner Bestandteile bei seiner Funktion beteiligt. Denken heißt: Blutkreislauf – Stromkreislauf in Nervenbahnen – Energielauf ohne Bahnen, alle diese Schichten arbeiten gleichzeitig ...
Das Universum sich ineinander bewegender Bewegungen. Ihren Ursprung haben sie im Nichts – einer Bewegung im Augenblick erstarrt. Ich kann es spüren! Soll ich mich dafür erkennen müssen? Ich klage mich nicht an. Wen klage ich an. Ich bin jeder. Wir sind ineinanderfließende Bewegung, und jeder trägt jeden in sich. Jeder zu jedem, jeder dasselbe. Ein Paket Energie in der Erscheinungsform eines Menschen. Klage ich sie an, die anderen, die ich sind? Vereinigung kann Trennung sein. Trenne ich von mir, was zusammenhängt? Tut es weh? Ich bin bei Bewußtsein. Im Traum – am Tag – jetzt – immer – in der Ohnmacht – im Tode. Mein Bewußtsein war immer schon, und es fließt

mit der Bewegung meines Lebens. Es schließen sich Teilchen zusammen, sie entzünden sich. Ich schließe einen Denkkreis. Denken ist dieselbe Bewegung wie sein – es schließt sich – es leuchtet – es geht mir ein Licht auf – Sein bestimmt Bewußtsein – Bewußtsein bestimmt Sein – Sein bestimmt Bewußtsein – Bewußtsein bestimmt Sein... Beide sind beisammen, eins, und ich kann dort sein, bin da, immer schon. Natürlich sind die beiden auch sehr scharf unüberbrückbar getrennt, in abgezweigten Teilbereichen, aber ja! Die kleineren Teilbereiche sind Teil der größeren Zusammenhänge, und die sind nicht groß genug, bevor sie nicht sehr groß sind, universal groß. Erst dann lassen sich die Teilbereiche wirklich beobachten, doch sicherlich besteht auch schon vorher das Bedürfnis nach Beobachtung und Erklärung. Die Ergebnisse sind der Ausweis.
Wer darf hier krank sein. Krank sein, geisteskrank sein, ist nicht angenehm. Glaubst du, du hättest den Geist erkannt und bezeichnest ihn als krank? Womit willst du ihn erkennen, mit deinem Körper? Aber dein Körper ist dieselbe Energie wie dein Denken. Du hast dich erkannt mit derselben Bewegung, wie du dir zusiehst beim Erkennen. Du bist, während du dich dir ausdenkst. Ich bin wahnsinnig, dort, wo ich geistig gesund bin, dort, wo ich in der Waage stehe und dort, wo die Gleichheit aller Gefühle ist. Dort, wo ungeteilt die Bewegung friert und schmilzt, wo sich die Gedanken schließen – finden – auseinanderfließen – wo sie sich zu meinem Bewußtsein treffen und aufleuchten zu dem Wesen, das ich mir ausdenke. Aufleuchten – erscheinen – in der Form meiner selbst. In der Form eines Menschenwesens.
Wollte ich dabei etwas gewinnen? Glaubst du, das sei eine Erkenntnis? Denkst du, es macht Klarheit über Unklares? Klarheit ist nicht, wo keine Unklarheit ist. Klarheit und Unklarheit ist dieselbe Bewegung und sie geht über ineinander, dort, wo der Wahnsinn brütet. Willst du etwas nur einzeln fassen, so hüte dich vor der Krankheit.
Geisteskrankheit ist ein Spiel mit Teilen des Wahnsinns. Das Bewußtsein ist überall und immer und es reißt dich auseinander, wenn du es nicht beisammen läßt. Du hast Zugang, vergiß es nicht, aber du bewegst dich nicht zu dir selbst, du gehst weg, weg, weg – aber auch dort mußt du sein. Du trägst dich immer mit. Auseinandergerissen hat es den Kranken, weil er nicht zusammenbleiben wollte, weil es so unklar war, weil sie so wild war, die Bewegung des Nichts, und jetzt bäumt er sich auf und will seine Splitter, die in der Luft hängen, wieder fangen und in hektischer Eile wieder zusammensetzen. Wieder eine Form haben, wieder da sein, und es gelingt nicht, und dann schreit er.
Ich glaube, er ist geisteskrank. Es geht ihm nicht gut. Wer soll ihm helfen? Ich bin so wie der Kranke, kann ich ihm helfen? Der Arzt will es tun, er hat sich dazu befähigt erklärt. Er hat sich dazu eingeteilt. Er

hat erkannt, er kann sich damit selbst helfen und damit allen? Er hat Klarheit aufgestellt, dort wo keine Klarheit ist und auch keine Unklarheit. Er hat Regeln aufgestellt, nach denen er einteilt, und weiches Gehirnfleisch brandmarkt. Er hat sich selbst mit glühendem Eisen das Mal «Arzt» auf die Stirn gebrannt und ist in die Koppel «Normal» getrabt.

Wie ist es? Schmerzt der Stempel auf der Stirn noch? Na ja, sicher ist sicher, die Koppel bietet genug Gesellschaft, genug Gras für alle, ein Heim, Zugehörigkeit und vor allem die Sicherheit, nicht geisteskrank zu sein. Der Arzt ist ja dazu da, zu helfen, wie soll er dann leiden? Er ist normal.

Niemand richtet so viel Unheil an, wie der, der anderen helfen will, bevor er sich selbst geholfen hat, oder, noch schlimmer, statt sich selbst zu helfen.

Ganze Völkerschaften haben Geisteskranke mitgerissen und sie in eine Richtung bewegt, weiter, weiter, und es war normal zu folgen, alle sind gefolgt, es ist ja normal. Nachdem es vorbei war, sagt man, daß war nicht normal und wird niemals mehr geschehen. Da ist man ganz sicher. Seit Tausenden Jahren!

Auch der Arzt ist gefolgt, er war ja normal. Soll er seinen Anführer heilen dürfen? Der ist geisteskrank, ganz offensichtlich, dieses Wesen, es ist nicht gesund, es fühlt sich nicht gut, aber nein, es muß NORMAL sein, es gehen ja alle mit, auch der Gesunde geht mit. Ich gehe mit, ich bleibe stehen, ich warte, ich bin bei Bewußtsein – im Traum – im Wachen – in der Ohnmacht – im Tod – ich bestehe nicht darauf zu sein, etwas zu sein. Ich suche mich nicht zusammenzuhalten und ich teile mich nicht ein. Ich klage nicht an und spreche nicht frei! Ich beobachte meine fließende Bewegung, zu Bewegung erstarrt, regt sich mein Denken, während ich bin. Ausgedacht mein Bewußtsein kann es sein. Sein, während es sich zum Sein bewegt, während es sich formt und zerlegt. Sein im ganzen Bewußtsein – Bewußtsein im ganzen Sein.

Mein Hirn hat viele Denkbereiche. Ich lasse mich nicht fangen von den Auswüchsen und wildem Treiben dieses Apparats. Ich muß nicht auf mein Denken hineinfallen. Denken ist nicht alles. Und das Leben hier auf diesen Ebenen ist nicht alles. Ich muß nicht mit den Mitteln meines Gehirns mein Sein auffinden. Ich muß es nicht können, und ich lasse mich davon nicht mehr quälen, denn es ist unmöglich – menschlich – mit den Regeln und Bedürfnissen des Lebens das Sterben zu umfassen.

Das menschlichste Unterfangen heißt: Sich das Leben bewußt machen wollen, heißt leben müssen, heißt sich anklammern an Regeln und unter Schmerzen nicht loslassen wollen können dürfen, das ist das Leben, und will einmal einer nicht mehr, so werden ihm die Gehirnwindungen mit Gips in Form von Drogen gefüllt, und darunter fault es weg.

Das Bewußtsein – ein Spielball des Seins – ich halte mich gern hier auf, aber ich klammere mich nicht in seine Netze – nicht – ich steige um – dorthin, wo ich schon bin, wo ich den Tod und auch die Geburt nicht mehr bedauern muß. Ich werde mich nicht ewig aufsuchen, ich werde mich machen, ich werde mich erschöpfen.
Nichts ist leichter als das, denn es ist bereits geschehen. Es ist bereits alles geschehen. Ich muß mich nicht in Angst vor der Angst halten lassen durch die Regeln des Zwangsdenkens, des Wirklichkeitsdenkens, wie man es auch nennt. Ich steige um, dorthin, wo ich mich schon befinde. Ich drehe um, ich treibe die Verästelungen nicht weiter, ich kehre um, zurück zum Stamm.
Die oberste Schicht des Bewußtsein herrscht nie, sie wird immer von der tieferen Schicht beherrscht. Daß sie glaubt, sie herrscht, ist eine funktionsbedingte Illusion. Bei der Betrachtung des Denkens ist es notwendig, damit zu beginnen, auf die ursächlichere Schicht umzusteigen, was Schwierigkeiten macht, weil das Denken dort anders funktioniert und sich die oberste, jüngste Schicht des Denkbereichs dagegen wehrt, es kommt zu Erscheinungen von Angst wegen des Selbsterhaltungstriebes.

Es ist möglich, wenn auch nicht notwendig, das Denken in seinen Schichten zu betrachten und diese Schichten in Bereiche, über die es sich erstreckt, zu teilen, um seine Ungeteiltheit sichtbar zu machen. Der Denkbereich erstreckt sich über die
A) Oberste (jüngste) Schicht Zwangsdenken
B) Mittlere Schicht Ungeteiltes Denken
C) Unterste (älteste) Schicht Alldenken
Es ist natürlich Raum für Überlegungen, die Zahl der Schichten und ihre Beziehungen zueinander unendlich fein auszuspinnen, jedoch kommt es hier darauf an, die Teilung so einfach wie möglich durchzuführen, um den Sinn oder Unsinn der Unteilbarkeit ein wenig sichtbar zu machen.

A) Zwangsdenken

Es wird gewöhnlich als Bewußtsein verstanden. Muß sich funktionsbedingt für den Beherrscher des Denkens halten. Dieses Denken ist zwangsgeteilt, mit den Erscheinungsformen der Auftrennung, wie zum Beispiel Leben–Tod, Zeit, Wissen in Regeln ordnen (wie eben hier ...), usw.

Die Denkketten sind offen.

B) Ungeteiltes Denken

Wird gewöhnlich als Nicht- bzw. Teilbewußtsein verstanden. Praktische Erscheinungsformen: Gefühl der Einheit von Tod und Leben, Gefühl der Zeitlosigkeit, sämtliche aus dem Zwangsdenken bekannten Formen treten immer zusammen mit ihrem Gegenteil auf. Das Ungeteilte Denken kennt jeder, nur steht es nicht jedem frei zur Verfügung.

Die Denkketten sind geschlossen, sie treiben das nachgeordnete Zwangsdenken ständig an zu offenen, logischen Denkketten.

C) Alldenken

Wird gewöhnlich als reiner Wahnsinn oder Erleuchtung verstanden. Sämtliche möglichen Denkketten sind geschlossen, alle auf einmal, auch die Gruppierungen, dadurch ständig Platz für Ungeteiltes und auch Zwangsdenken. Da aber alle Denkketten ineinander geschlossen sind, findet kein Ablauf statt, obwohl jeder Lauf stattfindet, während er zugleich nicht stattfindet. Schwer zu denken, aber leicht zu machen. (?)

Ich gehe durch den Gang an dem Mohnfeld, an den Berggipfeln und an den Almhütten vorbei, vorbei am Schwesternzimmer, zurück in meinen Schlafsaal. Von außen haben die Türen Klinken, und ich kann sie öffnen. Von innen kann man das nicht, da fehlt dieser Hebel. Ich nehme mein Handtuch, meine Seife und lege sie in die Tasche. Ich erhalte einen Schein, womit ich wieder meinen Paß und andere Dokumente zurückbekomme. Ein bißchen Obst und Schokolade habe ich noch in meinem Nachtkästchen. Ich hatte im stillen gedacht, ich könnte mir damit mein Mädchengesicht wieder anessen. Es ist vorbei. Ich habe es selbst unterschrieben. Habe ich es benützt, um alt zu werden? Von allem Anfang war ich verurteilt, es war nie eine andere Möglichkeit.
Es war kein Weg zu gehen, es war kein Platz, sich zu verstecken. Ich nehme das Obst und die Schokolade doch mit. Wer weiß, vielleicht will es mein Kind essen? Und die Hefte nehme ich auch mit. Ich verabschiede mich von der Ratte, die auf ihrem Bett schaukelt.
«Meine Liebe, meine Liebe», höre ich sie noch einmal sagen. Ob ich ihr die Schokolade dalassen sollte? Nein, ich packe die Tasche nicht mehr aus. Ich grüße die anderen Patienten, zum ersten-, zum letztenmal. Ich verabschiede mich von meiner Lieblingsschwester. Sie lächelt dabei, die Falten um ihre Augen schieben sich zusammen. Häßlich machen sie diese Falten eigentlich nicht. Ich bekomme einen Brief mit, für meinen Hausarzt, unverklebt, und ich lese:

Diagnose: Schizophrenie.
Marasmus, psychotisches Zustandsbild, gedankenflüchtig, verlangsamt, teils inkohärent.
Während der Behandlung psychisch unauffällig, angepaßt. Gedankenablauf geordnet.
Test: Intellektuell durchschnittlich begabt. Verbaler IQ 104. Gestörte Konzentration, gestörte Realitätsanpassung. Zerfahrener Gedankenduktus, herabgesetzte Tenazität der Aufmerksamkeit.

Ich gehe durch den Park auf das Gittertor zu. Ich habe einen Passierschein und kann damit am Portier vorbei.
Ich bin draußen.
Es ist hier draußen noch alles, wie es war. Ich kenne sie, die Menschen, die Bäume, die Autos, den Lärm und das Gemenge. Es bewegt sich, es fährt und spricht um mich, es rauscht und lebt. Wo soll ich, was soll ich, wie soll ich? Wohin soll ich gehen?
Ja, hier gehe ich, dieser Weg liegt vor mir. Er gefällt mir. Ich gehe mit sicheren Schritten, sie klingen unter mir auf diesem harten blanken Boden. Ich genieße meine Bewegung und den Klang, den mein Schritt anschlägt, ich wiege mich im Ausschreiten. Hier kann ich gehen. Auch

andere Menschen begegnen mir am Weg. Ich kenne sie von fernher. Sie gehen meist in Gruppen, sie bewegen sich auseinander und treffen einander wieder in angeregten Gesprächen. Hier ist etwas los. Eine stille, geheimnisvolle, starke Bewegung herrscht hier auf diesem glatter werdenden Weg. Unter mir scheint es wie ein Spiegel, und sehe ich die Straße entlang, so leuchtet es auf. Es blinkt, es fließt wie Wassergeäder, es flirrt gläsern über dem Boden. Es klirrt jetzt unter meinem Schritt, es hallt klar. Ich bleibe stehen und schaue mich um. Ich kann ihn sehen, den großen Platz, von dem ich komme, wo die Autos kreisen, die geschäftigen Menschen wimmeln, ein emsiges Raunen dringt bis hierher. Ich stehe, und ich sehe noch einen Menschen, nein, es sind mehr, auf diesem seltsamen Weg auch vorwärts gehen. Ich stehe, ich erwarte sie nicht, aber ich weiß, sie kommen auf mich zu. Auch ihre Schritte schlagen einen harten Rütmus auf den gläsernen Boden. Das Tonwerk der Beine schwingt sich auf, näher, näher, lauter. Es tönt so hart. Sie kommen. Ich sehe in die spiegelnde Straße unter mir, und die Gestalten werfen Schatten unter mich, und ich sehe sie aus dem Glas unter mir aufsteigen. Sie waren da und haben sich mit mir getroffen. Sie sind in dem Spiegel durch mich gegangen. Die Straße, sie liegt im Glanz vor mir, und ich steige weiter auf diesem glatten Boden. Ist es nur für kurze Zeit? Warum gehe ich gerade hier? Ich hätte mich auch mit den geschäftigen Menschen weiterdrängen lassen können, ich habe nichts dagegen, aber jetzt habe ich diesen seltsamen Weg eingeschlagen und ich bin wach.
Hier hallt die stumme Erregung unter meinem Schritt. Ich schaue geradeaus. Meine beiden Augen scheinen einen straff gezurrten Lichtblitz vor mir herzuwerfen. Wie elektrisiert ziehe ich mich daran entlang, weiter den Weg. Der wird schmaler, er läuft wie bei einem perspektivischen Fernblick zu einem schmalen Band zusammen. Dort vorn trifft es sich, dorthin sehe ich.
Fern wie eine Heimat, wie ein immerwährendes Ziel, ich folge mir, ich komme. Ich kann auch jederzeit umkehren oder stehenbleiben. Der Weg ist schmal geworden, und ich bemerke jetzt, daß ich auf einer Brücke gehe. Sie hat kein Geländer, sie ist frei schwebend, sie scheint zu schwanken. Mich befällt ein still erregender Schwindel, es ist ein Spiel mit ihm, mit mir. Ist es ein gefährliches Spiel? Ein endloses Spiel? Ich schreite langsamer. Es steigt an, der Spiegelbrückenweg erhebt sich in weitem Bogen über die Landschaft. Ich sehe meine Gestalt vor mir wie auf Eis. Ich sehe auch wieder andere Menschengestalten in dem Eisboden. Hier macht es noch Spaß, in Gruppen zu gehen. Manche lachen und schlittern auf der Rutschbahn dahin dabei, aber gefährlich ist es geworden, ohne Geländer auf dieser Brücke, die immer schmaler wird, wo die Töne aufhallen und die verbliebenen Menschen, die bis hierhergegangen sind, nicht mehr als Gruppen Platz finden.

Einer ist ganz an den Rand geraten. Was ist? Wie soll es gehen? Er drängt sich zurück, er hat Angst, er läuft zurück. Andere schließen sich ihm an. Sie lachen und tun so, als wäre das ein Heidenspaß. Sie drehen um. Kann man machen. Ihre Stimmen verlieren sich langsam, ich gehe weiter. Der Weg steigt an, er beginnt sich zu teilen. Wie ein Schwebebalken, wie einige Schwebebalken, so teilt er sich. Zur Sicherheit gehe ich mit einem Fuß auf einem und mit dem anderen Fuß auf einem anderen Balken. Noch scheint es erheiternd zu sein, in breiter Grätsche voran zu steigen, manchmal zurückgleitend auf dem Eis und dann wieder Halt zu gewinnen. Aber das geht doch nicht, es kann nicht gutgehen, die beiden Gehstreifen treffen einander nicht mehr wieder, sie zweigen immer weiter auseinander. So kann es nicht gehen, ich hänge in der Mitte, ich spalte mich und könnte mich nie mehr treffen. Ich würde hinunterfallen. Ich muß beisammen bleiben mit den Beinen, ich werde die Arme ausbreiten und versuchen, auf einem Balken zu balancieren. Ich kann still stehen und mich beruhigen, ich könnte auch wieder umkehren, aber es interessiert mich, wie es weitergeht. Ich bewege mich mit ein paar raschen Schritten weiter. Daß das ein Weg sein soll? Wohin? Und warum so eisig und so steil? Ob das möglich ist? Ich weiß, ich habe keine Frage. Hier gibt es keine Antwort außer Weitergehen.
Da drüben, auf einem schon weiter entfernten Balken, sehe ich zwei Gestalten. Sie wollen einander an den Händen halten und weiterhelfen. Einer kann nur hinter dem anderen gehen. Mir stockt der Atem. Der eine will wie hilfreich die Hand halten, doch während er den anderen erfaßt, verliert er das eigene Gleichgewicht, und nun ringen sich beide ungewollt die Balance ab. Jetzt müssen sie stürzen, nein, sie lassen einander los und fangen sich wieder selbst. Sie stehen ruhiger. Sie werden sich da trennen müssen. Oder stehenbleiben. Oder zurückgehen. Sie können einander hier nicht weiterhelfen. Einer reißt den anderen mit, einer macht den anderen ausgleiten und keiner kann hier auf den anderen sehen. Hier hat nur einer Platz, hier geht man allein, man muß ja nicht hier gehen. Niemand hat etwas davon, niemand ist gezwungen dazu.
Ein Steinhaufen, der anscheinend vom Brückenbau noch übrig ist, liegt vor mir am Weg. Er leuchtet seltsam. Ich komme näher. Ich könnte auch umkehren. Will ich? Dieser Haufen da vorn, den möchte ich noch sehen. Bis dorthin geht es sicher noch. Ich schaffe es schon, ich bin noch nicht allzu müde. Der Haufen strahlt so. Ich nehme einen Brocken in die Hand. Er ist sehr schwer. Ich habe noch niemals rohes Gold in der Hand gehabt, aber ich weiß sicher, hier, dieser Brocken ist Gold. Reines Gold. Ich blicke vor mich. Ich habe die Scheitelhöhe der Brücke erreicht. Der goldene frei schwebende Balken liegt vor mir. Ich bin außer Atem, er steigt in kleinen Tröpfchen aus meinem Mund. Ich halte das Gold in der Hand. Ich könnte zurück – mit diesem Gold wäre

ich reich in der Welt, es liegt viel da, ich wäre so mächtig und reich! Ich lege den Brocken wieder nieder. Ein kleines Stück will ich auf alle Fälle noch gehen, ich halte mich gut, und mich erregt das goldene Band unter meinen Schritten. Ich gehe auf Gold, ich sehe auf meine Füße und darunter, ja, jetzt zeigt es sich mir, dehnt sich ein Meer in der Tiefe, ein weites Gewässer. Es ist totenstill über der ölig glatten Fläche, und das Gold des Balkens strahlt jetzt wie geschliffen und fächert das Licht in einen sich drehenden Farbbogen vor mir auf. Ich gehe noch, ich gehe noch. Noch einen und noch einen Schritt, der Balken ist plötzlich noch dünner, er ist messerscharf geworden unter mir.
Ich werde umkehren müssen, solang die Schuhsohlen noch ganz sind, denke ich bei mir. Ob man sich gegen diese Fährnisse schützen könnte, denke ich, aber ich weiß auf einmal, daß für jeden Selbstschutz die dazu passende Schwierigkeit auftauchen würde. Oder ich glaube das zumindest. Die goldene Schneide unter mir, sie ist unbarmherzig, sie tut ihr Werk, ihr goldenes. Ich gehe weiter. Muß ich? Ich fühle, ich bin müde. Meine Füße schmerzen, ich bin so verkrampft auf diesem Messer, ich sehe das Wasser tief unter mir. Von ferne höre ich den Aufschrei eines Wesens, das sein Gleichgewicht verloren hat und von seinem Balken ins Meer stürzt. Der Aufschrei klingt mir wie einer von vielen Schreien aus dem Irrenhaus. Ich denke, dieser Mensch wird nie mehr wissen, wie und wohin der Balken weiterführt. Das steigert mein Interesse, aber ich möchte ausruhen, ich will nicht, daß es schmerzt, ich bin so müde. Ist denn hier niemand. Ich rufe: «Niemand!»
Ich wäre niemand für jemand. Hier bin ich, nur ich. Hier kann kein anderer sein, es muß auch nicht sein. Ich bin gegangen, bin von selbst gegangen, diesen Weg. Der Bogen geht jetzt bergab. Ich spüre es jetzt, ich kann das nicht mehr übersehen. Die Schuhsohle ist offen, eine scharfe Schnittfläche kommt durch, messerscharf, sie trifft meine Haut, das Messer schneidet in meine Füße. Wie soll das weitergehen? Ich stehe hier, mühsam das Gleichgewicht haltend. Jetzt wäre auch das Zurückgehen gar nicht mehr so einfach.
Das Wasser unter mir, das Gold, das in meine Fußsohlen schneidet, kein Geländer zum Anhalten, unter einem wilden Farbenbogen. Das Licht bricht sich im geschliffenen Gold, auch das Licht ist scharf geworden. Weiter, weiter, weiter, noch ein paar Schritte. Dann werde ich wieder überlegen. Das Fleisch an meinen Füßen reißt, es tut sehr weh, der Knochen hält. Mein Gebein ist hart. Das Gold ist scharf. Ich atme durch, ich halte ein, ich habe solche Mühe. So außer Atem bin ich, der Weg zurück, der wäre jetzt vielleicht nicht leichter als nach vorn. Ich stehe hier, ich muß balancieren, ich darf nicht fallen! Nur nicht das Gleichgewicht verlieren!
Was soll ich denken, der Schmerz in den Füßen und die verkrampften Muskeln, sie lähmen mir das Denken, und auch meine Augen scheinen

schwächer zu werden. Weiter, weiter. Von woher steigt da dieser Dunst auf? Von wo, ist es mein Schweiß? Ist es mein Blut von den Füßen, ist es das Wasser unter mir? Es wird so neblig, ich versuche die Hand vor meine Augen zu halten, um das Licht, das den Nebel so blendend macht, abzuschirmen. Aber es ist nicht möglich, ich komme aus dem Gleichgewicht – jetzt nicht stürzen! – ich balanciere wieder. Da höre ich es zischen unter mir im Nebel. Es zischt aus den Fluten, es klingt nicht so fern, es ist wie mein Lebenssaft, es nebelt mich jetzt gänzlich ein. Ich kann gar nichts mehr sehen, ich muß atmen, ich kann nur so, ich muß weiter. Ich taste mit den wunden Füßen weiter, überall ist es gleich, ein Weg, ein Weg! Ich lebe noch, ich muß weiter. Wie blind, weiter auf dem Messer, bergab. Schritt für Schritt. Taumelnd, schwankend, rudernd, dann wieder ein paar Schritte. Nacheinander, weiter. Blind auf dem Goldmesser mit einem zum Zerbrechen gemarterten Leib, Atemnot, mit blindem Hirn durch heißen Dampf in schneidendem Licht bergab. Das habe ich angefangen, und jetzt gehe ich es zu Ende. Wie? Wie? Ich gehe, das Messer unter mir wird heiß, glühend! Es saugt sich schmorend in meine verwundeten offenen Füße. Am Körper zittere ich wie Eiseskälte, und ich steige ab, plötzlich spüre ich noch etwas zu meinen Füßen, heißes Wasser – es ist das Meer!
Ich finde es blind, ich schwanke, aber ich falle nicht, ich bin so weit gegangen, ich habe es so sehr zu spüren bekommen. Ich höre lautes Gurgeln, mein Pfad führt direkt hinein ins Meer, in das ich nicht fallen wollte. Ich bin so müde und blind, aber doch bemerke ich, daß ich jetzt durch den Farbenbogen durchgehe. Durch ihn, und dabei werden alle Farben weiß, und dann sind sie vorbei. Hinein in das Meer auf glühendem Gold. Ich falle nicht. Ich bin gegangen bis an diese Stelle. Ich will nicht mehr umkehren. Wie seltsam – ich fühle auf einmal keine Schmerzen mehr, ich bin flüssig, ausgeflossen. Bis hierher – fernhierher – und ein letzter Gedanke ist es, als die kochenden Fluten dampfend über mir zusammenschlagen:

«Jetzt weiß ich, wie es angefangen hat.»

Ich blicke auf.

Ja, dort ist die Station. Ich lasse ein paar Autos passieren, überquere die Straße und stelle mich zu den Menschen. Sie warten auch auf den Autobus, der in die Stadt fährt. Ich sehe ihn kommen, er nähert sich, er hält. Ich steige ein.